[Handwritten index page, largely illegible. Partial reading:]

en la 2ᵈᵃ Calendrier...
... historien
Memoire ... qui finit page ...

en la seconde
Baptisty 52 fy 66
Chrysogone 72 fy 141
L'ancien silvade ginnard 150 fy 163
L'Empereur 181 fy 226
...226 fy 492

en la troisiesme
On ... 89 fy 159
... de Clauder 160 fy 161
... abrol 161 fy 207
... 245 fy 283
... 315 fy 238
... bastien 339 fy en la

en la quatriesme 158
... mond 209 fy 356
Galerwoy 444 Jusquea la fin

en la cinquidme
continuation de l'histoire de palerwoy 55 fy 99
... vid Borgia 99 fy 105
... 105 fy 144
Militoy 150 fy 388
Scipion 407 Jusquea la fin

en la cinquiesme
Narcis 85 fy 396

Y.771.
2

Y.3936.
3

LA PREMIERE PARTIE DE L'ALEXIS

De Monseigneur l'Euesque de Belley.

Où sous la suitte de diuers PELERINAGES sont deduites plusieurs HISTOIRES tant anciennes que nouuelles, remplies d'enseignemens de PIETÉ.

A PARIS,
Chez CLAVDE CHAPPELET, ruë sainct
Iacques, à la Licorne.

M. DC. XXII.
AVEC PRIVILEGE DV ROY.

A MONSEIGNEVR FRERE VNIQVE DV ROY.

MONSEIGNEVR,

Vous estes en vn âge qui a besoin d'vne bonne lecture, pour meubler vostre esprit de salutaires enseignemens, que vous prattiquiez au courant de vos iours. Les grands Princes comme vous, sont appellez à l'action de si bonne heure, que leurs fruicts doiuent estre meurs, auparauant qu'ils

EPISTRE.

puissent estre battus du Soleil d'vne longue experience ; semblables à cest arbre qu'on appelle le fils deuant le Pere, parce qu'il fructifie deuant que fleurir, faisant paroistre en soy l'Automne plustost que le Printemps. Les Liures tracent vn chemin abbregé à la Sagesse, & ameinent les esprits à vne maturité auant terme, pourueu qu'ils soient leus auec choix, & auec poids. Ce sont les seuls maistres capables de faire la leçon aux Grands, car ils ne peuuent ny dissimuler, ny rougir, ny flatter, exempts des interests & des passions de ceux qui parlent. Pour eux, vn bon liure n'est pas vn petit present. Et bien

EPISTRE.

que ceux qui vous enuironnent, & qui sont chargez de l'esleuation de vostre ieunesse ayent assez de soin, de iugement & de vigilance, pour auiser qu'aucune mauuaise ligne ne profane vos yeux, & que vos oreilles ne soient soüillees par quelque parole indiscrette ; si est-ce qu'il me semble que ce n'est pas assez de destourner le mal du Temple de vostre cœur, si l'on n'y suggere le bien. Qu'il me soit donc permis, apres eux, Monseigneur, de representer à la viuacité de vostre esprit, dont la grandeur surmonte les annees, qu'il y a des Liures dangereux, dont ie ne parle point, parce que ie n'estime

EPISTRE.

aucun si temeraire que de les oser faire paroistre à vostre veuë, puisque vostre naissance & vostre inclination vous rendent si redoutable au vice; ny si peu iudicieux, que de vous aborder avec de si miserables presens. Il y en a d'autres simplement plaisans, mais inutiles, & indignes d'occuper vn temps si serieux comme le vostre. Il y en a de serieux, mais d'vn vsage si penible, que le trauail en dégouste, l'apprehension de la peine en faisant perdre le fruict. Les subjets graues, greuent l'esprit, comme le corps est oppressé par les choses pesantes. Ceux-là l'emportent, selon l'auis des mieux sensez, qui enlassent en leur tissu, le plaisir, auec le profit; que si l'honnesteté y est encor

EPISTRE.

adiouſtee, c'eſt le comble de la beſogne. I'oſe promettre que celuy que ie vous offre eſt plein d'vne matiere agreable, vtile & honneſte; mais ſi ie demeure court aux ornemens de la forme, c'eſt le regret de l'ouurier, dont la bonne volonté eſt r'abatuë par l'impuiſſance. Vous y verrez la pieté, (le plus riche ornement des Princes du ſang de S. Louys) traittee d'vne methode non commune; & ſes plus fortes inſtructions temperees par la douceur d'vne narration gracieuſe. Son Eſcriuain ayant imité la nourrice, qui prend les medecines, dont le ſuc paſſe auec le laict dans la bouche de ſon nourriçon. Ce Pelerin en vous racontant ſes auan-

ã iiij

EPISTRE.

tures deuotieuses, vous dira beaucoup de bonnes choses en tirant pays. Son entretien ne vous sera point ennuyeux, si vous prenez la patience, ou de le voir, ou de l'entendre. Ie me le persuade ainsi, ayant appris vostre inclination à lire de semblables Histoires. Puissiez-vous comme vne belle Aube, qui commence à poindre, auancer vostre lumiere iusques au plein iour d'vne gloire à qui tout l'Vniuers serue d'horison. Et en vous mirant dans les incomparables qualitez de cest inuincible Monarque duquel vous tirez l'estre, & dont les merites ont acquis le tiltre de grand; & en admirant les Vertus de son successeur vostre Fre-

EPISTRE.

re, que la voix publique honore desja du nom de Iuste: & en considerant les hautes perfections de ceste Heroïque Marie, vostre Mere, que tout le monde compare à celle de sainct Louys: Puissiez vous sur tant de vertus de Prince, exprimer en vous le Prince de tant de vertus, que la terre soit trop petite pour vostre Renommee. Si vous les imitez, (comme le sang & la raison vous y obligent) vous trauerserez du Temple du Trauail en celuy de la Vertu, & du Temple de la Vertu, l'entree à celuy de l'honneur est indubitable. Le Phœnix qui vous gouuerne, & qui vous esleue comme vn Achille, nous promet des merueil-

EPISTRE.

les de vos ans plus auancez, & nous faict attendre apres les fleurs de vostre Printemps des fruicts d'honneur & de gloire de vostre courage. Dieu vueille changer ses augures en propheties, & mes souhaits en oracles. Souhaits qui seront en leur plus haut degré si vous ramassez en vous les rayons de ces deux grands Astres qui vous ont presté la lumiere du iour, auec les splendeurs de la Iustice de celuy qui vous tient pour vn autre luy-mesme, & qui partageroit la sienne auec vous, si elle n'estoit point indiuisible. Allant ce train, vous serez l'Image viuante des vns, & le bras droict de l'autre. Et marchant de ce pas vous-vous fraye-

EPISTRE.

rez vne large voye à l'Eternité, que vous desire,

MONSEIGNEVR,

Vostre tres-humble & tres-obeissant seruiteur,

IEAN PIERRE, E. DE BELLEY.

L'AVTHEVR
A MENANDRE,
SVR LE DESSEIN DE
CES PELERINAGES
D'ALEXIS.

OVT homme viuant n'est qu'vne vanité vniuerselle, Oracle de Dieu prononcé par la bouche d'vn grand Roy, qui estoit selon son cœur. I'ay veu tout ce qui estoit sous le Soleil, dict le fils de ce Prince remply de la sagesse du Dieu de verité, & tout n'est qu'vne vanité tres-expresse, & la plus expresse de toutes les vanitez c'est l'hōme; ses pensees sont vaines, ses paroles plus vaines, ses executions tres-vaines: en fin toutes ses entreprises reuiennent à ce grand mot, qui ne se dira iamais assez, parce qu'il ne se retient iamais assez, Vanité des vanitez, & toutes choses ne sont que vanité. Tout ce qui est en ce monde, dict le Bien-aymé de

à Menandre.

l'ame du Sauueur, n'est que conuoitise des biens, concupiscence de la chair, ou desir de la gloire. C'est pour reuenir à ceste autre maxime, que toute creature est sujette à la vanité. I'auance tout cecy, mon cher Menandre, & par compassion, & par indignation; par compassion de nostre foiblesse, & par indignation de nostre mauuaistié. Ouy, car comme nostre legereté nous emporte dans les airs de la presomption, nostre malice nous y retient, & les aisles de nostre Amour propre nous y souleuent, & souleuez nous y souftiennent, sans penser que ce balancement est menteur, & sujet à la tromperie de la vanité, qui, comme l'aigle la tortuë, nous porte bien auant dedans l'air pour nous froisser d'vne plus lourde cheute: telle est

L'humeur de la plus part des hommes
Qui viuent au siecle où nous sommes,
Ils ne veulent rien que de haut
Et d'esclatant comme le verre,
A peine de prendre le saut
Et se briser contre la pierre.

Nous ne voulons point d'entreprises que releuees, point de desseins que glorieux, point de perfection que pour l'estaler à la veuë de tout le monde. Ces petites vertus qui croissent au pied de la Croix sont negligees,

L'Autheur

il faut de celles qui sont plantees sur son chapiteau. Tous veulent estre habitans de ceste Cité situee sur la montagne, qui est visible comme le Soleil, & qui ne peut estre cachee, & plus veulent paroistre, qu'estre vertueux. Et ainsi cheminans en la vanité de nostre sens, si nous desseignons quelque ouurage, la Gloire de Dieu y pourra seruir de pretexte, mais la nostre en sera le sujet. De là vient, disoit cet Ancien, que ceux qui ont autrefois escrit du mespris de l'honneur, grauans leurs noms sur le front de leurs veilles, ont monstré qu'ils estimoient en effect ce qu'ils ne blasmoient qu'en paroles. Ie ne parle que des Escriuains; car nous sommes reuenus au temps qui faisoit dire à ce Satyrique:

Doctes & ignorans tous se meslent d'escrire,
Tant est moindre la soif de faire que de dire.

Et comme dans les champs les mauuaises herbes multiplient demesurément par dessus les bonnes; ainsi les liures ou inutiles, ou dangereux sont tousiours en plus grande abondance que les vtiles & salutaires: Et la zizanie n'est pas contente de surpasser le bon grain, si encor elle ne le suffoque. Soit à faire, soit à dire, soit à escrire, le nombre des indiscrets, dit le plus Sage des hommes,

à Menandre.

est infiny: & bien que la lumiere ne semble luire que pour faire paroistre ce qui est digne de ioüyr de sa splendeur, si est-ce que les œuures de tenebres ne laissent pas de se presenter insolemment au iour, qui semble n'estre suiuy de l'obscurité de la nuict que pour voyler leur infamie. Faut-il que le monde, ce grand ennemy de nostre salut, comme vne autre Affrique nous produise tous les iours quelque monstre nouueau. Vous le sçauez, Menandre, & souuent vous vous estes plaint à moy que les boutiques des Libraires de vostre Palais estoient plus fertiles que des lapines en ces petits liurets, non seulement folastres & friuoles, mais dommageables aux bonnes mœurs, & dont la publication meriteroit vne seuere censure de l'Eglise, & vne punition exemplaire de la part du Magistrat: car c'est par ces pernicieuses lectures que le venim se glisse par les yeux dans les cœurs de la ieunesse, tant de l'vn que de l'autre sexe, d'où naissent par apres tant de desordres & de dissolutions. Quand vn serpent ou quelqu'autre animal venimeux touche de l'eau claire, elle deuient troublee; ces tendres ames toutes blanches de leur premiere innocence, & pleines d'vne simplicité toute colombine, se sentent imperceptiblement engager en des passions qui leur estoient incognues par l'entretien de ces fueilles malicieuses, qui comme celle d'Asfalte cachent la poison sous les belles couleurs, tracees à dessein par les ouuriers d'iniquité auec des charmes de biendisance, pour couler la cicuë auec le vin, breuuage mortel & irremediable. Or le pis est que ces productions sont mesprisees comme des bagatelles, dont on faict le iouet des Cours, encores que ce soit le rauage des cœurs, enfantemens que le loysir engendre, & qui ne seruent qu'à nourrir l'oysiueté des gens de sejour; & cependant comme c'est dans l'eau croupie que se forment mille corruptions, aussi de ceste occupation de faineantise sortent mille desbauches; car c'est là que se iettent les femences des desreiglees executions. Tout le monde voit ce mal & pas vn n'y cherche du remede; l'on cognoist assez combien ceste poison est & presente & pressante, & on se rit des antidottes: on en voit plusieurs qui tumbent par là dans le precipice du malheur, & nul pense, non à les en retirer, mais seulement à les en destourner. Et qui ne sçait que celuy qui ne r'adresse vn passant fouruoyé, ou qui ne l'auertit d'esuiter vn chemin renommé de brigandages, par ceste obmission de charité & de courtoisie,

se

à Menandre.

se rend coulpable de son esgarement, ou de son desastre? En vn corps percé de plusieurs playes que sert de panser les principales, si en laissant les moindres elles deuiennent insensiblement incurables & meinent à la mort? Ceux qui veulent combattre en la lice publique se font des Hercules pour les vaincre, & ne veulent point iouster que contre des aduersaires dont l'abattement releue leurs victoires iusques au Ciel. L'erreur a rendu nostre siecle si fertile en controuerses, que chacun se mesle d'en escrire, sans prendre garde que cela immortalise nos contestations, & que la meilleure cause languit, defenduë par la main d'vn champion moins adextre. Ce n'est pas que ie ne treuue bon qu'en ce siege chacun roule son tonneau, & qu'en vn assaut general toutes les personnes de quelque aage, de quelque sexe, & de quelque condition qu'elles soient, ne se mettent en deuoir de repousser les ennemis de l'Eglise vniuerselle; mais ie voudrois bien qu'en defendant le dehors on réparast bien les dedans, & qu'en establissant la creance on ne laissast pas le soin de cultiuer les vertus; car souuent la ruine des mœurs appelle celle des murs: & comme Israël bastissoit & batailloit en mesme temps, en releuant les ruines de la principale ville de la Palestine;

aussi me sembleroit-il à propos en faisant l'vn de n'obmettre pas l'autre, & en defendant la saincte Eglise, ceste Hierusalem mystique bastie comme vne autre Cité habitee par les tribus des vrays Israëlites, de prouigner la pieté au dedans, en repoussant les inuasions du dehors; prenant autant de peine à enseigner aux enfans de Syon à bien faire, qu'à ceux d'Edon à bien croire. Et c'est à quoy visent tant de beaux Liures de deuotion dont nostre siecle abonde. Mais comme l'Amour propre est vn oyseau qui se perche par tout, il n'y a si belle branche qu'il ne salisse de son esmeut, ny bois dont il ne face fleche. Entre tant d'excellents ouurages de pieté i'en voy peu qui s'abbaissent à des instructions simples & populaires : le manaige de terre à terre ne plaist pas, on veut aller par haut. On traitte la vertu si grauement, si profondement, si serieusement, qu'elle faict peur à voir, & la lecture mesme qui enseigne sa pratique en deuient importune. Les preceptes en sont si longs & embarrassez de tant de maximes & de raisons malaysees à comprendre, que ceux qui ne les peuuent entendre, estiment qu'il y ait vne difficulté à les reduire en action qui tende à l'impossible. Les tiltres mesmes pour la plus grande part sont si superbes & si pompeux, qu'il semble

à Menandre.

qu'vne marchandise de si haut prix ne soit pas pour des bourses vulgaires. Ce n'est que perfection, supereminence, rauissement, & souuent les montagnes engendrent des souris, & les portiques sont plus grands que les Palais, frontispices ridicules: Temples d'Egypte qui ont des façades admirables, & au dedans des spectacles friuoles. Quelquefois à force de subtiliser la deuotion se reduit en fumee, par vne alchimie spirituelle, incogneuë à ses propres autheurs. Les mots y sont nouueaux, les termes estranges, & le sublimé de l'intelligence a vn degré si esleué que souuent on pert l'espoir d'en comprendre le simple ombrage: Cela tourmente les entendemens, embarrasse les memoires, crucifie les esprits, & laisse creuses & vuides les volontez, & à force de vouloir faire entendre ce qui est inconceuable, l'on n'y entend rien. On prend des grands sujects & graues, & qui se soustiennent de leur propre poids, afin que la solidité de la matiere supplée au defaut de la forme, & que l'eternité de la duree se tire du seul nom de ce qui est traitté. Mais quant aux sujects bas, non plus que de ces fleurettes qui croissent à l'ombre, personne n'en veut, les Cedres & les Palmiers sont admirez, mais on foule aux pieds le serpoulet & la ca-

e ij

camomille. Si est-ce que ce qui a le plus de monstre n'a pas tousiours le plus d'effect, le cristal reluit plus que les perles, & n'a pas tant de prix; le cuiure a plus d'esclat que l'or, mais n'a pas tant de valeur: & il est escrit qu'ordinairement ce qui est releué deuant les hômes, est de peu d'estime deuant Dieu, lequel habitant dans le Ciel regarde en la terre les plus humbles choses. C'est luy qui tire la lumiere du milieu des tenebres, qui change l'obscurité de la bouë en vne belle clairté, & qui veut que Dauid surmonte le Geant, non chargé des armes de Saül, mais auec vne fronde; que l'orgueil de Pharao soit renuersé par la houssine de Moyse; que la petite pierre de Daniel terrasse vn grand Colosse, choisissant la foiblesse pour confondre la force, la folie pour dompter la sagesse, & les choses de neant pour aneantir celles qui paroissent grandes. Les Liures qui ont le plus de vogue, & le plus de nom, & qui traittent de matieres plus serieuses & importantes, ne sont pas tousiours les plus vtiles à l'auancement de la gloire de Dieu. La Thecuitte auec sa parabole, eut plus de pouuoir sur l'esprit de Dauid, que tout le credit de Ioab; & Nathan par vne mesme industrie mesnagea la resipiscence de ce Prince, qui se fust peut-estre cabré s'il l'eust repris seuerement & imperieusement. L'Esprit de Dieu est plustost au Zephir qu'au tourbillon; la douceur est suruenuë, dict Dauid, & nous voyla corrigez. Pour creuer les apostemes des personnes craintiues il faut cacher le stilet dans le coton, & en feignant de presser, percer; & en faisant semblant d'oindre, poindre. Il faut de merueilleuses methodes pour manier les cœurs des pecheurs; ô qui pourroit sçauoir les inuentions dont Dieu se sert pour faire que tout arriue à sa fin par des dispositions extremement suaues. Certes tout ainsi que Philoxenus disoit ces chairs estre les meilleures qui sont les moins chairs, c'est à dire qui ont la tendreur & la delicatesse du poisson, & ces poissons les meilleurs qui sont les moins poissons, c'est à dire qui ont la fermeté de la chair: Ainsi me semble-t'il que les meilleurs preceptes sont ceux qui sentent moins leur enseignement, ceste rubarbe doit estre sucree de beaucoup d'artifice. Vn grand homme de nostre aage fit vn Liure de deuotion, non seulement sans contention d'esprit, mais presque sans y penser, Dieu y versa vne si large benediction, que toute la Chrestienté l'a veu en toutes les langues de l'Europe auec admiration. Depuis il en a faict vn

é iij

autre auec beaucoup d'estude, qui est d'autant moins veu qu'il est plus solide; l'vn est du pain mollet, pour l'vsage ordinaire, cestuy-cy du biscuit qui n'est propre qu'à ceux qui s'embarquent tout à faict dans le seruice de Dieu, tant il y a plus de gens susceptibles de laict que capables de viandes solides; on diroit volontiers de ces deux pieces, hier IESVS-CHRIST, aujourd'huy Bernard. Souuent la rencontre arriue où l'art ne sçauroit atteindre: & le Genie des Liures ne depend pas tousiours de l'industrie du trauail, de la volonté, ou de la suffisance des Autheurs, le hazard y maintient son droict, & souuent y reüssit comme en l'escume du Peintre: Appelles arriuoit quelquefois mieux, quelquefois moins à l'air d'Alexandre, & comme il surmontoit tous les autres de son art, en certain temps il se surpassoit soy-mesme. Pyreicus apres s'estre rendu recommandable en de grands tableaux, se mit à en faire de petits, où il se rendit egalement admirable qu'inimitable. Il est aysé de voler en grand air, & de nager en grande eau, mais de voler & de nager en rasant la terre, il n'appartient qu'aux oyseaux & aux poissons signalez en viuacité & en force. Les sujects importans soustiennent les moindres esprits, mais les grands

à Menandre.

esprits releuent de foibles sujets par la force de leurs pensees. Homere est tousiours luy mesme dans les combats des grenoüilles & dans ceux d'Vlysses; & l'autre œil de la Poësie Latine en sa puce & en son gasteau, cõme dans les auantures heroïques de son Ænee. Vn hõme de bon sens peut manier les choses graues auec facilité, & les friuoles serieusement: & dict-on de Caton, qu'il estoit attentif mesme dans la ioyeuseté. Vn sujet pour estre vrayement sujet doit estre ployable sous la main de celuy qui le traitte, & l'esprit de l'homme a des inuentions & des soupplesses qui peuuent adoucir les plus rudes matieres, comme le rayon du Soleil il peut passer sur la boüe sans s'infecter; & en imitant le Prince des Poëtes Romains, des ballieures d'Ennius il peut tirer des perles. Des plus excellens personnages de nostre temps, & qui estoient d'vne condition autant eminente que saincte, ont traitté des sujets non seulement fabuleux, mais vn peu bien libres, que ie ne die licentieux, où nous voyons neantmoins paroistre & leur iugement & leur politesse, disant ce qui leur plaisoit auec tant de modestie & d'honnesteté, que la dent mesme de Theon auroit de la peine à y treuuer de quoy remordre. Il n'y a rien de si grossier qui ne se puisse spiritualiser, rien de si scabreux qui ne se puisse applanir, rien de si fabuleux qui ne se puisse esleuer à vne intelligence morale, rien de si vain en apparence qui ne se puisse reduire à quelque vtilité. C'est ce qui faisoit dire à Pline l'ancien, selon le rapport du ieune, qu'il n'auoit iamais ouuert aucun Liure duquel il n'eust tiré quelque particulier profit. Les moindres sujects sont grands aux bons esprits, les plus fertiles seichent en vne main sterile : tout est grand aux grands courages, & du bas bout d'vne table Themistocle en fit le haut, parce qu'il y estoit. Si est-ce que tout le monde desdaigne de s'employer apres ce qui seroit bien profitable, mais qui n'est pas assez magnifique. Comme si l'industrie d'vn Sculpteur ne paroissoit pas autant & plus à bien faire sur le bois que sur l'or. Quand l'ouurage surmonte la matiere, c'est la gloire de l'artisan : si le fonds est obscur, les couleurs qui y sont couchees esclattent dauātage. Le Diable fait de grands efforts auec de petits stratagemes, & par de menues estincelles il excite d'estrāges embrasemēs: ô qui nous fera la grace que nous puissions nous opposer à ces malicieux artifices par des sacrez, & en

à Menandre.

prenant le côtrepied de sa côduitte faire vne côtremine à ses ruses par de sainctes inuentions: faut-il qu'auec de simples batteries il face de si larges breches dans les cœurs, & que nous auec nos grands & superbes appareils facions si peu de defence? Ne verrons nous iamais ces serpens illusoires que le monde, ce vieux sorcier, va tous les iours produisant, pour charmer les sens des moins iudicieux deuorez par le vray serpent de Moyse, c'est à dire par des antidotes proportionnez au mal qui nous afflige? Nous auons mal au talon, où le Diable dresse ses embusches, & on nous panse à la teste, parce que nous voulons que le Soleil esclaire le succés de nos cures, & que nos remedes ne soient pas tant profitables qu'honorez. Il y a long temps, mon cher Menandre, que ie vous ay dit en particulier, & que i'ay donné aduis au public, que tous ces fatras de Liurets ou inutiles ou dãgereux, estoient les renardeaux, dont il est parlé au Cantique, qui rongent & gastent la vigne de la foy & de la bonne vie. I'ay conuié tous les beaux esprits à apporter quelque remede à ce mal, qui ne peut pas tant estre arraché comme diuerty par quelque lecture semblable en la forme, mais differente en la matiere. Chacun desdaigne d'entrer en

L'Autheur

ceste lice, & quoy que ie sonne de la trompette, & que ie releue ma voix au plus haut ton qu'elle puisse aller, & que ie crie sans cesse au secours, personne ne vient à mon ayde, ie cherche qui m'assiste en ce dessein, où la quantité des ouurages est plus à desirer que l'excellence de la qualité; & ie ne treuue aucun de mes prochains qui me console de son appuy, ouy biē plusieurs qui me blasment & qui me baffoüent, encores qu'ils sçachent en leurs ames que ceste entreprise est Religieuse & Saincte, & que leur sentiment interieur contrariant à leurs propos, les met en la part de ceux qui se corrompent en ce qu'ils sçauent, & qui mesprisent iniustement ce qu'ils ignorent. Si est-ce que nonobstant ce rebut, ie ne perds point courage, resolu de ne desmordre point de ce genre d'escrire que ie ne voye quelque bon esprit engagé à ce combat. C'est peut estre vne chose plus à desirer qu'à esperer, mais ceux qui ont confiance en Dieu prennent des aisles d'Aigle, & volent sans defaillir. Il est vray que i'ay le bras bien foible pour m'opposer à ce torrent, & que le son de ma trompette est trop debile pour esbranler les murailles de ceste Hiericho. Toutesfois mō intention estant telle que Dieu sçait, ie ne puis me persuader que ie combatte en l'air,

à Menandre.

ny que ie coure incertainement sans atteindre quelquesfois au but que ie desire: quand tout cecy ne seruiroit qu'au bien d'vne ame, c'est assez, & quand la lecture de ces deuotieuses Histoires ne feroit qu'occuper le temps qui se consumeroit apres quelque liure ou pernicieux ou friuole, ie n'estimeray point ma peine tout à fait inutile. Ie laisse aux grands doctes les grands projets pour ne tomber de haut, nous nous contenterons de raser la terre. Ce n'est pas que ie prise ce que ie fais, ie deffie tout homme d'en faire moins de cas, il me desplaist seulement que l'entreprise generale soit mesprisée en laquelle ie voy reluire tant d'vtilitez. Il ne faut iamais mespriser vn ennemy pour foible qu'il soit, car ce mespris le rend plus fort, & souuent voit-on vn grand taureau abbatu par vne bien petite vipere. La ruine de Goliath vint d'auoir negligé de se mettre en defence contre Dauid, disant qu'il en feroit vn leurre pour ses oyseaux de proye. Saul desdaigné par son Pere & par ses Freres fut sacré Roy par Samuel. Et le Iourdain mesprisé par Naaman luy redonna la santé plustost que Pharphar & Abana fleuues tant estimez par ce Courtisan de Syrie. Le grand Poëte escriuant de l'œconomie des abeilles, dit que,

L'Autheur

De trauailler en matiere petite
La peine est grande & plus grand le merite.

Et en quelque lieu de ses Bucoliques il dit, que

C'est dedans les hauts bois que l'on tend les embusches
Aux Cerfs porte-rameaux, non aux humbles lambrusches:
On ne veut s'occuper qu'en de rares obiects,
Et pour s'eternifer on veut de grands sujets.

Mais qui ne voit que cela est bon pour ceux qui cherchent leur propre interest, non la gloire de Dieu, auquel soit par ignominie, soit par bonne reputation, c'est vne Royauté que de seruir auec loyauté, & c'est seruir loyalement que de sacrifier à vn tel maistre son honneur & sa vie? C'est bien la verité que s'il estoit de mon eslection, recognoissant ma foiblesse, & voyant la nuee de contrarians que i'ay deuant les yeux, i'aurois à desirer de combattre côme Iosué assisté d'vne armee, ou au moins comme Gedeon accompagné de champions d'eslite, esquippez de lampes & de trompettes: mais si Dieu veut que ie bataille tout seul comme Sanson, il peut auec vne simple maschoire me faire preualoir contre ceux que i'essaye de contreluitter. Car il est au pouuoir de celuy auquel rien n'est impossi-

à Menandre.

ble, de vaincre en peu comme en beaucoup; puisque c'est sa coustume de terrasser la puissance par la debilité, operant fortement par son bras, quand il veut dissiper les superbes par l'esprit de son cœur. Et ne vous semble-t'il pas à propos, Menandre, puisque maintenant tout est si renuersé que les soldats se meslent du mestier jadis reserué aux Capitaines, que les Capitaines facent celuy des soldats? Et puisque les Seculiers traittent communément les mysteres de la Theologie, que les Theologiens s'essayent de les ramener en leur bon sens, par des ouurages qui seroiét plus seans en leurs mains? Ainsi en vn combat quand tout est en confusion, & deploré, voit-on quelquesfois vn Capitaine prendre les armes d'vn soldat, & quittant l'office de Chef faire celuy de vaillant homme. Bien que la diuine Prouidence ait disposé que ie soustinsse dans les bataillons de l'Eglise militante, l'office de Conducteur, si est-ce que sçachant rien n'estre vil qui se fait pour Dieu, ie ne desdaigneray point de m'exercer en de petits sujets, estant en vne condition qui me rend redeuable aux sages & aux moins auisez, aux ignorans & aux doctes. Les trompettes qui sonnent la charge y vont quelquefois, & animez de leur propre son, mettent la main à l'espee, & se jettent dans le plus fort des armes. Encores que la gloire d'vn chef soit differente de celle d'vn particulier gendarme, & que la fonction de celuy-cy semble moins honorable à celuy-là, si est ce que la valeur aussi bien que l'Amour ne fait iamais rien d'indigne de soy, ouy bien la personne qu'elle anime. Themistocle en vne rencontre où il demeura maistre du camp, rencontrant vn bouclier doré & qui sembloit estre de grand prix, desdaigna de se ramasser, commandant à vn de ses soldats de s'en accommoder; & Alexandre de toutes ses conquestes ne se reseruoit que l'esperance: mais c'estoient des cœurs enflez de vanité, & qui ne cheminoiét qu'en choses hautes & merueilleuses au dessus de l'humaine portee. Le Chrestien de quelque qualité qu'il soit n'estime de soy rié de surhumain, & voyant só Sauueur raualé aux pieds de ses Apostres & pendu en vn gibet pour son Amour, ne tiét aucune action pour abjecte, par laquelle il puisse tesmoigner son zele à vn si bon Seigneur. Pour auoir Rachel, à quelle seruitude ne se range Iacob? & à quoy ne se portera vn cœur humblement genereux pour faire acquisition de la diuine grace? Souuent en la terre la plus sterile se treuue l'or, & les grauiers du Tage si fertiles en ce

metal portẽt des ondes steriles en la pesche.
Souuẽt les Liures qui esclattent le plus, sont
les moins profitables, & les moins specieux
se treuuent les plus vtiles. Mon cher Menandre, vous sçauez à quoy visent toutes ces
circonlocutions, c'est à ce dessein dont nous
auõs tant parlé d'escrire des Histoires pieuses auec les mesmes industries dont se seruent les mondains pour estaler leurs fausses
denrees. Quelques vns me disent que i'y
perdray l'huille & le trauail, & que tout ce
que ie traceray pour ceste fin sera vne peine
mal employee, & vne semence jettee en vne
terre ingrate, qui au lieu de grappes de recognoissance ne me rapportera que les ronces poignantes des calomnies & des ingratitudes: & tant s'en faut que leur menace
m'effraye, que c'est vne aspersion d'eau sur le
feu de mon desir, puisque c'est vne marque
de seruiteur de Dieu, selon l'Apostre, de faire des choses qui desplaisent aux mondains.
Quelqu'vn de ces Censeurs me disoit vn iour
qu'il s'estonnoit comme S. Augustin auoit
meslé dans ses Confessions tant de puerilitez parmy les hautes pensees qui emplissent
les derniers liures, & comme il auoit peu
reciter tant de fripponneries auec tant
de traicts de pieté ; son blasme, poursuiuoit-il, luy sert d'ornement, & il dit si
bien qu'il a esté mauuais, que pour estre

L'Autheur

ainſi bien deſcrits, pluſieurs feroient volontiers de pareilles fautes. Et ie luy reſpondis qu'il reſſembloit en cela à l'Eſpouſe ſacree, belle dans ſa noirceur, & que ce grand eſprit auoit en toutes ſes œuures fait paroiſtre ſa ſubtilité & ſon addreſſe, faiſant voir à nos yeux des œuures de Grammaire & de Philoſophie excellentes en leur genre comme celles de Theologie : & ſes Liures de la Cité de combien diuerſe literature ſont-ils remplis ? Si à l'imitation de ces ſignalez flambeaux de l'antiquité, nous nous demettons à vn genre d'eſcrire qui ſemble bas & populaire, i'eſpere, comme Scipion n'eſtoit iamais moins ſeul & moins oyſif, que quand il eſtoit de loiſir & ſolitaire, auſſi que nous meſlerons tant d'inſtructions ſainctes & ſerieuſes dans la ioyeuſeté de nos Pelerinages, que l'on aura occaſion de croire que nous ne nous relaſchons point en ces deductions de la grauité & de la bienſeance de noſtre condition. Que ſi quelquesfois les paſſions affectueuſes, qui ſont les plus ordinaires en la vie humaine, paroiſſent ſur ce theatre que nous dreſſons, ce ſera auec tant de retenuë & tant de modeſtie, que le ſel y paſſera touſiours le miel, & le miel meſme des plus ſucrees delices ne ſera point ſans quelque aiguillon de rabat-joye, ſemblable à ce miel &

à ce

à ce beurre mystique qui nous fait eslire le bié & reprouuer l'iniquité. Or pour considerer l'armee de ceux que ie contrarie, & qui fondent sur mes bras, non point de costé, comme Balaan regardoit celle d'Israel, mais de droit fröt, pour luy döner vne legitime maledictiö, & pour faire sur elle vne iuste imprecation, il me séble que le bataillon en est quarré, & que le mauuais esprit qui en est le Port-enseigne & le conducteur combat à quatre faces. Il est peu d'esprits qui ne soient en quelque poinct de leur vie embarrassez apres la niaiserie de ceste sorte de lecture. De móy i'auoüe qu'elle a eu le credit d'amuser quelques heures desrobees de ma premiere ieunesse, mais en fin la manne de la verité treuuee, ces oignons mensongers qui m'arrachoient quelquesfois des yeux de tendres & innocentes larmes, me vindrent à contrecœur: les viandes creuses, mais delicates, comme les chápignons & les truffes, delectét par leur friandise, mais si l'on s'en saoule ils se tournent en horreur, il y en a de fumeuses & de venteuses qui plaisent au goust, mais les coliques en donnent par apres vn amer repentir. Il en prend ainsi de ces occupations chatouilleuses, elles charmét pour vn téps, mais on les abhorre en vn autre. L'ame se rebutte d'vn entretien si ridicule, d'vne pasture de si peu de suc: les genereux esprits cóme les Aigles ne s'arrestent, ny aux mouſ-

L'Autheur

ches ny à vne proye de si peu de prix, & de si legere prise. Autant loin donc que mon entendemét peut regarder ceste saison si promptement escoulee, & ma memoire se ressouuenir des idees de ces chimeriques imaginations qui y ont fait si peu d'impression, & par ton recit encores, sage Menandre, il me semble que tous ces estaleurs de bagatelles peuuét estre reduits à quatre classes, dont la premiere est de ces liures qu'on appelle de Cheualerie remplis d'auátures guerrieres, ou qui ont quelque leger fondemét en l'histoire, ou qui n'en ont point d'autre que le vuide du cerueau de leurs Autheurs; & ce sont ceux-là proprement que le vulgaire appelle du nom de Romans; leurs tiltres ne sont que trop cogneus de ceux qui sont curieux de pareilles fantaisies, sás que ie les marque sur ce papier. Il y en a d'autres, qui à l'imitation des actions Pastorales des Poëtes portent le tiltre de Bergeries, entre lesquelles la Diane & l'Astree tiennent les premiers rágs; celle-là parmy les Espagnols, celle cy parmy nos Fráçois: & qu'il me soit permis, mon cher Menádre, de te dire ce mot de ceste derniere, puis qu'elle est cóme vne ouaille de ma propre Bergerie, & tracee en partie dans l'enceinte du Diocese soumis à ma direction. La singuliere profession d'amitié que ie fais auec son Escriuain, Seigneur de grande qualité, & plus grand en cores de merite, ne me permet pas de parler auec tant de creance & de son courage recogneu de chacun, & de ses escrits, dont tout le monde admire la douceur & la politesse : Si diray-ie que souuét en sa personne i'ay recogneu que ce n'estoit pas sans raisõ que les anciens dõnoient des armes à Pallas, car il ioint tant de sçauoir auec tant de valeur, que soit en paix, soit en guerre, il a de quoy se signaler parmy les plus habiles & parmy les plus vaillãs. Et pleust à Dieu, (puis-ie pas dire ce traict d'auctorité d'vne ame dont le salut fait partie du mien,) que la pointe de sa plume visast autant à la destruction de l'erreur, que celle de son espee à celle des errãs; nous n'aurions pas de quoy nous estonner cõme il se peut faire que des sujets fabuleux apportét à leurs inuenteurs de si solides & veritables loüages, loüanges neantmoins qui doiuét faire moins d'enuie que de pitié, puisqu'elles sont la fin d'vne peine inutile, qui mieux employée auroit pour recompense l'Eternité. Il y a vne autre classe qui est de ceux qui ont escrit des choses amatoires sur le modele de ceste Cariclee & de ceste Cloé, tãt celebres parmy les Grecs, & de ceste Psyché si fameuse parmy les Latins; mais toutes ces copies sont si escheantes de ces originaux, que leur misere ne semble estre eclose que pour releuer la valeur de ces premieres pieces; de ceste sorte d'escrits, vn excellēt Esprit m'apporta vne histoire Tragecomique de sa façō, sous le nō de Lysandre, qui me semble auoy siner de biē prés ceste antiquité: la suitte en est belle, le stil hardy & fort, mais la verité du fait est enuirōnee de tāt de feintes, que ce sont autāt de nuages qui rebouchēt les rays de cet vnique Soleil, du vray qui seul cōtente les aigles legitimes, rien n'est à desirer en cet habile homme qu'vn employ plus serieux. Au mesme tēps que ie trace ces lignes l'Argenide d'vne des elegātes plumes Latines de nostre temps (helas! & que la mort vient de trācher) vole par l'Italie, par la Frāce, par toute l'Europe auec tāt de reputatiō, que c'est vne merueille de voir vn sujet friuole receu auec tant d'applaudissement des plus seueres & sourcilleux Catons. Ie ne veux point aspremēt inuectiuer cōtre mille petits brouillards, qui cōme de debiles vapeurs se fondent & s'esuanoüissent dés leur naissance, & qui ressemblēt à ces animaux de l'Hellespōt dont la vie est terminee de la duree d'vn iour: l'on auroit aussi tost deschargé la Lybie de ses arenes que despeuplé le monde de ces folles Amours. Il y a d'autres sortes d'histoires profanes pesle meslees de Tragicques & de Comiques qui ont parmy les Italiens & les Espagnols le nom de Nouuelles, & parmy nous de Contes: ô Dieu que ceste derniere classe est licencieuse, que ie ne die desbordee, & bien qu'il y ait quelques pieces qui n'offensent pas l'honnesteté & qui se contiennent dans les bornes de la ciuilité & de la bienseance, si est-ce que la plus grande part de ces euenemens ou vrays ou inuétez, tombe dans le desordre & le desreiglemét. Et quelle vanité est-ce de penser tirer de la gloire d'vne telle côfusion, gloire neantmoins à laquelle pretédent ceux qui les escriuent. Il me semble que la police y deuroit auoir l'œil & auctoriser les césures de l'Eglise, qui ne máque pas de césurer ces Autheurs. Ce n'est pas pourtant, mon cher Menandre, que i'aye leu distinctemét toutes ces rapsodies, me côtentant de voir les principales & plus fameuses productions de chaque genre superficiellement & par cy par là, n'en ayant pas le loisir, & moins encorés le desir; mais y perdant seulement autant de minutes qu'il est necessaire pour recognoistre par quelles voyes ces miserables ouurages inspirent le mal, afin de les réuerser, si ie puis, & d'establir la vertu par de séblables artifices, quoy que par differentes routes. Ie sens desia bien qu'on m'objectera que ma jouste est inegale, & que si Hercule ne peut suffire à deux assaillans, beaucoup moins sera capable vn Darez de soustenir l'impetuosité de tant d'Eutelles, ioint qu'estát plus aysé de pousser en la vallee du Vice que de guider & mesme de guinder les courages à la penible croupe de la Vertu,

L'Autheur

il ne se faudra pas estonner si la porte du logis de Phryné est plus frequentee que celle de l'eschole de Socrate. Il est malaysé de sucrer tellement la reubarbe & l'aloes, que le goust de la drogue n'y demeure. La Vertu a ie ne sçay quelle difficulté (aussi consiste-t'elle aux choses malaisées) qui ne se peut tout à fait applanir, & vne naturelle rudesse, que toute la suauité du mõde ne sçauroit faire perdre. Au cõtraire le vice semblable au miel venimeux d'Heraclee, à qui l'aconit donne vn surcroist de douceur, a ie ne sçay quel charme ineuitable, que les belles paroles rendent penetrant cõme vn dard fort aigu trẽpé dedans l'huille. Celuy d'Hyblee est moins gracieux, parce qu'il se sent tousiours vn peu de l'amertume du thim, mais il y a ceste notable difference, que celuy-cy conforte l'estomac, & l'autre si l'on ne le vomit, apporte la mort, precedee par d'extremes conuulsions, & par des tournoyemẽs de teste. La lecture des actions remplies de pieté & de vertu, a tousiours quelque pointe de dureté, car ce qui est beau, selon le prouerbe, est ordinairemẽt de difficile cõqueste, mais en fin le profit surpaye l'aspreté. La volupté au rebours, est cõme ce liure de l'Escriture, doux à la bouche, & amer au cœur, d'autãt que le repẽtir est l'ombre inseparable de ce corps. Vn Seigneur cõmanda à quelque peintre de luy faire l'image d'vn beau cheual

à Menandre.

courant à toute bride dans vne lice, le peintre luy en ayāt presenté la figure renuersee, il vit vn cheual qui se veautroit en apparēce dās la poussiere: & cōme il se plaignoit que l'ouurier auoit fait tout le cōtraire de son desir, en mettāt le tableau sur son plain il luy fit cognoistre qu'vn cheual qui se veautre est le reuers de celuy qui bat la poudre en enfilāt vne carriere. Il me semble qu'en mō projet ie n'ay qu'à imiter la cōduitte de cest artisan, mais le mal est que la Vertu est tousiours plus grossierement seruie que le Vice, & que cōme elle ne se peut voir, il est impossible de la representer selon sa nature & en sa parfaitte beauté. C'est ce qui fera dire qu'auec tous mes essais ie substituë comme Laban vne pleurante Lia en la place d'vne riante Rachel, il est vray que i'aurois de quoy me consoler en ce change, si ce que ie trace pouuoit deuenir fertile en bons euenemēs, & ce que ie cōtredis sterile en impressions dangereuses. Desia par cinq Histoires particulieres diuulguees sous les noms de DARIE, AGATHONPHILE, PARTHENICE, ELISE, & DOROTHEE, nous auons sonné la charge, & appellé de meilleures Plumes à ce iuste Tournoy ; maintenāt ie reuiens sur les rangs en gros & en troupe par ces PELERINAGES D'ALEXIS, dans lesquels d'vne façon toute Chrestienne & pieuse, ie puis inserer tout ce que ie voudray & tout ce que i'e-

ſ iiij

stimeray conuenable à la gloire de la Vertu, car i'y puis faire voir des Auantures Valeureuses & Guerrieres, y mettre des inuentions rurales & chāpeſtres, y coucher des affections qui ſelõ leur bonté ou leur mauuaiſtié auront des yſſues honorables ou malheureuſes: tout mets peut eſtre ſeruy en ce bāquet, toute herbe venir en ceſte ſalade, toute fleur eſtre plātee en ce chāp. Le Pelerinage eſt vn employ tout deuot, puiſque la fin de tous les voyages de deuotion qui ſe font icy bas, aboutiſſent par l'intention dans l'eternité; cela rend les hommes errans en la terre, comme les planetes dans le Ciel; les occurrences y ſont diuerſes, les entretiens differents, & la varieté des accidens & des rencōtres fort agreable. C'eſt vn ſimple appellé Dodecatheos, qui cōprend en ſoy beaucoup de Vertus, c'eſt vne manne qui aura toutes ſortes de gouſts, ſi ie la ſçay bien aſſaiſonner. Ie m'en ſeruiray cōme d'vn tige, autour duquel ie lieray toutes ſortes de fleurs pour en faire des guirlandes Hiſtoriees, & comme d'vn tronc ſur lequel, ainſi que ſur cet arbre de Tiuoli, dont parle Pline, i'enteray toutes ſortes de greffes. Ce me ſera vn pilier & vne tour d'yuoire où i'appendray des armes & des Trophees de toutes les façons à l'honneur de ce Dieu, qui pour nous s'eſt rendu Pelerin ſur la terre. Ce ſera mon fonds ſur lequel ie coucheray telle broderie que

à Menandre.

mon invention me pourra fournir sans preiudice de la Verité. A la teste de ceste entreprise vostre Histoire, mon cher Menandre, paroistra la premiere, telle que ie la sçay, & auec des particularitez que i'ay apprises de vostre bouche, & que vous ne serez point fasché de voir estalees aux yeux de tout le monde, puis qu'il ne peut rien sortir de vous que d'honneste, ny qui redoute la lumiere du iour. Ioint que sous le nom que ie vous donne il est en vous d'escouter les iugemens des hômes, estans à l'abry de leurs mesdisances derriere le tableau. Vous verrez plusieurs autres de vos amis monter apres vous sur ceste Scene, mais tellement voylez, que ceux qui les voudrõt recognoistre y perdrõt beaucoup de cõjectures, & y treuueront plusieurs fausses diuinations; car la ressemblãce des accidens dõne mille lustres, mille biais, & mille visages aux choses qui sont, comme la matiere premiere, susceptibles de toutes sortes de formes. Et certes il faudroit que i'eusse bien peu d'esprit si voulãt cacher vne chose ie ne luy donnois autant de voyles qu'il luy en faut pour la rendre mescognoissable: c'est vne inaduertance impardonnable quand on descouure son ieu lors qu'on faict profession de le couurir: Car bien que les fautes soient tousiours abõdantes en excuses, celle-cy n'en a point de receuable, parce qu'il est en nostre pouuoir de taire ce que nous ne pouuons dire sans le donner à cognoistre: & tous n'ont pas la suffisance d'Aristote, qui sçauoit publier ses ouurages de telle façon, que se reseruant le secret de l'intelligence, le public n'en auoit que l'escorce & le dehors, l'apparence, non la substance; ny l'industrie du Sauueur, qui en ses Paraboles en taisant les noms des personnes, ne laissoit pas de presenter l'vtilité de l'exemple, faisant comme l'abeille qui tire le suc de la fleur sans l'interresser. Vous en verrez l'essay en ceste premiere partie de nostre ALEXIS, mon cher Menandre, que l'on peut en quelque sens appeller vostre, puisque vous y tenez le haut bout. Ie tascheray d'enlasser en ce dessein les Histoires particulieres qui ne pourroiét subsister d'elles-mesmes, & qui treuueront de l'appuy en ce corps, tout de mesmes que les grains de sables legers à part, & pesans ramassez. Celles qui pourront se maintenir en leur propre estenduë seront traittees separément, comme celles que nous auons desia communiquees au public; les moindres conjoinctement vnies feront nostre enfileure. Voyla ce que i'auois à vous dire touchant le projet de ces PELERINAGES, pour essayer par ceste façon, de diuertir les esprits de sejour de l'entretien de ces Liures friuoles: c'est à Dieu qui voit nos pensees de loin, &

qui en sondant nos reins penetre nos intentions, de verser telle grace qu'il luy plaira sur ce dessein, luy donnant tel succez qu'il verra propre pour son seruice & pour la consolation des ames. Seulement ie m'estonne comme estant si visiblement bon, il y en ait si peu qui l'apprennent, & moins encores, que ie ne die aucun, qui l'entreprenne, & qui prenne la peine d'opposer son industrie à ce desreiglement. Les vies des Saincts exceptees, escrites d'vne façõ qui ne reuient pas au goust de ces dents agacees, qui rejettent la manne & qui ont oublié à manger vn pain succulent & moëlleux; ie ne sçache aucun Autheur qui ait pris à tasche ce que ie desseigne, & quelque diligence que i'aye faicte pour rencontrer de semblables Escrits à ceux que ie desire, ie n'ay treuué qu'vn seul, diray-je Essay, ou Crayon, de ceste sorte, dans le PELERIN DE LORETTE du P. Louys Richeome de la Compagnie de IESVS: Et certes c'est plustost vn essay qu'vne piece formee, & plustost vn crayon qu'vn tableau entier; car de quarante Iournees qu'il employe en Meditations, il ne represente qu'aux dix dernieres les auantures du Lazare & de ses compagnons, en leur retour de la saincte Maison enleuee de Nazaret, & apportee par les Anges au territoire d'Ancone. Cet Autheur est si poly en ses escrits, que leur elegance les met entre les mains de tout le monde, & parmy ces ouurages ce PELERIN s'est rédu d'autant plus commun qu'il est plus populaire. Ie l'ay donc veu aussi bien que les autres ; & encores que cet ALEXIS ne soit pas si presomptueux que de penser atteindre à la perfection de ce Lazare, si est-ce que i'espere que celuy qui prendra la peine de le lire y treuuera d'autres euenemens que ceux qui sont arriuez à celuy là; comme reciproquement il rencontrera dans ce Liure là beaucoup de bonnes instructions qui ne sont pas icy. Les Espagnols font grand estat d'vn certain Pelerin sorty de la belle plume de Lope de Vega, i'ay eu la curiosité de le voir, mais en courant, tout ainsi que les chiens boiuent l'eau du Nil, de peur d'estre surpris par les crocodiles; ce que i'y ay peu cōprendre, c'est que cet homme dit beaucoup de choses, non seulement vuides de verité, mais d'apparēce, & non seulement vaines, mais folastres, auec vne grande contention d'esprit; c'est dommage qu'il ne se soit occupé en vn meilleur sujet. Or mon but n'est pas seulement esloigné du sien, mais il y est opposé, de sorte que si ie luy laisse l'ajancement de la forme, il me doit quitter la bonté de la matiere. Ie m'en remets à vostre iugement, sage Menandre, & de tout hōme de bon sens. Mais cet ALEXIS, & comme Pelerin, & comme Deuot, se sou-

à Menandre.

met de tout son cœur à celuy de l'Eglise Catholique, Apostolique & Romaine, dans le sein de laquelle, comme enfant tres obeyssant, il veut tousiours demeurer, & en la vie & en la mort.

Approbation des Docteurs.

NOvs soubssignez Docteurs en la Faculté de Theologie à Paris, certifions auoir leu la premiere Partie de l'Alexis de Monseigneur l'Euesque de Belley, Conseiller du Roy en ses Conseils d'Estat & Priué; où soubs la suitte de diuers Pelerinages sont deduittes plusieurs histoires tant anciennes que modernes, remplies de diuers enseignemens de Pieté: où nous n'auons rien treuué contraire à la foy Catholique, Apostolique & Romaine, comme nous tesmoignons par nos seings cy mis, ce cinquieme de Nouembre, 1621.

LE CREVX.   A. SOTO.

Extraict du Priuilege du Roy.

PAR grace & Priuilege du Roy, il est permis à Claude Chappelet Libraire Iuré en l'Vniuersité de Paris, d'imprimer, ou faire imprimer, & mettre en vente vn Liure intitulé, La premiere Partie de l'Alexis de Monseigneur l'Euesque de Belley, Conseiller du Roy en ses Conseils d'Estat & Priué; où soubs la suitte de diuers Pelerinages sont deduittes plusieurs histoires tant anciennes que modernes, remplies de diuers enseignemens de Pieté: Faisans defeces à tous Libraires, Imprimeurs, ou autres de quelque qualité & condition qu'ils soient, d'imprimer ou faire imprimer ledit Liure de l'Alexis, le vendre, faire vendre, debiter, ny distribuer par nostre Royaume, durant le temps de dix ans, sur peine aux contreuenans de confiscation des exéplaires, & de cinq cens liures d'amende, moitié à nous, & l'autre moitié audit exposant; comme il est contenu és lettres donnees à Paris le dixiesme iour de Decembre, 1621.

Par le conseil,   BERGERON.

TABLE
DES SOMMAIRES DE LA
premiere Partie d'Alexis.

Sommaire du premier Liure.

1. Loüange & description de l'Isle de France & de Paris. 2. Forest de Retz. 3. Printemps. 4. Deux Pelerins esgarez. 5. Plaintes de Meliton. 6. Sa façon. 7. Ses souspirs. 8. Les Pelerins accourent à son secours. 9. Leur pourparlé. 10. Desespoir de Meliton. 11. Adoucy par Menandre. 12. Rencontre d'vn Hermite.

Sommaire du second Liure.

1. Voleurs des bois. 2. La deuotion est ioyeuse. 3. La tristesse mauuaise. 4. Oyseaux voleurs. 5. Hermitage. 6. Pont de terre. 7. Religieux cachez au monde. 8. des Pages. 9. Beauté des esprits Religieux. 10. Estangs. 11. Religieux poissons. 12. Leçon spirituelle sur des espines. 13. Arriuee à l'Hermitage. 14. Tableau de la Chappelle. 15. Songe de Meliton. 16. Discipline. 17. Amour & espoir. 18. Pieux debat de Meliton, de Menandre, & de Syluan. 19. Exercice de la discipline defendu.

Sommaire du troisiesme Liure.

1. Explication naturelle du songe de Meliton par Florimond. 2. Exposition deuote de ce mesme songe par Menandre. 3. Nostre Dame de Liesse. 4. L'Amour dangereux mal. 5. Pelerinage remede d'Amour. 6. Iniustes affections blasmees. 7. De l'honneste amitié. 8. Amour sans espoir & sans desir. 9. Deux volontez en l'homme. 10. Des biens de la saincte Communion. 11. Repas Religieux. 12. Assiete de l'Hermitage. 13. Contre la calomnie. 14. Loüange de la solitude.

Sommaire du quatriesme Liure.

1. Songes serieux & diuins. 2. Grace de Dieu donne la vraye ioye. 3. Appelle à Penitence. 4. Et la rend douce. 5. Qu'il faut deschirer non descoudre les iniustes affections. 6. Secõde interpretation du songe de Meliton par Syluan. 7. Vocation & vacation. 8. Du Celibat & du Mariage. 9. Mort plus supportable que la ialousie. 10. Contre la vengeance. 11. Incommoditez du Mariage. 12. Sa defence. 13. Vefuage marque de fidelité. 14. Contre l'irresolution. 15. De l'estat Ecclesiastique, Pastoral, & Regulier. 16. Ordre de S. François. 17. Enqueste de Syluan. 18. Histoire de la tristesse de Geoffroy. 19. Aumosne inopinee.

Sommaire du cinquiesme Liure.

1. S'il faut tant deliberer pour estre Religieux. 2. Commencement de l'histoire de Menandre. 3. Trois sœurs. 4. Douleur moderee. 5. Inegalité d'esprit. 6. Naissantes affections. 7. Femme contrariante. 8. Recherche dissimulee. 9. Ialousie d'Angele. 10. Dissippee. 11. Maladie & mort de Pinciane. 12. Dissimulation descouuerte.

Sommaire du sixiesme Liure.

1. Priuautez dangereuses sainctement retranchees. 2. Prompt despit suiui d'vn soudain repentir. 3. Extrauagance de fille. 4. Mariage de Menandre & d'Angele. 5. Mauuaise vocation Religieuse. 6. Nopces clandestines de Francine & de Cereal malheureuses. 7. Agathe bonne Religieuse. 8. Vie contente & deuote de Menandre. 9. Mort soudaine, mais nō impreueuë, d'Angele. 10. Douleur extreme de Menandre. 11. Sa consolation en Dieu. 12. Retraitte spirituelle. 13. Histoire d'Euariste. 14. L'obligation des peres enuers leurs enfans encores petits. 15. Resolution de Menandre & de Florimond d'aller à Liesse en Pelerins Chrestiens. 16. Et aussi de Meliton. 17. Alexis rencontré à Bonnefontaine.

ALEXIS.

ALEXIS.
PARTIE PREMIERE.
LIVRE PREMIER.

SOMMAIRE.

1. Loüange & description de l'Isle de France & de Paris. 2. Forest de Retz. 3. Printemps. 4. Deux Pelerins esgarez. 5. Plaintes de Meliton. 6. Sa façon. 7. Ses souspirs. 8. Les Pelerins accourent à son secours. 9. Leur pourparlé. 10. Desespoir de Meliton. 11. Adoucy par Menandre. 12. Rencontre d'un Hermite.

LA FRANCE a tousiours esté tenuë pour vne des plus agreables, & des plus abondantes Prouinces de l'Vniuers. Le grand Cesar, quoy que partial pour son Italie, siege de sa Domination, & throsne de son Empire, ne luy a pas pourtant denié ces vrais auantages, d'auoir vne terre fertile, sous vn ciel riant & serain, vn Soleil

A

doux & gratieux, des saisons temperees, des eaux claires & salutaires, & vn air pur, subtil & gaillard, auquel il attribuë la gentillesse de l'humeur de ceux qui l'habitent. Et certes leur teiht non trop blanchastre comme celuy de leurs voisins Insulaires & Belges, non noirastre comme celuy des Iberiens, non rebruny comme celuy des Toscans, non rougeastre & enflammé comme celuy des Germains, mais communément blanc, auec vne douce suffusion de sang, qui le rend semblable à l'yuoire teinté en du pourpre, leur a donné iustement ce nom de Gaulois, comme ayans vn front & des ioües de laict, ou plustost vne couleur semblable à ces roses incarnates qu'vn mol zephir a effueillees sur des ionchees: De là vient que leurs mœurs sont douces comme leurs visages, & candides comme la blancheur des Lys dont la tige suppure du laict quand elle est brisee, Lys la marque, l'estendart & les paisibles armes de ceste fleurissante Monarchie. Monarchie heureuse, où le beau & le bon, ces deux qualitez de si rare & difficile rencontre, semblent conjurer par vne gracieuse conjoncture pour releuer son excellence par dessus les contrees circonuoisines autant que la polissure du Lys paroist dans la rudesse des broussailles. Car ie vous prie que peut-on desirer pour le souſtien & pour la commodité de la vie qui ne ſe treuue plus qu'abondamment en ce territoire? & qui meſme ne ſurmonte les ſouhaits des plus delicats? C'eſt ce qui fait que ceux qui l'affectionnent, & principalement ceux qui y ſont nais, le releuent de ces Eloges, que c'eſt l'œil du Monde, le iardin de la Terre, la ialouſie du Ciel, l'enuie des Eſtrãgers, le bonheur de ſes habitans, la gloire de l'Europe, la fleur des plus deſirables demeures. Ces excés ſont pardonnables à ceux qui ont humé cet air en leur naiſſance, & qui ont du ſein de ceſte belle plage veu les premiers rayons du Soleil: parce que l'Amour du pays eſt naturellement aueugle; chacun aymant ſans conſideration celuy qui l'a veu naiſtre, auec vne telle preference, que les defauts luy en ſont cachez, ou s'ils luy paroiſſent, ils ſont traueſtis en perfections. Vlyſſe courant auec vn empreſſement ſemblable aux pauuretez de ſon Itaque pierreuſe, qu'Agamemnon aux Palais dorez de la riche & ſuperbe Mycene; parce que les hommes ayment leur patrie, non par ſon excellence, mais par leur inclination, non par ſa perfection, mais par leur attachement, & par ie ne ſçay quelle douceur dont le charme eſt ineuitable. Qu'eſt-ce donc quand à ceſte naturelle bienveillance concourt le merite du ſejour, n'eſt-

A ij

ce pas pour engendrer des affections incomparables? & que peuuent engendrer ces affections sinon vne estime merueilleuse, & ceste estime des loüanges conformes à la cause qui leur dõne l'estre, la bouche parlant pour l'ordinaire de l'abõdance du cœur. Qu'il soit donc permis à vn homme qui tire son origine de ceste douce contree, de la preferer auec verité à la Vanité fabuleuse de ces champs Elisiens, qui n'ont de la subsistance que dans la vacuité des cerueaux des Poëtes, feintes que les Hesperiens ont voulu transporter à la gloire de leur fameuse Andaluzie. Quand la valeur des François a tenu ce Royaume, la crefme de l'Italie, & que leur nonchalance à conseruer leur a laissé perdre, ils ont assez recogneu par experience que tout ce que l'antiquité a tant celebré de la suauité des anciennes Bayes, sont de pures bayes comparees au doux climat de la France, auec laquelle elles ne peuuent non plus entrer en conference, que l'escarlate commune auec celle de Sidon ou de Tyr. Que l'Arabie se donne le glorieux tiltre d'heureuse à cause de ses parfums, c'est vne vanterie aussi venteuse que la menterie est flateuse, puisqu'elle n'a rien de rare que la possession de cet oyseau vnique de l'estre duquel on ne sçait si c'est fable ou histoire, parce qu'on en parle

Liure premier.

assez, & on ne l'a iamais veu. Que la Sabee se glorifie de ses odeurs, tout cela n'est que fumee. Que l'Inde estime son or & ses pierreries, ce n'est qu'opinion. Que ces belles Isles dont les arbres florissants respandent si loing leur odeur en leur circonference, que le Grand Alexandre en pressentit l'abord voyageant sur la mer, prennent tant qu'elles voudront la qualité de Fortunees, comme si tout le bon-heur du monde estoit borné dedans leur sein: Que celle des Lotophages prise la delicatesse de ce fruict si sauoureux, qu'il fait oublier le retour à ceux qui arriuent en la terre qui le produict: Tous ces cantons n'ont en detail que ce que la France contient en gros; & toutes ces merueilles du monde sont en elle vn monde de merueilles, comprenant en soy tant de thresors & tant de plaisirs, qu'elle possede en general ce qui n'est ailleurs que diuisé en parcelles: Terre benite, qui surmonte les desirs mesmes de ses habitans: Terre de promesse qui coule le laict & le miel, doüee de la rosee d'enhaut & de la graisse d'embas, pareille au partage d'Axa fille de Caleb, puisqu'arrousee de belles eaux ces radicales humiditez sont ioinctes auec la chaleur téperee des rays du Soleil, source viue de toute lumiere, & principe de toute fecondité. Oserois ie l'esleuer plus haut, & l'ap-

A iij

peller vn autre Paradis terrestre, puisque l'œil du iour la regarde auec tant de mignardise, puisque la beauté des fleurs y est ioincte auec la bonté des fruicts, puisque les saisons y sont si molles, les Hyuers si doux, & les Estez si frais, & puisque la franchise qui luy donne le nom & qui accōpagne ces peuples francs qui l'habitēt, a quelque rapport auec l'innocēce naturelle des premiers habitans de l'Eden. Peut-estre que ie vay trop auant; mais cōme d'vne part l'excés de mon affectiō excuse celuy de mon Eloge, de l'autre faut-il pas estre sans yeux pour ne voir que ce que ie dis est encores bien loing au dessous des honneurs que merite ceste digne contree? Or quand ie dis la France, ie n'entends pas ceste vaste estenduë des Gaules qui borne son circuit des Mers Occeane, du Fleuue du Rhin, & de ces hauts bouleuards des Alpes & des Pyrenees : Car bien que la valeur des François ait porté leur langage & leur puissance iusques à ces extremitez, & emply toute la terre du bruict de leur renom: Si est-ce que resserrant ceste Mer de grandeur qui a autrefois inondé tant de Prouinces dedans ses premiers & plus anciens bornes, ie regarde seulement ce qui est sous le nom d'Isle de France, limité en ses confins, selon les quatre parties du monde, de ceste façon. De la part d'où le Soleil se fait voir en son Orient auec vn or'riant qui polit la sommité des montagnes, & d'où

Par de longs traicts dorez qui font peur aux estoiles,
Il dissippe la nuict, en perçant tous ses voiles,

Les frais & verdoyans ombrages de la Brie se monstrent aux yeux en leur plus agreable ornement. Du costé du Midy d'où les rays de ce grand Astre ont vn ascendant & vn aspect plus cuisant, se descouurent ces fructueuses campagnes de la Beausse, où se rotissent des moissons vastes & ondoyantes comme les flots de la Mer. L'Occident fait paroistre les agreables diuersitez du Vexin, or' esleué en tertres, or' creusé en vallees, or' couuert d'espoisses forests, or' descouuert en petites plaines. Et le Septentrion est borné de la fertile Picardie, où rien n'est à desirer que de voir estendre sur ses verdoyans coustaux les pampres de ce bon Pere qui renouuella le monde apres le Deluge. Que si l'ancien Caton releuoit le prix d'vne de ses terres qu'il mettoit en vente par la bonté de son voisin, comme n'appellerons-nous la Prouince que nous descriuons du nom de l'Isle heureuse, puisque tres-accomplie en ellemesme elle est encore comme la Royne de la droicte de Dieu enuironnee de tant de plaisantes & profitables varietez. Disons

Aiiij

donc qu'elle est ceste vigne que Dieu a choisie parmy tant de plantes, qu'elle est ce beau Lys dont parle le Sage que Dieu a esleu parmy toutes les fleurs des champs: & que si les autres contrees sont abondantes en richesses, elle les surpasse toutes,

Ainsi qu'vn plein croissant paroist plus specieux
Que ces feux que la nuict allume dans les cieux.

Mais à vostre aduis d'où luy vient ce nom d'Isle que nos Peres & nos ayeuls luy ont de tout temps appliqué, sinon de cette multitude de ruisseaux, de riuieres & de fleuues qui la baignent & qui l'arrosent de toutes parts, entre lesquels, comme au iardin d'Orient humecté d'vne grosse source qui se diuisoit en quatre branches, paroissent l'Yonne, l'Oyse, & la Marne, qui perdans leur nom dedans la grande Seine, enuoyent dedans ce doux & agreable lict leurs claires eaux pour tribut à l'Occean. Et comment ne seroit fertile vn corps remply de tant de veines? Aussi est-ce dans ceste enceinte où ne se treuue rien de vuide, rien d'inutile, les montaignes y sont plantureuses, les vallees surabondantes, les collines ionchees de pampres dont la liqueur resiouyt les cœurs, & les plaines de fromens qui soustiennēt les corps humains de leurs moelles puissantes & sauoureuses. Toute la campaigne est si couuerte de villages & de bourgs, qu'il semble à voir la face de Paris que ce ne soit qu'vne ville continuelle dont les champs sont les iardinages. Les villes y sont si peuplees, qu'en les voyant vous diriez que tout le voisinage les habite: allez par les bourgades, vous diriez que les villes inondent par les champs, si encores les bourgades qui tiendroient en d'autres Prouinces rang de notables Citez se doiuent appeller ainsi; mais il vaut mieux les appeller des villes spacieuses, & les villes des Citez specieuses. Leur nombre est tel qu'il empliroit trop de pages, & leur description demanderoit vn volume. Mais qu'est-il besoin de les faire paroistre puisqu'elles disparoistroient aussi tost deuant ceste fameuse & incomparable Cité la Royne des Citez de l'Vniuers, & qu'vn grand Empereur appella non vne ville, mais vn Monde. C'est Paris, qu'il suffit de nommer pour la renommer & pour la dire sans pair, la conference de toute autre luy estant non seulement inesgale, mais iniurieuse. Il vaut mieux exprimer le reste de sa dignité par le silence, & n'en dire rien que d'en dire peu : car si sa splendeur esbloüit nostre imagination, sa grandeur surmonte nos paroles : vn monde d'ouurages ne suffiroit pas pour rapporter les ouurages de ce Monde. Peindre la beauté de sa situation, ses hauts murs baignez & trauersez d'vn fleuue dont les cõmoditez sont preferables aux richesses du Pactole; l'excellence & le nombre de ses Palais, la multitude de ses habitans, la noblesse de ses Citoyens, l'affluence de leurs biens, l'incroyable douceur de leur naturel, la suauité de leur conuersation, leur Pieté sans exemple, la viuacité de leurs esprits; ne seroit-ce pas vne entreprise aussi hardie que penible? Que seroit-ce si penetrant dans leur conduitte nous voulions faire voir ceste superbe Cité comme mere des sciences & la nourrice des arts tant liberaux que mechaniques: sa fameuse Vniuersité autrefois l'Oracle de l'Europe, & tousiours la Maistresse des autres, a sans cesse produict des Hercules Gaulois qui ont dompté les Monstres de l'Erreur & de l'Ignorance, & qui ont attaché les oreilles des hommes aux langues de ceux qu'elle a rendus signalez en l'artifice de bien dire. Qui pourroit dignement representer la multitude & la magnificence de ses Temples, mais cela est materiel & grossier à comparaison de la deuotion des Temples viuans, qui sont les ames, deuotion qui sert d'esprit à ce grand corps, & qui veuë auec admiration par tous les Estrangers par vne merueille d'humilité n'est pas veuë d'elle-mesme: de sorte que les Parisiens, quoy qu'ils se treuuent cōme faisoient les Spartains, alterez par l'abord des estrangers, sont neantmoins par vn adueu general tenus pour les meilleurs naturels de la terre, pechans plustost en l'excés de la simplicité & de la franchise, qu'en celuy de la prudente Subtilité. L'Eglise & la Religion Catholique y sont en vn lustre esclatant, la Iustice en vne sincerité digne du respect qu'on luy porte, la loyauté parmy les marchands fort remarquable, la galanterie esleuee parmy la Noblesse, dont les exercices se pratiquent auec beaucoup d'honneur en plusieurs belles Academies; & pour comble de tous ces ornemens suffit-il pas de dire que c'est le Siege de la Monarchie des Gaules & la seance ordinaire de la Court du premier de tous les Roys Chrestiens. C'est la chere Syon de ce grand Monarque; aux Lys duquel toute la gloire & toute la pompe de Salomon n'a rien de conferable. Or i'auance toutes ces choses à la teste de ce Liure, tentant peut-estre vn peu la patience de celuy qui le prend auec auidité, mais outre que ie ne pouuois dire tant de grandes choses en peu de paroles, ie l'ay faict à dessein, parce que prenant ceste Isle franche & ceste Ville de franchise comme vne Cité de refuge, & cōme le centre d'où doiuent estre tirees les lignes de la circonference de tant de Pelerinages que i'ay à deduire, & comme le Piuot & le Pole immobile sur lequel doiuent tourner tant de differens mouuemens que i'ay à representer, & comme la Mer de laquelle sortiront tant de ruisseaux, & en laquelle apres beaucoup de contours ils ont à se r'engouffrer; il me semble que ie deuois l'image de ce plan à ceste contree qui a veu naistre le Personnage principal de ceste Scene, & qui donne le nom & le tiltre à cet ouurage, auquel sous la tissure de diuers voyages que la Pieté fera escloirre, seront entrelassees plusieurs Histoires des siecles passez & du nostre, pleines d'autant de contentement que d'edification.

Sur les confins qui separent la belle France de la gentille Picardie, du costé d'où les Aquilons poussent leurs plus froides halenées, s'esleue vne vaste & espoisse forest, que le vulgaire appelle du nom de Retz: là se trouuent des arbres qui disputent de l'antiquité diray-ie auec les Cerfs qui foulent leurs racines, & auec les corbeaux qui se perchent sur leurs branches, ou bien auec les rochers dont les pointes sourcilleuses impenetrables aux dents du temps seruent de butte ordinaire aux foudres & aux tempestes: iamais les chesnes de Dodone ny les palmes de la Palestine ne furent de plus longue durée, iamais leurs ombres ne firent vne plus sain-cte horreur; car la Solitude & le Silence resident dedans les hautes fustes de ces bois à la faueur d'vn fueillage où les rayons du Soleil ne se peuuent enfoncer, empeschez par la multitude des branches & des rameaux : & ce qui est de plus agreable en ce beau & obscur desert, c'est que ces grosses plantes touffues par leurs faistes sont tellement nettes de broussailles en leurs pieds, que l'on entre là dedans comme dans vn temple composé de pilastres & de colomnes, paué de mousse verte, les claires voyes des branchages laissans entrer assez de iour pour recognoistre les delices de ces lieux, mais non pas assez pour exposer ceux qui sont à l'abry de ces ombrages où à l'importunité des ardeurs du Soleil, ou aux incommoditez des orages de l'air. Ceste forest semble sacrée non seulement par son assiette & par sa forme, mais bien plus pour vn grand nombre de Maisons ou Royales ou Religieuses, ou si vous voulez Religieuses & Royales tout ensemble, qui sont dans son enceinte. Villiers & Crespy monstrent encor en leurs vestiges les marques illustres de la valeur de ces Valois qui ont tenu si long temps le Sceptre des Gaules. Il y a plusieurs Monasteres tant de l'vn que de l'autre sexe, qui sont autant de divins Echos dans le creux de cette forest, où demeurent beaucoup de sainctes ames, qui sequestrees de la conuersation des mondains & du trouble des hommes, meinent en ceste solitude, où Dieu parle à leurs cœurs, vne vie plus Angelique qu'humaine. Long-pont, Cerfroy, Long-pré, & tant d'autres sont de ce nombre, & cette celebre Chartreuse de nostre Dame de Bonne-fontaine, autrefois maison Royale, mais que la pieté de nos Monarques a replie de Courtisans celestes, & de ceux qui se peuuent dire bien-heureux, pour auoir choisi auec Marie la meilleure part pour demeurer aux pieds du vray Salomon, & entendre en vne douce quietude les aymables paroles de son eternelle Sagesse, dans ses suaues inspirations. Ie laisse à dire plusieurs particularitez de ce desert vrayement sainct, & où sont tant de Maisons de Dieu, tant de Bethels, tant d'eschelles & de portes pour monter & pour entrer au Ciel : car outre les ruisseaux, les fontaines & les estangs qui embellissent ceste retraitte, il y a plusieurs Hermitages, enttelassez çà & là autour de ces Monasteres, où se retirent ceux qui n'estans pas appellez à la vie Cenobitique, viuent en bons Anachoretes, gouuernez par les conseils des Superieurs de ces Maisons

Liure prémier.

Religieuses. Ce fut donc dans le plus creux de ceste forest que Dieu fit arriuer vne memorable rencontre.

C'est en la saison du Printemps, que la terre plus gentille qu'en aucune des autres, renouuellant les traicts de sa face herissee durant l'Hyuer, se pare de ses plus riches ornemens,

Lors que les plus doux ombrages
   Reuerdissent dans les bois,
   Que l'Hyuer & ses orages
Sont en prison pour neuf mois,
Lors que la neige & la glace
Font à la verdure place,
Et que les fleurs que produict
Sur la terre, la nature,
Brillent parmy la verdure
Comme des astres la nuict.

C'est en ceste agreable Primeuere, en laquelle la couleur des fleurs dispute la preéminence auec leur odeur, laissant les esprits en suspens de ce que l'on doit le plus aymer ou le coloris de leurs peintures, ou la suauité de leurs senteurs, suspension qui se termine en cet equilibre, qu'il n'y a rien de plus agreable que la diuersité de ces beautez, & la multiplicité de ces senteurs. C'est ce semble en ceste ieunesse de l'an, apres l'escoulement de l'inclemence de l'Hyuer, lors que le sein de la Terre commence à estaler ses plus cheres richesses, que l'Espoux divin convie son Amante sacrée de se lever & de se haster de le suivre, pour battre aux champs, pour iouyr du plaisir de tant d'innocentes delices qui s'y goustent en ce temps-là. Temps favorable aux voyages, & sur tout aux Pelerinages Chrestiens, car alors les abeilles devotieuses sortent ordinairement de leurs ruches pour faire essor sur le paysage, pour former de nouveaux essains, ou pour esclorre de pieux desseins de visiter les lieux plus celebres de la Chrestienté, & où les fideles voüent souvent de se rendre aux occurrences de tant de miseres qui arrivent au cours de ceste vie.

C'estoit donc en ceste delicieuse saison que deux Pelerins sortans de Villiers, villette assise sur le costé de la forest de Retz, se ietterent dans l'espoisseur de ce bois à dessein de voir ceste belle Chartreuse de Bonnefontaine, & de s'y consoler avec des Religieux tant de leur parenté que de leur cognoissance qui estoient en ceste saincte Maison. Mais comme il faut beaucoup de choses pour bien rencontrer en cheminant, il en faut peu pour se destourner, parce qu'vne seule route arrive où l'on va, plusieurs en destraquent. Il fut donc aisé à ces gens, que leur devotion plustost que leur condition rendoit

doit pietons, de se fouruoyer, prenans en vn carrefour vne main pour l'autre: & comme vne legere erreur au principe s'estend par le progrez, ils allerent si auant & si long temps sans rencontrer le lieu où ils tendoient, encor qu'on les eust asseurez la distance n'estre pas bien grande, qu'ils s'apperceurent trop tard de leur egarement, & en tel lieu qu'ils n'auoient plus aucune addresse. Ils cheminent tousiours, & quelquefois ils reuiennent sur leurs erres, sortans & entrans comme s'ils eussent esté dans vn labyrinthe, qu'ils ne pouuoient desmesler. En fin estans recreus d'auoir tant tracassé, comme ils estoient en resolution de se reposer à la fraischeur de ces grands ombrages, & de chercher dedans leurs petites males de quoy soustenir leur lassitude, ils s'aduiserent de choisir quelque lieu non seulement commode, mais delectable, pour y prendre vn peu de repos, apres vn leger repas. Pour cela ils se mirent à suiure vn petit ruisseau qui baignoit de ses claires ondes les racines de ces vieux chesnes, & qui rendoit de son humide fraischeur les bocages plus verdoyans, & la face du lieu plus agreable. Il s'alloit perdre en de grands estags qu'ils entreuoyoiét de loing à trauers la confusion du fueillage, & desia ils s'estoient rangez sur le bord de ce cristal mou-

B

uant, dont le murmure s'accordant auec celuy du Zephir rendoit vne harmonie delicieuse: Ils alloient s'estendre sur l'herbe arrosee d'vne eau d'argent coulāte sur vn sable menu & doré, quand ils entendirent vn bruict comme d'vne voix souspirante, & qui sanglottoit les derniers accents d'vne mourāte vie. La pitié & la peur, deux passiōs egalement molles en la diuersité de leurs mouuemēs, s'emparerēt en mesme temps de leurs courages; & bien que l'vne leur attachast des aisles aux talons, l'autre les retenoit auec vn poids qui cōtrebalāçoit la legereté de la premiere. Que feront-ils, plusieurs pensees mōtent en leurs cœurs qui leur font enfanter de timides conseils; si l'apprehēsion leur persuade la fuitte, cette mesme crainte les retient, ayant peur non seulement d'autruy, mais encores d'eux-mesmes. C'est peut-estre, dict le plus ieune, quelque miserable laissé demy mort par des brigands, si l'on nous treuue en ce lieu on pensera que nous l'ayons assassiné. Nous ne sommes pas gens à faire de ces coups là, dict le plus aagé, par tout où nous serons en nous faisant cognoistre l'on iugera bien que nos cōditions sont esloignees de la qualité de destrousseurs de passans, & de guetteurs de grands chemins. C'est tout vn, dict le plus ieune, que nous appellerōs Florimond, quoy que nous ne soyons aucunement coulpables, si est-ce vne chose honteuse d'estre trainez deuant des Iuges: encores que la playe soit guerie la cicatrice demeure; il y a tousiours quelque sorte de flestrissure d'estre ainsi manié par la Iustice, c'est vne espece d'affront d'estre si honteusement confrôté. C'est estre indigne du nom de Pelerin de la Vierge, repliqua l'ancien, qui se fera cognoistre sous le nom de Menandre, de redouter la mesme ignominie qui courut le front de son fils nostre Redempteur, lequel fut reputé pour meschant, condamné auec des larrons, & pendu au milieu des voleurs auec autant d'iniustice qu'il auoit d'innocence. Menandre, reprit Florimond, vous estes tousiours dans les extases, de vos deuotions, ceux qui comme moy n'y sont pas si bien fondez, y perdent leur escrime quand se vient aux orages de la Mer, & aux perils de la terre, tel que celuy qui nous menace. Pensez que c'est vn grand plaisir d'estre mis dans vne prisõ d'où l'on ne sort pas si facilement comme l'on y entre, & où l'innocence se voit malaysémét parmy tant de tenebres, & en fin quand on nous aura faict decliner nos noms, & sceu la verité de nos qualitez, & de nos naissances, on en sera quitte pour nous dire qu'on nous prenoit pour d'autres;

B ij

& si l'on nous pendoit pour des vilains, & pour des larrons, encores que nous soyons incoulpables, & Gentils-hommes, ce seroit vn grand honneur pour nos familles, & vne gloire signalee pour nostre sang; croyez moy qui ayme le danger y perira: fuyons ie vous prie, & nous escartons de ce funeste riuage. L'innocence, reprit Menandre, (qui commençoit à se r'asseurer & à se mocquer de la frayeur de Florimond) peut estre accusee par qui que ce soit, nullement conuaincuë; le Soleil peut estre obscurcy de vapeurs, iamais esteint. La verité sort tousiours en euidence mesme du milieu d'vn puits; & où est vostre confiance en la prouidence de Dieu, homme de peu de foy, que redoutez vous? quand nous serions entre les mains de la mort faudroit-il pas esperer en Dieu, & quand l'apparence de secours nous manqueroit, faudroit-il perdre le Nort de l'Esperance, quel naufrage ne doit attendre celuy qui abandonne le timon, s'il faut perir, il le faut le gouuernal en la main. Si vous auez peur des fueilles il ne pas entrer dans les bois, ny vous resoudre à voyager, si vous apprehendez les mauuaises rencontres; le monde en est tout remply, Perils par tout, dict l'Apostre, & autant est proche du trespas celuy qui est enfermé dans vne estude ou dans vn poisle, que nous qui sommes à cette heure parmy les loups & les brigands: & que sçauez-vous si ce n'est point quelque hybou sorty trop tost de sa tasniere, ou quelqu'autre oyseau contrefaisant vne voix humaine & plaintiue, ou le rebattement de quelque Echo, ou quelque cerf qui gemit ou qui brame. Escoutez, dict Florimond, sans doute c'est quelqu'vn qui se meurt, si nous estions en Affrique ie dirois que ce seroit vne Hyene, que l'on dict contrefaire vne voix languissante pour attirer les passans, & attirez les deuorer. Vous voyla pasle comme la mort, dict Menandre, & si vous auez peur de l'ombre de la Mort, vous deuez auoir peur de la vostre; mais c'est le propre de ces lieux escartez & sombres de donner de l'horreur, & cette horreur est mere de l'apprehension: releuez vostre courage, mon amy, cecy ne sera rien par la misericorde de Dieu. I'en supplie la diuine Bonté, reprit Florimond, mais il me semble qu'il seroit plus à propos de laisser cet homme où il est, & comme il est, que d'y aller voir; semblables accidens se doiuent combattre auec les armes des Parthes, celuy-là est miserable qui cherche euidemment son malheur. Pour moy, dict Menandre, ie suis resolu d'aller au secours de celuy qui se plaint, c'est

B iij

contribuer à la mort d'vn homme que ne l'assister pas quand il demande de l'ayde, & quand on le peut assister; vous me suiurez si vous voulez, i'espere que cette œuure de misericorde surmontera tout iugement, celuy-là ne peut mal finir qui l'exerce volontiers. Menandre, dict Florimond, vous preschez tousiours, mais croyez-moy la Mort n'a point d'oreilles, n'allons point chercher malencontre, que sçauez-vous s'il n'y a point quelque embusche sous cette plainte, & si ce n'est point vn appeau pour nous faire donner dans les filets: vous souuient-il de ce voleur qui feignoit d'estre estropié & tombé dans les grands chemins, afin de faire descendre les gens de cheual, dont il imploroit le secours, & que par apres il esgorgeoit & destroussoit miserablement? Que vous estes deffiant, dict Menádre: la deffiance, repliqua Florimond, est mere de seureté. M'en d'eust-il couster la vie, reprit le pieux Menandre, ie veux secourir mon prochain; à l'imitation du bon Tobie, & du misericordieux Samaritain, tant estimé par le Sauueur. Allons, ayons bon courage: ces mots proferez auec zele, osterent vne partie de la peur du cœur du timide Florimond, & le tirerent apres Menandre, auquel il conseilla qu'ils se trainassent doncques tout bellement à travers le taillis, pour escouter plus distinctement ce que proferoit ceste voix si dolente. Menandre pour ne tenter Dieu, & ne paroistre temeraire, luy accorda ceste demande: lors s'auançans à petits pas, & se cachans dans l'espoisseur du boccage, ils auoysinerent de si prés le lieu où se formoient ces plaintes, qu'ils eurent moyen d'entendre clairement ces paroles.

Miserable Meliton, viuras-tu encores long temps abandonné à la proye de tes desplaisirs, plus deuoré de tes angoisses, que ce chasseur metamorphosé ne le fut de ses chiens: dy aux montaignes qu'elles tombent sur toy à fin d'enseuelir tes tristesses inconsolables dans leurs ruines: la sombre obscurité de cette forest est encores trop claire pour la noirceur de la melancholie qui t'accable: cruelles passions, engeance de Vipere, qui creuez le cœur qui vous admet, qu'heureux est celuy qui est deliuré du joug de vostre tyrannie: mais quelle attente ay-je de m'en voir deliuré, puisque le Ciel & la terre semblent auoir conspiré la ruine de mon esperance, pour me plonger dans vn abysme de desespoir? où iray-je pour me cacher de moy-mesme, puisque me portant par tout ie porte quant & moy mon Iuge, ma partie, & mon bourreau: I'ay toutes choses ouuertes

plaintes de Meliton

à ma perte, rien ne se presente pour me sauuer, que puis-je attendre qu'vn asseuré naufrage? Encores si en ce grand deluge de maux, dont les eaux ameres penetrent iusques dans mon ame, le pitoyable Ciel m'enuoyoit quelque table fauorable, ou quelque secours extraordinaire, au moins serois-je trop fortuné en ma disgrace si ie l'auois communiquee; mais ie me voy battu du Ciel & de la terre, sans remede & sans conseil: car comme i'ay voulu chasser le cloud de l'Amour humaine, qui me tourmente par les clouds de la diuine Amour du grand Crucifié, ces Maisons de pieté dont cette forest est remplie, se sont treuuees sans pitié pour moy, cóme si i'estois seul entre les hómes de qui les deplorables malheurs deussent rédre leur bonté inexorable. Banny des hommes & de Dieu, ou bien de ces hommes de Dieu comme vn autre Cain reprouué, encores que ie ne sois coulpable de la mort d'aucun de mes prochains, n'ayant point d'autre crime que d'aymer trop, faut-il que ie rode tout l'vniuers sás rencótrer ce peu de terre qui est necessaire pour receuoir les derniers aboys de ce corps chetif & languissant, faudra-il que ie consume vagabond en ces bois, les restes de ma mourante vie, & que la finissant par vne mort obscure, le ventre des Corbeaux & des Loups me serue de cercueil. Cruel Amour, cause de toutes mes calamitez, falloit-il que tu cachasses ta venimeuse pointe sous vn ceton si doux, ton fiel sous tant de miel, & que tant de iustes douceurs fussent suiuies d'vn dessert tout d'Absynthe. Ces mots furent entrecoupez de tant de sanglots, & de tant de souspirs, qu'ils suffocquerent la parole dans la bouche de cet infortuné : ce qui donna suject à nos Pelerins de s'entredire celles cy d'vn ton si bas qu'eux seuls se pouuoient entendre. A ce que ie puis comprendre, dict Menandre, ce traistre petit voleur, que l'on appelle Amour, a faict en cette forest quelque brigandage, vous auez bien deuiné, Florimond, de dire que c'estoit quelqu'vn blessé par les voleurs, ô quelle playe que celle qui trauerse le cœur,

Il n'est point de tourment, il n'est point de blessure,

Qui surpasse en douleur l'amoureuse pointure.

Florimond tout à faict r'asseuré de son estonnement commence à faire le courageux, ne voyant plus le front d'aucun peril, & conseillant à Menandre d'aller promptement au secours de ce desolé, Tout beau luy dict l'aduisé Menandre, il nous en faut sçauoir d'auantage auant que de nous descouurir, cette paſſion affectueuſe eſt langagere: & cóme les animaux qui ſont picquez de cet auertin ſe manifeſtent par leurs cris, ainſi font les Amans par leurs plaintes. Si ce paſſionné n'eſt tout à faict eſuanouy, reuenu de ſon extaſe, il nous en contera bien d'autres, & ne penſant parler qu'aux rochers, & aux arbres, il rencontrera des plantes raiſonnables qui comme des Echos, ſi elles ne les rediſent les receuront auec plus d'intelligēce. Si c'eſt vne conſolation aux malheureux, reprit Florimond, d'auoir des ſemblables, ie verray peut-eſtre en cet infortuné, l'image de mes deſaſtres, & i'apprendray que ie ne ſuis pas le ſeul tourmēté par l'infidelité d'vn ſexe qui ſemble n'eſtre au monde que pour nous ſeruir de fleau. Et que ſçauez vous, dict Menandre, s'il n'aura point plus de conuenance auec mes douleurs, puis qu'il ſemble que n'ayant autre eſperance qu'au deſeſpoir il appelle la Mort pour remede à ſon Amour, laquelle barbare qu'elle eſt m'a rauy ce que i'auois de plus cher au monde, reduiſant en cendre l'object de ma dilection, & ſe ſeruant de ces meſmes cendres pour conſeruer en leur ardeur les charbons allumez de cette affection qui me deuore. Mais approchons nous d'auantage, & nous tapiſſans doucement au plus prés qu'il nous ſera poſſible

Liure premier. 27

sans estre apperceus, essayons de voir celuy qui se plaint, afin que la veuë adjoustee à l'oreille nous face penetrer plus auant dans la cognoissance de son mal, auquel si nous en estions bien sains nous apporterions les remedes; mais ie preuoy que ce sera plustost pour participer à ses desplaisirs. Comme ils se glissoient entre les halliers, Florimõd disoit, oyez Menandre comme toute cette forest semble compatir à cet affligé, & comme de toutes parts elle ne resonne qu'Amour, les eaux amoureuses de leur centre y courent auec vn murmure plaintif; les cerfs y brament & font en ruth; les oyseaux y degoisent leurs passions en leurs ramages; Zephir respand ses aisles musquees sur les diuers ornemens de sa Flore; la saison mesme est toute l'Amour de l'annee:

Car le gracieux Printemps
 Par la chasse des Autans,
 Et la douceur du Zephire
 Qui voltige icy autour,
 Faict que tout ce qui souspire
 Ne souspire que d'Amour.

Menandre bien ayse de cognoistre à ces discours que son Florimond estoit r'asseuré; O, luy dict-il, mon cher amy, que ta condition & la mienne sont vniformes & differentes, vniformes en ce que ceste passion affectueuse est la cause de nostre tourment, differentes parce que l'object de mon affection estant mort, l'Amour est neantmoins encores viuant en moy; mais vn iuste despit a tué ton Amour, bien que son object infidele soit encore entre les viuans: c'est pourquoy ie souspire l'Amour viuante d'vne personne morte, & toy l'Amour morte d'vne personne viuante. Ie plains le traict fatal d'vne mort inexorable, toy l'infidelité d'vn sexe qui n'a rien de constant que son inconstance, rien de si ferme que sa legereté. Comme il disoit ces paroles, ils se treuuerent si prés que si celuy qu'ils cherchoient n'eust esté profondement rauy en ses pensees, sans doute il les eust apperceus; mais son transport estoit tel qu'il n'eut ny des yeux pour les voir ny des oreilles pour les entendre, ouy bien vne langue qui profera ces discours auec vn élancemēt nompareil: vous les voulez entendre, mais puis qu'vn tesmoin oculaire est plus puissant que plusieurs auriculaires, attendez que ie vous depeigne la forme de celuy qui les poussoit.

C'estoit vn adolescent beau comme vn Ange, mais comme vn Ange de douleur, aucunement conforme à ceux qui consolerent l'espleuree Magdeleine sur le tombeau du Sauueur. Les roses esuanouies de ses ioues n'y auoient laissé que les lys, les yeux battus & tous noyez de larmes paroissoient comme les rayons blaffards du Soleil à trauers vn nuage; ses cheueux herissez faisoient paroistre la negligence qu'il auoit de les peigner: ils recogneurent à ses habits, qui passoient les ornemens vulgaires, que c'estoit quelque personne de remarque; vne belle espee soustenuë d'vn pendant de riche broderie, & vn reste d'aigrette fine attachee à vn castor, leur firent conjecturer que c'estoit quelque Courtisan disgracié de son Maistre, ou, ce qui estoit plus probable, de sa Maistresse: sa façon estoit douce & modeste, à le voir on l'eust pris pour vne Idole viuante, & qui eust voulu representer la Pitié eust emprunté les traicts de sa douleur: cette veuë perça le cœur de nos Pelerins, & leur fit naistre vne grande compassion. Ils le virent donc couché de son long sur le bord d'vne belle fontaine qui bouillonnant du pied d'vn vieil arbre que les ans auoient creusé estoit toute reuestuë de gazons de mousse, il estoit estendu en partie sur le menu sable de la greue, en partie sur ce tapis vert, mol comme de la laine, où son coude estant enfoncé, il appuyoit sa teste sur sa main, ayant les yeux fichez sur le cristal de l'onde, quel esprit n'eust esté touché d'vn spectacle si dolent, quelle ame de glace ne se fust fonduë au feu de si cuisantes agonies. Son pauure cœur comme entre les serres d'vn pressoir estoit en telle angoisse, qu'estant immobile, vous eussiez veu les grosses larmes couler de ses prunelles comme de deux tuyaux de fontaine, de sorte que l'on eust creu qu'il puisoit l'eau de ceste source, dans laquelle il se consideroit, pour apres la respandre en pleurs, ou plustost que ceste source prenoit vne autre source de sa veuë. Ce qui est vne fable en Narcisse, est icy vne verité, en ce que Narcisse se noya dãs vne fontaine où il regardoit ses beautez florissantes ; & Meliton, comme vous entendrez, pensa suffocquer sa vie en celle-cy, où il consideroit les siennes flestries & effacees : Car si ceste eau estoit vn fidele miroir du changement de son visaige, l'alteration de sa face estoit vn clair rapport de l'affliction de son esprit : le Soleil est ordinairement pluuieux dans le signe du Verseau, tels estoient les yeux de Meliton, attachez à l'eau de ceste seance. Cependant il prenoit vn plaisir maling à voir la peinture de sa misere pour nourrir son malheur, & troublé d'vne yuresse d'absynthe, ceste eau luy causoit le mesme effect de ces fontaines alumineuses dont les eaux ameres renuersent les cerueaux de ceux qui en boiuent:

vous eussiez dict que son vnique consolation estoit en l'image de sa desolation, ce qui luy aggrée le deffaict, & ingenieux à se tourmenter tirant de l'eau le feu de l'affliction qui le consume il ne fauorise que son supplice, & cela seul qui le tourmente luy plaist. Ie n'apperçoy que ceste difference, le fabuleux Iouuenceau, dont les pleurs firent vne fontaine, & le corps vne fleur pour auoir iniustement hay ce qui l'aymoit, fuy ce qui le suiuoit, mourut de l'Amour de soy-mesme, & nostre Meliton se pert dedans sa propre hayne pour auoir trop passionnémét affectionné vne volage qui l'effaça de sa memoire soudain qu'vne legere absèce l'eut soustraict à ses yeux. Le desir vous presse de sçauoir la cause de ces tristes effects, mais si l'impatience vous saisit, quittez cette Histoire, ou donnez moy le loysir de la vous deduire à mon gré. Qu'est-il besoin de vous raconter ses propos, puisque sa côtenance parle, immobile côme vn terme il se tait, nos Pelerins qui le considerent l'eussent tenu pour mort si l'eau de ses larmes & le vent de ses souspirs ne leur eussent donné de manifestes signes de vie : Il sembloit que le vent de peur de le resueiller du sommeil de cet extase retinst la douceur de ses halenees, les fueilles ne se friserent plus, les oyseaux arresterent leurs chants, & quand ils commencerent à les reprendre, & le Zephir à souffler, il sembloit que ce fust pour ayder à ses souspirs, ou pour accompagner ses plaintes, qui furent telles.

Les souspirs

O douce Mort la terreur des heureux, & la seule esperance des miserables, vnique remede de ma douleur, toy qui saisis tant de gens qui t'abhorrent, n'empoigneras tu iamais cet infortuné qui te reclame à son secours, & qui te hasteroit bien de venir si vn trespas temporellement precipité n'appelloit point vne eternelle ruine, & s'il estoit autant loysible de te prendre que de t'attendre: mais ie cognois à cela que tu es sourde, puisque tu ne te destournes pas de ceux qui te redoutent, & tu ne viens pas à ceux qui te desirent: quel doit estre mon mal, puisque ie n'ay plus d'attente d'estre allegé que par le plus terrible de tous les maux. Iustes Cieux deuiez-vous recompenser d'vn martyre si cruel la fidelité de ma bienueillance, est-ce vn si grand crime d'aymer purement & constamment pour le punir auec tant de seuerité? prolongerez-vous encores ma vie pour estendre vostre rigueur, & pour exercer vostre cholere? voulez vous donc que la mort s'immortalise dans la longueur de mes langueurs, & dans l'eternité de mes peines?

Que

Que si vous ne voulez-pas que la mort me deliure de tant d'angoisses, faictes que le malheur me quitte, ou qu'il cesse de me persecuter; ou bien que dans la dureté de ces rochers escartez ie treuue des cœurs humains, puis qu'en vn cœur humain i'ay rencontré la dureté d'vn rocher, mais d'vn rocher de Megare, qui s'est esbranlé au moindre heurt, comme la fueille au premier vent; aussi quelle difference entre vne fueille & vne fille. Ingrate & volage Lucie, autrefois l'object de ma ioye, maintenant le sujet de ma douleur, deuois-tu semer en mon cœur tant de belles esperances, pour me faire cueillir vne moisson de perfidies & de desloyautez; & le Ciel ne punira point vne telle trahison, que tu voyles de la force de mon Pere, & de ta foiblesse; & ie te verray en des bras estrangers, & tu y viuras, & ie ne mourray point, ou au moins le despit ne guerira point le trop d'amour que ie t'ay portee: Non, ie ne puis comprédre de quelle trépe est mon cœur pour resister sans mourir à des assauts si cruels. Dieu du Ciel, ie croy que ta iustice a permis ceste ingratitude, pour me punir d'auoir idolatré cet ouurage de tes mains, au prejudice de ta gloire: pour ce rayon i'oubliois le Soleil; pour ce

C

ruisseau, la source de toute beauté : mais que n'eusse-je oublié, puisque ie m'oubliois moy-mesme. Seigneur ie t'ay tant & tant supplié de me deliurer de ces liens de chair & de sang, de me donner vn cœur net de ces contagieuses pensees, & de renoueller vn esprit de droicture en mes entrailles. Ie t'ay tant conjuré de me rendre ma premiere liesse, & de me fortifier le courage contre de si dures attaintes : mais, ô Dieu, tu m'oublies tousiours, tousiours tu destournes ta face de moy, ma douleur engloutit ma sagesse & deuore mon conseil, mes yeux te regardent, en disant, quand me consoleras-tu. Rejetté du monde, comme luy estant crucifié, i'ay desiré me lancer entre tes bras, & voyla que tes seruiteurs me iugent indigne de ton seruice, ne voulans point sacrifier à ta Grandeur les abominations de l'Egypte. Si tu ne veux point que i'aye recours à toy, enseigne-moy ta volonté, & me dis à qui tu veux que ie recoure: en qui puis-je esperer qu'en toy, és bras duquel i'ay esté ietté dés la sortie des flancs de ma mere? à qui me dois-je refugier qu'à toy qui es mon toict contre la pluye, & mon ombrelle contre la chaleur?

Ie m'en irois, mais où pourrois-ie aller,
Au Ciel, en l'onde, en la terre, ou en l'air,
O Seigneur Dieu pour euiter ta face?
Si ie me couure en l'obscur de la nuict
Ton œil diuin par les ombres reluit,
Et tout soudain remarquera ma trace.
D'aller au Ciel, tu es là commandant,
Il vaut donc mieux fuir en descendant
Et m'abysmer au plus creux de la terre;
Mais de ton œil ie ne serois absent,
Car les Enfers vont sous toy flechissant,
Et iusques-là tu me feras la guerre.
Soit que ie veille, ou que ie sois couché,
Rien que ie face, helas, ne t'est caché,
Tu sondes tout, penetrant la pensee,
Veux-ie fuir, tu me viens attraper,
Et pour courir ie ne puis eschapper,
Car de ta main la foudre est deuancee.

Seigneur ie n'en puis plus, deliure moy du corps de cette mort, la lumiere de mes yeux se trouble, la force me defaut, reçoy mon ame affligee entre tes mains, & la traitte en Pere pitoyable, & non pas en Iuge rigoureux. A ces mots sa voix se perdit, & saisy d'vne langueur vniuerselle, ses yeux s'enfoncerent, ses levres deuindrent perses, sa bouche s'ouurit, le bras luy manqua, & sa teste se panchant contre bas, se laissa choir dans la fontaine; dans la-

C ij

quelle sans y penser il alloit noyer sa vie & ses douleurs.

Si nos Pelerins qui auoient veu tous ses gestes, & entendu toutes ses plaintes, ne fussent promptement accourus, le retirant de l'eau, le visage desia couuert de limon, sans pouls, sans mouuement, & sans haleine; ils le creurent mort assez long-temps, mais en fin à force de le tourmenter, & de luy ietter de l'eau, ils r'appellerent ses esprits, & commécerent à apperceuoir en luy quelque signe de vie. Ils ouurirent ses paupieres pour voir s'il y auoit encores quelque estincelle d'esperance dedans ses yeux; mais ses prunelles assommees de langueur incapables de supporter la lumiere, se refermerent sous leur abry naturel, & à cette fois ils le tindrent pour expiré. Comme ils balançoient ainsi entre l'espoir & la crainte, vn grand souspir redonnant de l'air à son cœur oppressé, renouuella ce mouuemét qui est le principe de nostre vie; puis ouurant languidement les yeux comme pour voir ces bras officieux, où il sembloit reprendre vn nouuel estre, troublé de l'eau qui luy baignoit le visage, & plus encores de sa pasmoison, il ne sçauoit s'il estoit passé de ce monde en l'autre, si son ame estoit encores dans son corps, ou si elle en estoit destachee, ou si ceux qui l'enuironnoient estoient des Anges, des demons, ou des hommes.

C'est pourquoy d'vne voix debile & tremblante, & qui se sentoit des horreurs de la mort, il leur dict : Quiconque vous soyez, est-ce pour mon bien, ou pour ma perte que vous estes accourus à cette creature la plus chetiue & la plus miserable qui soit en l'vniuers ? A cela Menandre desirant asseurer son courage, Nous sommes, luy dict-il, deux Pelerins que la prouidence de ce Dieu a faict treuuer icy pour vous retirer des mains de la Mort, remerciez-le du soin qu'il a eu de la conseruation de vostre vie. Meliton les regardant d'vn œil trauersé, & d'vn ton de voix qui sentoit l'aigreur & la cholere, N'attendez pas, leur dict-il, que ie vous remercie de vostre secours, ny que i'appelle du nom de faueur la cruauté de vostre assistance; que pleust à Dieu que vous sceussiez qui ie suis, & que vous eussiez eu plus de cognoissance de mes miseres, ou point du tout ; car de l'vne ou de l'autre façon vous m'eussiez laissé mourir en patience : si vous eussiez sceu mes malheurs, vous ne m'eussiez pas tiré de cette douce pasmoison qui me menoit au trespas, comme le plus desiré, aussi le plus doux qui puisse bien-heu-

C iij

rer vn miserable, & au lieu de prolonger mes tourmens auec la vie, vous m'eussiez aydé à les accourcir, en tranchant d'vne main secourable le fil de mes iours. Vous pensez m'auoir rendu quelque tesmoignage d'amitié me remettant en la vie; mais si vous eussiez sceu que c'estoit me trainer à vn barbare supplice, ie m'asseure que vous n'eussiez pas creu faire vne œuure de charité me rendant vn office si desauantageux: car comme c'est vne cruauté de prolonger le tourment d'vn criminel, aussi est-ce vne espece de pitié d'acheuer vn miserable atteint en vn combat d'vne incurable playe. Mais le desastre me vouloit encores persecuter au dernier poinct, & me faire voir son extreme & implacable rigueur en l'extreme periode de ma vie; & comme n'estant pas encores rentré en grace auec ma mauuaise fortune, elle n'a pas voulu me permettre de mourir si tost, & d'eschapper ainsi sa tyrannie. Si les Pelerins n'eussent entendu ses discours precedens, cestuy-cy qu'il profera auec vn transport d'esprit, qui se peut mieux conceuoir qu'exprimer, leur eust faict conjecturer que c'eust esté quelque criminel, coulpable de quelque grande faute, & redoutant de tumber entre les mains de la Iustice, comme s'il eust eu vn bourreau attaché à son collet, prest de le mener à vne mort honteuse & ignominieuse. Et pour le faire parler plus ouuertement, Menandre s'aduisa de luy dire : Monsieur appaisez ces frayeurs qui vous estonnent, vous iugez bien à nos habits & à nos mines que nous ne sommes pas de ceux qui accompagnent les Preuosts, aussi estes-vous trop galant-homme pour redouter des Archers, ou bien trop vaillant pour vous laisser prendre sans vendre cherement vostre prise. Alors l'honneur s'emparant du cœur de nostre Amant transy, luy fit repliquer, Helas, mes amis, si ie suis coulpable de quelque crime, c'est d'auoir esté trop fidele à vne ingratte, & d'auoir trop aymé vn object qui ne meritoit vne si parfaicte amour. Ie suis plustost l'assassiné que l'assassinant; car s'il est vray que l'Aymé qui n'ayme pas l'Amant, est homicide, en ce que rauissant l'ame d'autruy il ne luy rend pas la sienne pour animer son corps, l'ame estant plus au subject aymé qu'au lieu qu'elle anime, cette barbare ne me rendant pas Amitié pour Amitié, au contraire recompensant mes legitimes affections de desloyautez & de perfidies irremediables, n'est-elle pas digne d'vn

C iiij

supplice aussi nouueau que le mal qu'elle me faict est extreme. Encores si ne pouuant mourir d'amour ie creuois de despit de voir qu'vn autre m'ait rauy en vn tour de main ce que tant de seruices auoient promis à mon esperance, ma fin me seruiroit de soulagement. A ces mots fremirent les entrailles de Florimond; car il se sentit touché aux lieux plus tendres de ses affections, & il luy sembloit que son cœur parlast par la bouche de ce languissant Gentilhomme: mais il se retint de parler pour escouter Menandre, repliquant ainsi. Ie me doutois bien, Monsieur, que vous auiez l'ame trop genereuse pour auoir commis aucun acte indigne d'vn homme d'honneur; & quand le malheur du siecle où nous sommes vous eust porté en quelque duel, où vostre estoc faisant mordre la terre à quelque ennemy puissant, vous eust faict perdre l'espoir de la grace du Prince, & voir la ruine de vostre Maison, nous serions plustost gens pour vous secourir à vostre besoin, que pour contribuer à vostre perte: mais puisque vous estes atteinct des traicts de ce volage & aueugle Enfant, ou plustost de ce malheureux petit Demon, dont les ardantes fleches mettent en combustion tout le monde, ce n'est point sans quelque prouidence du Ciel que nous sommes arriuez auprés de vous, comme atteints de mesmes blessures, & comme cherchans dans le dictame de la Pieté, le moyen d'arracher de nos cœurs ce fer mortel & neantmoins doré qui les trauerse. Courage Monsieur, chacun se plaist auec son semblable; les Amants auec ceux qui ayment, les miserables auec ceux qui sont en aduersité: nous voicy trois malheureux & amoureux, semblables, non aux trois graces, mais aux disgraces, peut-estre si vous voulez suiure nostre dessein & nostre conseil, trouuerons nous de la consolation aux pieds de la Mere de Grace & de Misericorde.

A cela le desolé respondit, Ie vous prie si vous estes Pelerins comme vostre habit le tesmoigne, suiuez vostre chemin, & ne me parlez ny de consolation ny de conseil, car ie ne suis pas capable de l'vn ny de l'autre. Estant affligé ou plustost bourrelé comme ie suis, ce m'est vne espece de contentement que personne n'ose pretendre de trouuer quelque remede à mon incurable douleur, car cela faict tort à son extremité de croire seulement qu'elle puisse souffrir vn appareil; qui me parle de guerison, m'irrite; le soulagement que l'on imagine me donner, m'est plus insupportable que mon mal; les remõstrances plus fascheuses que mon desplaisir, la pitié que l'õ a de moy m'est importune; i'ay mis vn tel diuorce entre ma peine & son remede, que celle-là ne peut endurer celle-cy, & moy ny l'vne ny l'autre. Que si ie pensois receuoir quelque consolation, ie voudrois abbreger ma vie, de laquelle ie ne cheris la conseruation que pour prolonger ma langueur. Car endurer & aymer, sont deux choses autãt inseparables, que l'ombre du corps, que l'effect de sa cause; voyla ce qui faict, qu'il m'importe fort peu, que vous me soyez pitoyables, & que vous desiriez me secourir en ce mal qui m'afflige, puis que ce mesme mal qui me donne au cœur tant de ressentiment me bousche les oreilles pour n'entendre le retentissemẽt d'aucun auis qui me peust estre vtile; de sorte que si vous m'en voulez conter d'auantage, ie seray contrainct de me seruir de mon espee pour vous escarter d'auprés de moy, comme des Anges noirs qui venez en forme de lumineux me tourmenter sous l'apparence de me consoler, puis que ie n'ay point de plus rude enfer, que le soulagement de ma peine.

11 Menandre redoublant sa compassion par l'extrauagance de ces propos, & sçachant qu'il n'est point de plus subtile folie que celle qui est causee par ceste passion frenetique

parée du nom d'Amour, & qu'on pouuoit faire du bien à ceux qui en sont possedez encores qu'ils ne le veuillēt pas, la grace estant d'autāt plus gratuite qu'elle est moins recognuë, sans perdre courage par ces menaces, biaisant vn peu le gouuernail de sa conduitte deuant les bouillons de ceste fureur, faisant semblant de luy ceder, & feignant de se retirer, à la mode des Parthes, luy lança ces traicts dans le cœur qui le porterent à quelque condescendance. Monsieur, nous ne sommes nullement des furies attachees à vostre collet pour vous battre les oreilles d'importunes remonstrances, nous aymons mieux vous laisser en vostre repos, si vn homme peut reposer agité de tant d'inquietudes, nous prendrions volontiers nostre chemin, mais nous l'auons perdu, & nous sommes tellement égarez que nous ne sçauons bonnement où nous sommes, s'il vous plaisoit nous y remettre vous feriez œuure charitable pour nous, & peut estre vne vtile pour vous mesmes si vous vouliez nous permettre de vous accompaigner au lieu de vostre retraitte. Meliton r'adoucy par ces mots, (tant est vray ce traict du Sage, que la parole amiable rompt le courroux,) & enuisageant les Pelerins d'vn œil plus trāquille, & d'vn regard pl⁹ asseuré, partie pour se deffaire d'eux, partie par pieté, se voulut mettre en deuoir de leur dōner quelque addresse: mais ne sçachant luy mesme où il estoit, & ayant l'esprit presque esgaré pour le long ieusne qu'il auoit faict. Comme voulez vous, leur dict-il, que ie vous enseigne ce que j'ignore, & que ie vous monstre vn chemin que ie ne sçay pas, estant fouruoyé moy-mesme? allez en la garde de Dieu, & me laissez en la compagnie de mes ennuis & de mes miseres, & faictes moy ceste grace si vous estes Pelerins de la Vierge, de la prier qu'elle me soit Estoile de mer, me preseruant de naufrage en cet Ocean d'afflictions qui me tourmente de tant d'orages. Menandre qui comme Archimede ne vouloit qu'vn poinct hors de la Terre pour l'enleuer toute, iugeant de ce lyon par l'ongle, & par ce traict de Pieté de la bōté de ceste ame rauagee de si cuisās soucis, elançāt vn souspir vers Dieu, & faisant vne aspiration à l'Ange gardien de ce desolé pour luy estre fauorable au secours qu'il luy vouloit prester, sceut si bien auec ceste assistance diuine & celeste amadouër ce transporté, & tout doucement de propos à autre le r'amener de l'esgarement de ses pensees, au droit chemin de la raison, qu'il fit voir la verité de ceste parole d'vn ancien Poëte.

Qu'il ne se treuue point de si rude courage
qui ne laisse l'humeur & farouche & sauuage,
S'il veut prester l'oreille aux discours specieux
Qui partent d'vn esprit clair & iudicieux.
N'estant point de terroir si sterile en nature
Que ne rende fertile vne bonne culture.

Iamais homme ne fut plus determiné à sa ruine que Meliton, iamais on ne vit vn cœur si obstiné à sa perte, & neantmoins comme l'eau caue la pierre, la douceur de Menandre enuironne ceste poictrine empierree de tant d'attraicts & de tant de charmes, qu'auec la verge miraculeuse de son bien dire il en tira l'eau, l'huile, & le miel, d'vne extréme docilité. Peut-estre que vous desirerez sçauoir comme se fit ce changemēt, ayez doncques la patience, & vous l'entendrez. Menandre feignant de se retirer, & neantmoins faisant le douteux pour ne sçauoir où addresser ses pas, ny sçauoir le costé de la Chartreuse de Bōne-fontaine; Encores, luy dit-il, Mōsieur, si vous sçauiez à peu prés de quelle part nous pourrions tendre pour rencontrer quelqu'vn qui nous enseignast nostre chemin, quand nous serons arriuez à Liesse où nous allons visiter la Maison de la S. Vierge, nous aurions sujet de nous souuenir de ce bien fait que nous tiendrions pour signalé. A ces mots de Vierge, de Liesse, & de Bien-faict, Meliton comme revenant d'vne profonde resuerie, se sentit toucher de Pieté; & ensemble de Pitié, c'est pourquoy songeant à la courtoisie qui est naturelle à tout gentil courage, il estima que c'estoit vne rudesse indigne du sien de r'envoyer auec tant de discourtoisie ceux qui portoient en leur front ie ne sçay quoy d'ingenu & de releué. Ie pense, dict-il, que non loing de ces estangs voysins, vous treuuerez vn Hermitage où vous parlerez à des Religieux qui sçauent parfaictement toutes les routes de ces boys, & qui vous conduiront charitablement par tout où vous desirerez. Mais dites moy, mes amis, vous allez donc visiter la S. Vierge de Liesse, ô Dieu! il y a long-temps que ce nom de Liesse n'a resoné en mes oreilles, nō plus que la chose habité en mon cœur! ô si vous pouuiez m'impétrer de ceste Mere de Grace, que son fils me rendist la Liesse de son salutaire, & fortifiast la foiblesse de mon ame de son Esprit principal. C'estoit assez dict, & il ne falloit point de plus large porte à Menandre pour s'introduire en ceste ame, c'est pourquoy feignant tousiours de s'esloigner, apres l'auoir amplement remercié de ceste adresse cōme d'vne singalee faueur, il luy promettoit de recōmander ses besoins à la sacree Mere de Dieu, & sur tout de luy demãder que par ceste vraye ioye qui est vn don du S. Esprit, elle dissipast les tenebres de la Melancholie qui offusquoient sa Raison, mettãt la lumiere de la diuine Charité, qui est respanduë en nos cœurs par le Dieu de Charité, en la place des obscuritez de la mauuaise Amour qui luy causoit tant d'angoisses. Or il en arriua à Melitõ comme aux Chantres bigearres qui ne veulent pas chanter quand on les en prie, & qui châtent importunément quand on ne les en coniure pas : Car lors que nos Pelerins vouloient demeurer auprés de luy pour le seruir & l'assister, il les veut chasser cõme vn furieux, auec le fer de son espee, & le feu de ses menaces; maintenãt qu'ils s'en võt il les r'appelle pour parler à eux, se rendãt de defendeur demandeur : & le Sage Menãdre se faisant tirer l'oreille en vne chose dont il auoit vn extréme desir, reuenant cõme pour l'obliger, contrefaisant l'empressé, sçeut en fin l'entretenir si suauement de la deuotion de la S. Vierge, & des merueilles qu'elle operoit à Liesse, principalement sur les affligez, qu'il fit naistre dans le cœur de Meliton vn desir d'experimenter, si la Royne des Cieux ne verseroit point sur luy quelque plus heureuse influence. Dans ce discours Menandre n'oublia pas de glisser prudemment des traicts par lesquels Meliton pouuoit

comprendre que son compagnon & luy estans malades & affligez de cette mesme maladie & affliction que l'on appelle Amour, ils alloient dans les champs de Liesse chercher l'herbe salutaire à ce mal, esperant la rencōtrer aux pieds de la diuine Panacee; cela mettoit l'eau en la bouche de nostre desesperé, & faisant naistre vne lumiere au milieu des tenebres qui l'enuironnoient, tiroit comme insensiblement le feu d'vne bonne esperance de la bouë de son obstination. Cessant donc de suiure l'ardeur infortuné de son malheureux dessein qui le cōduisoit à grands pas au precipice de sa ruine, il se laissa esclairer de ce plus raisonnable flambeau, & s'offrant comme par courtoisie de mettre ces Pelerins en vn sentier qui les conduiroit en l'Hermitage, comme il vouloit se mettre en deuoir de leur rendre ce bon office, il se treuua si foible, & si extenué, que tumbant sur ses genoux, il pensa demeurer en syncope & defaillir encore vne fois entre leurs bras; neantmoins ayans versé dans sa bouche quelque peu de ceste liqueur qui resiouït le cœur de l'homme, dont ils estoient garnis dans leurs bouteilles de Pelerin, cela le rauiua aucunement, & à force de le presser luy ayans faict prendre du pain & du fruict, ils le remirent en estat de pouuoir vn peu se
traîner

trainer pour les mettre en lieu de cognoissance. Ils allerent donc de compagnie, mais Meliton estoit tellement foible de corps, & troublé d'esprit, que s'ils ne l'eussent soustenu à peine eust-il peu se conduire; & puis les senteurs de ces bois luy estans incognus, plus il les vouloit addresser, plus il les destournoit, perdans inutilement ainsi leur temps, leurs pas, & leur peine. Mais Menandre qui auoit plus d'attention au cœur de cet infortuné Gentil-homme, qu'au trauail de ses iambes, desireux de guerir l'vlcere de son desespoir en lechant sa playe auec sa langue, c'est à dire en la lechant par de douces raisons, luy tenoit ces propos en cheminant. Vous voyez, Monsieur, comme pour aymer trop autruy vous vous estes rendu ennemy de vous mesme, & combien est fidele la preuue que vous rendez à l'infidelité d'vn sexe qui est plus mouuant que le sable, & plus instable que le vent ; cesserez vous iamais de combatre vostre repos, & d'armer vostre passion contre la Iustice que vous vous deuez ? à quoy peut profiter la douleur qui n'est faicte que pour nuire? Et qu'il me soit permis de vous representer de quelle cruauté nous nous fussions rendus coulpables si nous n'eussions essayé d'apporter quelque soulagement à l'amertume

D

de vostre cœur, certes la Pitié fust morte en nos cœurs, si nos yeux eussét peu voir à paupieres seiches le spectacle de vostre mort. C'est Dieu sans doute qui vous voyant abandonné de vous mesme, a voulu que nous suppleassions au defaut du soin que vous deuez à vostre conseruation : nostre vie est à Dieu, & nous ne la deuons pas tant garder pour estre nostre que comme sienne, comme nous sommes obligez de la perdre quand il y va de son honneur. Quoy? vostre melancholie eust donc voulu qu'au lieu de vous retirer de l'eau qui vous alloit oster la vie, nous vous eussions, comme fit Moyse à l'Ægyptien, basty vn tombeau dans le sable? De l'eau, reprit Meliton comme se resueillant d'vne profonde pensee, quoy retiré de l'eau de peur qu'elle ne m'estouffast, ô Dieu si ie deuois perir par l'eau il y a long temps que le deluge de mes larmes m'auroit effacé du nombre des viuans. Ie suis vn poisson nourry dans l'amertume, ce n'est pas seulement mon element, mais encores mon aliment. Non non, n'esperez pas qu'vn amant qui porte tant de flammes meure dedans vne fontaine, le berceau de la mere de cet Enfant qui faict aymer, ne peut seruir de cercueil à ceux qui suiuent ses misérables banderoles, ce feu sort & sourd des eaux, & y prenant sa naissance il y peut bien prendre sa nourriture. A ce traict Menandre recognut la beauté de l'esprit de celuy à qui il parloit, auquel pour faire paroistre le sien, Et pluſt à Dieu, luy dit-il, que ces eaux fussent celles de l'oubly, & qu'elles effaçassent de vostre souuenir le regret qui vous tuë. Croyez-moy, si vous voulez estre en paix il vous faut oublier vostre passion, ou souffrir l'outrage qui vous est faict auec patience; l'vn est acte de prudence, l'autre de courage, vertus capables d'esteindre le flambeau de la plus violente Amour. Helas, reprit Meliton, quand nous sommes sains il est aysé de conseiller les malades: mais les Apoticaires ne prennent pas si aysément des Medecines côme ils les font: il y a vne extreme distance entre le dire & le faire; si vous ressentiez ce que ie ressens, vous ne diriez pas ce que vous dites, & si vous sçauiez ce que i'ay perdu, vous ne tiendriez pas ma douleur pour consolable. Certes, repliqua Menandre, cet axiome est bien vray, que l'object appliqué sur le sens l'offusque par sa proximité, il faut quelque legitime distance, quelque iuste proportion, afin qu'il en puisse &

D ij

iuger & iouyr. Vne couleur apposee sur l'œil n'en peut estre discernee, vn grãd bruict trop prés de l'oreille l'estourdit: nos propres douleurs estonnent nos sens & nos esprits, & nous en rendent iuges incompetens, nous les estimons tousiours tres-grandes, parce qu'elles nous sont voisines, les mesmes maux en autruy ne nous semblent rien, c'est pourquoy les medecins estans malades de grandes & fortes maladies consultent leurs compagnons, & les Aduocats leurs collegues en leurs propres affaires, parce que c'est le propre de l'esprit humain d'estre taupe en son propre faict, & aigle en celuy d'vn autre. Ceste affliction qui vous met en tel accessoire me paroist vne esgratigueruë indigne de tirer de vostre bouche vn seul souspir: mais celle qui me navre le cœur est vn coup si mortel que ie croy que si nous faisions comparaison de nos desastres, les miens paroistroient pesans comme le sable de la Mer, & les vostres legers comme des plumes; car en fin vous vous plaignez d'vne inconstance que le temps où le despit peuuent guerir, mais ie me plains des rigueurs inexorables d'vne mort qui me priuant de la moitié de moy-mesme, rend mon desplaisir vrayement inconsolable. Ie sçaurois volontiers, dict Meliton, la cause de vos malheurs, s'il vous plaisoit me gratifier tant que de m'en faire l'ouuerture, & ie croy que cela ne contribueroit pas peu sinon à la consolation, au moins à la consolidation ou affermissement de mon esprit tellement esbranlé de la violente secousse qui l'agite, que i'en crains la cheute plus que mille trespas. Seigneur Meliton, repartit Menandre, vous souspirez les legeretez d'vne ingrate Lucie. A ce mot Meliton interrompit Menandre, ne luy permettant pas de passer outre, mais apres auoir faict vn grand signe de Croix comme par admiration, Seigneur Pelerin, dict-il, si vous ne me sousteniez, l'estonnement m'eust porté à la renuerse, & parce que ie vous sens, & que ie croy qu'vn esprit n'a ny chair ny os, ie vous tiens pour vn Magicien, ou pour vn grand Prophete, autrement ie vous eusse pris pour vn Ange ou pour vn Demon, comment sçauez-vous ce que i'ay faict? ainsi que disoit la Samaritaine du Sauueur, ie n'eus iamais que ie sçache l'honneur de vous voir, moins de vous cognoistre; comment me cognoissez-vous, qui vous a dict mon nom, & celuy de l'ingrat sujet de mes plaintes? estes-vous point quelque fantofme errant dans cefte folitude pour me deceuoir? eftes vous de la part de Dieu, ou de l'ennemy du genre humain? Alors Florimond voyant Menandre qui foufrioit, prit la parole, & raconta à l'eftonné Gentil-homme leur fouruoyement dans la foreft, leur induftrie pour entendre fes doleances, dans lefquelles il s'eftoit nommé, & auffi cefte volage fille dont l'idee nageoit dans fa fantaifie qui luy donnoit de fi fiers affauts. Cela le fatisfit : mais le defir de fçauoir les auantures de Menandre s'accreut en fon ame, tellement qu'il le coniuroit, & le preffoit de luy dire fon nom & fes fortunes, comme la chofe du monde qui luy apporteroit le plus de foulagement : il fçeut donc le nom de Menandre par Florimond, & celuy de Florimond par Menandre, qui adioufta de furcroift à la curiofité de Meliton, l'enuie de fçauoir les defaftres de Florimond, qu'il luy dict auoir vne grande conformité auec les fiens : ce qui le fit efmerueiller d'auantage, penfant ou que tout cecy luy arriuaft en fonge, ou eftre dedans ces bois auantureux dont parle la vanité des Romans, où fe faifoient tant d'admirables rencontres. Alors s'eftans promis tous trois de se raconter leurs trauerses les vns aux autres, le debat n'estoit plus que sur l'ordre qu'ils deuoient tenir, & en quel lieu ils les pourroient commodément reciter pour en receuoir vne satisfaction pleniere. Car c'est le propre des cœurs affligez de se soulager, en iettant dehors par la bouche l'amertume qui les trauaille, tout ainsi que les apostemes se guerissent en vomissant leur put. Et certes il est vray, selon que disoit l'ancien Socrate chez Platon, que si toutes les miseres humaines estoient mises en vn tas & en commun, & que par apres elles fussent egalement distribuees, chacun aymeroit mieux garder les siennes particulieres que se charger ou plustost surcharger de la part qui luy escherroit de ce monceau public; car nous ne sommes iamais aggrauez par delà nos forces, tant est grand sur nous le soin de la diuine Prouidence, & nous n'auons point de si sensibles douleurs, qu'il ne s'en treuue de plus cuisantes en d'autres personnes, qui pour les supporter ont plus de constance que nous. Mais tout ainsi que l'archer à qui le bras varie atteint malaisément au but, aussi estoit-il difficile que nos voyageurs las & recreus, & qui estoit le pis, esgarez de leur droict chemin,

D iiij

peussent auoir & le temps & le loysir, & l'ame assez rassisé pour faire le recit de leurs afflictions: il n'appartient qu'à ceux qui courent la bague de faire des dedans en galoppant: Et puis la cognoissance mere de l'Amitié comme l'Amitié est mere de la Confiance n'estant pas encores bien formee, ils se regardoiét l'vn l'autre comme lisans dans leurs yeux, & dedans leurs visages, qui sont les miroirs de l'ame, quel sujet ils auoient de s'asseurer de leur franchise: nos Pelerins n'auguroient rien que de bon & de noble de Meliton, car son langage fort pur, sa contenance fort bonne, ses habits & sa forme ne respiroient qu'ingenuité, ioint que ceux qui se portent auec tant d'extremité aux passions affectueuses sont ordinairement les plus doux, & les plus dociles esprits, & les plus exempts de malice & d'artifice, car ils ont sur les levres ce qu'ils ont dans le cœur: d'autre part Meliton iugeoit à la façon de nos Pelerins qu'ils n'estoient pas de ces coureurs, qui sous vn habit de Pieté vont cherchans miserablement leur vie, car ils estoient non pas richement, mais proprement couuerts, ils auoient de ces iuppes en façon de sayes pendantes iusques aux genoux de ces sergettes dont la meslange faict paroistre vne couleur grife : le camail, l'efclamme, ou le mantelet de marroquin defcendant iufques à la ceinture, le bourdon bien poly, la malette bien trouffee penduë en efcharpe, & appuyee fur vn des flancs, le bas bien tiré, la chauffure mignarde, & des pieds autrement que plats, le chappeau lefte & gentil, & le col enuironné d'vne fraize; en fomme faicts en hommes plus prefts de donner l'aumofne que de la demander. Pour le difcours, Menandre l'auoit fçauant, & Florimond auffi fleury & net que fon nom : toutes ces formes exterieures font monter bien des penfees en leurs cœurs; & certes il faut auoüer qu'il n'y a point de lettre de creance qui donne tant d'entree dans les efprits & dans les maifons, comme faict le paffe-port d'vne bonne mine; vn galand homme eft toufiours galand homme, fuft-il fous des haillons; & vn lourdaut eft toufiours lourdaut fous des habits d'or & de foye. Comme ils en eftoient fur ces confiderations, toufiours cheminans & n'auançans point, au contraire, felon l'ordinaire de ceux qui font fouruoyez, s'engageans toufiours dauantage dans l'efgarement, le Soleil eftant fur le poinct de terminer fa courfe, s'en alloit les laiffer dãs les doubles ombres, & des bois & de la nuict, si vn bruict loingtain ne les eust arrestez pour y prester l'oreille, la voix estoit haute & claire, & ils estoient si esloignez qu'à peine pouuoient-ils discerner de quel lieu elle venoit, à cause du rebattement des Echos qui estouffent dans la multiplicité de leurs resonnemens la voix veritable: elle estoit si esclatante, qu'à l'abord ils penserent que ce fust quelqu'vn qui fust assassiné des voleurs, & qui reclamast de l'ayde. Voyla Florimond dans ses premieres, diray-je hardiesses ou apprehensions, mais l'espee & le courage de Meliton, auquel neantmoins les iambes failloient, le r'asseurent vn peu. Le Soleil s'escarte, la nuict s'auance, Vesper paroist, la voix se rend plus voysine & plus intelligible; elle leur paroist comme d'vn chantre: Il me souuient du debat de Moyse & de Iosué, sur le bruict que faisoient les Israëlites autour du veau d'or, l'vn le prenant pour vn tintamarre de combattans, ce qui n'estoit pas, l'autre pour vne clameur de resioüissāce, ce qui estoit. Ils dōnent en la part d'où part ceste voix, ne demādans que quelqu'vn qui les addressast, elle se fait si voysine qu'enfin elle ne leur laisse aucune doute que c'estoit vn homme qui venoit chantant auec vne voix argentine, & se recreant spirituellement par le recit d'vne de ces diuines chansons, que le S. Esprit a dictees à Dauid; il en estoit à ces couplets quand ils peurent distinguer ses paroles.

Heureux celuy qui dit à Dieu,
   Ie ne m'asseure en autre lieu,
   Qu'en vostre sein où ie m'appuye,
Vous estes tout mon reconfort,
Contre les orages mon port,
   Et mon abry contre la pluye.
Seigneur vous estes mon soustien,
   Mon plus cher & doux entretien,
   Et ma force victorieuse,
Vous auez sans effect rendu
Le filet contre moy tendu,
   D'vne façon malicieuse.
Ainsi le grand Dieu reclamant,
   Il ira sa garde estimant,
   Pourueu que sa dextre l'assiste
Où son vouloir le conduira,
Il n'aura rien qui luy nuira,
   Il n'aura rien qui luy resiste.
Il sçaura vers luy se ranger,
   Et si quelque effort estranger
   En armes contre luy s'allume,
De le couurir il aura soin,
Comme l'oyseau vient au besoin
   Couurir ses petits de sa plume.

Sous sa main restant inuaincu,
Comme vn guerrier sous vn escu,
Où tout son corps il met à l'ombre,
La peur ne pourra l'assaillir,
Ny quand le iour viendra faillir,
Ny durant la nuict la plus sombre.

A peine le bon Frere Palemon (c'estoit vn des Hermites de cette solitude) alloit-il acheuant ces mots sacrez, chantant ioyeusement, & regardant plus vers le Ciel qu'en terre, quand ces trois hommes se presenterent tout à coup deuant ses yeux, à peu prés comme les trois Anges deuant Abraham: vn esprit moins resolu, & quelque voyageur plus chargé d'escus, se fust estonné d'vne si soudaine rencontre; mais luy sans crainte (tant est asseuree mesme au milieu des perils vne bonne conscience) les enuisage doucement, & leur faict vne profonde inclination, durant laquelle il eut loisir d'entreuoir & de recognoistre aussi-tost l'affligé Meliton, auquel d'vn air tout charitable, le preuenant d'vne extreme douceur: Helas, dict-il, mon cher Monsieur, où vous estes vous esgaré? depuis que nous ne vous auons veu, nostre Pere Syluan & moy vous auons cherché longt-temps, auec beaucoup de peine & de douleur, par tous les plus reculez recoins de ceste forest, craignans que vostre desplaisir ne vous eust fait lancer dans quelqu'vn de ces estangs pour y seruir de proye aux poissons, ou qu'esgaré dans ces taillis les loups n'eussent fait de vostre corps languissant vne miserable curee: Dieu vueille benir ces bons Pelerins qui prénent le soin de soustenir vos debiles forces, & qui comme ie pense vous ont tiré de quelque grand peril. Sus, Messieurs, vous plaist il pas venir heberger en nostre pauure Hermitage? vous voyez que ie viens de la queste, (il disoit cela monstrant la besace qui luy pendoit sur l'espaule) nous vous presenterons de bon cœur tout ce que nous aurons, si vous estes mal vous excuserez nostre pauureté, ie sçay qu'elle est & vicieuse & honteuse dans le monde, mais parmy les Religieux c'est vne honorable & saincte vertu. Il dict cela d'vne façon si douce & de si bonne grace, qu'il rauit le cœur de nos Pelerins, & treuua vn peu de condescendance dans celuy de Meliton; tant a de force l'ingenuité quand elle est respanduë sur des levres gracieuses. Ce langoureux luy dict, Mon Frere, certes i'estois perdu si ces Messieurs ne se fussent perdus pour me recouurer; voyla qu'ils me rameinent comme l'oüaille & la dragme retrouuee: certes si ie n'auois point la voix si rauque ie pourrois bien chanter le commencement de ce Pseaume dont vous venez de reciter vne partie, & dire,

Heureux celuy qui va chercher
L'abry de Dieu pour se cacher,
Il ressent vne paix profonde,
Comme s'il estoit dans les cieux,
Ne daignant pas ouurir les yeux
Sur l'infidelité du monde.
Iamais Dieu, son heureux recours,
Ne le rend priué de secours,
Il le met en lieu d'asseurance,
Où iamais il n'est delaissé,
Ny son vœu sans estre exaucé,
Ny son malheur sans esperance.

C'est ce que ie viens d'entonner en ces bois, dict le Frère Palemon : Ie le croy, reprit Meliton; mais nous ne l'auons pas entendu distinctement, car vous estiez encores trop loin : mais tant y a qu'il faict bon se fier en Dieu, & mettre en luy son appuy; car ce qu'il garde est bien gardé ; c'est à sa Prouidence adorable que ie dois la conseruation de cette vie que ie haïssois, & que ie commence à aymer, desireux de l'employer mieux que ie n'ay faict à son seruice: ces Messieurs ont si fort adoucy les aigreurs qui occupoient mon esprit, que par leur moyen Dieu m'a ouuert l'oreille; & ie ne suis plus si rebours & si contredisant: Ce sont bien les plus honnestes hommes, les plus secourables, & de la plus rauissante conuersation qui se puisse dire; mais eux & moy estions derechef embarrassez dans le labyrinthe des chemins de ceste forest, sans ceste mesme celeste Prouidence qui vous a amené à leur secours, comme ils sont accourus au mien: il y a deux iours, ou plustost deux nuicts, que ie suis logé à l'hostellerie, diray-ie de la belle, ou de la mauuaise Estoille, où l'on voit toute la nuict vne espece de iour, tant on voit de chandelles attachees à son lambris, qui n'est autre que le Ciel: ô! la fascheuse hostellerie, l'on y meurt de froid & de faim, tout ce qu'il y a de commode c'est qu'on n'y entend point de bruict; c'est le vray hospital des ames affligees. Ie m'asseure que ces bons Pelerins y eussent logé mal volontiers, & que le couuert de vostre rustique Hermitage leur sera encores plus agreable. Et à vous encore plus commode, gentil Meliton, reprit Menandre; car il vous faudroit encores peu de semblables equipees pour vous verser au tombeau, & pour vous effacer du roolle des viuans. Allons donc, mon Frere, dict-il au Religieux, il se faict tard, nous aurons tout loysir de nous entretenir en vostre grotte, aydez-nous à supporter ce pauure Gentilhomme dont les douleurs d'esprit me pesent plus sur le cœur que son corps ne faict sur mes bras. Donnez-le moy, dict le charitable Hermite, chargez-le sur mes espaules, ie le porteray bien tout seul & ma besace aussi, ce faix me sera bien aymé, pour l'Amour de Iesvs-Christ qui a porté pour moy vne si pesante Croix. Il suffira, dict Meliton, que vous me souteniez vn peu, i'ay encor assez de vigueur pour me trainer auec ceste ayde iusques en vostre cabanne. Menandre edifié du zele de ce bon Frere, se tournant deuers Florimõd, duquel il sçauoit la capacité, Il me souuient, dict-il, d'Ænee qui enleue son pere Anchise du sac de Troye sur ses espaules: Il est vray, dict Florimond, qui d'vne memoire viue & prompte en recita ces vers:

Or sus mon pere aymé, suiuons donc ceste addresse,
Assieds dessus mon col ta tremblante foiblesse,
I'y soumettray l'espaule, ayse de me charger
D'vn faix qui m'estant doux me paroistra leger,
Au moins quoy qu'il arriue, vne mesme fortune,
Soit perte, soit salut, nous deuiendra commune.

Et pour monstrer plus auant la gentillesse de son esprit, Voyez-vous, dict-il, Menandre,

dre, côme tout se rapporte, l'estomac creux & vuide du pauure Meliton, & son esuanoüissement me represente ceste Creüsa espouse d'Ænee, qui disparut en cette fuitte; & pour moy ie suis le petit Iulus qui vous vay suiuant à pas inesgaux: car comme dict l'Ænee du grand Poëte.

Recourbant au fardeau mon eschine pressee
 Ascaigne tient sa main en la mienne enlacee,
 Et d'vn pas non esgal, suit son pere en allant,
 Et va trottant apres, ses traces refoulant.

Meliton qui n'estoit pas ignorant loüa la galäterie de ce rapport, & s'excusant de la peine qu'il leur donnoit, monstroit par là combien il auoit le courage assis en bon lieu. Le bon Frere Palemon qui n'en sçauoit pas beaucoup, ne s'amusoit qu'à cette doctrine seule que loüe l'Apostre de IESVS-CHRIST, & encores crucifié, science des Saincts qui passe toute la vaine Philosophie, & qui honore & accomplit tous les trauaux des enfans de la Croix.

FIN DV PREMIER LIVRE.

ALEXIS.
PARTIE PREMIERE.
LIVRE SECOND.

SOMMAIRE.

1. *Voleurs des bois.* 2. *La deuotion est ioyeuse.* 3. *La tristesse mauuaise.* 4. *Oyseaux voleurs.* 5. *Hermitage.* 6. *Pont de terre.* 7. *Religieux cachez au monde.* 8. *Des Pages.* 9. *Beauté des esprits Religieux.* 10. *Estangs.* 11. *Religieux poissons.* 12. *Leçon spirituelle sur des espines.* 13. *Arriuee à l'Hermitage.* 14. *Tableau de la Chapelle.* 15. *Songe de Meliton.* 16. *Discipline.* 17. *Amour & espoir.* 18. *Pieux debat de Meliton, de Menandre, & de Syluan.* 19. *Exercice de la discipline defendu.*

ENANDRE qui auoit l'esprit agreable pour dissiper l'ennuy du chemin par la douceur de quelque conuersation, demanda au Frere Palemon s'il ne les auoit point pris pour des

voleurs en ceste rencontre inopinee qu'il auoit faite d'eux, lors qu'il y pesoit le moins. L'Hermite qui estoit d'vne nature gaye & enjoüee, Monsieur, dict-il, il y en a tant en cette forest qu'à chaque pas on les void, & cela nous est si cõmun que nous n'en auons aucune peur. Florimond à ce mot pensoit desia les auoir aux espaules, & dit, Hastons nous donc mon Frere, car voicy le temps que l'on appelle entre-chien-&-loup, & auquel ils ont accoustumé de sortir de leurs cauernes & de faire leurs plus signalez brigandages: mais ie m'estonne cõme les Preuosts ne les desnichent d'icy, veu qu'il y a tant de bonnes villes voysines, & mesmes que cela peut incõmoder Paris. Palemõ qui vit que sa subtilité auoit treuué vn esprit capable de surprise, poursuiuit ainsi: Ie vous asseure que tous les Preuosts de la France, ny tous leurs Archers ne seroient pas capables de les desnicher d'icy, principalement en ce Printẽps, où il y en a plus qu'en aucune saison de l'annee. Quoy, dit Florimond, & quel aduantage ont ils plus au Printemps qu'en vne autre saison, est-ce pour destrousser les Pelerins de Liesse? Palemon prenant plaisir à le voir en peine, l'entretenoit en ceste plaisante erreur, en luy disant, Ie vous asseure que nuict & iour ils ne font que crier & hurler, c'est vn bruict qui nous importune & qui nous leue le repos. On est bien importuné pour moindre chose, dict Florimond, quoy! dormir tandis qu'on entend crier au meurtre & à l'ayde, & que l'on oit pleurer ceux que l'on a volez: certes il n'y a point de plaisir en ces lieux, si ie voulois estre Hermite ie m'en irois en quelque desert plus tranquille. Tant s'en faut, dict Palemon, que cela nous trouble, qu'au côtraire cela esleue nos esprits en Dieu. C'est donc comme les criminels ont l'esprit esleué, dict Florimond, quand ils ont le couteau dans la gorge. Si est-ce, dict Meliton, que depuis deux iours que ie vagabonde par ces routes esgarees, ie n'en ay rencontré vn seul: c'est sans doute, dict l'Hermite, que vous n'y preniez pas garde, tant vous auiez l'esprit abstraict & la veuë incertaine: mais s'ils m'eussent veu ils m'eussent pris, dict le desolé: Nullement, dict le Frere; car ils craignoient vos armes & vostre bonne mine, ils ne sont pas si fols que de s'attaquer à ceux qui sont bien embastonnez comme vous autres Pelerins, ou à ceux qui ont de bonnes espees: Ce sont donc, dict Meliton, quelques cocquins qui ne s'attacquêt qu'aux paysans, ou aux villageoises qui reuiennent du marché. Ce sont bien à la verité, dict Palemon, les plus timides & les plus lasches voleurs qui soient au monde, ce sont de petits larroneaux qui ne font que des friponneries : Ils ne couppent donc la gorge à personne, reprit Florimond: Nullement, dit l'Hermite, ils n'en ont pas le courage ; mais quelquefois nous auons veu allant à la queste, à des bonnes femmes qui portoient ou des fleurs, ou des fraises, ou des cerises au marché, ces petits larroneaux, & ces menus brigands & petits voleurs leur piller leurs fleurs, prendre leurs fraises & leurs cerises, & cela si subtilement tādis qu'elles les portent sur leurs testes, qu'à peine s'en apperçoiuent elles. Ie croy, dict Florimond, que ce sont les coupeurs de bourses de Paris, qui viennent faire icy leurs coups d'essay & leur apprétissage. Palemõ riant de le voir ainsi entrepris, poursuiuit: L'autre iour ie pensay pasmer de rire, voyāt vn de ces fripons qui alloit desrobant du grain à la bouche du sac d'vn bon hõme qui le portoit sur son dos au marché, & ie m'asseure qu'il ne treuua pas sa mesure. Quoy! reprit Meliton, mon Frere, & vous ne l'accusastes pas, estiez-vous point en cela participant de son crime? Il faudroit donc dire, reprit Palemon, qu'vn de nos Roys fust conniuent à la prise d'vne bourse qu'vn voleur, vestu en Gentilhomme, coupa deuant

E iij

ses yeux, luy faisant signe qu'il n'en dist mot, tous sçauoient ce côté, & se prindrent à rire. Ie n'auois garde de faire cette accusation, ie les crains trop; i'en treuuay l'autre iour vn si meschât, c'estoit vn grád vilain voleur tout noir qui creuoit les yeux à vn pauure hôme qui estoit ja mort, en vn des carrefours de cette forest, peut-estre parce qu'il auoit tiré apres eux dás ce bois, & qu'il leur auoit fait la guerre. Ils font bien d'autres meschancetez, il n'y a maison en tous ces quartiers exépte de leurs attaintes, ils furetét dans les garennes, ils vont dans les greniers, dans les celliers, dans les granges, dans les colōbiers, dans les cours, dans les iardins, dans les vergers, dans les moulins, dans les prez, dans les vignes, & pillent par tout, & fourragent par tout, c'est vne vraye picoree. O Dieu, dict Florimond, ne sçauroit-on purger cette contree de cette vermine ? & en vostre Hermitage y vont-ils ? Ils n'en bougent, reprit Palemon, encores y treuuent-ils à prendre: ce que nous pouuons c'est de leur donner à boire & à manger, & cela si priuément & si familieremét, que vous diriez qu'ils sont nos compagnons; nous sçauons leurs noms, nous cognoissons leurs voix; tout le iour ils sont deuant nos yeux & dans nos oreilles; quelquefois ils seiournent chez nous, & y font en feureté en des cellules feparees ; noſtre Pere Syluan leur appréd à loüer Dieu, & il dict quelquefois (tant le bon hõme eſt ſimple) ſon office auec eux. Vrayement, dit Meliton, voyla des gens qui font de la race du bon Larrõ, encores puis qu'ils ne ſont point ſanguinaires & qu'ils ne tuent point, baſta pour la bourſe : Il y en a, dict Palemon, de cruels, de farouches & de ſãguinaires, & qui mãgeroiẽt les hõmes en vn beſoin, tãt ils ſõt inhumains: au demeurant ils meinẽt vne miſerable vie, car ie leur ay veu mãger des moutons, des vaches, iuſques à des cheuaux & à des aſnes, ſans roſtir & ſans cuire; car qui leur appreſteroit à manger ? d'autres ſont ſi affamez qu'ils mãgent le fromẽt tout crud ſans en faire du pain, d'autres mãgent du pain, de la viande, des œufs, du fromage, des herbes, quãd ils en ont; du vin il y en a peu qui en boiuent, car ils n'oſeroient ſe treuuer aux tauernes, aucuns neantmoins en humẽt quelquefois quand on faict la vendange. En fin ceſte foreſt en eſt ſi pleine, qu'il n'y a Iuſtice au mõde qui l'en puiſſe eſpuiſer, ils rongent, ils attrapent, ils volẽt, ils becquettent par tout. Iuſques icy Palemon auoit conduit iuſtement ſa barque ; mais à ce mot il fut pris par le bec, car l'aduiſé Menandre qui eſcouta toute ceſte facetie, auec vne incroya-

E iiij

ble patience, s'esclattant en vn ris excessif, commença à se mocquer gracieusement de Florimond, qui auoit creu que Palemon parlast de brigands, & les voleurs dont il parloit n'estoient autres que les oyseaux, qui volans dans ceste forest y estoient en vne quantité innombrable. C'est ce qu'il falloit pour espanoüir vn peu la rate de Meliton, & pour donner air à ceste humeur noire qui assiegeoit ses hyppocondres : & comme l'eutrapelie ou bonne conuersation est vne vertu tres-aymable, elle fit vn grand effect en cet esprit affligé ; car contraint de rire à cette plaisante ioyeuseté, il embrassa le Frere Palemon, & luy dict, Mon amy, tu me donnes la vie ; car il y a si long-temps que ie suis enfoncé dans le chagrin, que ie pensois ne m'en releuer iamais ; il me semble que ce rayon d'allegresse me paroist comme vn feu sainct-Elme durant vne furieuse bourrasque, & qu'assisté de vos prieres il y a quelque apparence de reuoir le port. Sans doute, Monsieur, repliqua le Frere ; car i'ay quelquefois oüy dire à nostre Pere Syluan, que Dieu mortifie, & puis viuifie, qu'il plonge aux enfers, & puis qu'il en retire, il faut tousiours esperer en luy mesmes quand il nous tueroit ; car quoy qu'il nous face, quoy qu'il face de nous, c'est tousiours pour nostre mieux; souuent quand nous pensons deuoir estre long temps tristes, nous deuenons tout à coup ioyeux, & c'est Dieu qui nous retire puissamment des abysmes de ceste terrestre melancholie: si i'auois le loisir de vous dire ce qui m'arriua quelque temps apres que ie fus en cet Hermitage, & comme par le conseil de Dom Prieur de Bonne-fontaine, & par le recit qu'il me fit d'vne belle histoire de Sainct Bernard, ie fus deliuré d'vne horrible tentation de tristesse, vous auriez occasion d'admirer la Prouidence de Dieu & de louër sa bonté sur ma pauure ame; ce sera pour vne autre fois, sõgeons plustost à doubler le pas, ce pendant ne vous semble-t'il point que ce soit trop parlé pour vn Moyne qui faict profession de solitude & de silence, & puis que direz-vous de ma trop grande liberté.

Ce que nous en dirons, repliqua Menandre, ce que l'on dict de l'ancien Anachorete Sainct Anthoine, qu'il auoit tousiours le visage riant, & quelque mot gracieux en la bouche, pour gaigner par là le cœur de ceux qui le visitoient. Certes il n'appartient qu'aux personnes deuotes d'estre vrayemẽt ioyeuses, la racine du cœur estant bonne les fleurs des paroles ne peuuent estre que gayes; c'est la sincerité de la conscience qui donne la vraye & solide ioye, c'est pour cela qu'Abrahā, ce grād amy de Dieu, appelle son fils du nom d'Isaac, qui veut dire Ris, pour monstrer que la vraye consolation se treuue dans la maison des pleurs, & cette rose dans les espines de la Penitence: vous serez comme tristes, dict sainct Paul des bons Chrestiens, mais en effect ioyeux : & le mesme Apostre commande & recommande qu'on se resiouysse, pourueu que la modestie soit obseruee auec la decence requise.

3 C'est la verité, dit l'Hermite, que la solitude est assez pensiue & triste d'elle mesme, sans recharger encores sa melancholie d'vne mauuaise humeur : car comme le chagrin est l'element des Demons, l'allegresse est celuy des Anges : & vous sçauez que l'on dict des Anachoretes qu'ils sont ou Anges ou Demons, & ie croy que c'est selon qu'ils sont allaigres ou tristes: l'homme, me disoit vne fois nostre Pere Syluan, n'est ioyeux qu'autāt qu'il est content, ny satisfait qu'autant qu'il est allaigre, comme au rebours il n'est malheureux, qu'autant qu'il est mescontent, & il n'est mescontent qu'autant qu'il est chagrin. Ce n'est pas qu'il n'y ayt vne bonne tristesse qui opere la Penitence, & qui nous faict comme à S. Pierre, à la Magdeleine, & à Dauid, pleurer nos pechez &

deplorer les miseres d'autruy, comme à Ieremie, & au Saulueur: mais pour vne bonne tristesse il y en a cent mauuaises, & il y en a, comme dict S. Paul, qui operent la mort, ie ne dis pas seulement du corps, mais encores de l'ame, comme celle qui nous precipite à quelque peché capital; c'est dedans ce trouble que l'ennemy nous pesche, comme l'on dict que faict la Baleine qui brouille l'eau de la mer quand elle veut faire curee des autres poissons: & tout ainsi que les araignees ne font iamais si bien leurs toiles où elles prennent des mouches, que quand l'air est espaissi de brouillards & de nuages, le Diable ne nous surprend iamais si tost par ses suggestions & par ses tentations, que quand les vapeurs de la tristesse enuironnent nos ames. C'est ce que m'apprenoit quelquefois nostre Pere pour chasser de nous l'esprit de chagrin, me conseillant auec Sainct Paul de prier & de chanter quand ie le verray venir; disant que comme Dauid chassoit auec sa harpe celuy qui tourmentoit Saül, ainsi que par des chansons deuotes & spirituelles i'escarterois de moy le tentateur. C'est pour cela que ie chantois quand vous m'auez rencontré, & ie m'en treuue fort bien.

Menadre loüant l'esprit de ce frere, & sa memoire à retenir les preceptes qui luy estoient donnez pour son salut, Florimõd confus d'auoir esté si long tẽps amusé & ensẽble abusé sur ce mot de voleur, ne pouuoit cõprendre comme il auoit ouy tant de choses sans s'en apperceuoir, & pensant auoir sa reuanche en faisant voir que l'Hermite auoit dict des choses qui ne pouuoient conuenir à des oyseaux. Mais, mon Frere dict-il, encores que la qualité des voleurs conuienne aux oyseaux, si est-ce que celle de larrons ne leur peut conuenir, encores moins celle de meurtriers ; car nous n'auons point en ce pays d'oyseaux qui tuent les gens, qui leur creuẽt les yeux, ny qui les pillent comme vous auez dict, Pardonnez moy, Monsieur, repliqua l'Hermite, ie n'ay rien dict des voleurs qui ne se puisse entendre des oyseaux, iusques à ce dernier mot, où me coupant i'ay esté pris par le bec : Car n'est-il pas vray que ceste forest est toute pleine de ces voleurs-là, qu'il seroit malaysé de les desnicher de tant de nids, & de tant de trous où ils se tapissent, & que c'est plustost le mestier des bergers que des Preuosts de les tirer de leurs repaires & de treuuer leurs couuees. Que c'est principalement au Printemps qu'ils foisõnent, puisque c'est en ceste saison qu'ils font leurs petits. Que sans cesse ils crient, chantent, & piaillent autour de nos oreilles & la nuict & le

Livre premier. 77

jour, car il y a des oyseaux cõme les hyboux, les chouëttes, & les orfrayes, qui ne vont que la nuict, & à present le gentil Rossignol tout agreable qu'il est, ne degoise-t'il pas iusques à l'importunité? Or que ces chants ne nous excitent à louër Dieu, il n'y a point de doute, puisque ce nous seroit vne honte de nous voir surmonter en ce sainct exercice par des animaux irraisonnables, veu mesmes que S. François appelloit les bons Religieux des alouëttes, des Philomeles, & des Cigales. De plus ils craignent les gens non seulement armez, mais encores desarmez, & fuyent deuant les personnes comme les larrons deuant les Preuosts, car ils sçauét qu'attrapez, il leur en couste la vie ou la liberté. Qu'ils pillent les fleurs ou les fruicts qu'on porte au marché, il ne faut que le voir à tant de mousches communes, & d'abeilles qui les succettent, & mesmes souuent les petits oyseaux se perchent sur les panniers, rien n'est exempt de leur pillerie, car ils volent par tout où ils treuuent à máger, ils deciment les greniers, se fourrent dans les granges, picquettent les raisins & les fruicts, rien ne se pare de leurs attaintes, ils vont becqueter le grain iusques à la bouche des sacs; & celuy-là n'estoit-il pas bien hardy qui alloit becqueter vn raisin peint entre les mains d'vne statuë, ce qui fit dire à ce paſſant, que la grape eſtoit auſſi bien faicte que l'Image mal taillee; car, diſoit-il, ſi celle cy euſt auſſi bien repreſenté l'homme que le raiſin eſtoit bien formé, la peur de l'vn l'euſt deſtourné de s'attaquer à l'autre. Quant à noſtre Hermitage, parce que nous ne leur faiſons aucū mal, il en eſt tout reply, noſtre Pere Syluan les ayme extremement, & traicte auec eux auec vne telle ſimplicité, que vous diriez qu'il y voye quelque image de raiſon: il en a vne voliere, & outre cela il en tient en diuerſes cages, il prend vn tel contentement en leur ramage, que quelque fois il en eſt tout rauy en Dieu. Ce bon homme me dict quelque fois, Voyez-vous celuy-là, Frere Palemon, c'eſt celuy qui reſueille les autres & qui ſonne Matines; cet autre eſt le maiſtre du chœur; c'eſt luy qui entonne les Pſalmes, & qui faict reciter les Matines; cet autre dict Laudes; celuy-là ne chante que quād le Soleil bat ſur ſa cage; & il dict Prime; ceſtuy-cy dict Tierce, l'autre Sexte; cet autre n'eſt en train qu'apres midy, & il dict Nonne; en voicy vn qui eſt en humeur ſur le ſoir, & il dict Veſpres; & tous enſemble diſent Complies quand le Soleil ſe couche: Voyez vous ces petits Roſignols, ils chātent la nuit quād ie les tiens chaudemēt; ô qu'ils ſont reguliers de ſe ſouuenir de loffer

Dieu quand tous les autres dorment: Voyla son passetēps autour des domestiques. Mais si vous sçauiez cōme il traicte auec les estrāgers, c'est vne merueille, il les appelle ses freres, tantost ses petits enfans; quand il les appelle ils viennēt à luy, ils se perchent sur son poing & sur son pain, car il a le poing plein de pain; là ils prennent leur repas en seureté, parce qu'il ne leur faict iamais aucun mal; apres ils reprennent leur vol dedans l'air iusques à vne autre reueuë: vous diriez que cet hōme est oyseau, car sa cōuersation est tousiours dans le Ciel; il a vne si grāde innocence, que cōme à nostre premier Pere tous ces animaux luy obeyssent: i'ay veu des biches & des cerfs s'approcher de luy & s'en laisser caresser; il y en a vn qu'il a nourry ieune, lequel se pert dedans les bois auec les autres, & puis le vient reuoir de temps en temps; cela me faict souuenir de la Biche de S. Gilles & du Cerf de S. Eustache. Icy Florimond interrompant Palemon, luy dit, Mais tout cela ne respōd pas à ma demāde, auez vous icy de ces grifons ou de ces dragons volans qui tuent & qui deuorēt les hōmes? A cela l'Hermite, Certes ie n'ay pas dit que mes voleurs fussēt homicides, ouy bien qu'ils māgoient les hōmes quand ils estoiēt morts; & ce que i'ay dit de ce grand noiraut qui creua les yeux d'vn homme, ie l'entédois d'vn corbeau que ie vis l'autre iour qui pochoit les yeux d'vn miserable qui auoit esté executé par la Iustice, & depuis attaché à vn vieil arbre de ceste forest auprés du lieu où quelques iours auparauãt il auoit tué vne femme, pensant, disoit-il, tirer à vne beste sauuage, & en cela ne se trõpoit-il pas beaucoup, mais il en fut puny pour trois raisons, la premiere parce qu'on tient qu'il l'auoit auparauant deshonoree, la seconde pour son homicide, la troisiesme pour auoir tiré souuent aux bestes fauues, reseruee en ces lieux sous peine de la vie, pour le plaisir que le Roy prend à la chasse: quelques vns aussi le tenoient pour voleur ainsi vn voleur fut mangé par vn autre, & c'est vne belle deffaicte quand les brigands s'entremangent. Ce fut icy que Meliton fut contraint derechef de permettre le ris à sa melancholie, & que Menandre luy tenant compagnie declara Florimond, vaincu par la gentillesse d'esprit du Religieux, & Florimond mesme y auoit vn tel contentement qu'il eust voulu pour vn mesme plaisir estre tousiours vaincu de la sorte.

Sur ces gracieux entretiens ils abordent l'Hermitage, duquel vous voulez bien que ie vous depeigne la situation. Vne petite vallee

lee s'enfonce doucement entre deux gracieuses collines chargees d'vne eternelle verdure, & pour lors tapissee d'vne agreable bigarreure de mille differentes fleurs: les pentes molles de ces coustaux verdoyans font paroistre dans le plus creux de leur centre vne belle onde claire comme le cristal, ramassee en deux grands estangs cousus l'vn à l'autre, & s'emplissans d'vne mesme eau, qui ne sont distinguez que d'vne chaussee, par vn des bouts, de laquelle par vne grille angulaire bien treillissee se faict vne douce saignee, qui donnant cours à l'eau retient le poisson prisonnier dedans ces larges geoles, & le reserue pour le temps de la pesche, qui est celuy du supplice de ces muets animaux. Ces ondes pour lors refrisees d'vn petit vent, qui precede ordinairemēt le frais de la nuict, se mõstroient à l'œil vertes & bleües, soit par la representation des riuages & des arbres qui les enuironnent, soit parce que les ombres commençoient à croistre par le declin du Soleil qui estoit sur le poinct de son coucher. A l'autre costé de ces estangs paroissoit vn petit rocher, & par dessus vn petit clocher esleué en pyramide, qui fit iuger à nos Pelerins que c'estoit l'Hermitage, & croyans que l'on n'y peust aller qu'en trauersant l'eau, ils demanderent à Frere Pa-

F

lemon où estoit la nacelle, lequel gratieux qu'il estoit leur dit, qu'encor qu'il ne fust ny Moyse, ny Elie, il leur feroit neantmoins trauerser toutes ces eaux à pied sec. Ie le croy, repartit Florimond, pourueu que vostre batteau soit bien espuré de ces gouttes qui s'amassent coustumierement dans le fonds des vaisseaux: Ie dis sans batteau, repliqua le Frere: Quoy, dit Florimond, sur vostre mâteau, ou dans vostre bezace: O homme de peu de foy, dict le ioyeux Hermite, pourquoy doutez-vous, auez vous point de peur d'enfoncer sous ce plancher liquide comme S. Pierre? Il n'est point besoin de multiplier les miracles sans necessité, dit Florimond.

Aussi sera-ce sans miracle, reprit Frere Palemon; car pour ne vous tenir pas si long-temps en suspens que sur nos voleurs, se fera sur vn pont de terre: Dictes de pierre, repliqua Florimond: I'ay dict la verité, reprit Palemon, car ce pont où nous passerons est de terre: Quoy! est-il faict de brique, ce sera donc quelque ouurage ancien: Non, dit Palemon, c'est de terre commune: C'est peut-estre, dict Florimond, qu'il est de bois & recouuert de terre: Ie dis qu'il est sans bois, repliqua Palemon, & tout de terre semblable à celle que nous pressons maintenãt de nos pieds; il ne faut qu'vn demy mot à vn homme qui entend bien, mais il en faut beaucoup à qui feint de n'entendre pas. Ie vous asseure, mon Frere, dict Florimond, que ie ne sçaurois deuiner vos enigmes: Monsieur, acheua Palemon, c'est vne chaussée que vous voyez, sur laquelle nous passerōs pour nous rendre tout droict dans nostre Hermitage. Alors Menandre estimant de plus en plus le gentil esprit de Palemon, luy dict, Frere, ie voy bien que vous auez fait d'autre mestier en vostre vie que d'aller à la queste, & de planter des choux. Ie vous prie de nous dire vostre naissance, & la qualité que vous possediez au siecle.

C'est vn grand discours que celuy-là, dict le Frere, il est trop tard pour le commencer, & ie ne vous cōseille pas de vous leuer trop matin pour entendre si peu de chose: ce que font les mondains pour faire paroistre leur sang & leur race, les Religieux le fōt pour le cacher, estans bien ayses d'estre incognus aux hommes, pour n'estre cognus qu'au Dieu caché, qui voit leurs cachettes, & qui sçaura bien leur en rendre la retribution en temps & lieu, c'est à dire en vn lieu qui n'a point de bornes, & qui n'est point sujet au temps, c'est l'eternité des Cieux. Contentez-vous que nous sommes insensez pour IESVS-CHRIST, &

F ij

de l'escot de ceux dont la vie est tenuë pour folie, & le courage sans honneur: Nous sommes folastres, & vous autres prudens; nous sommes ignorans, & vous sçauans; nous sommes roturiers, & vous nobles; nous sommes infirmes, & vous puissans; nous sommes imbecilles, & vous autres vaillans; nous souffrons volontiers la faim, le froid, la nudité, la misere, les opprobres, le rebut, & les injures du monde, & d'estre estimez la racleure & la balieure de l'vniuers, pour voir les mondains dans les richesses, l'abondance, les grandeurs & la magnificence, sçachans que le monde passe & sa conuoitise, & que la figure de toutes ces vanitez s'escoule comme vne ombre & comme vn songe, s'esuanouit comme la fumee, & s'eschappe comme vn postillon qui court. Dieu sçaura bien vn iour illuminer nos tenebres, & nous rendre au centuple ce que nous aurons quitté pour son Amour. Nos trois hommes admirans l'esprit de ce simple Frere, disoient qu'ils n'auoient iamais entendu de si sçauante ignorance que la sienne, & que la science dont ils se pensoient pourueus n'estoit qu'enfleure & ignorance auprés d'vn si solide sçauoir. Mais, mon Frere, luy dit Menandre, c'est dômage que vous n'estes Prestre. Helas, dit Palemon, i'ay bien d'autres insuffisances que celle de l'ignorāce du Latin qui me rendent incapable d'aspirer iamais à ceste plus qu'Angelique dignité. C'est auec beaucoup de peine que nostre Pere Syluan, qui est bien docte, s'est laissé vaincre à ceste persuasion de prendre les Ordres; sa pieté & son humilité luy ont fait euiter long-temps ce redoutable caractere que les Anges honorent; & sans la necessité, qui est vne rude & violente maistresse, il seroit encores, comme il m'a dict, simple Frere seruant. Quoy, dict Menandre, vous n'auez pas estudié? ne dictes point cela, car vous auez trop en main les sainctes Pages.

Si vous appellez saintes les Pages, ie le pourrois bien estre, dit l'Hermite, car i'ay esté Page long-temps; mais parce que ie treuuois fort peu de saincteté en ce mestier de Court, ie l'ay quitté pour me confiner en ce desert. Quand i'ay dict les sainctes Pages, mon Frere, dict Menandre, i'ay entendu l'Escriture saincte, de laquelle tātost, sans la citer & sans faire le suffisant cōme font beaucoup d'autres, vous nous auez dict de beaux passages, & en bons termes. Ie parle donc, repliqua le Frere, comme par protocolle, & comme vn Echo; car ce sont des traicts que i'ay quelquefois entēdus de la bouche de nostre Pere, que ie garde soigneusement en ma me-

F iij

moire, les ruminant iour & nuict, & y repensant sans cesse pour la consolation de mon esprit; car souuent il m'a dict, que bien-heureux est celuy

Qui lisant iour & nuict des yeux de la pensee
La loy du Tout-puissant en son ame tracee,
Produict de beaux effects, coçoit de bons desirs,
Et à la pratiquer range tous ses plaisirs.

Au demeurant ie fueillette bien plus le liure de la nature, auquel cosistoit toute la Bibliotheque de nostre Pere S. Anthoine, que celuy de l'Escriture; car c'est vn Liure cacheté pour les ignorans, & qui ne doit estre ouuert & manié que par ceux qui ont receu le S. Esprit, & la science de la voix. Autrefois estant Page i'ay fueilleté longuemét le liure des Roys, vous m'entendez; mais maintenant ie relis celuy des Loix de Dieu.

Heureux ceux qui sont bons, & qui tous leurs voyages
Par la loy du Seigneur reiglent parfaictement,
Heureux ceux dót l'esprit garde ses tesmoignages
Et qui n'ont dans le cœur que son cótentement.

Meliton ne disoit mot, tant il estoit rany, non plus en ses melancholiques pensees, mais en l'admiration du bel esprit de ce Religieux: & se tournant deuers les Pelerins, Messieurs, dict-il, ie croy que pour auoir de l'entendement il faut estre Moyne; car il me semble que toutes les subtilitez des mondains ne sõt que pure bestise au prix de ces esprits retirez du tracas des affaires; ils ont l'ame nette, pure, claire, & comme vn ciel bien serain, balayee des nuages qui offusquẽt la raison; Dieu les illumine plus parfaictement, ils sont tous celestes, tous Anges: ô que bien-heureux est celuy qui habite en la maison du Seigneur, & qui le louë dés ce monde cõme l'on faict en l'eternité. Il est vray, repliqua Menandre, que les sollicitudes du monde estoufent en nous les clairtez de l'esprit, tout ainsi que des noires brossailles rejettent les rayons du Soleil; le corps corrompu appesantit l'ame, & le sens par sa grossiereté empesche que l'esprit ne soit si penetrãt: si vous ostez la poincte d'vn traict ou d'vn glaiue, le reste demeure inutile; quand la poincte de l'esprit est emoussee par l'employ des objects de la terre, il est moins aigu pour entrer dans le sanctuaire des secrets diuins; c'est ce qui fait que nous voyons les Freres laics des Religions si auisez, si sages, si circõspects, parce qu'ils sont animez de l'esprit de Dieu, qui rend confuse toute la prudence & toute la sagesse des hõmes: Dieu estant vne essence tres-simple se plaist auec leur simplicité. Et tout ainsi que le Soleil blanchit plus aysément vne nuée legere qu'il n'en perce vne

F iiij

plus remplie d'eaux. Ainsi la splendeur de la grace s'vnit plus volōtiers à vne ame exépte de presomption, qu'à celle que beaucoup de sçauoir emplit de beaucoup de vanité & de folie; car c'est le propre de Dieu de fuir les orgueilleux, & de releuer les hūbles. Les seuls vases vuides de la vefue receurent la miraculeuse multiplication de l'huille: & les miroirs creux recueillent la chaleur des rays du Soleil, qui est rejettee par la tumeur de ceux qui sont esleuez en bosse. Ce qui faict que souuent la sçauāte ignorance des personnes qui semblent idiots & qui sont véritablement deuots, fait paroistre ignorāte la sciéce de plusieurs lettrez, qui sont honteux apres vn grand embarras d'estudes, de se voir surmonter en clairté de iugement & en soupplesse d'esprit par ceux qui n'ont iamais eu l'intelligence des langues, ny faict profession de doctrine. Vn beau naturel secondé de la grace est vn nuage regardé des rays du Soleil, & embelly de ces transparances qui rauissent les yeux en admiration. Ces discours diuertissans peu à peu ceste noire humeur qui assiegeoit le cœur du pauure Meliton, luy estoient extrememēt agreables; & bien que son corps eust de la peine, son esprit neantmoins estoit bien fort soulagé. Et Menandre, prudent qu'il estoit, les enfiloit expressément ainsi, imitant la conduitte des Medecins, qui ne pouuans tout à coup asseicher vn catharre taschent de le destourner auec industrie, & se seruans de l'inuention de ce Roy qui tarit vn fleuue, en le dissipant en diuers ruisseaux. Cependant que Menandre admire, que Meliton se diuertit, (ie n'oserois dire se console, puisque sa douleur est encores si peu capable de consolation,) & que Florimond est tout edifié, tant des discours du Religieux que des propos de Menandre; le seul Hermite confus par sa propre humilité, rejette en son cœur cette vaine estime ; comme l'ambre repousse la paille de l'herbe appellée Basilic: car il n'y a rien qui afflige tant vne ame vrayement humble que de se veoir priser, principalement en sa presence: il eust volontiers dit, non comme le Prophete, malheur de ce que ie me suis teu, mais de ce qu'il auoit tant parlé, & par là fait briller son esprit à trauers le nuage de sa condition, & la cendre de sa robe. Sur ces entrefaittes ils arriuent au pont de terre, c'est à dire à la pointe de la chaussée, où se remarquoit au milieu des espines dont à dessein elle estoit herissée, vn petit sentier qui conduisoit à l'Hermitage.

Comme ils alloient entre ces deux eaux 10

de l'eſtang ſuperieur & inferieur, qui prenoient leur ſource d'vn ruiſſeau qui naiſſoit à la teſte du vallon, & qui venoit en ſerpentant baigner les fleurs de la prairie : il ſouuint à Menandre qui eſtoit ſçauant, de la part de l'heritage d'Axa fille de Caleb, qui eſtoit arroſée de fontaines hautes & baſſes, & il s'aduiſa de dire à Palemon par ioyeuſeté, Mon Frere, anciennement pour aborder le Roy des Tartares, il falloit paſſer entre deux feux, mais pour arriuer en voſtre demeure, il faut aller entre deux eaux : Souuent i'ay paſſé entre trois, reprit le Frere: Et comment cela, dit Menandre ? Et quand il pleut, repliqua le Frere, Alors, dit Menandre en ſouſriant, c'eſt vn vray deluge; car les cataractes des Cieux & les ſources des abyſmes ſont deſbondées. Ie vous aſſeure, dit Palemon, que quelquesfois aux grandes pluyes, ou quand les neiges fondent, ceſte chauſſée eſt preſque couuerte d'eaux, & alors il y a bien du dommage pour les maiſtres de ces eſtangs, qui ſont les bons Peres Chartreux de Bonne-fontaine ; car le poiſſon ſe laiſſant emporter au courant du rauage, s'eſcoule dans la vallée & ſe pert pour eux, & alors on peut bien dire que leur marmite ſe reſpand ; car c'eſt icy leur boucherie: Comment boucherie ? dit Menandre, Ouy certes, reprit le Frere, car le poisson est la viande de leur bouche: Il me souuient que regardant vn iour vn semblable rauage de la pointe de nostre Roc, tout ce vallon reson-noit du murmure & du bouillonnement de ces eaux grondantes: nous craignions que si les chaussées des estangs venoient à creuer, les villages d'embas ne fussent ou noyez ou emportez par l'impetuosité des ondes: pour moy ie regrettois la perte de ces charita-bles Peres qui nous font tant de biens, & temporels & spirituels.

Voyez-vous mon fils, me disoit nostre Pe-re Syluan, il en est des Religieux comme des poissons; quand le desbordement & le des-reiglement se met dans les Monasteres, les Moynes vagabondent çà & là, & enfin tou-te la Pieté vient à sec, les sources des graces se tarissent, & l'ire du Ciel se desbon de sur eux: & qu'est-ce qu'vn Moyne hors de son Cloistre sinon vn poisson hors de son Ele-ment, vn Element hors de son centre? C'est ainsi que nostre Pere fait son profit spirituel de tous les objects qui se presentent à ses yeux. Le ieune Florimond qui auoit la me-moire fraische de son grand Poëte, la gloire de la Muse Romaine, se tournant vers Me-nandre, luy representa ce rauage d'eaux par ces beaux & admirables vers.

Quand un torrent enflé de la neige qui fond
Precipite son cours de la cime d'un mont,
Essourdant les coustaux du bruit qui l'accompagne,
Saccageant tous les bleds rians par la campagne,
Et perdant les labeurs des fertiles guerets,
Entraine sur ses flots les antiques forests,
Lors le Pasteur saisy de crainte & de merueille,
Reçoit du haut d'un roc ce bruit en son oreille.

Menandre estonné de tous costez, & de la memoire de Palemon & de celle de Florimond, En fin, dit-il, nous pourrons dire comme Israël qui arriua en la terre promise à trauers les feux des fournaises d'Ægypte, & les Eaux de la Mer rouge & du Iourdain, que nous serons arriuez en ce lieu de Pieté par le feu de la Charité de ce bon Frere, & par l'Eau de la douceur & de la gentillesse de son Esprit; iusques à present il nous a seruy de Colomne de feu pour nous conduire, il nous est tantost temps qu'il nous serue de Colomne de nuée pour nous mettre à l'abry. Ils en estoient sur cet entretien, quand ils entendirent vne voix plus deuote que mignarde, qui chantoit cette piece d'vn Pseaume.

Liure second.

En vous! ô mon Dieu mon Seigneur,
En vous, non pas en sa vigueur,
Mon ame s'est reconfortée,
Vous estes mon fort éuident
Ou du plus fascheux accident
Tous les coups n'ont point de portée.
Le mal craignant de me fascher,
Ainsi n'osera m'approcher,
Et le fleau de l'ire Celeste,
Comme animé d'vne raison,
En haste deuant ma maison
Passera sans qu'il me moleste.
Le traict en plein iour decoché
Rompra contre moy rebouché,
Les songes comme oyseaux funebres
Sur mes yeux n'oseront s'asseoir,
Ny les mauuais Anges du soir,
Qui glissent parmy les tenebres.
L'obscure frayeur de la nuict,
Ny son humidité qui nuit,
Ne pourront troubler mon courage,
Ny le Demon le plus hardy,
Qui vient mesme au poinct du midy,
Exercer au monde sa rage.
Et si mille corps trespassez,
Et dix mille autres renuersez,
Deuant moy mesurent la plaine,
La mort me voudra respecter,
La peste n'osant m'infester

Pour moy retiendra son haleine.
Mais deuant mes yeux estonnez,
Ie verray les hommes damnez,
Dont l'ame de Dieu s'est distraitte,
Ie sçauray qu'vn desesperé,
Dans le lieu le plus retiré
Ne sçauroit faire sa retraitte.

C'est nostre bon Pere Syluan, qui chante vne partie de ce Pseaume que i'allois acheuer quand ie vous ay rencontrez, dit Palemon à sa compagnie; vous diriez que nos bons Anges s'accordent pour nous donner mesmes pensées, & pour nous maintenir en bonne intelligence.

15. Le voyez-vous dedans ce petit jardinet, à main-droitte de nostre Cabanne qui plisse ces hayes viues qui l'enuironnent, & qui les taille à ce renouueau; afin de les faire mieux profiter. Hier comme ie l'aydois en ceste besogne, il me faisoit sur cet ouurage la plus gentille & la plus vtile leçon spirituelle qui se puisse imaginer. Voyez vous, me disoit-il, mon cher Frere, les espines sont le symbole des pechez, car quelques Peres tiennent que sans la preuarication d'Adam il n'y en eust point eu en la terre, laquelle fut condamnée de les produire pour punition de ce premier pecheur & par malediction; leur noirceur & leurs pointes monstrent la

laideur & l'aigreur du vice, qui comme vne Vipere deschire les entrailles de celuy qui le produict, elles sont le receptacle des serpens, & les pechez sont le sejour des Demons, qui se plaisent autant en nos iniquitez comme Dieu les a en abomination : comme les espines suffocquent le bon grain, ainsi le peché estouffe la grace en nos ames : & tout de mesme que vous voyez que plus nous les tranchons plus elles foisonnent, ainsi plus nous arrachons d'imperfections, plus il en reuient, plus nous les combattons, plus nous les cognoissons : nous sommes des inespuisables sentines de malheur, le plus iuste tombe sept fois le iour, & nous qui ne le sommes pas, peut estre septante sept fois : c'est ce qui faisoit dire à Dauid que ses fautes s'estoient tellement multipliées, que comme vn pesant fardeau elles l'acrauãtoient. Mais tout ainsi que le mesme Prince tira l'antidote de la poison mesme, escrasant la Vipere ou le Scorpion sur la playe, picquãt son cœur du traict d'vne salutaire cõponction, prouenante du regret de ses iniquitez, ainsi qu'il dit.

Quand l'espine m'a faict ressentir sa picqueure
Mon peché a cessé sa mortelle poincture.

La douleur qui naist d'auoir offensé Dieu, efface cette mesme offence. Voyez mon humilité & ma douleur, dit le mesme châtre

Roy, & pardonnez-moy mes fautes. Comme ces espines picquent nos mains, Dieu vueille, mon tres-aymé Frere, que la saincte Componction trauerse nos cœurs, & que ce sainct glaiue de douleur trasperce nos ames. O que le Sauueur est bon, qui pour monstrer en sa passion qu'il arrachoit la malediction de la terre par ses souffrances, a voulu estre couroné d'espines, & en mesme temps estre monstré au peuple orné de ce Diademe de Misericorde & de commiseration. Que ces ames sont heureuses & prudentes, qui sçauent auec la bien-heureuse Catherine de Sienne preferer ceste couronne d'espines en ce monde à celles d'or; ouy, car ces poinctes herissées produisent des roses en l'eternité qui ne flestriront iamais. Or tout ainsi que le prudent laboureur sçait se seruir des espines, pour conseruer ses entes, pour clorre ses champs & ses possessions, ainsi deuons-nous faire rempart en nos ames des austeritez contre les tentations, & contre les embusches du maling : nous deuons conseruer de la pureté dans l'aspreté de la vie, comme le Lys se maintient en sa beauté, en sa blancheur & en sa fraischeur parmy les brossailles, nous souuenant du grand S. Benoist, qui ayma mieux se veautrer dans les ronces que dans des imaginations impures.

Or

Or comme nous dreſſons nos hayes, afin que deuenües fortes & eſpoiſſes elles ſeruent comme de muraille, pour empeſcher que les Paſtres ne viennent enleuer les fruicts ou les fleurs de noſtre jardin; ainſi deuons-nous ſans ceſſe prendre garde à nos ſens, de peur que le larron ne ſe gliſſe dans nos cœurs par ces breches, & reſiſter aux tentations auec vne ferme Foy & vne forte confiance en Dieu, gardant nos reglemens, nos loix, & nos religieuſes couſtumes auec toute fidelité; car c'eſt la haye qui nous maintient: & celuy qui là diſſipera, dit l'Eſcriture, ſera mordu du ſerpent. O l'agreable leçon, s'eſ-cria Menandre; & que vous eſtes heureux d'eſtre aux pieds de ce bon Gamaliel, & d'entendre les ſages diſcours de cet autre Salomon: mais haſtons-nous de l'aller ſa-luer.

Arriuez à la porte de l'Hermitage, qui eſtoit celle-là meſme de l'Egliſe, ils la treu-uerent fermée: mais vne clochette fit à ſon premier ſon arriuer le Pere Syluan, lequel accouſtumé à la ſolitude fut eſtonné de voir ſi bonne compagnie à ceſte entrée. Mais ayant recogneu le pauure Meliton (pour le deſeſpoir duquel il auoit tant pleu-ré & tant ſouſpiré) entre les bras de Frere Palemon, & des Pelerins; alors allumé d'vn

G

sainct zele, se jettant à son col comme le bon Pere de l'Euangile sur celuy du Prodigue reuenu : Hé! mon enfant, dit-il, ie te croyois perdu, & te voyla encore: ô que beny soit Dieu Pere de nostre Seigneur IESVS-CHRIST & Pere de toute consolation, qui nous sçait consoler en toutes nos afflictions: aussi ne pouuois-ie me persuader que peust perir vn enfant de tant de larmes. Vien, mon enfant, prendre possession de cet Hermitage qui est plus à toy que ton propre heritage; si ie ne tuë le veau gras, au moins en presenteray-ie demain au Pere Eternel l'Agneau sans macule au sainct Sacrifice de la Messe pour action de graces, où ie m'asseure que nous serons assistez d'vne legion d'Anges qui demeneront grande ioye sur ton retour, ils en empliront le Ciel de melodie, & ils seront comblez d'allegresse, si tu as banny de ton cœur le malheureux dessein de mourir en precipitant la course de tes iours. A de si tendres & chers embrassemens d'esprit de Meliton fut vaincu, & son obstination rendant les armes fut conuaincuë par la raison, mais d'vne victoire qui luy estoit plus auantageuse qu'vn triomphe. Ils entrent, & nos Pelerins furent pareillement accueillis par ce bon-homme, tout ainsi que le bon Loth receut en sa maison les Anges du Seigneur. On n'entroit dans les Cellules que par la porte de l'Eglise, ou pluftoft de la Chapelle, ainfi que nous auons dit, & celà expreffement, afin que l'on payaft foit en entrant foit en fortant le peage de quelque deuotion, & le tribut de quelque adoration à la diuine Majefté. La grandeur de leur laffitude accourcit leur priere, les voyla dans les chambres, où l'extreme netteté fe treuua reluifant dans vne extreme pauureté. Frere Palemon ayant pofé fa bezace dans vne petite defpence, court au jardin cueillir des bonnes herbes, le Pere Syluan met chauffer de l'eau pour lauer les pieds des hoftes, qui furent fainctement preffez & fimplement contraints, quoy qu'ils le refufaffent comme S. Pierre, de fouffrir cet office de pieté, autant commun aux facrez Religieux qu'inufité dans le monde. Il fallut fonger au repas, qui fut tel que de pauures mandians le pouuoient prefenter; la multitude & la quantité des mets ne reboucha point leur appetit, & ne fuffocqua point leur chaleur naturelle; leur repos ne fut point alteré par les cruditez qu'elles laifferent en leur eftomac, & l'on pouuoit dire de ce feftin comme du fobre foupper de Platon, que ce Prince qu'il traitta dit luy

G ij

auoir seruy iusques au lendemain, parce qu'il s'en trouua mieux que de la trop grande abondance de sa table. C'est à la magnificence & à la somptuosité qu'il faut des amples descriptions, la frugalité espargne les plats & les paroles. Mais qui pourroit exprimer auec combien de Charité ces estrangers furent seruis par ces deux bons Religieux: iamais auare ne receut auec tant de ioye qu'ils donnoient auec gayeté; leur syncerité se lisoit sur leurs fronts, & leurs mains distillantes la myrrhe premiere d'vne pure dilection sembloient chargées d'hyacinthes: ils eussent voulu auoir de l'Ambrosie ou de l'or potable pour le distribuer à leurs Pelerins. La refection prise, ils furent conuiez d'aller rendre graces à Dieu en la Chapelle, où les Religieux reciterent les Litanies de la saincte Vierge, les Pelerins respondans auec vn accord & vne correspondance fort pieuse : ô que Dieu est bon qui rend les fideles vnanimes au seruice de ses Autels : ne pouuoit-on pas dire de ceste solitude, ce qui se dit dans le Cantique de la Sulamite, que verrez-vous en elle, sinon des chœurs de combatans ; car les Religieux chantoient d'vn costé, & les Pelerins armez d'espée & de bourdons respondoient de l'autre. Arche de Noë où l'animal farouche compatissoit auec le domestique & privé. Sans la langueur & la foiblesse de Meliton, & la lassitude des Pelerins, Syluan leur eust fait continuer plus long temps les exercices de Pieté : mais sçachant qu'en ce monde il faut souuent faire ceder les douces contemplations de Marie aux necessitez de Marthe, il les conuia de s'aller coucher; si bien qu'ils n'eurent pas le loisir de considerer, ny les particularitez de cet Hermitage, ny les singularitez de ceste Chappelle fort ioliment appropriée.

Seulement à la splendeur d'vne petite lampe ils remarquerent vn excellent tableau, qui faisoit le fonds de l'Autel, il representoit au milieu vne Vierge parfaittement belle & bien faitte, tenant son cher fils nostre Redépteur entre ses bras: à vn des costez estoit l'Image de S. Anthoine auec vn habit grisastre & tout r'appiecé, ayant comme on le peint ordinairemét les pieds sur vne flamme, vne clochette en la main, & auprés de soy vn de ses vils animaux que le Sauueur fit precipiter en la Mer: de l'autre part du tableau estoit la figure de S. Paul premier Hermite auec vne robe de natte qui ne le couuroit que iusques à la moitié des bras & des jambes, ses yeux tournez en haut voyoient descendre vn Corbeau qui luy apportoit en son bec la moitié d'vn pain. Meliton durant

G iij

les Litanies, regarda fixement ceste peinture auec vne attention ferme & conforme à sa resuerie. Menandre aussi & Florimond le remarquerent; & comme Menandre qui se cognoissoit en tout loüoit la main du peintre, Florimond qui creut que l'image de ce Sainct à qui vn corbeau apportoit du pain fust Elie : Il m'est souuenu, dit il, en regardant la figure de ce Prophete que Dieu nourrit miraculeusement au desert par l'entremise d'vn corbeau, de ce que dit Dauid, que les yeux des gens de bien esperent en Dieu, lequel ouurant sa main & les remplissans de benediction leur donne la pasture en leur temps. Ie voy bien, Monsieur, reprit Syluan, que vous prenez ce Sainct pour Elie: Aussi fais-ie, mõ Pere, dit Florimond, n'est-ce pas l'Hermite du Carmel, & vn des excellens Patrons de la vie des Anachoretes? Certes, reprit Syluan, c'est vn rare exemplaire de nostre vie; mais pour cela ce n'est pas sa representatiõ, mais celle de S. Paul premier Hermite, dont vous sçauez la vie. Quoy, dit Florimond, (qui sçauoit mieux son Virgile que la vie des Saincts) prenez-vous l'Apostre Sainct Paul pour vn Hermite, par-ce qu'il a dict qu'il auoit couru des perils en la solitude, certes ie croy que de tous les Apostres c'est celuy qui s'est le plus auant porté dans la conuersation comme dans la Conuersion des Gentils, aussi dit-il qu'il estoit deuoré d'vn soin continuel de toutes les Eglises. Aussi n'est-ce pas ce grand Apostre qui est là representé, mais vn autre Sainct, honoré de son nom, qui fut le premier habitant des deserts d'Orient, & plus ancien Hermite que S. Anthoine, duquel vous voyez l'effigie à main droitte, parce qu'il donne le nom à cet Hermitage, & ceste Chappelle est consacrée à Dieu sous son appellation. Or vous auez quelquesfois entendu comme S. Anthoine, arriuant en la cauerne où S. Paul auoit fait vne si longue & si austere penitence, le corbeau leur apporta à son heure ordinaire vn pain tout entier ; ce qui fit dire à S. Paul que la diuine Bonté auoit doublé le pain de munition à ses champions ; parole ioyeuse & pleine de confiance en Dieu, qui fut depuis si chere à la memoire de S. Anthoine, comme aussi ceste robe de natte tissuë de branches de palmier, laquelle il garda apres le trespas de sainct Paul comme vne relique precieuse, & de laquelle il se reuestoit quelquesfois aux bonnes festes, ou lors qu'il estoit le plus furieusement attaqué par les Demons. Florimond

G iiij

fut fort aise d'entendre ce deuotieux discours, & pour le faire durer, il luy demanda pourquoy l'on peignoit S. Anthoine auec ce feu, ceste clochette & cet animal que la ciuilité empesche de nommer, mais non pas de le manger, puisque son lard assaisonne & pare les viandes les plus delicattes. Monsieur, repliqua Syluan, auec la modestie d'vn bon & vray Religieux tel qu'il estoit, les Peintres & les Poëtes font & disent tout ce qu'ils veulent, ceux-là peignent, ceux-cy feignent ce qu'il leur plaist, auec des licences qui n'appartiennent qu'à leurs arts, qui regardent plus les apparences que les veritez. Or comme les Peintres se donnent la liberté de representer S. Iean dormant sur la poitrine du Sauueur au souper de la Pasque, d'autant que le sacré texte dit qu'il s'y reposa à la mode des Leuantins qui mãgeoient couchez sur des licts, prenãt ceste forme de situation, & ce repos plustost mystique & extatique que naturel pour vn sommeil corporel; & cõme aucuns representent quelquesfois la S. Vierge couchée cõtre terre, comme pasmée sur le Caluaire au pied de la Croix de sõ fils, encores que l'Escriture soit formellemẽt cõtraire, & die qu'elle estoit debout : ainsi en peignãt nostre Pere S. Anthoine ils l'ont enuirõné de diuerses choses, qui sont plustost des emblemes de deuotion, que rien que nous remarquions en sa vie. De mesmes aux representations de sainct Georges, de S. Christofle, de saincte Marguerite, il y a plusieurs choses emblematiques, qui signifient tout autrement que ce qu'elles representent, & qui sont l'image de la vie, comme l'image est la figure du corps du Sainct. Par exemple, ce feu qui est sous les pieds de nostre Pere S. Anthoine, nous signifie que se retirant au desert en son adolescence, lors que les ardeurs de la concupiscence sensuelle sont plus viues, il auoit mesprisé les delices, & surmonté par de sainctes austeritez les aiguillons de la sensualité. De là le vulgaire a creu que ces inflammations, ou ces feux volages qui viennent aux corps, estoit le feu de S. Anthoine, parce que peut estre quelques vns reclamans son ayde contre ce mal en ont esté gueris: d'autres disent que le feu de S. Anthoine n'est autre que celuy de la diuine Amour, lequel Dieu veut voir continuellement flaber sur l'autel de son Temple, c'est à dire en nostre cœur qui est l'autel de la Diuinité, comme nostre corps est le Temple du sainct Esprit. Cette clochette qu'il tient en la main represente l'esclat de ces bonnes œuures qui ont mis sa memoire en benediction, & qui ont faict resonner son nom par toute la terre; car ayant donné tout son bien aux pauures, sur ce qu'entrant dans vne Eglise il entendit reciter ce texte de l'Euágile, Va, vends tout ce que tu as, donnes-le aux pauures, & me suis: c'est pour cela, comme dict le Sage, que ses aumosnes sont racontees par toute l'Eglise. Quant à ce sale & bourbeux animal que l'on met auprés de luy, n'est que pour faire cognoistre que par des abstinences plus admirables qu'imitable, il a gourmandé si cruellement la gourmandise, qu'en ceste vertu du ieusne nous auons plus de peine à excuser ses sacrez excez, qu'à la releuer par Eloges. Or i'espere qu'en la sobrieté nous vous aurons mis au nombre de ses enfans, & que la multiplicité des viandes ne troublera point vostre repos, où quand nous vous aurons mis, nous acheuerons nostre Frere & nous nos exercices ordinaires. Il y auoit vne chambre des hostes qui paroissoit seulement lambrissee, & vne table au milieu: Voicy où vous reposerez, dict Syluan: à quoy Menandre respondit, Mon Pere, pour mon compagnon & moy, nous nous contenterons bien de ces aix qui font ce plancher; mais il me semble que le pauure Meliton auroit besoin d'vn peu de paille. La paille, dict Meliton, qui y auoit desia hebergé, ne nous manquera pas, il y en a icy plus d'vne creche: & pleust à Dieu que ie n'eusse ny foin, ny soing, mais ces soucis & ces inquietudes qui m'assassinent le courage, me font treuuer des espines au milieu des roses, & la plume me semble vn lict de ronces. Voyla donc que Frere Palemon faict ouuerture de trois, diray-je nids, ou licts, faits en forme d'armoires, où la paille monstroit sa blancheur & sa fraischeur à trauers de pauures paillasses de caneuas. Voyla la magnificence de cette charitable hostellerie; car quant aux Religieux vne natte sur le plancher de leur Cellule estoit leur lict le plus mollet. En fin comme l'appetit faict treuuer des gousts & des friandises dans les viandes moins sauoureuses; ainsi la fatigue & le trauail font prendre pour lieu de repos la terre la plus dure. Menandre & Florimond, dont les desplaisirs n'estoient pas moins douloureux que ceux de Meliton, mais qui par vne raison plus forte & plus vigoureuse les sçauoient tenir en bride, treuuerent le sommeil presqu'aussi tost que leur cheuet: Meliton fut le premier couché, car tous luy ayderét à s'accomoder le plus cõmodément qu'il se peut; mais il fut le dernier endormy, car tant de pésees rauagerent son esprit lors qu'il ne fut plus diuerty par la compagnie, & que la nuict & le silence ramassoient plus aysément en son imaginatiue les idees de ses peines, que peu s'en fallut qu'il ne retournast au vomissement de ses premieres fureurs. Pauuret qui se faschoit de n'estre plus si fasché, & qui pensoit auoir fermé la porte à son Amour l'ayant voulu ouurir à la patience. Il regrette de n'estre pas mort, il se desplaist de s'estre laissé persuader de reuenir; & reuenant des Enfers comme vn autre Orphee, il regarde en arriere l'idole fuitiue, non d'Euridice, mais de ceste infidele Lucie qui s'escarte de luy plus il la veut arrester: mais en fin comme il est parmy ces resueries la debilité de la nature eut plus de poids pour le faire insensiblement ceder au sommeil, que son desplaisir pour le resueiller.

15 Mais comme les songes ne sont autre chose que les images des choses veuës le iour, dont les especes sont alterees par les ombres de la nuict; il n'eut pas plustost abandonné au sommeil ses languissantes paupieres, qu'il luy sembla d'estre dans vn venerable Temple, reuestu de tous les costez en ses murailles de diuers tableaux & de plusieurs estranges figures. Là comme il consideroit, com-

me tout estonné, des bras, des iambes, des testes, des yeux, des mains, des pieds, & autres semblables choses appenduës; saisy d'vne saincte apprehension, il pensa voir vne grande Princesse vestuë à la Royale, enuironnee d'vne brillante clairté, laquelle l'abordant d'vne façon gaye, ioyeuse, & toute pleine d'affabilité, de douceur & de debonnaireté, luy dict: Meliton, il est temps que ton esprit soit deliuré des nuages qui l'ont troublé iusques à present, & que changeant d'Amour, tu changes aussi tes chagrins en allegresses. I'ay vne fille fort belle, mais pauure, parce que son pere ne luy a rien laissé, & moy, pour de bonnes considerations, ne luy veux dôner aucunes richesses, parce qu'elle a des graces qui valent mieux qu'aucune dote. Alors parut à ses costez vne fille d'eminente beauté, d'vn pas graue & modeste, vermeille comme l'Aurore, luisante comme vn Soleil, claire comme la Lune, & qui dardoit mille esclairs & mille ardeurs de toutes parts: elle estoit vestuë d'vne robe plus agreable que riche, diuersifiee comme celle du petit Ioseph, de plusieurs differêtes couleurs: la grace de ceste face Angelique arresta si fort sa veuë, qu'il fit peu d'estat de considerer son vestement. Meliton qui auoit le cœur non seulement attendry, & tout dispose à aymer, estant comme vne cire molle aux impressions de la bienueillance, se sentit incontinent esmeu du desir de posseder vne Beauté si rare, qui luy estoit offerte auec tant de courtoisie & d'honnesteté: Mais il fut bien estonné quand la Princesse continuant son propos le conuia de quitter le souuenir de ceste mescognoissante Lucie, qui auoit rompu tant de sermens plus religieux que veritables, & qui s'attachant à de seconds liens, auoit rompu ses premieres chaisnes auec tant d'ingratitude: Maintenant qu'elle est à vn autre, disoit-elle, tu ne dois plus estre sien, si tu as quelque soin de ton salut, comme elle ne peut estre tienne, si elle ayme son honneur. Laisse doncques ces larmes si vainement respanduës pour vn sujet de si peu de merite, & pour vne fresle grace que le temps moissonnera tout à faict dans peu de temps, & que la melancholie rauage desia si impiteusement qu'elle est desia toute changee: Et afin que tu ne penses pas, ô Meliton, que ce soit l'enuie qui me face parler, ny le desir de voir ma fille pourueuë de ta personne, ny l'amour maternel qui m'aueugle en la preference que ie fay de mon enfant à cette miserable, ie te la veux monstrer, afin que tu sois plus estonné du changement de sa face que de celuy de son honneur, & que tu sçaches que ceux qui violent leur foy tumbent tousiours en de fieres disgraces. Elle dict, & voyla que paroist ceste inconstante Lucie, que la honte & la tristesse couuroient de plus d'alterations que n'a de couleurs cet arc celeste qu'vne tenebreuse nuee va formant dedans les airs. Ce n'estoit plus ceste agreable Lucie, dont les graces & les attraicts eussent enchanté les rochers; ô Dieu combien estoit-elle differente de celle qui inspiroit tant de feux dans le cœur de Meliton:

Au lieu de flammes & de charmes,
Ses yeux estoient chargez de larmes
Que l'on en voyoit degouter,
Toutes ces fleurs espanoüies
Qui faisoient son teinct esclater
En estoient bien esuanoüies.

A peine Meliton recognoissoit-il ce visage qui l'auoit autrefois rauy à luy-mesme, & qui ne respiroit qu'Amour: vous eussiez dict que c'estoit vn champ ou vn vignoble, dont les fleurs, les moissons & les pampres auoient esté battus d'vne impitoyable gresle. Quelle honte à ce grand courage de Meliton, d'auoir si esperdument chery vn object si desagreable, & plus remply de pitié

que d'Amour; aussi ne pouuoit-il se persuader que ce fust elle, & en resuant il disoit en luy-mesme, Ie resue; & en songeant il pensoit que tout ce qu'il voyoit n'estoit qu'vn songe, tant l'Amour est vne forte resuerie, puis qu'elle enfonce la resuerie mesme. Aussi faut-il auoüer que comme l'Amour sensuelle est fille de la Beauté, d'où vient que les Latins appellent la mere d'Amour du nom de la mesme Beauté; la deformité est vn reuers qui luy couppe la gorge: de sorte que ces volages affections s'euanoüissent à mesure que se dissipent les graces naturelles qui leur ont donné la naissance. Et d'effect vn des souuerains remedes de l'Amour friuole, est de bien remarquer les defauts en l'object aymé, c'est l'eau qui esteint ceste legere flamme, remarque aysee; car la parfaicte Beauté estant vne idee de Platon, plustost à desirer qu'à esperer, les defauts sont tousiours en plus grand nombre, & plus visibles en vne chetiue creature que les perfections, & par consequent le remede plus facile que le mal: mais cette passion a cela de mauuais, qu'elle est aueugle du costé des manquemens, & clairuoyante comme vn Linx aux moindres excellences; elle peint en pourfil l'object aymé, ne faisant voir que ce qu'il a de beau; d'où vient le
Prouerbe

Prouerbe qui dict, qu'il n'est point de laides Amours. Or le bien, comme dict l'axiome, venant d'vne cause vniuerselle, & le mal de la moindre tare, à tant de defectuositez qui parurent à Meliton en l'imaginaire Lucie, il luy fut aysé de se persuader que ce qu'il auoit tant recherché sous l'apparence d'vn bien, estoit vn mal veritable: de sorte qu'il luy fut facile de se destourner du desir d'vn bien, dont la possession luy eust esté si desauantageuse; mais le mal est que sa douleur estoit vraye dans son cœur, & ce remede n'estoit qu'en songe dans sa fantaisie. Ce n'est pas tout de voir Lucie tellement descheuë de ses premieres perfections; mais vne secrette horreur le saisit quand il la vit enuironnée de certains monstres espouuantables, qui comme des furies luy portoient des flambeaux dans les pieds, dans le sein, & dans la gorge: ces spectres hideux luy firent pitié; elle en paroissoit fort affligee, mais tellement oppressée de cœur, que la voix & la parole luy tarissant en la bouche elle n'osoit se plaindre, mostrant que ses regrets estoient surmontez par sa douleur: elle sembloit à sa contenance implorer le secours de Meliton, lequel partagé entre son nouueau despit & son ancienne Amour, ne sçauoit à quoy se resoudre; d'vne part l'exquise pucelle qui

H

luy estoit offerte pour espouse rauissoit son cœur; de l'autre il sembloit que les disgraces & les desloyautez de Lucie l'eussent guery par vn iuste desdain: Il estoit ainsi suspendu,

Quand du tort tout recent qu'elle luy auoit faict
Vn genereux mespris animoit son courage,
Mais il n'eut pas le cœur d'en venir à l'effect,
Car en fin son Amour preualut sur l'outrage.

Tant les Amans sont desraisonnables mesmes en songeant; car voyla que sans auoir esgard à tant de felicitez qui luy estoient apparentes en la possession de la fille de ceste illustre Princesse, & à tant de qualitez contraires à l'Amour qui paroissoient en Lucie, saisy de pitié & ensemble de fureur, il estoit prest de mettre la main aux armes, & d'estre le Persee de ceste infortunee Andromede; quand tout à coup se resueillant en sursaut, il recogneut l'erreur de sa fantaisie, & ne songeant plus qu'il songeoit, il s'amusa à songer ce qu'il auoit songé. De toute la nuict il ne peut fermer la paupiere; mais resuassant continuellement apres sa resuerie, il se nourrissoit de la pasture ordinaire de ceux qui ayment follement, qui sont les songes; il fit cent & cent tours de dans son lict, mais c'estoit vn rat en paille, qui ne pouuoit treuuer le repos sur aucun costé, & moins encores dans les agitations de son corps & de son ame. Et comme l'ombre suit le corps quelque part qu'il aille, ainsi l'idee de la deplorable Lucie dolente & plaintiue, nageoit dans l'imagination de cet homme, & le mettoit en d'extremes agonies: il creut que ceste autre beauté qu'il auoit veuë si esclatante n'estoit qu'vn vain fantosme dressé pour le piper, & pour le destourner de l'object de sa passion, & bien qu'il essayast de s'armer d'vn fier courroux pour resister à l'Amour de celle qui auoit payé son affection de tant d'ingratitudes, neantmoins par le guichet de la pitié ceste traistresse passion r'entra dans son cœur plus insolente qu'auparauant, & deliberant d'y tenir plus fort & plus opiniastrement contre les batteries des remonstrances, & contre les legitimes efforts de la raison : car bien qu'il opposast l'oubly de ceste meurtriere au souuenir si doux de tant de promesses faussees, si est-ce que la froideur de ceste offéce irreparable fut surmontee par la violente ardeur de son affection. Il trepa tout son lict de larmes, emplit sa bouche de sanglots & l'air de souspirs sur l'opinion qu'il conceut que Lucie estoit en

H ij

quelque grande peine, qui auoit besoin de son secours; mais d'autre-part s'imaginant que les songes sont ordinairement des mensonges, & que croyant ceste derniere partie il estoit obligé d'adjouster foy à la premiere, il ne peut conclure qu'en la felicité d'vn nouueau mariage elle peust gouster les amertumes qu'vn iour vous entendrez. Menandre & Florimond assoupis comme des glyrons ne l'entendirent ny souspirer, ny plaindre, leur nuict se passa toute d'vne piece.

16 Mais non pas celle de nos Hermites, qui ayans mis leurs hostes dans leurs repos, s'en retournerent en leur petit Oratoire faire vn peu d'oraison, & apres cela leur examen de conscience, & puis celuy de leurs espaules, qu'ils regratterent iusques au sang par vne si ferme discipline, qu'elle eust esté capable de resueiller les plus endormis, si la lassitude n'eust si fort accablé nos Pelerins, qu'elle les rendit par vn profond sommeil sourds à ce cliquetis de nos Religieux, qui pensoient n'estre entendus de personne : car c'est bien la verité que la distance du lieu où se faisoit cet exercice estoit assez grande, mais il estoit si brusque & si violent, joinct au silence de la nuict, qui rend l'oüye plus subtile, que le troublé Meliton qui auoit le cœur

tout deschiré de ses ennuis, creut au commencement qu'il pleuuoit, depuis qu'il gresloit, & en fin que les branches des arbres de ceste forest de Villiers, fussent toutes changees en verges pour mortifier ces paures Freres, ou que les bois de la coste de Retz tombassent sur leurs espaules. C'estoit vn de leurs iours de penitence, auquel ils auoient accoustumé de pratiquer ceste sorte de maceration: Ils la penserent remettre de peur d'estre entendus, mais Syluan iugea plus à propos de mespriser le iugement du monde, que d'interrompre leur deuoir; s'arrestans sur ce que dict nostre Seigneur, que qui aura honte de son seruice deuant les hommes sera rebutté de luy deuant le Pere eternel. Apres ce trauail ils allerent en leur repos, disant à Dieu,

En paix en vous nous reposons le soir,
Car en vous seul consiste nostre espoir.

Le seul Meliton donné en proye à ses inquietudes, ne pouuoit sommeiller, si nous ne voulons dire qu'il dormoit, en ce que l'occupation d'aymer est appellee par vn Ancien le dormir de ceux qui veillent. La nuict se passa de la sorte, laquelle escoulee,

Le Soleil changeant de seiour,
En penetrant le sein de l'onde,

Par l'autre partie du monde
Pouſſa le chariot du iour.

C'eſt à faire aux mondains d'eſtimer vne choſe vaine de ſe leuer deuant le Soleil: mais nos Solitaires preuenans l'Aurore par leur reſueil, ne vouloient pas que les oyſeaux les deuançaſſent en l'office de loüer Dieu. L'impatience fit ſauter Meliton hors du lict, lors qu'vne legere ſplendeur blanchiſſoit encores la ſommité des collines, & ſe pourmenant par la chambre donna vne plus prompte occaſion à nos Pelerins de ſe leuer qu'ils n'euſſent faict. Florimond reſueillé à l'improuiſte, creut que c'eſtoit vn de ces voleurs frequentans l'Hermitage, dont Palemon luy auoit faict peur le iour precedent; ce qui fit qu'appellant Menandre à ſon ayde, il entendit Meliton qui l'aſſeura, en luy diſant que ne pouuant treuuer le repos de ſon ame dans le lict, il le cherchoit dans l'agitation de ſon corps. Alors Menandre qui l'auoit oüy, luy reſpondit, que ne manger point & dormir peu, eſtoient deux prompts moyens pour perdre la ceruelle. Vous n'en dictes pas, repliqua Meliton, vn beaucoup plus aſſeuré, c'eſt l'Amour; car ſi la cholere eſt vne courte fureur, l'Amour eſt vne longue & pure folie. C'eſt pour cela, reprit Menandre, que le plus ſage des Philoſophes anciens, & iugé tel par l'Oracle de Delphes, estant deuenu vieil se resioüissoit d'estre deliuré par le benefice des ans de la tyrannie d'vn Maistre fol & insensé, entendant parler de l'Amour: Helas quel sera le Moyse dont la miraculeuse verge nous deliure de la seruitude de ce Pharao qui nous faict cruellement trauailler apres ces fournaises, & qui ne nous employe qu'à des ouurages de terre & de bouë? Quand sera-ce qu'animez d'vne passion plus iuste & plus saincte, nous n'aurons plus de larmes que pour le regret de nos pechez, ny de souspirs que pour le desir du Ciel. Cela est bon à dire à des Pelerins deuotieux comme vous autres, reprit Meliton, mais non pas à vn Amoureux forcené comme moy, que toute vigueur a delaissé, & qui n'a plus en soy aucune lumière de raison. O Meliton, repliqua Menandre, que dictes-vous là, si vous sçauiez que c'est la violence de ceste mesme maladie qui vous agite, qui nous a faict quitter à mon compagnon & à moy nos foyers domestiques, & nostre propre patrie, parce que nous auons creu que le changement d'air & l'esloignement des lieux & des objects trop aymez y estoit profitable; vous ne nous estimeriez pas exempts de ce fleau, sans lequel la vie humaine seroit trop heureu-

H iiij

se. L'ignorance en laquelle vous estes de la cause qui nous a couuerts de ces habits, vous faict parler ainsi : certes nous n'allons à Liesse que pour essayer si les remedes diuins seront plus puissans pour guerir nos esprits blessez, que les humains, sçachant qu'où la nature defaut la grace commence à paroistre. Il faut que ce soit le Dieu du Ciel, par les prieres de la Mere des Misericordes, qui remette nostre raison en sa droicte assiette, à cela les discours des hommes peuuent bien peu. A ce conte, reprit Meliton, les Pelerins sont aussi amoureux, & comment penserois-je guerir mon Amour par le Pelerinage ? si i'estimois euiter ceste poincte qui me trauerse le cœur, i'irois iusqu'au bout du monde ; mais il a beau courir qui traine son lien, & beau changer de lict qui a la fiebure dans les moëlles. Si est-ce pour ce sujet, repliqua Menandre, que nous auons pris le bourdon, ayans appris que ce feu s'esteint en iettant de la terre dessus, c'est à dire par vne longue absence ; & de plus attirez au port de salut de l'Estoile de mer, qui brille sur le sainct Temple de Liesse, où ceux qui sont affligez, & qui ont recours auec vne pure & sincere intention, sont ou deliurez de leurs peines, ou soulagez en leurs calamitez : or il importe peu que le mal dure, pourueu que la force de le supporter soit augmentée, puis qu'il est escrit que la patience fait posseder l'ame en paix. Ie ne fus iamais si deuotieux, reprit Meliton, que ces raisons que i'apperçoy assez probables puissent faire vne grande atteinte en mon esprit, ie ne doute point que Dieu par l'entremise & en faueur de sa Saincte Mere ne puisse faire de plus grands miracles; mais ie suis tellement possedé de ma douleur & de mon Amour, que ie croy ne m'en pouuoir deffaire qu'auec ma vie.

C'est peut estre, reprit Menandre, que vous aymez en lieu si haut, que vous perdez l'espoir de paruenir au but de vostre dessein, & l'Amour n'ayant pour aisles que l'esperance & le desir, quand il n'a que celle-cy & manque de celle-là cause d'estranges conuulsions en vne ame. Il n'y a point d'Amour sans desir, ny de desir sans quelque ombre d'espoir, autrement c'est plustost vn souhait qu'vn desir, souhait infructueux & languissant, & comme dit le sacré Cantique, vne emulation dure comme vn Enfer, accompagnée de flambeaux qui bruslent sans esclairer, & qui enflamment sans consoler: l'esperance c'est la vie de ce flambeau que l'on appelle, Amour, si elle manque il s'esteint.

Ceux qui en sont picquez ores pleins de desirs,
   Ores de desplaisir, & ores de plaisirs,
   Sentent de cet effort les effects variables,
   Mais ils n'accusent pas, cela se cognoist bien,
   Les rigueurs d'vn object, dont ils n'esperent rien,
   Car l'Amour & l'espoir sont deux choses semblables.
Finissant donc l'espoir, dont le mal langoureux
   Sert d'vn cher entretien à ce feu doucereux,
   L'Amour comme l'espoir, finissent en mesme heure,
   Au Ciel les deux jumeaux se meurent à leur tour,
   Il n'en est pas ainsi de l'espoir & d'Amour,
   Car mourant l'vn des deux, il faut que l'autre meure.

Mon cher Menandre, reprit Meliton, c'est perdre le temps que de vouloir employer des raisons pour me remettre, car la raison ne me peut seruir de remede, puisque mon mal est vn desreiglement de raison. Ce qui fait que ie puis dire auec ce Poëte,
La raison mesme m'importune,
   Elle trauerse mon repos,
   En me peignant mal à propos
   Beaucoup moindre mon infortune,
   Pourquoy vient-elle secourir

Celuy qui ne veut point guerir.
Les discours vuides d'apparence
Qui me viennent entretenir
Sont bien fascheux à soustenir
A qui a perdu l'esperance,
C'est doubler mon cruel tourment,
Que d'y chercher allegement.
Les remedes sont inutiles
A vn pareil mal que le mien,
Ce qu'on me dit ne sert de rien,
Car toutes ces pointes subtiles
Peuuent irriter ma douleur,
Non pas arrester mon mal-heur.
Toutes les plaintes sont friuoles,
Et toutes les compassions,
Mes cruelles afflictions
Ne se guerissent par paroles,
Me diuertir de m'affliger,
Cela c'est me desobliger.

Si est-ce, repliqua Menandre, que nous ne sommes hommes que par là, & qui pert la qualité de raisonnable n'a plus que celle d'animal, encores les animaux ne se laissent-ils pas si fort transporter à la rage de leurs mouuemens, qu'ils ne souffrent d'estre pansez en leurs blesseures, tesmoin le Lyon d'Andronic : & les chiens ne guerissent-ils pas leurs playes auec leurs langues ? les cerfs cherchent-ils pas le Dictame, l'Ibis l'eau de la Mer, l'arondelle la chelidoine, le serpent le fenouil, la belette la ruë, & ainsi des autres animaux. La blesseure d'Amour, reprit Meliton, est toute au rebours des autres maladies, elle abhorre les remedes, & n'a rien en plus grande horreur que ce qui peut auancer sa guerison.

Car ceste passion a ce plaisant malheur,
Qu'elle va preferant le trespas à la vie,
La tristesse, au plaisir; tenant l'ame asseruie
A tel poinct, qu'elle va cherissant sa douleur.

De moy rien ne me desole tant que ce qui semble me deuoir consoler; ie fuy les remonstrances comme les corps blessez les appareils des Chirurgiens.

Recognoissant par moy toute esperance morte,
Tout mon contentement consiste à bien souffrir,
Me plaignant seulement au mal que ie supporte,
Ainsi qu'vn patient qui languit sans mourir.

18 Iamais le Labyrinthe de Crete n'eut tant de replis & de destours, reprit Menandre, que ceste passion qui transporte nostre ame de son vray siege pour la faire viure où elle est attackée par ces deserts : mais ie ne puis comprendre les soupplesses auec lesquelles vous flattez vostre douleur, car vous de-

stournez si subtilement mes yeux de dessus vostre playe, que ie serois tout le iour à tournoyer aux enuirons sans l'apperceuoir; si est-ce que qui veut guerir doit manifester où le mal le tient, autrement ie vous tiendray pour frappé d'vne maladie d'esprit incurable. Il y a remede à tout, sinon à la mort, encores y a-t'il des remedes qui nous fortifient contre les attaintes ineuitables de ceste fatale meurtriere: Mais quoy, vous eschappez de ma prise comme vne masse d'argent vif que ie voudrois presser auec les doigts, vous vous esparpillez en mille extrauagances; & de cela ie ne m'estonne point, puisque le transport est l'effect commun de ceste violente cause. Vous ressemblez à ce poisson qui respand vne ancre noire dans l'eau, afin d'eschapper la main du pescheur dans ceste obscurité; au chameau qui trouble le cristal d'vne fontaine, pour ne s'y voir pas ; à l'aspic qui bousche sõ oreille au son de la Musique qui le contraindroit de vomir son venin : ingenieux en vostre misere, vous cherchez ce qui vous nuit, & vous fuyez ce qui vous est salutaire ; n'y a-t'il point de moyen de vous faire joindre & de vous faire parler clairement; ie me fay fort, auec l'ayde de Dieu, si ie sçauois la racine de vostre mal, d'y mettre vne si puissante cognée, que ie feray sauter cet arbre malheureux, dont les fruicts vous sont si funestes & si remplis d'amertume. Et c'est ce que i'euite comme vn escueil, repliqua Meliton, car i'aymerois autant sortir de la vie que de mon desplaisir,

Ie presse dans mon cœur vne haute douleur,
Et c'est mon entretien ce qu'on tient pour malheur.

Vous ressemblez donc, reprit Menandre, à ces filles qui ont les pasles couleurs, qui se repaissent d'ordures & de ce qui fomente leur peccante humeur. Celuy-là merite de demeurer captif qui se plaist en sa chaisne: oseroy-ie dire que vous feriez en vn besoin comme ce Trasymene qui se plaignoit de ceux qui l'auoient remis en son bon sens. Vous serrez vn serpent ou vn renard dans vostre sein qui vous picque & qui vous deuore; vous nourrissez vne passion qui vous ruine, comme la chevre allaita le louueteau qui la mangea. Voulez-vous en fin que ceste humeur noire face en vous les mesmes simptomes qu'operoit en ce pauure Lunatique que guerit le Sauueur, ce mauuais esprit qui le pressoit de se jetter dans les fers, dans les feux & dans les precipices. Voulez-vous estre le bourreau & le Demõ de vous-mesme, & cela par defaut de parler, Parce que ie me suis teu, dit Dauid, mes os se sont enuieillis, c'est à dire, mes mauuaises inclinations se sont enracinées, mes cicatrices se sont gangrenées à la face de mon imprudence. Si i'auois aussi peu de Charité pour vous que vous auez peu de pitié de vous-mesmes, ie dirois de vous ce que les Anges reprochoient autresfois à ceste barbare Cité, Nous auons pansé Babylon, & elle n'a point voulu guerir, il la faut abandonner à la mercy de sa frenaisie : il me seroit bien aisé de vous laisser aller aux effrenez desirs de vostre cœur vlceré, & aux inuentions que vous minutez sur vostre perte. Mais la Charité de IESVS CHRIST me presse d'autre part pour vostre salut, duquel ie suis touché d'vne saincte jalousie de Dieu, & ie ne vous laisseray ny ne vous lascheray point qu'opportunément ou importunément ie ne reçoiue de vous ceste benedictiõ de cognoistre la cause & l'origine de vostre desastre : Car si pour y remedier les raisõs humaines ne sont bastantes, j'appelleray le secours d'enhaut, employãt pour cela les prieres de beaucoup de bõnes ames qui ont biẽ du credit enuers le Sauueur. Iusques à quãd, dit Melitõ, me persecuterez vous? ne voyez vo⁹ pas que i'esquiue vos prises, que i'ay mõ mal en delices & les remedes en horreur? Celuy qui conserue vn miserable fait pis que s'il le tuoit : Au rebours dit Menandre, qui n'empesche de perir vn malheureux, le pouuant faire, il participe à ceste coulpe; quand ie deurois perdre vostre amitié, ie vous monstreray des effects de la mienne, vostre ame m'est plus precieuse que ma vie, puis qu'elle a cousté tant de sang à mon Redempteur. C'est là le langage que ces Moynes me tenoient ces iours passez; ie croy que vous auez concerté ensemble & conjuré de me ruiner par vos consolations; si vous me pressez dauantage, comme ie les quittay ie vous quitteray, & suiuant mes coustumieres erreurs, ie reprendray mes premieres erres. Certes, dit Menandre, ie n'ay point consulté auec eux, mais c'est chose que ie desirois faire; car de vous voir languir, secher & perir deuant mes yeux, c'est chose qui m'est moins supportable que ma propre mort: eussiez-vous autant de force que Sanson, nous aurons de plus fortes cordes que Dalila, & nous raserons le poil de vostre obstination pour vous retenir, deussions-nous perir auec vous comme l'autre auec les Philistins: qui meurt pour sauuer vne ame du precipice du desespoir, meurt pour la iustice & est bien-heureux. Le Sainct seruiteur de Dieu Ignace de Loyola fondateur de la Compagnie de IESVS, se jetta bien dans des glaçons en plain Hyuer pour destourner vn

jeune

Livre second. 129

jeune homme de ses desbauches par l'exemple d'vne telle mortification: Vous auez de plus belles paroles que ces Hermites, mais elles perdront leur credit, reprit Meliton, autour de la dureté de mon cœur, ie n'ay point d'oreilles pour les entendre, vous parlez à vn sourd, ie ne suis pas en la disposition requise pour faire profit de vos medecines,

Il m'ennuye en chaque séjour,
Ie deperis de iour en iour,
Tout me desplaist, & rien ne m'ayde,
Le mal m'oste le sentiment,
Ie ne sçay vser de remede,
Car i'ay perdu le jugement.
Ie suis pressé de telle rage,
Que qui me console m'outrage,
Ie cognoy bien ma guerison,
Puis ie n'y voy plus d'apparence,
Ie voudrois sortir de prison,
Et puis ie hay la deliurance.
Rien ne me tire du malheur,
Et tout augmente ma douleur,
Toute influence m'est funeste,
Que si ie recours à l'Autel,
Pour moy le remede celeste
Est sans fruict comme le mortel.
Que feray-je à ceste misere,
Ie veux tout ce qui m'est contraire,
Ie cherche & ie fuys mon tourment,

Ie le crains & ie le demande,
Voyant mon mal si vehement,
Ie le cheris & l'apprehende.

Il faut que ie confesse, dit Menandre, que vostre folie a quelque chose de diuin, car elle est incomprehensible: ie n'entendis iamais vne telle bizarrerie, ce que l'on conte des effects de la foudre n'a rien de merueilleux côme cecy, i'y perds toute ma Philosophie, tous ces propos me sont des enigmes, qui me donnera vn Sphinx pour les interpreter, iamais l'Ægypte n'inuenta de tels Hieroglyphiques; vous ne vous contentez pas d'estre vn supplice à vous-mesmes, vous voulez encores nous tourmêter par la suspension & par l'ignoráce de ce que me presse de sçauoir vne charitable curiosité! ô que ne puis-ie auoir la reuelatiõ du secret de vos tenebres, & la manifestatiõ des cõseils de vostre cœur: mais qui peut sonder l'abysme & penetrer le cœur de l'homme où il y a tant de recoins & tant de cachettes. Ie sçay que vostre mal est vne rage que l'on appelle Aymer, que l'objet de vostre desespoir est l'ingratitude & l'infidelité de ie ne sçay quelle Lucie, voyla ce que i'ay peu apprêdre de vous, lors que pensant parler aux bois, vous ne croyez pas que les echos qui resident au creux de leurs centres me deussent redire vos plaintes, depuis nous n'auons peu arracher de voſtre bouche vn ſeul mot qui nous puiſſe ſignifier quelque autre particularité; c'eſt le Diable ſans doute qui pour vous ſurprendre dans le trouble où il vous a plongé, qui vous ſerre la bouche de peur que vous ne ſortiez de ſa poſſeſſion & de ſa tyrannie. Innocente Brebis, ce loup infernal vous tient à la gorge pour empeſcher que voſtre cry ne vous face ſecourir par ceux qui charitables auroient plus de pitié de vous que vous meſme.

Errant comme vn mouton dont la perte eſt prochaine,
Il te hume le vent, & retient ton haleine.
Seigneur ſauue ton ſerf qui ne veut t'oublier,
Mais qui ne peut crier.

Serez-vous donc plus inſenſible à voſtre ruine, que ce fils de Crœſus qui muet de nature rompit par vn effort puiſſant les liens de ſa langue pour crier au ſoldat qui alloit meurtrir ſon Pere, qu'il ſauuaſt le Roy. Inſenſible, repliqua le tranſporté Meliton, ie n'ay que trop de ſentiment de ma perte, non de la perte de moy-meſme: car il y a long temps que ie ſuis perdu en mon object aymé, mais de la perte de cet object auquel mon ame viuoit plus qu'elle ne reſide en moy-meſme. Apres ceſte ruine ie n'ay plus

rien à craindre, comme ie n'ay plus rien à esperer: que l'on m'appelle furieux, enragé, desraisonnable, fol, tant qu'on voudra deformais,
Aux traits de la raison ie suis inaccessible,
  Mais i'ayme ma folie, & me plaist beaucoup mieux
Estre pris pour vn fol que pour vn serieux,
Et plustost estre dit insensé qu'insensible.
Si est-ce, repliqua Menandre, que si les maux se guerissent par leurs contraires, il n'y a point de meilleur moyen pour bannir l'extrauagance d'vn cerueau que d'y faire entrer la raison ; car comme le iour dissipe les ombres de la nuict, ainsi l'Arche de la sagesse escarte le Dagon de la folie. Mais le principal fondement c'est qu'il faut estre docile à croire, non ingenieux à se tourmenter : le premier pas pour reuenir de la maladie à la santé, c'est de vouloir estre sain ; qui se plaist en son mal est tousiours malade, ou en effect ou en affection, sinon du corps du moins en l'imaginatiue: Laissez-vous seruir, cher Meliton, & ne vous rendez point coulpable de vostre misere, laissez-vous aller au train de la raison, elle vous menera au Royaume de Dieu par des voyes droittes : ne vous esgarez pas dans les sentiers de la melancholie, dont les apparences semblent dorées com-

me les branches d'or de cet arbre des Poëtes, mais dont les rameaux conduisent aux Enfers. Les plus fougueux & farouches chevaux se laissent manier à l'air d'vn Escuyer adextre, sinon les poteaux, les camores, les cordages, les brides & les cauecons, les mettent en eschole & les rangent à leur devoir. Encore n'estes-vous pas de la bande de ceux que le Psalmiste compare aux chevaux & aux mulets qui n'ont point d'entendement: recognoissez la preéminéce d'honneur que le iugement vous donne sur les animaux, pour ne leur estre point côferé & rendu semblable. Ie suis la raison comme le chenal l'esperon & la gaule, dit l'opiniastre Meliton, c'est mon ennemie, ne la ramenez point deuât mes yeux si vous ne voulez que ie m'escarte des vostres; vous ne me verrez plus, si seulement vous faites mine de me la faire voir.

Car quand la raison est confuse
 C'est tout à fait hors de propos
 Que par le discours on s'amuse
 A nous procurer du repos.
L'appareil qui touche ma playe
 Ne fait qu'esueiller ma douleur,
 L'on me fasche quand on s'essaye
 De diminuer mon malheur.
Vne agreable violence,

I iij

Me fait mourir si doucement
Qu'on me fait tort lors que l'on pense
De m'y donner allegement.
Le mal que Lucie me donne
Ne la peut exempter de tort,
Et neantmoins ie luy pardonne
De bon cœur le coup de ma mort.

Ie hay la Raison, comme le criminel a en horreur son Iuge, son Greffier & son bourreau, dont l'vn prononce, l'autre escrit, & l'autre execute sa sentence. La nuict m'afflige, le iour m'est odieux, tout m'importune, i'ay dit

Adieu à tout contentement,
Car pour estouffer ma misere,
Ie croy que mon heure derniere,
Sera celle de mon tourment.

Deplorable Meliton, reprit Menandre, ennemy de la nature & ennemy de toy-mesme, que ta fureur me fait de pitié, peu s'en faut que la compassion de ta folie ne me donne autant de peine que la passion te cause d'ennuy; plustost que ta douleur te destruise, permets que ie destruise ta douleur. Ie ne suis pas charlatan ny empyrique, mais ie me confie en Dieu, & ie croy que si ie sçauois ton mal au vray, ie l'arracherois de ton cœur. Peut-estre n'estes-vous pas empyrique ny arracheur de dents, vous auez trop bonne façon, reprit l'affligé, pour vn vendeur de teriaque; mais vous pourriez-bien pour mõ regard deuenir Empireur, car mon vlcere interieur s'enuenime plus on le panse, il s'irrite par les cataplasmes & par les fomentations. Comme Lucie est l'vnique en desloyauté, elle m'a rendu l'vnique en malheur, & le Phœnix des miserables. Est biẽ vray, dit Menandre, ce que dit le chantre Roy, que les personnes agitées d'vn mauuais esprit cheminent en vn cercle, leur teste est agitée d'vn perpetuel tournoyement, c'est tousjours à recommencer; & comme hier quand nous estions égarez dans la forest, nous reuenions d'où nous estions partis, apres auoir bien rodé; ainsi nous parlons assez, & nous n'auançons pas au poinct que ie desire & qui vous est necessaire, non point que ie sois curieux des affaires d'autruy, ouy bien de son salut. C'est la toile de Penelope, nous commençons sans cesse, & nous ne la finissons point; i'apprends tousiours quelque petite chose de vostre bouche, ie voy bluetter quelque estincelle de ce grand feu qui vous deuore: mais ie ressemble à ceux dont parle Sainct Paul, qui apprennent tousiours & ne paruiennent jamais à la science de la verité. Ie voy bien que ie n'auãceray rien si ie n'ay de l'ayde; ie ne suis pas exorciste pour coniurer ce fier Demõ, ie ne veux pas dire qui vous possede, mais qui vous obsede. il faut que i'implore le secours de Syluan dont la sainctete de vie armée de la puissance d'vn caractere qui a la science de la voix, & qui est terrible aux puissances inuisibles, aura plus d'effect par ses prieres que moy par mes remonstrances. Cet ancien auoit tort qui disoit:

Que le parler peut nuire, & non pas le silence.
Car tout vostre mal vient de ce que vous auez le cœur serré & la bouche close, malheur d'autant plus deplorable que moins il semble l'estre. Il n'y a puissance aucune, repric Meliton, qui me puisse tirer le traict que i'ay dans le cœur, non plus que mon secret de ma bouche, non pas les gesnes les plus exquises que la bourrellerie mesme puisse inuenter. Ie veux bien que mes souspirs ayent descouuert par leur effect leur cause generale, mais non les particularitez de mon affliction, encores si ie voulois pourrois-ie bien

Me defendre la plainte, & muet volontaire
  Imiter aux douleurs dont ie suis martyré
  Le page d'Alexandre, en qui fut admiré
  L'heur de sçauoir si bien se bruster & se taire.

Mais il m'importe fort peu que l'on face tant de conjectures qu'on voudra, pourueu que ie demeure dans la nuict de mes ennuis, & dans la cachette de mes tenebres; mon mal est mon thresor, ie ne le veux pas monstrer, comme fit ce Roy d'Israël, de peur de le perdre. Tandis qu'ils estoient en ces contestations Florimond admiroit la douceur de Menandre & la dureté de Meliton; car celuy-là voyant que ses paroles estoient inutiles, roulant de grosses larmes de ses yeux, faisoit auec ce langage muet d'estranges effects en l'ame de Meliton, laquelle bien que de roche se laissoit neantmoins insensiblement cauer à ces gouttes d'eau forte: Cettuy-cy resistoit tant qu'il pouuoit à cet effort, aussi violent qu'il estoit mol, & commença à conceuoir l'excez de son mal par le ressentiment qu'en tesmoignoit cet homme de bien, dont la charité n'estoit aucunement feinte. Florimond ruminant les subtilitez de Meliton, ne sçauoit à qui donner la victoire, ou à l'assaillant, ou au defendant. Il esperoit neantmoins que la force de la verité feroit preualoir Menandre; mais il fut bien estonné de voir que l'obstination de l'autre aheurté à son malheur, luy auoit serré les levres en luy saisissant le cœur. Vous eussiez dict que c'estoit vn Ieremie pleurant sur la ruine de Hierusalem. Or tandis qu'ils estoient en leurs contestes, & Florimond dans les admirations ; nos Hermites qui les entendirent parler dans leur chambre assez haut, comme font ceux qui parlent auec côtention, s'aduiserent d'y venir pour s'enquerir de la santé de leurs hostes, & pour leur offrir toute sorte de seruice. Syluan entré, & voyant Menadre trempé dans ses larmes: Comment, luy dict-il, Seigneur Pelerin, vous est-il arriué quelque desastre? ie pensois venir en vne maison d'allegresse, & i'arriue en celle des pleurs ; mais beny soit Dieu qui prefere celle-cy à celle-là, & qui appelle bien-heureux ceux qui pleurent; Et bien, dict-il à Florimond, cóment s'est passee la nuict, vous tesmoignez d'estre gens à qui la paille ne suffit pas pour y prédre beaucoup de repos. Pour moy & pour mō compagnon, respódit Florimond, nous auons si bien reposé que nous ne dormismes iamais mieux, & ie croy que nous serions encores dans le sōmeil si les inquietudes de Meliton ne nous eussent tiré du repos, pour prendre part à ses doleances: nous pensions hier que son desplaisir fust vn peu accoisé, mais il s'est empiré, ou plustost empierré ceste nuict, estát deuenu si obstiné en son desespoir qu'il ne veut prester l'oreille à aucune remōstran-

ce : il fuit la raison, il se plaint de ses songes, estât reply d'vne passion à qui tout sert d'entretien, & rien de remede; il y a fort long-temps qu'ils disputent ensemble Menandre & luy, mais il n'y a moyen de tirer de son cœur l'espine qui le trauerse, tant il sçait accortement cacher son feu dans son sein; & le comble du mal est qu'il continuë dans les horribles desirs de mourir & de se perdre, sucrant de mille apparentes excuses le fiel de son desespoir. Et c'est ce qui baigne les yeux de Menandre:
Car quel des Myrmidons, ou Dolopes gendarmes
Pour semblable malheur ne donneroit des larmes.
Alors Syluan se tournant deuers Meliton, A ce que i'entends, Monsieur, vous auez passé vne fascheuse nuict; helas ie pensois qu'estant reuigoré par le sommeil, ie pourrois dire de vous ce que les Apostres du Lazare, S'il dort le voyla sauué: mais à ce que ie voy ç'a esté vn sommeil de Lyon, qui dort les yeux ouuerts, parce qu'il est tousiours en fiebure. Mon Pere ie n'ay que trop dormy, car durant mon assoupissement i'ay faict vn songe qui m'effraye, & qui par le redoublement de mon accez a causé mon resueil: mon trauail est dans le repos, & si i'ay quelque quietude ie la treuue dans l'agitation. Et quel songe fascheux a peu troubler vostre fantaisie, dict Syluan, estes-vous fille

pour vous amuser à ces chimeres fantastiques? Mon Pere, reprit Meliton, il y a des songes, & des songes, mais ie sçay bien que le mien n'est pas vn mensonge, i'y ay trop clairement recogneu que l'object de ma douleur tout infidele qu'il est, en reclamant mon ayde a besoin de mon seruice. Or voyla qui ne va pas mal, dict Syluan, s'il vous plaist de nous le dire, nous essayerons de cognoistre au moins par conjecture ce que vous nous cachastes l'autre iour quand vous passastes icy comme vn esclair, qui est la cause de vostre desplaisir. Helas, mon Pere, dict Florimond, vous n'y auancerez rien ; car Menandre y vient de perdre tout maintenant son huille & sa peine, & vous estes arriué comme il desiroit vostre secours: ie croy qu'il faudra pour le faire parler que nous le tenions à quatre comme ces maniacles, & que si vous n'y employez l'eau beniste, & la force des exorcismes, que le Demon qui le rend muet & sourd ne luy permettra iamais d'entédre la raison, ny de dire son mal. Mon fils, dict Syluan à Florimond, ie ne le tiens pas pour possedé, sinon de sa propre passiõ, laquelle i'estime pire que la possession d'vn esprit malin ; car les vices sont bien plus difficiles à chasser d'vn cœur, que les Demõs d'vn corps ; ceux-cy obeyssent forcez à la

Livre second. 141

voix de Dieu, & quoy qu'ils facent ils ne peuuent resister à sa volonté, ny à l'Empire de ses Ministres, lesquels par l'imposition des mains reçoiuent le pouuoir de les arracher des lieux qu'ils tiennent comme possesseurs injustes : il n'y a Demon si testu qui ne puisse estre poussé dehors par le ieusne & par l'aumosne, il n'y a Diable muet à qui la presse & la gesne des conjurations ne face treuuer des paroles ; mais depuis que la volonté d'vn homme est tumbée en sens reprouué, il n'y a ny Dieu, ny Demon, ny Ange, ny homme, qui puisse la redresser ; car au milieu de toutes les inspirations diuines & les remonstrances humaines il est en elle de resister au sainct Esprit : tesmoin Pharaon, tesmoin Iudas, dont les endurcissemens sont autant estranges que notables. Neantmoins il ne faut pas perdre courage, & ne faut iamais desesperer d'aucun homme, tant que l'ame luy bat dans le flanc, parce que sa volonté estant voyagere, il est ainsi que dict Iob, comme vne fueille battuë du vent, tantost portee deçà, tantost rejettee delà ; il ne faut donc rien laisser d'intenté, mais essayer toutes sortes de moyens & doux & durs, & gracieux & rudes, pour r'amener cet affligé au train de son deuoir : puis se tournant vers Meliton, il luy dict

au langage qu'il aymoit,
Rien ne peut doncques pauure Amant
  Vaincre ton obstiné courage,
  Veux-tu que ce second naufrage
  Te ruine eternellement.

Meliton sousriant de se voir ainsi attaqué repartit en mesme ton.
Ingrate & perfide qu'elle est,
  En me tuant elle me plaist,
  Ses disgraces me sont si cheres
  Qu'elles caressent mon tourment,
  Ie cheris mes propres miseres
  Qui me roulent au monument.

Alors Menandre qui voyoit commencer vne nouuelle meslee, dict à Syluan, mon Pere, il vous amusera ainsi iusques à demain; car ne sçauez-vous pas que si vous contestez auec vne Bacchante, vous ne faictes qu'augmenter sa fureur en la contrariant: ce n'est pas que ie ne sois bien ayse que vous soyez suruenu comme vn autre Michel pour m'ayder à combattre l'Ange de ce Persan; qui a iusques à ceste heure eludé toutes mes batteries: nous voicy quatre forgerons à frapper sur l'enclume de ce cœur, Dieu vueille mettre en nos langues le marteau de sa parole, pour briser la pierre dure de ce cœur de diamant,

Livre second.

De ce cœur de rocher,
Et nullement de chair.

Il faut que nous nous comportions autour de luy comme autour des Lethargiques & des Apoplectiques, en le tourmentant & tempestant si fort que nous luy facions reuenir l'esprit; nous l'enuironnerons comme les abeilles font l'ours, lequel se purge par leur poincture, il faut crier sans cesse & haut comme des trompettes, pour luy faire entendre son malheur, & pour faire tumber d'autour de la Hierico de son cœur les ramparts de l'opiniastreté qui le tuë. Meliton sousriant à ceste proposition, Vous me treuuerez comme vn rocher qui se rit des molles attaintes des vagues, qui le lechent & le lissent plustost que de le renuerser. Ie seray comme la terre fondee sur sa propre stabilité, qui ne peut estre esbranlee ny par les flots de la mer, ny par les tourbillons de l'air, ny par les foudres du feu, ny par les influences du ciel. Dictes ce qu'il vous plaira, vous m'experimenterez estre de ceux qui ne veulent point entendre, qui sont les pires de tous les sourds : vous auez beau iapper, i'iray mon cours comme la Lune, & ie suiuray ma fantaisie ; la meute de vos raisons, ny l'esmeute de vos souspirs ne me fera point rendre les aboys ; ie suis le Cerf d'vne Diane qui me gardera de vos prises, i'ay des pieds volans, & qui sçauent bien gaigner le haut, & ie vous donneray tant de ruses que ie vous feray prendre le change à chaque pas, pluſtoſt que perdre le vent & les iambes, ie vous verray tous hors d'haleine & tumber en defaut. Eſt-ce ainſi, repliqua Syluan, que vous faictes le Goliath, en brauant toute vne armee d'Iſraëlites, Dieu vueille ſuſciter entre nous quelque Dauid qui vous ſurmonte; mais pour vous cōſeruer, & quand vous ſeriez vn Hercule, que feriez vous parmy tant d'aſſaillans? Ce que Sanſon, reprit Meliton, parmy les Philiſtins. Oüy bien, dict Syluan, ſi vous auiez l'Eſprit de Dieu; mais l'Eſprit de Dieu eſt incompatible auec le deſeſpoir: de ſorte que nous deuons auoir bon courage, puiſque luittans contre vous nous aurons à combattre les puiſſances des tenebres, & la chair & le ſang qui vous aueuglent. Cependant, mes freres, diſoit-il aux Pelerins & à Palemon, que ferons nous à cette petite ſœur, comme dict le ſacré Cantique, & ceſte ame ſans mammelles de douceur & de cōdeſcendance, maintenant qu'il luy faut parler, c'eſt vne muraille d'accariaſtriſe, c'eſt vne porte fermee aux ſainctes admonitions, & ouuerte aux fureurs; où trouuerons-

trouuerons-nous des creneaux d'argent pour la defendre des assauts de ses ennemis, ou des tables de cedre incorruptibles, pour les opposer à la corruption de ses humeurs deprauees.

De quel nœud pourrons-nous estreindre ce Prothee,

Plus muable cent fois que n'est l'onde agitee.

Certes il le faut sainctement presser & conjurer par les entrailles de la misericorde de ce Dieu, ausquelles est toute nostre esperance, qu'il ait pitié de soy-mesme, & qu'il se dessaisisse de cette fiere pensee, qui ne peut aboutir qu'à son eternelle damnation. Il luy faut dire côme l'Espouse saincte à son fugitif Amant, apres qu'elle l'eut rencontré, recreuë de mille fatigues, Ie le tiens maintenant, & ie ne le laisseray point aller qu'il ne m'ait introduitte dans la chambre de son interieur, dans le secret de son ame, iusques à ce qu'il nous ait appris ce que pour son bien nous desirons sçauoir: & alors nous luy consacrerons les mammelles de nostre compassion & de nostre seruice. Il dict, & soudain comme s'ils eussent esté poussez d'vn mesme esprit, les deux Pelerins & les deux Hermites tumberent aux pieds de Meliton, embrassans ses genoux, côme iadis les freres de

K

Ioseph quand il se fit cognoistre : iamais son ame ne sentit vn si fier assaut, car celuy que la bize n'auoit peu despoüiller, se vit abattu par les rayons de ceste extreme humilité, & de ceste incomparable douceur. Que fera-t'il ? il se met à genoux comme eux, il les embrasse, il mesle ses larmes auec celles de ces bons personnages, signe de l'amolissement de son cœur. Tant ceste parole est vraye, que la douceur estant venuë voyla la correction; car la simplicité de l'agneau dompte toute la terre : mais comme vne chandelle qui est sur le poinct de s'esteindre iette de plus grands esclats de flamme, ainsi comme se repentant de s'estre laissé vaincre, se releuant tout d'vn coup il se voulut despestrer de leurs enlacemens, mais ils se treuuerent trop fermes: il veut aller à son espee, mais Florimond s'en saisit, ne voulant pas mettre les armes aux mains d'vn furieux : il va à la fenestre, mais Palemon serrant la porte, Menandre & Syluan l'empoignans par les bras, l'empeschent de se precipiter. Estrange frenaisie d'homme, bien differente de celle des femmes, qui aymeroient mieux mourir que de se taire, & cettuy-cy ayme mieux mourir que de parler. Encores s'il estoit criminel & deuant son Iuge, l'on diroit qu'il craindroit la gesne, & qu'il apprehenderoit de se couper la gorge auec la langue. Comme il estoit en ce debat, Comment, dict-il, est-ce ainsi que l'on contraint des personnes libres, ie me tranconnerois plustost la langue & la cracherois plustost à vostre visage que de permettre qu'elle vous fist participans de mes pensees, ie bruslerois ma chemise si ie pensois qu'elle les sceust. Si nostre charité estoit feinte, repliqua Syluan, nous vous laisserions en la main de vostre conseil; mais parce que vostre plus cruel ennemy est vous-mesmes, nous essayons de vous defendre contre vos propres assauts. Mon Pere, reprit Meliton, en s'adoucissant vn peu, ie n'ay aucun dessein d'auancer mes iours, Dieu me preserue d'vne si furieuse manie; mais tout le mal que ie me veux, c'est que ie ne me veux point faire de bien. Quoy, repliqua Syluan, ne manger point, ny ne dormir, n'est-ce pas autant que de se planter vn cousteau dans le sein? Mon cher Pere, dict Meliton, ie ne veux pas perir par l'abstinence, & pour le vous monstrer si vous me donnez quelque chose ie mangeray : quant au dormir, cela n'est pas tant à ma puissance, estant rauagé d'ennuys & de fascheux songes, qui m'enleuét toute sorte de repos. Loüange à Dieu,

K ij

mon fils, reprit Syluan, qui vous a osté ce farouche dessein que ie pensois que vous eussiez, parce que l'autre iour vous ne faisiez que reclamer la mort: & soudain il commãda à Frere Palemon d'aller querir à manger, sçachant qu'il falloit prendre au mot ceux qui sont assaillis de ces noires humeurs. Et le pauure Meliton mangea & beut, plus pour contenter ceste compagnie toute attendrie de ses desplaisirs, que pour appetit qu'il eust; car ses larmes estoient son pain & son breuuage le iour & la nuict. Apres ceste legere refection, soit que les vapeurs qui luy troubloient le cerueau fussent abbatuës, soit que la consideration de ceste assistance charitable l'eust veritablement adoucy, il se comporta auec beaucoup plus de moderation, & il raisonna d'vn sens plus tranquile; Car, disoit-il en luy-mesme, quel interest ont ces bonnes gens de me voir remis, sinon celuy de la charité de Dieu; d'où leur vient ceste apprehension, sinon de l'opinion qu'ils ont iustement conceuë en voyant mes deportemens, que ie me vueille mesfaire: encores ne faut il pas que ie les traitte auec indignité; si ie n'ayme leur assistance, encores dois-je estimer leur affection: puis saisy tout à coup du souuenir de ses fascheries, il s'escrioit;

Ne serez-vous iamais contens
Destins à mon malheur constans,
Me ferez-vous tousiours la guerre?
Et tousiours vostre inimitié
Fera-t'elle aux yeux de la terre
De moy un object de pitié?

Est-il possible, luy disoit Menandre, que comme le Soleil qui sans chaleur en soy eschauffe toutes choses, vous donniez tant de pitié sans la prendre de vous-mesmes; reuenez à vostre cœur, deplorable Meliton, & cessez de le destruire par vos trãsports; mais helas! ce mot est biẽ vray, que dãs l'empire de la volupté la vertu ne peut faire sa residẽce: Ne vomirez-vous iamais le venim qui vous empoisonne le cœur. Ie ressemble à ces animaux, repliqua Meliton, à qui la poison sert de nourriture, i'y ay façonné mon estomac cõme ce Roy du Pont; ie ressemble au flambeau que la cire nourrit & esteint; car la douleur qui me tuë est celle là mesme qui me faict viure, c'est par elle que ie subsiste,

Vif aux miseres seulement,
Et mort à tout contentement.

Alors Syluan se jettant derechef à ses pieds, Ie te coniure mon fils, luy dit-il, par le soin que tu dois auoir de ton salut, & par celuy que nous en auons, puisque tu es no-

K iiij

stre cher prochain, que le grand Dieu nous commande d'aymer comme nous-mesme, de nous ouurir le pas à quelque conjecture, pour nous donner ceste consolation, que nous ayons faict autour de toy ce que nous aurons peu. Mon Pere, vous m'attendrissez autant le courage que ma fiere douleur me l'endurcit, ie sens les conuulsions de Rebecca dans mon cœur, & Dieu vueille que l'inspiration surmonte la suggestion, & que Iacob supplante Esau : mais ie ne suis pas en estat de vous faire vn grand discours, car i'ay trop d'agitations & de troubles en l'esprit. Et bien, mon fils, dict le bon Syluan, respondez seulement à mes demandes, & me voyla content ; quel est donc ce songe qui vous a renuersé toute ceste bonne humeur en laquelle nous vous laissasmes hier au soir ? Meliton qui vouloit parer ce coup, iugeant bien que de fil en aiguille, comme l'on dict, on descouuriroit quelque chose de son desastre.

19 Mon Pere, dict-il en souspirant, ie songeois que i'entendois dedans vostre Chapelle vn cliquetis de disciplines, qui me faisoit tout frissonner de peur. Mon amy, dict Syluan, ie voy bien que vous voulez eschapper, & faire comme Alexandre, lequel interrogé de Musiciens, respondit de Capitaines. Ie

ne vous demande pas des nouuelles de ce que ie sçay mieux que vous. Ie le croy, mon Pere, repliqua Meliton, car ie pense que vos espaules estoient bien voysines de la bataille, est-ce l'harmonie dont vous recréez vos hostes? sont-ce là vos aubades, ou vos serenades? certes cela est loüer Dieu sur le tambour, & faire ce que dict Dauid,

Soit sa loüange entenduë
　Sur la quaisse bien tenduë,
　Ioignez la harpe aux chansons,
　Loüez-le sur les regales,
　Louez-le sur les cymbales
　Qui si loing, oussent leurs sons.

I'ay bien du regret, repliqua Syluan, que cet exercice religieux vous ait apporté de l'incommodité, ie n'eusse pas creu que de si loin il eust peu estre entendu, ny qu'il deust troubler vostre repos; mais ie croy que c'est le silence de la nuict qui a rendu ce bruit intelligible. Les Pelerins qui n'auoient rien oüy, ne comprenoient qu'à moitié cet enigme; quand Syluan continua, Ie croy, mon fils, que c'est plustost par ioyeuseté, que par mocquerie que vous parlez ainsi; car entre les vrays Chrestiens ceste sorte de maceration corporelle a tousiours esté recōmandee, tesmoin ce grand Châtre qui disoit qu'il

K iiij

estoit preparé aux foüets, & ce diuin Apostre qui faict gloire des chastimens de son corps: & quand Dauid dict que l'on empoigne la discipline, pour appaiser le courroux de Dieu, il est à croire que ceste sorte de penitence estoit iadis compagne du ieusne, du sac & de la cendre, & que la desdaigner seroit vne espece d'impieté, il est vray qu'elle n'est que de conseil, mais côme ceux qui ne pratiquent pas les conseils ne pechent pas, pechent aussi grandement ceux qui mesprisent ceux qui les embrassent. O Dieu, mon cher Pere, dict Meliton, ce n'est pas par aucune sorte de desdain que i'ay ainsi parlé de ceste saincte action de Penitence, ce seroit selon mon iugement vne espece de blaspheme contre la Pieté; helas, si par cet exercice i'eusse tenu ma chair en esclauage, elle ne feroit pas maintenant toutes ces reuoltes contre l'empire de ma raison, si mes sens ne l'eussent point predominée ie serois net de beaucoup de souilleures, & innocent de beaucoup de grands crimes; il faict bon tenir le corps en subjection, auec le frain & le camorre, il doit estre gouuerné auec vn sceptre de fer, & froissé comme vn vase de terre: ô que les foüets & les fleaux des pecheurs sont en bien plus grand nombre que ceux des Penitens: ie recognois ces veritez, ô mon bon Pere; car par la misericorde de Dieu ie suis enfant de l'Eglise, & les detraquemens de mes mœurs n'ont apporté aucune alteration à ma foy; mais ie voulois gauchir à vostre interrogatoire & parler de l'examen de vostre peau pour vous destourner de celuy de mō cœur. Mon fils, reprit Syluan, si ie vous disois que la gresle de mes espaules estoit pour destourner l'orage du desespoir qui menaçoit de creuer sur vostre cœur, vous auriez occasion d'accueillir de bonne oreille ce qui ne resonnoit que pour vostre seruice. Le Frere Palemon sçait combien depuis vostre fuitte dans les forests, vous me coustez de larmes & de sang, & combien de fois i'ay dit, Mon fils Absalon, mon fils Absalon, qui me donnera que ie meure pour vous temporellement, afin que tu ne meures point eternellement; combien de fois ay-ie souhaitté d'estre pour vostre salut comme Anatheme; ie suis encores tout prest de me mettre tout en sāg deuant vos yeux, afin que si mes larmes ne vous esmeuuent, mes playes vous donnent quelque pitié, non de moy pecheur trop miserable, mais de vous-mesme. A ce coup Meliton frappé dans le milieu & au plus tendre de son cœur, laissa tomber à bas toute obstination, aussi quelle malice noire n'eust esté fonduë à la face de tant de bonté : & jettant de ses yeux vn ruisseau de larmes, Il falloit, dit-il, que ie me perdisse de la sorte, pour estre ainsi heureusement retreuué. Vous m'auez vaincu, mon Pere, mais d'vne victoire dont le profit est à moy, & à vous le merite, à Dieu le triomphe & la Gloire : disant cela il se prosterna deuant le sainct Vieillard, & demandant sa benediction, Mon cher Pere, dit-il, le miel de vostre douceur a guery mon aueuglement : Que voulez-vous que ie die, Que voulez-vous que ie face, dittes ce que vous voulez de moy, fust-ce ma vie, fust-ce tout mon sang, il est à vous. Enseignez-moy à faire la volonté de Dieu, puisque vous auez planté dans mon cœur le desir de l'executer. O que Dieu est fidele, qui ne permet pas que nous succombions à la tentation, mais qui nous fait tirer profit de nostre dommage. O Dieu ie n'oubliray iamais vos iustifications, car par elles vous auez resuscité mon ame. Ie suis à vous, Seigneur, donnez-moy l'entendement pour sonder vostre loy, & la volonté accompagnée de pouuoir pour la mettre en pratique. Ce fut lors que les larmes de ioye tomberent des yeux de Menandre, de Florimond, & du Frere

Palemon en abondance: car qui les eust peu contenir en vn instant, auquel les Anges mesmes dans le Ciel ne pouuoient contenir leur allegresse sur le changement de ce pecheur, arriuant aux riuages heureux de la saincte Penitence. Que de pensées en leurs courages, que de belles esperances en leurs pensées, & que de loüanges de Dieu en suitte de leurs esperances. Ce n'est pas le tout d'auoir commencé de vaincre, il faut que nostre Iosué arreste le Soleil pour suiure sa pointe contre Gabaon. Mon cher enfant, dit Syluan, ceste docilité à croire conseil, qui est vn don de Dieu, est vn grand fondement de salut : mais il ne faut pas que ceste grace soit vuide, c'est à dire vaine & inutile en vous. Dieu ayant donné de l'intelligence à vostre ouïe, il la faut bien employer. Dittes-nous donc bien simplement pour nostre consolation & pour vostre bien; Quel a esté au vray ce songe qui vous a apporté ce cruel trouble : car comme vous auez tantost dict, il y a des songes, & des songes; il y en a de vrays, il y en a de faux, il y en a de bons & de mauuais, de celestes & de terrestres, de Diuins & d'humains; il y en a de serieux & d'indifferents: par là comme par l'ongle nous cognoistrons le Lyon qui rode autour de vous pour vous deuorer. Alors Meliton d'vn cœur grãd & tout neuf, sans se faire presser d'auantage, leur recita tout naïsuement ce qu'il auoit veu en dormant, en la façon que nous l'auons representé icy deuant en racontant son songe. L'apparition de ceste belle Princesse, les excellentes beautez de sa fille qu'elle luy offroit en mariage pour le diuertir des affections qui ne pouuoient plus estre qu'illicites, de ceste Lucie, laquelle luy apparut si changée de ce qu'elle estoit lors que ses graces surprindrent sa raison, si deffigurée, si mescognoissable, enuironnée de furies qui luy allumoient ses costez auec des torches ardantes, & qui en ceste extreme agonie sembloit implorer son secours. En faisant ce recit (tant il est malaysé de retaster vne playe sans la faire saigner,) vne espreinte de cœur faisoit couler ses yeux comme deux canaux de fontaine. Alors Syluan pour le consoler: Mon fils tout cela n'est qu'vn vain fantosme qui ne merite pas d'estre graué en vostre memoire, moins doit-il estre capable d'affliger vostre esprit: comme il s'est esuanouy à vostre resueil, ainsi i'espere que vostre angoisse se dissipera au Soleil de la raison: courage, la nuict est passée, le beau iour est reuenu, iettons-là ces armes de tenebres, & nous reuestons de celles de lumiere, pour cheminer en ceste iournée deuant Dieu en allegresse, & en honnesteté, regardans les rayons dorez de la grace de celuy qui nous visite de son Orient d'enhaut: l'Hyuer est passé auec ses rigueurs, les fleurs commencent à paroistre en nostre terre, les oyseaux nous conuient à loüer Dieu, la tourterelle auec son gemissement nous inuite à la Penitence, le temps de retrancher ces passions & ces boutades excessiues est arriué. Si vne fois Dieu est pour nous, qui nous pourra estre contraire?

Vostre allegresse refleurit,
  Il faut reprendre le courage,
  Il me semble que le Ciel rit
  Quand ie vous voy meilleur visage.
Vos desplaisirs ont fait leurs cours,
  Vostre douleur s'en va passée,
  Il ne faut plus tant de discours,
  Vostre raison est ramassée.
Ce bon Dieu fort importuné,
  S'est fait assez long temps attendre,
  Mais enfin il nous a donné
  Tout ce que nous pouuions pretendre.
O la bien-heureuse longueur

De ce Dieu doux & debonnaire,
En finissant vostre langueur
Il a terminé sa cholere.
Tous ceux qui esperent en luy
N'ont iamais leur attente vaine,
Vous le cognoissez auiourd'huy,
Qu'il a mis fin à vostre peine.

FIN DV SECOND LIVRE.

ALEXIS
PARTIE PREMIERE.
LIVRE TROISIESME.

SOMMAIRE.

1. *Explication naturelle du songe de Meliton par Florimond.* 2. *Exposition deuote de ce mesme songe par Menandre.* 3. *Nostre Dame de Liesse.* 4. *L'Amour dangereux mal.* 5. *Pelerinage, remede d'Amour.* 6. *Iniustes affections blasmées.* 7. *De l'honneste amitié.* 8. *Amour sans espoir & sans desir.* 9. *Deux volontez en l'homme.* 10. *Des biens de la Saincte Communion.* 11. *Repas Religieux.* 12. *Assiette de l'Hermitage.* 13. *Contre la calomnie.* 14. *Louange de la solitude.*

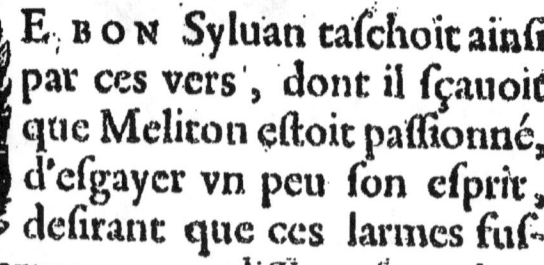E BON Syluan taschoit ainsi par ces vers, dont il sçauoit que Meliton estoit passionné, d'esgayer vn peu son esprit, desirant que ces larmes fussent des charmes pour dissiper sa melan-

cholie; & comme il vouloit luy perſuader de ne ſonger plus à ce ſonge qui ne faiſoit que luy ramener l'image pitoyable de ſes deſplaiſirs deuant les yeux ; Florimond qui eſtoit plus Phyſiologue, c'eſt à dire naturaliſte que Theologien, ſe miſt à dire que ceſte reſuerie n'eſtoit autre choſe que la repreſentation alterée du tableau qu'il auoit veu le ſoir precedent en la Chapelle auec tant d'attention ; & là deſſus comme vn jeune homme qui auoit encores les idées fraiſches de ſa Philoſophie, faiſant vn agreable diſcours des ſonges en Phyſicien, il contenta fort Meliton & toute ceſte compagnie qui l'eſcoutoit auec beaucoup de ſatisfaction. Pour monſtrer donc que ce n'eſtoient que les eſpeces corrompuës dans l'imaginatiue bleſſée de Meliton, il diſoit que ceſte Princeſſe toute rayonnante de gloire eſtoit l'image de la S. Vierge, & que ceſte fille ſi belle qu'elle luy auoit monſtré à ſes coſtez eſtoit vn crayon contrefaict ſur la peinture de S. Paul l'Hermite, dont le viſage doux & modeſte auoit eſté ayſément transformé par Morphée, ceſt ingenieux artiſan des plus bizarres formes, en celuy d'vne pucelle, la blancheur de ſon poil eſtant aſſez approchante de la couleur d'vn teint de laict caillé ; que ſa robe entretiſſuë de couleurs differétes, eſtoit

celle-

celle-là mesme qu'il auoit veuë, ceste robe virginale diuersifiee. Quant à Lucie hydeuse & enuironnee de flambeaux ardans & de monstres, que ce n'estoit autre chose qu'vn simulacre corrompu sur le portraict de sainct Anthoine vestu d'vn habit enfumé, ayant des flammes autour de soy, & vn animal dont la laideur & la saleté approchent assez du monstre. Tous louèrent la subtilité de l'esprit de Florimōd en l'interpretatiō naturelle de ce songe, mais tous ne l'approuuerent pas entierement: vous eussiez dit qu'ils ne le tenoient que pour le sens historic, & comme pour l'escorce de la lettre. Lettre neantmoins que Florimond orna de diuers agencemens, car il representa ceste Princesse sous les agreables feintes de ceste Iunon du grand Poëte, promettant à Æole vne de ses Nymphes en mariage, en ces beaux mots:

I'ay pour rauir les cœurs d'amour & de merueille,
Deux fois sept nymphes sœurs, de beauté nompareille,
Dont celle qui fleurit sur toutes en attraits,
Deiope aux yeux de feu, pleins d'esclairs & de traits,

L

Pour prix de ton merite empreint en mon courage,
Ie te veux attacher d'vn ferme mariage,
Afin qu'elle accomplisse auec toy ses saisons
Et te rende heureux Pere en cheueux ja grisons;
D'vn beau peuple d'enfans qui tes rides console.

Ainsi disoit Iunon.

Et pour parfaire la gétillesse, & pour representer l'inconstance de Meliton qui minutoit desia vn change dés la premiere veuë de ceste éclatante beauté, en donnant les mains à vne telle semonce, il le faisoit parler duec le Roy des vents, se iouant de sa legereté sous le symbole de ces postillons de l'air, & continuant les poësies de son Virgile, dont il auoit la memoire remplie, il disoit auec vne bonne grace regardant & monstrant Meliton :

— Ainsi respond Eole.
A toy Reyne appartient l'office de choisir
Ce qui peut de ton cœur contenter le desir,
A moy touche sans plus le soin de te complaire,
Car l'heur de te seruir me tient lieu de salaire,
Tout le lieu que ie tiens tu me l'as procuré,

Tu rends dedans mes mains mon bon-heur asseuré,
Dis puissant Dieu des Dieux tu m'impetres la grace,
Parmy les plus hauts rangs tu me fais auoir place,
Et par ton haut support qui m'esleue en honneur
Ie suis de la tempeste & des vents le Seigneur.

Il est vray, disoit-il, que ceste Seigneurie des tourbillons n'a pas tousiours esté en sa main; car il n'a pas tousiours esté maistre de ses passions, qui comme des vents impetueux logent dans les cauernes de son double appetit concupiscible & irascible; mais voyla le sage Neptune, poursuiuoit-il en monstrant Syluan, dont le fauorable Trident a appaisé tous ces bouillons.

C'est luy qui a calmé la tempeste marine,
Et de ces tourbillons la cholere mutine,
Des nuages espais dissipant l'appareil,
Et dans vn Ciel serain r'amenant le Soleil.

Puis se jettant sur la description de la miserable Lucie, il la representa sous la peinture de ces beaux vers du mesme chantre,

L ij

qui font paroistre en songe le pauure Hector tout ensanglanté au valeureux Æenee. Son excellente memoire luy suggera tous ceux-cy.

Lors que i'estois charmé du sommeil gracieux
   Hector se vint en songe opposer à mes yeux,
Triste, espandant des siens vne double riuiere,
Et soüillé tout autour de sang & de poussiere,
Comme si de nouueau deux coursiers attelez
Eussent traisné son corps par nos champs de-
   solez,
Tel que le vid vn iour la muraille de Troye,
Estans ses pieds enflez, liez d'vne courroye,
Helas! bien differend de ce qu'estoit jadis
Ce valeureux Hector l'effroy des plus hardis,
Alors qu'il retournoit de la fiere meslee
Reuestu du harnois du grand fils de Pelee,
Ou que tenant les Grecs en leurs nefs en-
   fermez,
Vainqueur il y lançoit mille feux allumez,
Sa barbe herissee estoit pleine de crasse,
Ses cheueux non peignez luy tomboient sur
   la face,
Tous congelez de sang, & paroissoient alors
Sur sa teste poudreuse, & sur son pasle cors,
Mille coups dont sa chair auoit esté meurtrie
Combatant pour les murs de sa chere patrie.

Apres auoir recité ces vers en leur langue, & rendus en la nostre par vne des plus fortes veines de nostre climat, Courage, disoit-il, Meliton, ceste forme pitoyable, si mon augure n'est point faux, te promet que ton Amour donera de la pitié dans ce cœur barbare, ou que le iuste Ciel punissant son ingratitude, en te vengeant sanglamment & signalement la mettra en vn estat plus digne de ton horreur que de ton enuie: car pour moy ie puis dire que,

L'ingratitude me desplaist
Si fort, que ie iuge qu'elle est,
Le plus grand vice de la terre,
Et quand le Ciel fait ondoyer
Les orages, & le tonnerre,
Ce n'est que pour la foudroyer.

Tous admirerent ces agreables applications & ces joliuetez d'esprit, & firent estat de ce dernier augure; quád Meliton, que la beauté de ces vers auoit enchanté par l'oreille, dit en souspirant; Ah, Florimond, ne parlez ny de vengeance ny de pitié, car ie souhaitte trop de bien à ma douce ennemie pour luy vouloir du mal. Cela, reprit Menandre, c'est jetter des charbons ardans en sa face, & comme dit l'Escriture vaincre le mal par le bien, & pratiquer ce sublime precepte, d'aymer ceux qui nous hayssent & qui nous persecutent. Ie ne suis pas encores si bon, reprit le desolé, que d'auoir l'intention si droitte, mais ie commence à esperer que le bon Dieu la rectifiera, & que celuy qui a donné le commencer donnera les moyens de parfaire en moy la grande œuure de ma conuersion. A cela, mes amis, vos prieres peuuent beaucoup, & i'y ay vne particuliere cõfiance; pour maintenant ma passion encores plus forte que le tort que ceste ingrate m'a fait ne me permet pas de luy desirer aucune mesaduenture, à Dieu en soit la vengeance, duquel elle a violé la presence, le prenant si souuent pour tesmoin de ses sermens brisez.

Mais la fidelité dans le cœur d'vne fille
C'est vn sable leger que le vent esparpille.
Mais quoy insensé que ie suis,
I'ay encor tant d'affection
Que ie benis son iniustice,
Contenter mon affliction,
Si elle approuue mon supplice,
Seulement de son mal songé
I'ay le cœur vrayment affligé,
Mon ame est à son joug tellement asseruie
Que pour la deliurer de l'iniure du sort
I'aurois à souhaitter d'auoir plus d'vne vie,
Afin que mon ame rauie,
Pour son merite peust souffrir plus d'vne mort.

En cela, dit Menandre, vous monstrez la gentillesse de vostre courage & la noblesse de vostre sang en l'excez de vostre bon naturel, si c'est vne bonté, comme disoit cet ancien, d'estre si bon aux meschans, veu que Dieu se dit bon aux bons & peruers aux peruers. Quant à moy comme les gousts sont differés, ie prēds vostre sōge tout d'vn autre biais que Florimōd, aussi est-ce le propre de ces Idées qui flotēt dās nos cerueaux durāt le sōmeil, d'estre susceptibles, cōme de toutes images aussi de toutes interpretatiōs; c'est vne espece de matiere premiere, amoureusement disposée à toutes sortes de formes & d'impressiōs; ce sont des cloches ausquelles on fait sonner ce que l'on veut; il en est cōme des Ænigmes à qui l'on donne mille visages, & cōme des fantaisies du bon Homere auquel par allegorie l'on fait penser tout ce qu'on veut. Ce n'est pas pour cōtredire à mon cōpagnon, mais il me sēble qu'il a pris bien materiellemēt vne chose plus spirituelle, car encores que le sōmeil soit le pere des transformations, ie voy neantmoins peu de conuenance de ceste image de S. Paul auec vne belle fille, & de celle de S. Antoine auec ceste Lucie, dont vous vous plaignez. Il touchoit au jeune Florimōd de repartir, puisque c'estoit sur son fonds que se jettoit ceste

L iiij

pierre ; c'est pourquoy auec vne viuacité merueilleuse, il repliqua brusquement, Et pensez-vous que l'imaginatiue ne conçoiue pas bien plus promptement des especes alterées que ne fait le corps, & cependant quelle conuenance y auoit-il entre les verges blāches, noires & bigarees de Iacob, auec des Agneaux de mesme couleur? Qui ne sçait que les Paonnesses font des petits contre leur naturel, qui sont tous blancs, quand on les fait couuer en des lieux où elles ne voyent que de la blācheur? & d'où viennent les marques aux corps des enfans, sinō de l'imaginatiō des meres? De là vient que les Dames de ce siecle qui veulent auoir de beaux enfans ont vn soin particulier d'auoir de belles peintures en leurs chābres. Vous sçauez biē, ô Monādre, ce qui fit si blāche l'excellēte Cariclee, quoy que nee d'vne mere Æthiopiēne, & l'histoire de nostre siecle fait mention d'vn certain enfant sorti tout velu du ventre de sa mere, parce qu'elle auoit durāt sa grossesse longuemēt & attentiuemēt consideré l'image de S. Iean Baptiste vestu d'vne peau de chameau. Si vous demandez quelle conuenāce il y a entre vn enfant & S. Iean, ie respōdray que c'est assez qu'il y ait quelque sorte de rapport qui puisse estre cause de cest effet, selō l'axiome, qui dit que la force de l'imaginatiõ engédre diuers accidens. Et tout ainsi qu'vn fievreux pressé d'vne insupportable soif, ne resue qu'apres des fontaines, vn chasseur n'a l'esprit que dãs les bois à la queste & à la poursuitte des animaux sauuages: Ainsi tout ce que voit, & tout ce que pense vn Amãt se change incõtinent par vne chimie particuliere à ceste, diray-je chimique, ou chimerique passion, en l'object aymé: car si les meilleures viandes se tournent en mauuais suc dans vn estomac cacochime, quels changemens ne se feront en vn cerueau alteré par ceste amoureuse frenaisie?

Ceste gresle de raisons poussee d'vne incroyable viuacité d'esprit, estonna Menandre, qui pour gauchir à ce torrent feignit de ne vouloir point heurter l'interpretation de Florimond, au contraire en faisant grand estat, auec des paroles d'honneur & d'estime: C'est encores moins, dict-il, pour encherir sur vos pensees, que ie diray les miennes; mais c'est pour contribuer mon sentiment à nostre conuersation, & par ceste multiplicité la nature des esprits se fera voir plus agreable. Ie me suis donc persuadé que ceste grande Princesse qui vous est apparuë en songe, ô Meliton, est vrayement la Royne des Cieux, l'Imperatrice des Anges & des hommes, & la Mere de nostre Redempteur; que si vous n'auez point veu en ses bras son cher enfant comme il est peint dans le tableau de sa Chappelle, c'est peut-estre pour vous auertir que vous retourniez à luy, & qu'il se conuertira vers vous; car il est escrit que le salut est loing des pecheurs, & qu'est-ce à dire IESVS, sinon & Sauueur, & Salut, puis qu'il a operé le salut au milieu de la terre, & l'a porté aux extremitez de l'vniuers: or ce Dieu hait l'inique & son iniquité, & estant la Sagesse eternelle, il ne peut habiter, comme dict la saincte Parole, en vne ame deprauee, ny en vn corps agraué de pechez: ce n'est pas que d'vne temeraire pensee ie voulusse sonder vostre interieur, ny vous croire (ce que Dieu ne vueille) en estat de disgrace, il vaudroit mieux faire naufrage dans mille douleurs que perdre la veuë de ceste belle Tramontane; mais pour ne vous parler point auec duplicité, ces actions desesperees que nous auons veu sortir de vostre fureur, nous donnent de violentes conjectures que si Dieu est dans vostre cœur, il n'estoit pas deuant vos yeux. Et d'où vient, dict Dauid, que nous-nous soüillons en nos voyes, sinon de l'oubly de ceste sacree presence; car c'est ainsi qu'il parle du pecheur. Le Seigneur n'estant plus deuant ses yeux il tumbe à tou;

te heure en divers desreiglemens. Mon cher amy, interrompit Meliton, ne craignez point de faire ce sinistre iugement de ce miserable; car il est tres-vray qu'oubliant Dieu il m'a oublié, & de l'oubly de Dieu est prouenu l'oubly de moy-mesme; ceux qui le delaissent sont delaissez de luy, leurs noms effacez au Ciel sont escrits en la terre, comme ceux des accusateurs de l'adultere, & cela parce qu'ils ont delaissé la veine des eaux viues, qui n'est autre que le Seigneur: helas en quittant le Createur pour la chetiue creature, i'ay couru en ma soif, abandonnant la source de vie, pour tascher en vain de l'estancher en des cisternes de mort. Mais d'où viendroit donc que la saincte Mere du Sauueur m'est apparuë, puis qu'estant pleine de grace & toute transformee en Dieu elle hait le peché d'vne haine parfaicte, & tout ainsi que la pierre Prassus pert son lustre deuant toute sorte de poison, de mesmes comment la splendeur de cette Dame, laquelle

Tout ainsi qu'vn grax-l signe au Ciel va paroissant,
Et que comme vn habit le Soleil enuironne,
Foulant la Lune aux pieds en forme de croissant,
Les Estoiles du Ciel luy seruant de couronne.

Comment dis-je, veut-elle paroistre deuant vn pecheur si miserable que moy, quelle conuention entre ce Dagon & cette Arche, quel accord de ceste Lumiere auec mes tenebres, de ceste Belle toute pure & sans tache, auec cet enfant de Belial? Mon frere, repliqua Menandre, ne vous estonnez pas de cela; car elle est ceste Cité de refuge, & cet Azyle sacré, où les esclaues se peuuent mettre en sauueté; & qui est plus esclaue que le pecheur, Dauid disant que les liens & les chaisnes du peché l'enuironnent de toutes parts, & promettant à Dieu de luy sacrifier vne hostie de loüange, s'il luy plaist de briser ses liens. Et tout ainsi que son Fils nostre Sauueur conuersant icy bas en terre parmy les hommes, ne fuyoit point la compagnie des plus abominables, sçachant que les malades auoient plus de besoin de Medecin que les sains, & que son dessein principal estoit de sauuer les pecheurs: Ainsi ceste diuine Mere estant en la gloire, comme vne grande Aigle qui se nourrit de la moëlle du Cedre, & qui regarde fixement le Soleil de la Diuinité, ne laisse pourtant de ietter icy bas les yeux sur les pecheurs, pour ramener au train de salut ceux qu'elle voit auoir quelque disposition à la Penitence. Ie sçay que ceste Vierge sacree ne peut estre separee, on seulement de la charité de IESVS-CHRIST, mais de la personne de IESVS-CHRIST mesme; car si les Mages la treuuerent en terre auec son fils, si elle ne le perdit point de veuë que quand il se fit chercher par l'espace de trois iours, à l'aage de douze ans, le supplice de la Croix ne pouuant diuiser ceste Bien-aymee de son Bien-aymé; neantmoins il peut bien estre que nostre Seigneur fust auprés d'elle, mais inuisiblement pour vous, puis qu'estant en ceste mortelle vie il a souuent passé au trauers des Iuifs sans estre apperceu: mais cela c'est trop subtiliser, suiuons nostre interpretation. Ceste Princesse, côme vous nous auez dict, vous est apparuë toute brillante de clairté, toute couronnee de rayons; mais ce qui est à remarquer, portant en son front de grands signes d'allegresse.

Sur quoy i'ay pensé que ceste Royne de la droicte de Dieu, paree des atours de mille diuersitez, vous est apparuë en la forme de ceste Dame que nous appellons de Liesse. Non pas que ceste Vierge de Liesse soit autre que celle que l'on appelle nostre Dame des Vertus, de Grace, de Bonne-esperance, des Anges, de Bon-secours, de Pitié; ou si vous voulez, nostre Dame de Chartres, des Ardilliers, de Garazon, de Lorette, de Montserrat, de Mians, de Mont-deuy, de Hau, & ainsi des autres lieux où ceste diuine Mere est reclamee, & où elle se plaist de respandre plus specialement les graces dont elle est pleine: mais tout ainsi que selon les differentes dispositions de l'air nous appellons le Soleil tantost palle, tantost haue, tantost rouge, tantost enfoncé, tantost verdastre, tantost blaffard, encores que ce grand Luminaire n'ait aucune de ces couleurs en verité, mais seulement en apparence, n'ayant pour toute couleur que sa claire & immuable splendeur qui donne l'ame & le iour à toutes les choses colorees: Ainsi en est-il de ceste souueraine Dame, esleuë comme le Soleil, specieuse comme l'Aurore, & blanche comme la Lune; elle est l'vnique Colombe de son pair sans pair, encores que la diuersité des lieux où elle est & reueree & reclamee luy donne ceste multiplicité d'appellations. Elle est vne Manne cachee, qui selon la varieté des faueurs prend son nom different; aussi selon les faueurs qu'elle communique on l'appelle tantost de Bon secours, tantost de Deliurance, tantost d'Esperance; & quand elle donne de la ioye aux affligez, on la nomme du tiltre de Liesse. Ainsi Dieu, bien que tres-simple, & comme dict sainct

Bernard, tres-vn en son essence, ne laisse pas d'estre consideré par nos entendemens, à l'ayde de certains attributs, comme de Iuste, de Misericordieux, de Puissant, de Terrible, & mille autres, encores que tout ce qui est en Dieu soit Dieu, mesmes sans qualité, sans composition, sans varieté, toute ceste multitude d'effects ne prouenans que d'vne cause toute vnique & toute simple; mais c'est que le regardant tantost operant des Iustices, tantost des Misericordes, nous l'appellons Rigoureux ou Clement, selon l'action qu'il exerce. C'est la foiblesse de nos esprits qui nous faict parler ainsi, non pas peut estre comme nous deurions, mais bien comme nous pouuons & comme nous l'entendons: & parce que nous ne le pouuons comprendre que par ses œuures, par elles comme par les degrez d'vn eschalier mystique, nous nous esleuons vers luy, & sur la diuersité de nos considerations nous le nommons diuersement, Iuste quand il chastie les peruers, Misericordieux quand il pardonne aux Penitens, Puissant quand il crée, ou quand il opere des miracles, Sage quand il reigle toutes choses en nombre, en poids, & en mesure, & ainsi des autres perfections, encores qu'il soit la mesme Iustice, Bonté,

Puissance, Sagesse, comprenant en vn seul acte qui est sa mesme Diuinité, toutes ces choses, qui ne sont differentes qu'en nostre speculation. Or pour descendre de ce bon Dieu à sa sainte Mere, & pour monstrer que ce qu'il a par essence & par puissance, elle l'a par vne grace & par vne faueur qui peut estre en quelque sens appellee toute-puissante, pour l'extreme credit qu'elle a enuers le Tout-puissant: Bien que de ceste plenitude de grace recogneuë par l'Ange en elle, côme d'vne source intarissable, deriuent en nous par son intercession mille ruisseaux de differentes benedictions; nous l'appellons neantmoins tantost d'vne façon, tantost d'vne autre, selon les bien-faicts qu'elle nous procure de la main de Dieu, duquel

La Prouidence generale
Est vne source liberale,
Tousiours preste à nous arroser,
L'Aurore & l'Occident s'abbreuuent en sa course,
On y puise en Affrique, on y puise sous l'Ourse,
Et rien ne la peut espuiser.

Car quand elle nous obtient quelque vertu, nous l'appellons Dame des Vertus, parce qu'elle nous l'a impetree du Seigneur Dieu des Vertus. Quand elle nous faict auoir le pardon

pardon de nos iniquitez nous l'appellons Mere de Misericorde, parce qu'elle est Mere de ce Dieu que Dauid appelle sa Misericorde. Quand elle nous preserue de quelque danger, nous l'honorons du tiltre de Dame de Deliurance; quand elle nous assiste en nos afflictions, nous l'appellons Dame de Bon-secours; quand nous attédons quelque grace par son moyen, nous la nommons Dame de Bonne-esperance: l'Eglise mesme par les termes de l'Escriture la nommant Mere de la belle Dilection, de saincte Esperance, & de la cognoissance de la foy. Et selon les lieux où ces faueurs s'obtiennent, elle tire encores de differentes nominations, encores que ce soit la mesme Vierge: tout de mesme que nous disons le Soleil de France, d'Italie, d'Espagne, encores que ce soit le mesme Soleil. Aussi pouuons nous comparer ceste beniste Mere à ceste herbe que les Naturalistes appellẽt Dodecatheos, laquelle guerissant de plusieurs maladies n'est ny aloés, ny agaric, ny rubarbe, ny sené, mais vn simple tout simple, qui en l'vnité de sa simplicité comprend la force & la vertu de plusieurs medicamens particuliers: aussi l'Eglise dict-elle de ceste diuine Mere, que plusieurs filles ont amassé beaucoup de richesses (cela s'entẽd des thresors de la grace)

M

car toute la gloire de la fille du Tres-haut est au dedans en ces agraphes d'or qui l'attachent à Dieu) mais qu'elle les a toutes surpassees. Et certes en cela ie suis d'accord auec Florimond, que la veuë de l'Image de ceste Vierge sacrée que vous contemplastes hier au soir auec attention, lors que nous recitions ses Litanies en la Chapelle, a peu demeurer emprainte en vostre imagination, & vous en former l'idee en songeant. Et quant à ceste belle & vertueuse Fille dont les graces commençoient à flatter vostre esprit pour le porter au change de vos premieres affections, ie pense que ce n'est autre chose que la ioye, don special de l'Esprit de Dieu, que vous promettoit ceste Espouse du sainct Esprit, si vous l'allez visiter en son Temple de Liesse, parce qu'il semble qu'elle ait destiné ce lieu de deuotion à la distribution de ce baume precieux, si vtile pour la guerison des playes que le chagrin faict en nos ames par les coups des poignantes afflictions: car vous nous l'auez depeinte si douce, si attrayante, & auec vn front si serain & si clair, qu'il me sembloit que ie voyois le portraict de la mesme allegresse, laquelle comme vn puissant Aquilon chasse & dissipe tous les brouillards & tous les nuages dont la melancholie rebousche les clairtez de l'esprit. Croyez donc mon conseil, cher Meliton, rangez vous de nostre bande, nous sommes affligez comme vous, & de la mesme passion qui vous tourmente; nous sommes Pelerins de Liesse, & nous allons en ce lieu sainct chercher l'allegresse qui nous defaut: venez y auec nous, nous vous seruirõs, nous vous accompagnerons, nous vous assisterons de tout nostre pouuoir, nous consolerons vostre esprit, nous soulagerons vostre corps, & nous serons bien ayses d'adjouster à nos petits exercices spirituels ceste œuure de charité de vostre cõduitte; nous tiendrons à beaucoup de faueur vostre cõuersation, & à beaucoup d'honneur d'estre en vostre compagnie. Vous auez tous conjuré, repliqua Meliton, de me ruiner de courtoisies; mais ie ne suis pas resolu de me laisser surmõter en cela, puisque c'est vne honte pleine de trop d'indignité d'estre vaincu aux deuoirs d'vne mutuelle bienueillance.

Ie n'impreuue pas vostre conjecture sur mon songe; toutesfois ce remede me semble bien foible pour vn si grand mal que le mien; car si le Pelerinage guerissoit du mal d'aymer, tout le monde seroit plein de Pelerins; mais ce mal incurable rejette mesme les vœux, & ie ne croy point qu'en ces lieux de deuotion que vous nous auez tantost nommez, il se treuue des tableaux de ceux qui ont esté deliurez de ceste frenaisie. C'est parce, repliqua Menandre, qu'elle oste tellement la raison, qu'elle ne laisse pas le iugement de discerner ce qui luy est propre, ny mesme la deuotion de voüer. Si est-ce qu'on y voit des memoires de plusieurs fols ramenez en leur bon sens: & quels sont plus insensez que ceux qui ayment si esperduëment, qu'ils n'ont pas de place en eux pour eux-mesmes, tant ils sont possedez de l'object de leur affection; ioinct que ceste sorte de folie est si honteuse pour ceux qui en sont atteints, qu'ils sont bien ayses d'auoir l'obligation de leur guerison au Ciel, sans en laisser aucune memoire en la terre. Que si l'on voit des tableaux de ceux qui y ont esté deliurez des malings esprits, n'est-ce pas estre deliuré d'Asmodée que se voir despestré des liens d'vne mauuaise Amour? car qui ne sçait qu'il vaudroit mieux auoir vne legion de Demons dans le corps qu'vne illicite affection dans le cœur, qui nous mette dans le peché capital & en la disgrace de Dieu. Que dictes vous là, dict Meliton? Ie dis ce que mon Pere que voyla, reprit Menandre, vous confirmera, qu'il vaudroit mieux estre possedé de mille Demons, que d'estre coulpable d'vn seul peché mortel.

Il est vray, mon fils, dict Syluan; car les Demons ne peuuent tourmenter que le corps; mais le peché qui nous rend ennemis de Dieu, precipite le corps & l'ame en la gesne eternelle. O qu'il y a de mondains trompez, repliqua Meliton, qui beuuans l'iniquité comme l'eau, sans aucun sentiment de regret, n'ont rien en plus grande horreur que de voir ou d'entëdre parler des Demoniaques. Ce n'est pas d'aujourd'huy, reprit Menandre, que les enfans des hommes sont mensongers en leurs balances, & qu'ils sont desceus en la vanité de leurs sens. Mais poursuiuons nostre poincte, qui vise à vous mõstrer que le mal aymer estant vn mal amer, merite bien que nous ayons recours au Ciel pour nous deliurer du naufrage en vne mer si dangereuse. Sainct Bernard disoit que sur la mer de Marseille de dix vaisseaux quelquefois la nauigation estoit si heureuse qu'il ne s'en perdoit pas vn; mais que sur la mer du monde de dix ames à peine s'en sauuoit il vne: disons le mesme de la mer affectueuse, puisque tout ce qui est au monde n'est que conuoitise des yeux, des honneurs, ou de la chair; c'est vne mer de verre où la fragilité humaine paroist plus qu'en aucune autre occurrence; d'où vient que le grand Alexandre ne se

M iij

recognoissoit homme qu'à deux choses, à dormir & à engendrer. Mer de verre semblable au cristal; plus l'Amour brusle, plus il brille, & plus il brille plus proche est-il de se briser: Mer sujette à mille escueils & à mille Syrtes, & où les naufrages sont si frequens que c'est merueille quand on en eschappe; ce qui faisoit dire au Sage, qui peut-estre continent si Dieu n'en faict la grace; & à vn grand Sainct, que viure en la chair sans son vsage, estoit vne vie plus Angelique qu'humaine. Mer renommee par les debris d'vn Dauid, d'vn Salomon, d'vn Sanson, & de tant d'autres, que leur nombre passe en multitude les Estoiles du Ciel. Que si ceux qui sont eschappez des naufrages maritimes rendent les vœux qu'ils ont faicts durant les frayeurs de la tourmente, qui à chaque ouuerture de vague leur faisoit voir la gueule du tombeau; combien plus iustement doiuent auoir recours au mesme secours, ceux qui flottent sur vn Occean si perilleux que celuy d'vne mauuaise affection? Ceux qui sont aux perils de la guerre se recommandent à la protection du Ciel, & qui ne sçait

Que les ames animees
De l'Amour, sont aux armees
De ce dangereux Enfant
Qui va, cruel, triomphant

Livre troisiesme

*Avec ses feux & ses flammes
Des plus genereuses ames:
Tout Amant est donc Soldat,
Combattant sous l'estandart
D'vn aueugle Capitaine
Qui à sa perte le meine.*

Si ceux qui sont reuenus en conualescence apres des pestes, des fievres chaudes, des paralisies, des surditez, des aueuglemens, des hydropisies, des lethargies, des apoplexies, des hemorragies, & tant d'autres sortes de douleurs ausquelles sont sujets les corps humains, appendent aux lieux sacrez les monumens de leur recognoissance apres leur guerison: Certes ie croy que ceux qui aymẽt folement ont ensemble toutes ces maladies, dont vne seule est capable d'atterrer le plus robuste; car quelle fievre est plus ardante que celle de l'Amour, laquelle
*Maint vlcere malin dans les veines cachant
D'vne flamme secrette vn cœur va desseichant?*
Comme dict le grand Poëte de sa Didon: quand vn esprit est perclus de ses fonctions, quelle paralisie; quand on cõmet tant d'absurditez, & qu'on ne veut pas escouter de peur de s'engager à mieux faire, quelle surdité; car pour l'aueuglement c'est vne qualité inseparable de ceste passiõ, tesmoin ce grand Roy qui dans l'abisme de sõ adultere disoit,

M iiij

Ie n'ay plus de vertu, ie n'ay plus de vigueur,
Mes yeux sont aueuglez, & ie n'ay plus de
  cœur.

N'est-ce pas vne hydropisie puisque c'est vne alteration insatiable des plaisirs, comme si l'on auoit esté mordu d'vne dypsade. Quel assoupissement plus grand que celuy qui faict oublier l'honneur & le deuoir, qui faict endormir les Sansons tandis qu'on leur rase leur force, qui faict filer les Hercules, & coudre les Achiles, qui faict delaisser à Didon les bastimens des hauts murs de Carthage, & à son Amant les desseins d'Italie, où les destins luy bastissoient vn immortel Empire. Le Poëte incomparable va descriuant ainsi cette mauuaise lethargie de la Royne de Tyr.

Des donjons commencez le dessein orgueilleux
Ne vid plus esleuer son labeur sourcilleux,
Plus la ieunesse ardante aux armes n'est
  dressee,
Des havres imparfaits l'entreprise est laissee,
Nouueaux forts pour la guerre où ne va plus
  traçant,
La fabrique demeure, & le front mena-
  çant
Des rampars dont Carthage est de loin signa-
  lee,
Et la masse en hauteur aux astres esgalee.

Quant à Ænée, vous sçauez comme il le feint, resueillé par vn messager celeste du profond endormissement où il estoit plongé dans ces delices Tyriennes qui le rendoient oublieux de sa propre gloire & de la fortune de son Iulus. Si i'auois l'esprit aussi subtil & la memoire aussi heureuse que Florimõd, ie vous representerois ceste agreable peinture, mais aussi d'autre part ie craindrois de vous estre ennuyeux. Que ceste passion soit vne apoplexie, ie le laisse à iuger à ceux qui sçauent que son excez porte aux extases & aux rauissemens, qui sont des morts passageres, & quelquesfois, comme la sentinelle endormie d'Epaminondas, ces transports causent de veritables trespas. Que ce soit vne Hemorragie, il n'est que trop clair, puisque c'est vn boüillonnement desreiglé de la chair & du sang, & qui a grand besoin de l'assistance de nostre Seigneur aussi bien que l'Hemorroisse. Que si par toutes ces dangereuses maladies, & pour sauuer sa vie l'on fait des vœux, & en suitte de ces vœux des pelerinages, il me semble que ceux qui sont atteints d'vn desespoir causé par ceste rage n'ont gueres moins besoin de ce remede. Alors Meliton, Ie croy Menandre que vous me traittez comme les Medecins ces malades dont ils desesperent, car quand leurs remedes sont vaincus par la force du mal, ils ont accoustumé de les renuoyer aux eaux dont les proprietez naturelles chassent quelquesfois des maux incurables à l'industrie humaine. O qui me pourroit enseigner vne fontaine qui me guarist du mal d'aymer.

5   Ceste fontaine selon mon iugement, repliqua Menandre, sera pour vous le Pelerinage de Liesse, qui fera pour vous le mesme effect que celle des Nymphes Ionides qui rendoit les personnes chastes: & comme il y en a qui rendent les personnes abstemes, en imprimant au goust vne secrette horreur du vin, ie croy que ceste deuotion vous leuera l'appetit de ce vin fumeux qui trouble vostre cerueau de tant de fascheuses fantaisies. Certes il en est de l'Amour comme du vin, toutes testes ne sont pas capables d'en soustenir l'effort: le vin & l'Amour, dit le prouerbe sacré, font tresbucher les plus fermes; qui est debout se garde de cheoir en ces deux pentes si glissantes. Il est bon, disoit vn ancien Philosophe, d'aymer vn peu, mais sainement; car d'aymer excessiuement il est tres-pernicieux; la Philosophie mesme toute sage qu'elle est doit estre prise comme le miel auec sobrieté, autrement comme cestuy-cy affadit le cœur, celle-là rompt la cer-

nelle. Mais qui est celuy qui ayme ou sainement ou vn peu, puisque l'amour altere la santé & la sagesse des plus forts & des plus auisez, & puisque sa perfection semble consister en l'excez, les mediocres affections estans ethiques & languissantes. Vn ieune homme d'Athenes demandoit vn iour à vn graue Philosophe si le sage pourroit aymer, Mon cher fils, luy dit il, laissons-là le sage, mais toy ny moy qui ne le sommes pas ne nous meslons point de ce mestier-là, c'est vn feu trop subtil & trop difficile à manier sans pincettes. Mais pour reuenir il m'est auis, Melitō, que ce Pelerinage que ie vous persuade, ou esteindra tout à fait en vous ceste passion qui vous est ruineuse, ou pour le moins la rectifiera de telle sorte qu'elle ne vous causera plus ces horribles conuulsions de desespoir qui nous ont donné tant de compassion de vous & tant d'apprehension de vostre salut. La Cananée vint des confins de Tyr & de Sidon pour auoir du Sauueur la santé de sa fille qui estoit agitée d'vn mauuais esprit, & quel plus dangereux demon que celuy qui nous sollicite de desespoir.

Quelle furie vehemente,
Qui ne fait que solliciter,

Nostre ame qu'elle violente,
A nous faire precipiter.

I'espere sans ce pelerinage, reprit Meliton, que ceste mauuaise humeur sortira de mon esprit, desia ie ne ressens plus ces eslans cruels, qui pour trop aymer autruy me rendoient odieux à moy-mesme. Ouy mais, dit Menandre, si vous voulez que le Sauueur crée en vous vn cœur net, & qu'il y face la mesme merueille qu'il opera en la Magdelaine, chāgeant vostre mauuaise affection en vne iuste & qui soit selon luy, est-il pas raisonnable que vous le recherchiez selon les remedes qui vous sont proposez & conseillez. La terre est au Seigneur, dit Meliton, & sa plenitude, la terre est ronde & le centre de l'Vniuers, toutes les lignes tirées de ce lieu à la circonference du Ciel sont esgales; mes prieres arriueront aussi tost d'icy au throsne de sa grace pour m'obtenir misericorde, que de Liesse: pourquoy voulez-vous que i'aille chercher bien loing ce que i'ay en ma main, puisque Dieu est par tout; & que nous viuons, sommes & nous mouuons en luy. Vous ressemblez à ces malades, dit Menandre, qui marchandent à prendre les medecines qu'on leur presente; ils desirent la santé, mais ils hayssent la drogue; que si l'appetit de la guerison est plus fort que l'auersion du medicament, ils l'aualent, sinon leur mal s'augmente pour ne vouloir se resoudre à prendre l'antidotte. Ie sçay bien que Dieu nous oit & nous voit en tous lieux; mais tout ainsi que le Soleil qui esclaire tout le rond de la terre n'engendre pas l'or en tous endroits, ainsi Dieu qui embrasse tout dans le sein de son infinité se plaist neantmoins de verser l'or de ses graces plus en vn lieu qu'en vn autre: à ce conte les Eglises ne seroient pas plus propres à la priere que les lieux prophanes, ce que iamais aucun bon Chrestien ne dira: l'ame est vrayement toute en tout le corps, mais qui ne voit qu'en la teste elle exerce ses plus nobles fonctions. Croyez-moy, comme Dieu ayme sa Mere d'vne incomparable dilection, il voit d'vn œil plus tendre les lieux consacrez à sa memoire: ce sont les soucis & les Heliotropes que ce diuin Soleil regarde d'vn œil plus riant & doré. Ie ne reuoque point en doute ces propositions deuotieuses, dit Meliton, mais pensez vous que tous remedes soient bons à tous; si celuy-là vous est vtile peut-estre ne me le sera-t'il pas. La diuersité des dispositions change l'operation des medecines. Ie ne dis pas que le pelerinage ne soit profitable à vostre desplaisir, mais pour le miéne ne le pense point, ce seroit bien quelque legere fomentation, mais non pas vne cognée qui peust trancher la racine de ma douleur.

Ceux-là changent de Ciel & non pas de courage;

Qui d'vn bord de la Mer võt à l'autre riuage. Pensez-vous que pour changer de climat ie châge de cœur? ô que cela n'est il en mõ pouuoir, i'irois au bout du monde en chercher vn autre que celuy qui me creue le sein. Il ne me faut pas baigner; ceste emotion de sang ne se peut euacuer que par la saignee d'vne puissante mortification pour chasser le mal par son opposé. Ie croy bien que le Pelerinage seroit cõme vn lenitif & comme vn r'affraischissemét à l'ardeur qui me point; mais pour l'oster de mes veines & du milieu de mon cœur, il est besoin d'vn effort plus puissant. A cela Menandre, Vous direz ce qu'il vous plaira, mais pour moy, ie tiens que le Pelerinage est le remede general du mal d'aymer, & ie l'appelle general parce qu'il me semble comprendre tous les autres; car si nous-nous regaignons par le reuers de ce qui nous pert, qui ne voit que ce funeste flambeau s'esteint dans les tenebres de l'absence, puis qu'il s'allume aux rayons de la veuë, veuë qui ne se peut faire qu'en presence; & qui ne sçait par experience que l'absence est la mort des Amans: Ouy des Amans, repliqua Meliton, non de leurs affections, c'est la mort des Amans, parce que leurs ames estans plus en leurs objects qu'en leurs propres corps, ils peuuent estre appellez morts ainsi estans priuez de leurs ames: mais ce feu quand il est vif & vray, est semblable à celuy que l'on appelle gregeois, qui brusle dans les eaux des contradictions, & mesmes dans ce torrent rauageant que vous nommez absence. Ie vous auoüe que ces legeres affections qui ne font que voltiger autour du cœur & qui ne l'ont iamais penetré s'amortissent par ce remede, parce que l'oubly s'empare facilement de ce qui ne fait que nager en l'imagination & qui n'est graué dans la memoire, moins engraué dans la volonté; mais ceux qu'vne puissante playe trauerse de part en part, & qui portent le traict dans leur blesseure, c'est à dire, le portraict de l'object aymé par tout deuant leurs yeux comme d'autres Antipherons, ceux-là ressemblent à ceste biche du grand Poëte qui blessee au flanc portant sa fleche à trauers l'espesseur des bois, plus elle fuit la mort plus elle la treuue, car ceste agitation luy deschire les entrailles. La memoire de Florimond nous fourniroit bien les termes & les couleurs de ceste peinture, s'il luy plaisoit. Alors Florimond sans se faire dauantage presser, la recita de la sorte, faisant parler l'ancien Virgile par le Virgile de nos iours.

 La Royne de Sydon brusle d'vn feu couuert,
 Et courant à grands pas par la cité se pert,
 L'esprit tout agité de fureur & de crainte,
 Comme vne tendre biche auec le fer attainte,
 Qu'vn Pasteur ignorant la cheute de ses traits
 D'vn arc tiré de loing sous des ombrages frais
 Des hauts chesnes de Crete en chassant a blessee,
 Et la fleche volante en ses flancs a laissee:
 Elle qui sent la mort penduë à ses costez,
 Erre par l'espoisseur des boccages Dictez,
 Trauerse maint buisson, & mainte espine forte,
 Et la pointe fatale à son flanc tousiours porte.

La viuacité de cet esprit & la beauté de ces paroles suspédit les oreilles de toute la troupe, quand Meliton rompant le silence poursuiuit ainsi. A la verité tout ainsi que la douleur qui se peut dire ne se peut dire douleur, parce qu'estant exprimable elle est mediocre, la grande estonnāt si fort le sens qu'elle arrache la plainte de la bouche : de mesme l'Amour qui peut se dissiper par l'absence

ne

ne fut iamais bien grande, que dis-ie, mais ne fut iamais Amour, si le prouerbe est certain qui dit que,

 L'Amour qui peut finir ne fut onc veritable.

Il est d'vn cœur vrayement touché d'Amour comme d'vne aiguille frottee d'aymant, esloignez la du Pole tant que vous voudrez, tousiours elle s'y retournera; le mien est ainsi fait, mon Amour c'est mon poids, ie me porte où elle me transporte; & bien que mon nort soit ma mort, ie ne puis vaincre ceste inclination, tant elle a pris vn fort ascendant sur mon courage.

Ie ne ressemble point à ces foibles esprits,
 Qui bien tost deliurez, comme ils sont bientost pris,
En leur fidelité n'ont rien que du langage,
Toute sorte d'objects les touche également,
Quant à moy ie dispute auant que ie m'engage,
Mais quand i'ayme vne fois i'ayme eternellement.

Et n'est-ce pas vne preuue de l'eternité de sa durée, puisqu'ayant perdu toute esperance de posseder ce que i'affectionne, ie ne laisse pas neantmoins d'honorer mes liens & de cherir ma captiuité? O Menandre, cela est bõ pour discourir de dire que l'espoir nourrit l'Amour, comme l'huile ou la cire le feu de la lampe ou du flambeau; mais l'experience me fait bié cognoistre que le feu de mon affection est comme celuy qui est en sa sphere, y subsistant par soy-mesme, non par l'entretien d'aucune matiere combustible. De sorte que si ie suis absent de corps, ie suis tousiours present d'esprit, & si ie ne le vay treuuer ce simulachre me poursuit en tous lieux, assaillant continuellement & troublant ma fantaisie.

Qu'on nomme ceste Amour eternelle prison,
Blesseure sans espoir d'aucune guerison,
Vn feu qui ne s'esteint, vne immortelle flame:
I'ayme ces doux liens plus que la liberté,
Ce mal m'est precieux par dessus la santé,
Ie fais de ce trauail le repos de mon ame.

Mon cœur est semblable à la pierre asbestus qui ne s'esteint iamais quád elle est vne fois embrasee, & à l'herbe aproxis qui enflámee ne se peut amortir ny par l'eau ny par le vinaigre, mais qui nourrit son feu iusques à sa totale cósommation. Ie ne sçay, dit Menandre, si ce que vous dittes part du vray sentiment de vostre ame, ou seulement de la beauté de vostre esprit; mais il me semble que ie n'auanceray iamais rien si vous ne me prestez plus de condescendance: il ne faut pas que le malade soit subtil pour flat-

Livre troisiesme. 195

ter son mal, mais pour le chasser il doit estre obeyssant & docile: & comme il est escrit que l'homme obeyssant parlera de victoires, si vous voulez triompher de ceste passion qui surmonte vostre raison, il faut que vous captiuiez vostre entendement, & que vous prestiez l'oreille auec docilité à ce qui vous sera conseillé pour vostre mieux; autrement Dieu vous laissera en vne mauuaise cõduitte, qui est celle de vous-mesme; l'Amour propre estant vn ardant qui precipite en mille malheurs. Helas, reprit Meliton auec vn grand souspir:

Qui me pourra tirer de ce martyre!
Ie voy le mieux & ie choisis le pire.

Qui me donnera ceste flexibilité d'esprit & ceste facilité à me laisser conduire? regimberay-ie sans cesse contre l'esperon? Ce sera celuy-là mesme, repliqua Menandre, qui arracha la fureur du cœur de S. Paul, & qui en le portant contre terre le releua vers le Ciel, le rendant de vaisseau de cholere vase d'elite; la seule grace de Dieu peut faire ceste merueille, & vous rendre souple comme vn enfant, en vous faisant dire, Seigneur, que voulez-vous que ie face? nous sõmes la mesme foiblesse, la mesme incapacité, toute nostre force, toute nostre suffisance vient de Dieu, auec lequel nº pouuõs tout: il ne faut auoir aucune deffiance de sa bonté, comme aucune confiance en nostre propre vertu.

Encores que nos miseres,
    Comme engeance de viperes
    Nous percent de tous costez
    De mille calamitez:
Si est-ce pourtant, si est-ce,
    Qu'il ne faut que la tristesse,
    Bien que dure, ait le pouuoir
    De nous tirer du deuoir.
Ains quelque grand que puisse estre
    Nostre malheur, recognoistre
    Que nous le meritons bien,
    Et que Dieu veut nostre bien.
Faut inuoquer sa clemence,
    Auoir du mal repentance,
    Et ferme propos en soy
    De viure selon sa loy.
Esleuer vers luy sa face,
    Auoir recours à sa grace,
    Qui est promise à celuy,
    Qui met son attente en luy.

C'est le bien que i'attends de vos prieres, mes chers amis, reprit Meliton, ie croy que c'est là le seul filet qui me peut tirer de ce labyrinthe. Alors Syluan, Mais encores faut-il que vous cooperiez à vostre soulagement: car le Medecin a beau ordonner, & l'Apoticaire a beau preparer les medicamens, tout sera inutile si le patient ne les veut prendre: la grace est vn medicament de salut, mais elle ne descend en nos ames que par la porte de nostre vouloir: en vain luit le Soleil, si nous fermons les paupieres; en vain coule la fontaine, si nous ne goustons de son eau. Ouurez vostre bouche, dit le Seigneur, & ie la rempliray, ouurez vostre porte, dit l'Amant à l'Espouse paresseuse, & ie vous communiqueray la rosee de mon chef & la myrrhe premiere qui coule de mes mains. C'est ce que ie veux, mon Pere, dit Meliton, mais priez Dieu qu'il ayde mon imbecillité, soyez-moy cet homme fauorable qui me jette dedans ceste piscine de consolation; versez l'huile de vos oraisons & le vin de vos remonstrances dans les playes de mon ame; me voyla comme Dauid preparé aux chastimens pour chasser par vne salutaire douleur ceste autre amere & iniuste douleur qui me rauage. Icy Menandre reprenant son discours, se resiouyt beaucoup de ceste bonne disposition que Syluan venoit de preparer dans le cœur de Meliton; & plein de bonne esperance, il le continua de la sorte. I'en demeure tousiours là, mon cher Frere, de croire que le Pelerinage est le grand antidote de ceste poison que l'on appelle trop Aymer: tous ceux qui ont escrit de ces remedes (laissant à part celuy de la grace celeste, dont vne seule once vaut cent liures de ceux que l'humaine prudence produit, tout ainsi qu'vne goute d'huile de baume vaut plus qu'vn grād vaisseau d'huile commune) disent d'vne cōmune voix que l'absence, le diuertissemēt, l'esloignement est vn moyen souuerain & le dictame de ces playes: mais tout ainsi que nous estimons tousiours nos douleurs, nos desplaisirs, & les torts qui nous sont faits extremes, encores qu'en soy ils n'ayēt que de la mediocrité; nous pēsons de mesmes que nos passions & nos affectiōs sont immortelles, & que la cédre mesme du cercueil n'aura pas le pouuoir de les amortir; de là les resueries des myrthes, des chāps Elisées, & tant d'autres folies que l'Amour dicte à ceux qui se seruent de la poësie pour estaler leurs imaginatiōs. Mais tout ainsi que les feux qui s'allument la nuict dans le Ciel ne paroissent qu'autant que le Soleil disparoist, cet astre les effaçant à son retour cōme auec vne esponge lumineuse; ainsi en la priuation de la grace, nous nous imaginons que nos amoureuses frenaisies ne cesseront pas mesmes dans le tombeau; mais quand ceste belle splendeur cōmence à rayonner en nos ames tout cela s'esuanouyt cōme la fumee en l'air, se fond comme la cire à la face du feu, & s'enuole comme la paille emportee par le souffle du vent.

On voit en vn moment se rompre tous ces fers,
Et puis le souuenir de tant de maux soufferts,
Passant par nostre esprit nous paroist vn mensonge,
On ne tient plus des yeux pour les astres du iour,
Tant de perfections nous paroissent vn songe,
On ne recognoist plus l'obiect de tant d'Amour.

Or le Pelerinage ayant sa fin & sa visee toute saincte est vne grande disposition à la grace, veu qu'il est escrit, demádez & vous obtiendrez, cherchez & vous trouuerez: & encores, celuy qui me trouuera aura la vie, & puisera son salut des fontaines du Seigneur; & quelle plus claire source que celle qui est appellee fontaine des jardins, puits des eaux viues qui decoulent auec impetuosité du Liban, & fleuue impetueux resiouyssant la cité de Dieu, qui est l'ame fidele. Que si le retour à Dieu ne se peut faire que par le destour de la creature, quel diuertissement peut estre plus vtile que celuy d'vn voyage de pieté, pieté qui est profitable à tout & à tous, comme dit le grand Apostre. Que si vous estimez qu'vne puissante mortificatió vous sera plus vtile, côme vous nous l'auez tantost fait entendre, en voulez-vous vne plus grande que le Pelerinage qui nous expose à toutes les incommoditez qui peuuent suruenir en la vie : & de faict Dieu pour chastier la faute de nos premiers parés en les bannissant du Paradis terrestre, ne les rendit il pas pelerins sur la terre ? & de quel chastiment fut affligé Cain pour son fratricide sinon d'estre vagabond tous les iours de sa vie ? tous les Patriarches anciens ont par cet exercice monstré leur fidelité enuers Dieu, au simple mandement duquel ils quittoient pays, parenté, toutes choses : ce qui fait dire à Dauid, Et moy Seigneur, ie suis Pelerin en ce monde comme ont esté tous mes Peres. La faim, la soif, le chaud, le froid, les couches dures, les mauuaises nuicts, les pires iours, les affronts, les hazards, les mauuaises rencontres, les dangers des brigands, les perils de la mort, les sueurs, les lassitudes, les fatigues, les peines, tout ce qui se peut péser de mortifiãt se treuue dans le Pelerinage : & ne seroit-ce point en la veüe de ses peregrinatiõs que le grãd S. Paul exprimãt tãt de risques qu'il auoit couruës declare franchement qu'il a plus trauaillé qu'aucun de ses coapostres. Que si nous regardons les mortificatiõs de l'esprit, ô qu'elles sont frequétes, les craintes, les cõtradictions, les iniures, les menaces, les fascheux succez, les contraires euenemés, en fin tout ce qui est opposé à l'Amour propre. C'est le Pelerinage qui foule le môde aux pieds; car le superbe de vie ne peut auoir d'accez en ceux qui voyageäs incognu se peuuét dire le rebut & la balieure du môde, l'opprobre & l'abjection du peuple. L'on appelle les Pelerins coureurs, vagabonds, faineants, bandouliers, & de tant d'autres tiltres, qu'Elisee qui ne pouuoit endurer qu'on l'appellast chauue, eust supportez malaysément; ce sont les caresses de ce monde qui est tout confit en malice. Quelquefois quand ils sont destroussez par les voleurs, la pauureté, la nudité, la honte, & toutes sortes de miseres les accueillent, esloignez non seulement d'assistance & de secours, mais encores de cognoissance, qui est l'extreme poinct de la calamité; car vne pauureté soulagee n'est qu'à moitié necessiteuse. Et certes n'estoit l'esperance que l'on a de voir bien-tost le bout de la course, ie ne voy aucune Religion si austere que seroit vn Pelerinage continuel: aussi en plusieurs Ordres, principalement entre les Mandians, ils exercent les Religieux à vn frequent changement de Monasteres, tant pour les destacher de la conuersation des hommes, que de l'affection à certaines demeures, rangeans parmy leurs autres austeritez celle-cy, de viure comme Pelerins sur la terre. Et n'estoit-ce point en la consideration que sa vie n'estoit qu'vn Pelerinage que Dauid disoit, O Seigneur, pourquoy prologez-vous ainsi mon exil? seray-je encores long-temps parmy les habitans de ces tenebres ? Et le glorieux S. Paul estoit quelquefois tellemẽt non pas attiedy, mais attedié durant ses voyages, & battu de si cruelles afflictions, qu'il confesse luy-mesme que la vie luy estoit ennuyeuse, d'où vient qu'il s'escrie en ce sentiment, Miserable moy, qui me deliurera du corps de ceste mort? c'est à dire de ceste vie qu'il appelle mort, tandis que nostre ame est pelerine dans ce corps mortel. Ie recognois toutes ces veritez, dict Meliton, mais vous ne respondez pas à ce que i'ay auancé, qui est que comme celuy qui a mal au cœur sur la mer, ne laisse pas de vomir encores qu'il passe de la nef en l'esquif, parce qu'il porte son incommodité dans sa poictrine. A cela ie responds, dict Menandre, que ce mal ne dure qu'vn iour ou deux tout au plus, & qu'apres ce temps-là par l'euacuation des mauuaises humeurs que l'air subtil de la mer prouoque à rejetter, on faict vne espece de corps neuf, l'appetit reuient au double, & la santé se rend nõ seulement pleine, mais vigoureuse. Il vous en arriuera de mesme, cher Meliton, si vous suiuez mon cõseil; car vous pourrez bien encores par l'espace de quelques iours estre tourmenté du souuenir qui vous afflige; mais si vne fois il vous plaist de prester l'oreille à nos consolations, & de prendre part à nos petits exercices spirituels, ie m'asseure que vous serez euacué de toutes ces puerilitez; vous deuiendrez, comme dict l'Apostre, vne nouuelle creature, & en despoüillant le vieil homme vous en reuestirez vn nouueau, qui sera selon Dieu. Vous promettez beaucoup, cher Menandre, mais quand ce viendra à l'effect, ie croy que vous vous trouuerez court. Cela seroit bon, repartit Menandre, si ie me cõfiois en mes propres forces, mais ie ne me magnifie qu'au nom de celuy à qui nulle parole est impossible; i'ay bõne caution, c'est pourquoy ie parle hardimẽt, ie pẽse en cela, pour parler auec S. Paul, que i'ay l'Esprit de Dieu. Ie croy les miracles en foy & en faict, mais non pas tousiours en paroles, dict Meliton. Et ne sçauez-vous pas que le Sauueur, repliqua Menãdre, ne pouuoit faire de merueilles en Capharnaum, à cause de l'incredulité de ses habitans? Ie vous dis que si vous croyez vous verrez la gloire de Dieu. A foy de Gentilhomme & à foy de Pelerin, il n'y a pas toussiours tant d'asseurance, ie ne voudrois pas coucher tout mon bien sur ceste charte, la chance en est trop incertaine. C'est pourquoy ie laisse-là la foy de Gentilhomme & de Pelerin, encores que ie sois & l'vn & l'autre, & ne m'appuye que sur celle de Chrestien, c'est elle qui transporte les montagnes, qui serre la gueule des lyons, qui empesche le feu de brusler, qui dompte les Roys & les Empires ; ne soyez-pas plus indomptable, cher Meliton, & ne soyez-pas rebelle à la lumiere ; voyez le Soleil de la grace qui vous rit, ne dictes pas à Dieu, ie ne veux point de la science de vos voyes. C'est grand cas que de la creance & de la cognoissance que l'on a des personnes, si ie vous cognoissois dauantage, dict Meliton, vous me pressez si fortemēt que ie m'abbattrois sous vos persuasions ; mais vous sçauez qu'il faut cognoistre auant qu'aymer, & aymer auant que se fier : ce n'est pas que ie ne vous tienne pour galant homme & pour hōme de bien, mais si ce bon homme auec sa barbe chenuë & ce gros habit que vous voyez (il disoit cela mōstrant le Pere Syluan) me disoit la mesme chose, ie l'executerois tout à l'instant. A cela ne tienne, dict Syluan, le prenant au mot, que vous n'embrassiez ce pieux dessein, que ie iuge tres-sainct & tres-salutaire pour voſtre ame. Dieu, ſans doute, a parlé par la bouche de ce Pelerin, & ce ne ſera ny l'herbe, ny l'emplaſtre qui guerira vos maux, pour parler auec l'Eſcriture, mais la toute-puiſſante grace de Dieu, decoulante du throſne de ſa Gloire. Mon Pere, mon Pere, dict promptement Meliton, (qui vit bien qu'il eſtoit pris) on ne deſpoüille pas ſi ayſément vne paſſion que vous faictes voſtre robe pour prendre vne diſcipline: Plus facilement qu'vne chemiſe, mon fils, repliqua Syluan, quand la raiſon preuaut par vne iuſte maiſtriſe, c'eſt ce Soleil qui deſpoüille par la douceur de ſes rayons l'Eſpouſe du ſacré Cantique: Raiſon qui fortifiee de la grace faict renoncer à ſoy-meſme, & faict dire aux Apoſtres, Voyla nous auons tout laiſſé. Meliton n'eſtant pas encores tout à faict reſolu, meditant quelque nouuelle péſee qui ſeruiſt de remore à ce deſſein, s'aduiſa pour amuſer le tapis de dire à Menandre; Mais cependant que deuiendra la pauure Lucie, dont la peine me donne tant de ſoucy. C'eſt, reprit Menandre, ce qui me reſtoit à expliquer de voſtre ſonge, & ie penſe que cóme la Lieſſe vous a eſté repreſentee ſous l'Image de ceſte fille de Princeſſe, que ſon oppoſite vous a eſté repreſenté ſous la ſemblance de ceſte Lucie, dont vous adorez les injustes rigueurs. Et que sçauez-vous si apres auoir faict vostre Pelerinage auec les dispositions requises en vn vray Pelerin Chrestien, elle ne chágera point de courage pour vous; peut-estre que ceste triste forme vous marque les repétirs qui la trauaillēt de vous auoir traitté auec trop de cruauté; & quelle ioye vous seroit-ce si à vostre retour vous la treuuiez toute changee, tendant les bras à vostre legitime recherche, & fauorisant auec autant de douceur vos sainctes intentions, qu'elle a comme vous dictes auec ingratitude & desloyauté recompensé vos affections; ce seroit vn miracle de Liesse, & vn changement qui seroit bien aduantageux à vostre desir. Helas ! reprit Meliton, vous parlez bien à vostre ayse, Menandre, & vous vous donnez beau jeu pour faire vn beau coup, mais les choses ne sont pas en leur entier: comment se pourroit-elle donner à moy, si elle n'est plus à elle-mesme?

Iamais tourment insupportable
 N'arriua iusqu'à mon malheur,
 On n'a iamais veu de douleur
Qui fust si peu remediable.
Ie n'oserois luy faire entendre
 Le mal qu'elle me faict sentir,
 Fors la honte & le repentir,
Ie n'en puis iamais rien pretendre.

Puis-je donc auec apparence
    Sortir de la peine où ie suis,
    Si sans vn crime ie ne puis
    Esperer vne recompense?
C'est donc en vain que ie souspire,
    Puis qu'elle aymeroit mieux mourir
    Et iustement, que de guerir
    Illicitement mon martyre.
Ioint que ie n'ay pas la pensee
    D'offencer en rien son honneur,
    Mon ame a le mal en horreur,
    Encor qu'elle soit insensee.
En ceste cruelle detresse
    Qu'ay-je plus encor à souffrir,
    Puisque ie ne sçaurois guerir,
    Ny mourir du traict qui me blesse?

Car pour dire la verité, encores que vous me voyez bien miserable, & que ie sois vn grand pecheur, si est-ce que ie ne suis point arriué iusques à ce faiste d'impieté, que de vouloir offencer l'honneur d'vne creature que i'ay tousiours honoree iusques à vne espece d'idolatrie.

Menandre, mon amy, i'aduoüe deuant toy
Que du cruel destin l'impitoyable loy,
Qui rendit Meliton accablé de misere,
Ne rend point pour cela son ame mensongere.

Ie ne suis pas seulement nay Chrestien, mais de parens si Catholiques & si pieux, qu'ils m'ont inspiré la reuerence de Dieu auec le laict, si bien que ie n'ay iamais peu rouler en mon cœur sans vne extreme conuulsion vne pensee sacrilege. A ce mot Menandre s'escria tout à coup: Ah! voyla l'apostume, voyla la playe, voyla le mal que nous auons eu tant de peine à descouurir & à arracher de sa bouche; ie voy bien, ces desespoirs l'agitent parce que sa Maistresse s'est renduë Religieuse, & peut-estre que ceste apparition represente les agonies & les tentations de son Nouitiat; & se faut-il estoner si les fureurs & les desespoirs l'ont agité, puisque comme vn autre Heliodore il minutoit de prophaner le Temple de Dieu? & comment peut-estre agreable à Dieu celuy qui luy veut enleuer son Espouse? Pauure Meliton, voyla la cause de tous tes malheurs. Nullement, dict Meliton, car elle n'est pas Religieuse, sinon de la Religion de nos premiers parens, elle est deuenuë coadjutrice d'vn homme. Ce mot de sacrilege m'auoit faict croire qu'elle fust espousee à IESUS-CHRIST, reprit Menandre; mais qu'importe, tant y a qu'elle est espousee à vn autre en IESUS-CHRIST, elle ne peut plus estre à vous ny de corps, ny de cœur; vos affections

ctions pour elle ne peuuent estre qu'adulteres; la continuation de ceste amour ne peut estre qu'abominable, car la Loy de Dieu ne dict-elle pas clairement, Tu ne conuoiteras point la femme de ton prochain; & le Sauueur expliquant en la nouuelle Loy ceste ancienne ordonnance, n'a-t'il pas declaré que qui regarde la femme d'autruy pour la conuoiter, a desia adulteré en son cœur, & est aussi criminel deuant le celeste Iuge, qui sonde les reins & qui penetre les pensees, que s'il auoit executé son mauuais dessein: Et se faut-il donc estonner si agité de ce pernicieux desir vous auez esté agité de ces furies vengeresses, inseparables de telles meschancetez. Tout beau, reprit Meliton, mon cher Menandre, vous iugez le procez sur l'etiquette du sac, & vous me condamnez sans m'oüyr, qui est vne iniuste procedure; ie ne suis pas encores si Demon que ie suis noir (il dict cecy en sousriant, car il auoit le poil extremement blond) ny si miserable que vous pensez: il en est de mon Amour comme de la mer esmeuë, car comme celle-cy long-temps apres que le vent est abbatu, n'est pas pourtant accoisee, mais son agitation se voit encores en ses vagues enflees, en son debat & en ses sifflemens; de mesmes mon affection dure non seulement apres la perte de mon esperance, comme ie vous ay faict entendre, parce que ny mon humeur, ny son honnesteté ne me permettent aucune illigitime pretension; mais encores apres l'esuanoüissement de mon desir. Meliton, repliqua Menandre, ne vous flattez point, & pour vous peindre, ou pour vous feindre meilleur que vous n'estes, ne nous allez point proposant des impossibilitez qui heurtent la nature, & qui chocquent toutes les reigles de la Philosophie. Le desir est aussi connexe à l'Amour que le ruisseau à sa source, la branche au tronc, le rayon au Soleil, la chaleur au feu; si bien que les plus excellens Philosophes ont dict que l'Amour n'estoit autre chose qu'vn desir du Beau ou du Bon, ou de ce qui est iugé tel par nostre entendement, & en suitte de ce iugement embrassé par nostre volonté. Que si vous aymez encores cet object illicite pour lequel vous endurez tant de peine, vous le desirez, & si vous le desirez vous offencez la Loy, qui defend la conuoitise de semblables objects: que si vous ne vous en deportez par la crainte de celuy pour la parole duquel Dauid dict qu'il a obserué de dures voyes, ne doutez point que vous laissant aller aux iniustes desirs de vostre cœur, & cheminer en vos propres imaginations, vous ne tumbiez en sens reprouué, qui est l'abisme de tout malheur.

Dieu me garde, dict Meliton, de me precipiter en cet aueuglement, mais sans contrefaire l'homme de bien, ie vous puis asseurer que n'ayant plus aucune esperance de l'espouser, puis qu'elle est à vn autre, ie n'ay pas vne ombre d'iniuste desir pour elle, tant pour le respect que ie dois à son honnesteté qui m'est assez cogneuë, que pour la reuerence que ie dois à ma propre modestie : & en cela il faut que vostre Philosophie m'excepte de sa reigle, puisque mon Amour n'estant aucunement de conuoitise, mais de simple amitié, comme il me semble que parlent les bons Philosophes, ie ne puis estre blasmé que ceste mesme Loy de Dieu que vous m'opposez ne soit blasmee, puis qu'elle me commande d'aymer mes prochains de ceste Amour d'Amitié, comme moy-mesme.

Qui poussé de l'honneur non d'vn fresle plaisir,
  Embrasse vertueux vn honneste desir,

Son travail luy est doux & plein de complai-
sance;
Mais qui vise au plaisir pour seul but en ay-
mant,
Cherche l'eau dans le feu, le repos au tour-
ment,
Hors de soy la vertu n'a point de recompense.
I'ayme comme obligé d'estre amoureux du bien,
I'honore par devoir, non pour meriter rien,
Pour faire ce qu'on doit faut-il quelque sa-
laire?
Ce m'est assez de voir qu'aymant comme ie
fais,
Mon ame ne produit que d'honnestes effects,
La vertu fuit le cœur d'vn homme merce-
naire.

Ie n'eus iamais de pensees pour elle qui me peussent mettre la rose au front, ny deuant le Ciel, ny deuant la terre; auant son mariage ie cherissois ceste Lucie pour les beautez de son corps, & pour les bontez de son ame, auec tout l'honneur qui se peut desirer d'vn Amant qui la recherchoit pour Espouse: mille fois ie luy auois protesté mon dessein, autant de fois l'auoit-elle aggreé, auec des tesmoignages & des protestations d'vne mutuelle bienueillance; apres tout cela, ingrate & desloyale qu'elle est, elle m'a changé; & durant vn malheureux voyage que la supercherie de mes parens m'a faict faire en Italie, elle s'est mariee à vn autre; & ie l'ayme encores apres vn tel affront, sans que le despit d'vn tel outrage ait peu effacer mon Amour de mon cœur, oüy bien tout illicite desir, sçachant ce que ie dois à son honneur & à ma conscience. Autrefois ie l'ay aymee comme fille, & comme desireux de l'espouser, maintenant toute perfide & femme qu'elle est, ie l'ayme encores, mais selon les termes de Chrestien, & de personne qui ayme bien, & qui cherit le bien. Cent fois i'ay dict en moy-mesme,

D'où me vient ce malheur qu'il faille que ie l'ayme,

Ouy, que ie l'ayme mieux que mon contentement,

Sinon pour ressentir vn regret plus extreme

Qui me gesne le cœur d'vn barbare tourment.

S'il est ainsi que vous dictes, repart Menandre, ie vous demande pardon du temeraire iugement que i'ay faict de vostre affection; mais la sincerité de mon intention qui ne visoit qu'à vostre bien, vous est, comme ie croy, si manifeste, que vous m'excuserez aussi franchement que ie m'accuse ingenuement: mais il faut que i'auoüe que ie ne fus iamais imbu d'vne si singuliere Phi-

O iij

Iosophie; car de cent Amans il n'y en a pas vn qui ne desire, & en cela ie vous puis bien appeller vn Phœnix, puisque vostre Amour renaist des cendres de vostre espoir & de vostre desir qui sont morts; c'est vne chose que ie ne puis comprendre naturellement, c'est pourquoy i'adore en cela vn traict particulier de la grace de Dieu en vous, auquel ie recognois vne marque du soin special que ceste Prouidence celeste a de vostre ame, vous preseruant du peril de l'offencer en vn chemin si glissant. Aussi ne vous disois-je pas, reprit Meliton, que ma flamme auoit quelque chose de celle de la foudre, dont les prodigieux effects emplissent le monde d'estonnement; car briser les os sans endommager la chair, fondre les espees & l'argent dans les fourreaux & dans les bourses sans alterer les couuertures, sont-ce choses dont la cause puisse estre bien recogneuë par la foiblesse de l'esprit humain? de moy ie me suis souuent esbahy comment mon Amour pouuoit subsister en mon cœur sans esperance & sans desir; n'est-ce pas quelque chose de semblable au feu du buisson de Sina & de la fournaise de Babylone qui flamboit sans brusler? encores si côme ces trois enfans ie n'estois point tourmenté dans ceste flamme, ou si i'y ressentois

quelque rosee de legere consolation;
Mais ie meurs sans oser au fort de mes douleurs
Prononcer seulement, c'est à tort que ie meurs.

Tout cecy surmonte mon imagination, dict Menandre, parce qu'il me semble par delà tout discours que l'Amour puisse troubler vne ame qui est hors d'esperance, & vuide de desir; car puisque l'espoir differé afflige l'ame, & que le tourment de l'Amour ne prouient que de l'impetuosité du desir, qui tend auec empressement vers vn bien que l'on n'a pas, ces deux causes cessantes, cóme pourra durer l'effect de l'affliction d'esprit? comme volera l'Amour sans ces deux aisles? comme blessera-t'il? comme bruslera-t'il le cœur sans flesches & sans flambeau? Alors Meliton, L'experience ne me rend que trop sçauant en ce que vous tenez pour incomprehensible & pour impossible, & à ma volonté qu'il me fust aussi peu sensible; si est-ce que si nous sommes nais Orateurs pour discourir de nos miseres, i'espere vous descouurir la forme de mon mal, par ceste similitude. Quand nous pleurons la mort d'vne personne aymee, n'est-ce pas l'Amour qui nous faict pleurer? ignorez-vous

O iiij

Que ce cruel Amour qui faict tant de vacarmes
 N'a point d'autre nectar que celuy de nos lar-
  mes,
Prenant pour enyurer la fierté de son cœur,
  Ceste amere liqueur.

D'où vient qu'vn Ancien a dict, que les pleurs estoient l'huille aromatique de la lampe d'Amour; ceste eau estant semblable à celle de ceste fontaine merueilleuse qui allume les flambeaux amortis. Or ie vous demande, quel espoir & quel desir reste apres la mort, & toutesfois l'Amour ne laisse pas de durer & de suruiure les cendres, estant, comme dict l'Escriture, plus fort que le trespas? Mais si i'ay quelque iugement en cecy il me s'emble que c'est le regret amoureux de la perte de la chose aymee, qui produict alors les mesmes effects de l'espoir & du desir, & ce qui faict que vous vous estes mesconté en iugeant de mes desplaisirs, c'est que vous auez rapporté mes deportemens à vne cause d'où ils ne procedent pas; car c'est le seul regret de me voir priué pour iamais de la chose du monde qui m'estoit la plus chere, qui m'a porté à tous ces excez, qui ont esmeu vostre cœur pitoyable à me donner du secours. Ce fut icy que Menandre fut contraint, non seulemét de ceder à la verité, mais d'admirer non moins la beauté de l'esprit de Melitõ que la grace de son corps, & que compatissant à son desastre, il pensa confesser qu'il auoit raison de se debatre ainsi desraisonnablement, tant ont de force vne eloquence & vne subtilité persuasiues.

Mais le sage Syluan plus illuminé qu'eux en la cognoissance des ressorts de l'esprit, entreuenant à ces ratiocinations leur apprit vn poinct de grande importance. Il y a, dit-il, mes enfans, encores vne autre raison plus pressante que celles que vous venez d'auancer, qui cause ces excez en Meliton, bien que son espoir & son desir soient esteints, c'est qu'il y a deux volontez en l'homme qui constituent ces deux portions que les Theologiens appellent inferieure & superieure. Or il est vray que comme le mont Olympe n'est iamais agité de vents ny d'orages en son faiste, ouy bien en son milieu & en sa racine; de mesme il aduient souuentesfois en vne ame vrayement Chrestienne, & qui a la crainte de Dieu deuant les yeux, que sa partie inferieure agitée comme vne mer par les tourbillons impetueux qui sortent des cauernes de l'appetit sensitif, sent d'extremes tentations & agonies; mais la superieure où est le donjon & le siege dominãt de la raison, tenant bon côtre les desirs de la concupiscible & contre les desespoirs de l'irascible, alors se fait ceste horrible guerre que S. Paul represente de la chair contre l'esprit, la reuolte des sens contre le iugement, & ceste loy des membres rebelle à celle de l'entendement; alors la pauure ame est bien en peine, car elle fait quelquesfois le mal qu'elle ne veut pas, & ne fait pas le bien qu'elle veudroit. Ces cõuulsions sont semblables à celle que ressentoit Rebecca, quand ses bessons se battoient dedans ses flancs, & à ses esclats qui frappent nos oreilles d'estonnement, quand le froid & le chaud se debatent dans le creux d'vn nuage.

Car quand l'Amour prophane auec l'honnesteté,
  Combat dedans vn cœur, ce tumulte irrité
  Excite dans l'esprit vne telle tourmente,
  Que dessous cet effort la raison gemissante,
  Implore du Seigneur le souuerain secours,
  Ne pouuant à sa force auoir aucun recours.

L'image de ceste pressure de cœur se voit en l'embleme de l'enfant que la pierre abat & que la plume esleue, anxieté prodigieuse. L'ame veut & ne veut pas, desire & ne desire pas, meurt de mille morts, & demeure neantmoins en vie. Ces contradictions interieures ne se ressentent que trop communément, Iacob pressé de la necessité de sa famille, oppressé de la famine, veut enuoyer Benjamin en Ægypte; mais d'autre costé son inclination naturelle le porte à le retenir; à la fin la volonté raisonnable l'emporte sur la sensible. Vn pere enuoye son fils en pleurant aux Vniuersitez; qui ne voit le partage de cet esprit qui veut, & ne veut pas tout ensemble. En fin le Sauueur qui pour nous a voulu souffrir en soy-mesme des contradictions, n'a-il pas senti ceste sorte de conuulsion, quand en l'agonie du jardin il demáde à son Pere que le calice des souffrances se destourne de luy, & soudain il le prie que sa volonté non la sienne soit accomplie. Apres cet exemple se faudra-t'il estonner, si les roseaux du desert sont agitez deçà & delà, si ceste colomne du Temple a esté esbranlee d'vn costé & d'autre. Vous esbahirez vous si Meliton veut & ne veut pas, desire & ne desire pas, espere & n'espere pas, puisqu'Abraham a esperé contre esperance, puisque Iephthé a immolé sa fille contre son desir, mais selon son dessein? quand mesme il riroit & pleureroit en mesme instant ne sçauez-vous pas que le mesme arriua à Timoleon riant de la mort du Tyran & pleurant pour la mort de son frere? Ce fut en ce lieu que Menandre qui estoit & sçauant & deuot, receut vne pleine satisfaction, & que donnant les armes à Syluan & à Meliton, il fut contraint de ceder volontairement à la raison, & d'auoüer que l'Amour pouuoit encores durer apres la perte de l'esperance & du desir, & que le regret de ne pouuoir plus ny desirer, ny esperer pouuoit produire les mesmes effects que le desespoir tire des ames, dont l'impuissance suffocque les souhaits. Car tout ainsi qu'vn Philosophe pleurant sa fille morte & repris par vn autre de ce qu'il lamentoit celle que ses pleurs ne tireroiẽt pas du tombeau, Et c'est pour cela, dit-il, que ie verse des larmes, parce que ie sçay que mes sanglots ny mes souspirs ne la resusciteront pas; de mesmes l'Amour vehemente de Meliton a rendu d'autant plus inconsolable son regret qu'il voyoit & son esperance morte & son desir arresté, n'estant pas loisible de desirer ce qu'il n'est pas permis de posseder, parce que celuy qui souhaitte ce qu'il ne peut legitimement achepter ny acquerir est aussi-tost tenté de le desrober ou de s'en faire maistre auec iniustice. Alors Menandre se tournant vers Syluan, comme luy donnant en main le flambeau ou le boucquet, Il touche maintenant à vous, ô mon Pere, de nous dire le sentiment que vous auez sur le

Livre troisiesme.

songe de Meliton; car ie pense que si par mon interpretation i'ay donné quelque ouuerture à la cognoissance de sa douleur, vous qui estes vn Voyant irez iusques à l'entiere reuelation; ie n'ay fait que preparer, mais vous sonderez tout à fait ceste playe. Le bon Syluan se fust volontiers excusé de parler deuant de si beaux esprits, s'il n'eust point esté engagé si auant en la meslée, mais il ne sçauoit comme tourner le dos, ny comme se dispenser de cela, car bien qu'il ne manquast pas de capacité pour estaler ses sentimens, neantmoins côme Solitaire, qui auoit plus accoustumé d'estre seul, & de se taire que de parler en côpagnie; il fut estonné d'auoir à discourir deuant les hommes qui luy sembloient si polis & si subtils. Comme il estoit sur l'incertitude de ceste pensee, il vint bien à propos pour le tirer de peine, que le Frere Palemon l'auertist que le Soleil estoit desia bien haut, & qu'il estoit temps qu'il dist la S. Messe : Meliton d'autre part qui iugeoit bien que cet Hermite le serreroit de prés, & que par ses circonlocutions, il auroit de la peine à ne descouurir les particularitez de sa passion, fut bien aise de cet auis, l'vn & l'autre estant desireux d'auoir co respir, l'vn pour se defendre, l'autre pour attaquer auec plus de preparation & plus d'attention: Menandre & Florimond qui comme Pelerins de la Vierge ne paſſoient aucũ iour ſans aſſiſter au Sacrifice des Chreſtiens, ſe laiſſerent aiſément aller à ce retardement, pourueu que Syluan leur promiſt de leur declarer ſes penſees: ils allerent donc tous à la Chappelle, où apres que Palemon, Menandre & Florimond eurent receu le benefice d'abſolution par les mains du Pere Syluan, ils communierent tous trois auec beaucoup de deuotion, recommandant vnanimemẽt à Dieu l'eſtat de l'ame de Meliton & ſes beſoins ſpirituels. Meliton touché de cet exemple de pieté (tant le faire eſt plus fort que le dire) plus que de tous les diſcours de Menãdre, fut cõme honteux de ſe voir ſi glacé parmy tant de ferueur, & par là il commença à gouſter les fruicts du Pelerinage & de l'Hermitage, qui luy apporterent vn grand commencement de condeſcendance.

10   A quoy ne contribua pas peu le Pere Syluan par vne courte mais efficace remonſtrãce qu'il leur fit apres eſtre ſorty de l'Autel, ſur les biens de la frequente cõmunion, leur diſant que c'eſtoit le pain de vie & d'intelligence, la manne cachee, le pain des Anges, ou comme dit vne autre verſion le pain des forts; que c'eſtoit noſtre tour

de force côtre les assauts de nos ennemis, la table que le Seigneur auoit dressée deuant nous comme vn rampart contre les tribulations & les trauerses de ceste vie; le rayon de miel de Ionathas redonnant la veuë aux aueugles, & le vray fruict de vie qui laissoit en nos ames le germe de l'immortalité. Il estala ce peu de loüanges de la S. Eucharistie auec tant d'efficace, que le cœur de Meliton en fut frappé: aussi la declaration de la parole de Dieu est-elle vne lumiere qui donne de l'intelligence aux moins sensez. Il se resolut à vne vraye penitence & à chercher le remede de ses maux dans ce pain vif descendu du Ciel pour la vie du monde, dans ceste diuine Panacee; sçachant bien que si le toucher de la robe du Saueur auoit guery l'Hemorroisse abandonnée des Medecins, la manducation de son corps ne seroit pas moins energique pour guerir l'excez de sa cruelle affliction. Le poinct de ceste resolution fut la crise de son mal, car depuis ce moment sa voye comme celle des iustes alla tousiours s'esclaircissant iusques à la splendeur d'vn midy tout reluisant de merueille & d'edification. Tandis que le bon Frere Palemon aydé du Pere Syluã apreste le disner des hostes, nos Pelerins auec Meliton s'arreſtent à conſiderer quelques tableaux qui rendoient ceſte Chappelle ou Oratoire autant deuote que paree, tout y eſtoit fort ſimple, mais ſi bien dreſſé, que la pauureté & la propreté aſſociees y faiſoient veoir en la netteté exterieure la pureté interieure de ceux qui auoient ajencé tout cela. Comme il n'y auoit pas grandes viandes, la table fut bien toſt preſte, ce qui oſta le loiſir à nos regardans de s'entretenir ſur ces diuerſes peintures qui leur fourniſſoient autant de ſujets de diſcours.

Appellez, apres la benediction religieuſe, ils prindrent à l'Apoſtolique ce qui leur fut preſenté, & ce qui leur fut preſenté ſatisfaiſant à la neceſſité de la nature, n'auoit rien pour la ſuperfluité, ny pour l'aiguiſement de l'appetit. Il faut laiſſer ces inuentions au ſiecle, où toute l'attétion eſt aux plats, & tout l'eſprit dans les friandiſes & dans les ſauces : là les refections ſont longues, & les graces courtes, icy au rebours les graces furent amples & le diſner court, c'eſt parce qu'au monde de beaucoup de biens on fait de petits remercimens; mais en Religion on fait de grandes actions de graces de peu de choſe, d'autant qu'on ne regarde pas tant à ce qui eſt donné qu'à la main de celuy qui donne, duquel tout don eſt parfaict & tout
bien

bien deriue. Nos Pelerins & Meliton qui n'entendoient pas estre à charge à leurs hostes & qui ne vouloient pas viure de la sueur de leurs pauures questes, leur voulurent donner de l'argent pour enuoyer à la prochaine ville, qui estoit Viliers, querir les viures necessaires, mais leur offre fut refusee par Syluan, qui comme s'il eust esté Prophete leur dit que le Seigneur qu'ils seruoient sçauroit bien prouuoir à leur necessité, & d'effect nous verrons sur le soir ce qui leur arriua.

Cependant pour esgayer vn peu leurs hostes, les bons Religieux iugerent à propos de leur faire prendre l'air, de sorte que sortans de leurs rustiques cellules, ils les firent monter sur la cime d'vn petit rocher, d'où ils descouurirent d'vn traict d'œil l'assiette agreable de ceste Solitude; tout le bocage voisin retentissoit du gazouillement de ces petits voleurs du Frere Palemon, quelquesvns accoustumez aux liberalitez du Pere Syluan venoient querir leur portion ordinaire: mais la veuë de ces estrangers les estrangea & les empescha d'vser enuers ce bon vieillard de leurs priuautez accoustumees. La poincte de ce Tertre estoit si gracieuse que d'vn traict de veuë elle proposoit à l'œil ce qu'il eust peu desirer pour son

P

contentement. Il n'y a rien qui ait tant de conuenance auec le cryſtalin de nos prunelles que la clairté des ondes; & ces deux beaux eſtangs comme deux glaces de miroir fort luiſantes & polies contentoient en cela leur regard: les ruiſſelets qui decouloient des belles fontaines qui bouillonnoient du milieu des collines & qui couloient vn argent liquide dans vn ſable d'or, adiouſtoiët à la beauté de leurs claires eaux vn murmure qui reſiouyſſoit l'ouye & qui ſe marioit agreablement auec celuy du Zephir, refriſant les ondes des lacs, & les fueilles des arbres: la terre emaillee de fleurs les tenoit en ſuſpens de ce qu'ils deuoient admirer en elle, ou la diuerſité de ſa grace, ou la gétilleſſe de ſa varieté. Meliton touſiours reſuant apres ſa paſſion à l'aſpect de tant de douceurs de la nature, Il me ſemble, diſoit-il,

Qu'autour de ces fontaines viues,
  Toutes peintes d'azur & de mille couleurs,
 Les Zephirs & les eaux parlent de mes douleurs
  Aux Echos de ces douces riues.

Florimond qui ſçauoit de quelle ſource il auoit puiſé ces paroles pour luy faire veoir qu'il en cognoiſſoit la veine, reſpondit tout d'vn ton:

On ne voit point icy pleuuoir,
Sinon des diamans eschapez à l'Aurore,
Que ces châps glorieux plus ennoblis encore
Daignent à peine receuoir.

Ha, dict alors Meliton, vous auez descouuert mon larcin: Ou vous le mien, repliqua Florimond; mais est-ce larcin ce que font les abeilles, quand sur vn parterre elles succent diuerses fleurs? n'vsent-elles pas du droict que la nature leur donne, & puis ce n'est que pour faire du miel; mais que dittes-vous de ce Poëte Theophil.

Certes, dit Meliton, sans faire tort à ses ouurages on ne peut nier que ce ne soit vn des gentils de nostre temps, mais c'est grand dommage de ce qu'on dit qu'il est de la Synagogue des Libertins, & vne pierre de scandale. Voyla grand cas, reprit Florimond, de la mesdisance: certes comme il a beau se leuer tard, dit le Prouerbe, qui a reputation de se leuer matin, ainsi depuis que la renommee d'vne personne est desriee, toute l'eau de la Merne la blanchiroit pas: mais si l'accuser suffit où sera l'innocence, & si la calomnie preuaut où se mettra la vertu? Comme la Satyre mord le vice d'vne façon poignante, se faut-il estonner si le vice en hait l'autheur? vous diriez que les Satyriques sont en effect dedans

P ij

le monde, ce que l'on conte des Satyres en l'histoire, gens sauuages, farouches, releguez dans les cauernes & dans les bois, euitez d'vn chacun, & specialement des Nymphes de la Cour. Cestuy-cy pour en auoir faict de gentilles, & où quelques vns se voyoient honteusement depeints de leurs viues couleurs (sans les nommer toutesfois; car il a trop d'esprit pour ne cacher dextremēt le stilet dans le coton musqué) a esté deschiré par diuerses langues, plus par le faux rapport de ceux qui le mescognoissoient que par vn examen veritable de ses deportemens. Le monde est si plein de ces pitaurs d'Aristide qui condamnent les gens dont ils ignorent les conditions, que c'est vne grande pitié. Le despit & l'enuie de ses persecuteurs ont esté ses plus grands crimes, la plus part de ceux qui prennent son nom de la main gauche, & au rebours de ce qu'il sonne, ne sont ny de sa cōuersation ny de sa cognoissance. Ceux qui l'ont voulu diffamer iusques à ce degré d'impieté, de mescognoistre Dieu, sont contraints de le nōmer par vn nom qui leur clost la bouche, & qui le qualifie cōme l'aymant. Or qui ne sçait que l'Amour est enfant, non de la cognoissance seulement, mais de la mescognoissance: mais qui veut noyer vn chien fidele se sert de ce pretexte, qu'il est enragé. Cet Empereur ancien qui auoit leu vn manifeste qui luy auoit esté presenté pour la defence de la Religion Chrestienne, Ie l'ay leu, dit-il, entendu & negligé; celuy qui le retiroit luy repartit brusquement, Vous l'auez leu, nõ pas entendu; car si vous l'eussiez entendu vous ne l'eussiez pas mesprisé: tel lit ses escrits qui ne penetre pas sa pensee & qui le rebutte par le defaut de sa propre insuffisance, au rebours de plusieurs que l'on admire, parce qu'on ne les entend pas. Ie dis cecy parce que ie le cognois, & parce que ie l'ay veu souuent, comme Socrate voyoit les gens à la parole, où ie n'ay rien remarqué qui approchast de la mauuaise odeur que les enuieux ont respãduë sur sa renommee; peut estre que les desastres de sa fortune ont amené ceux de son renom, & pour auoir senty la peine d'Ouide on a creu par l'effect que la cause en estoit semblable. De moy ie n'y ay remarqué que discretion; si vn autre temps l'a veu desbauché, ie n'en sçay rien; ie ne l'auray donc veu que comme Antigonus en poursil. C'est vne mauuaise façon du monde d'appeller aussi-tost vn homme du nom general d'vne faute qu'il n'aura peut estre commise qu'vne seule fois; vn homme n'est pas mesdisant pour

P iij

avoir fait une mesdisance, ny gausseur pour une gausserie, ny libertin pour une parole de liberté; car un seul acte ne forme pas l'habitude, qui seule peut donner ceste qualité: & puis qui ne sçait les changemens de la dextre de Dieu, & comme la grace surabonde souvent où les coulpes ont abondé: il n'appartient qu'au Pharisien d'appeller encore Magdelaine pecheresse, lors qu'elle ne l'estoit plus: En fin c'est un enfant de l'Eglise que la charité nous oblige d'aymer comme Chrestien, & de defendre comme Frere.

14 Mais en l'honneur de ceste agreable Solitude en laquelle nous nous treuvons, vous plaist-il d'entendre un des sentimens de ce gentil esprit, dont ie sçay les paroles. Alors la compagnie le pria de le reciter, ce qu'il fit ainsi:

Heureux tandis qu'il est vivant
  Celuy qui va tousiours suivant
  Le grand maistre de la nature,
  Dont il se croit la creature,
  Il n'envia iamais autruy,
  Quand tous les plus heureux que luy,
  Se mocqueroient de sa misere,
  Le rire est toute sa cholere,
  Celuy-là ne s'esueille point
  Aussi tost que l'Aurore poind,
  Pour venir des soucis du monde

Importuner la terre & l'onde,
Il est tousiours plein de loisir,
La Iustice est tout son plaisir,
Et permettant à son enuie
Les douceurs d'vne saincte vie,
Il borne son contentement
Par la raison tant seulement,
L'espoir du gain ne l'importune,
En son esprit est sa fortune,
L'esclat des cabinets dorez
Où les Princes sont adorez,
Luy plaist moins que la face nüe
De la campagne ou de la nue :
Il n'a iamais trop affecté
Ny les biens ny la pauureté,
Il n'est ny seruiteur ny maistre,
Il n'est rien que ce qu'il veut estre,
IESVS-CHRIST est sa seule foy,
De l'offencer c'est son esmoy,
Tout son bien & toute sa gloire
C'est de l'auoir en sa memoire.

Ces vers, dit Syluã, ne me semblent pas simplement Chrestiens, mais encores pleins de pieté, & ie vous prie, Seigneur Florimond, que i'en aye vne copie, car ils reuiennent fort à mon goust, & ie seray bien aise de les auoir & de les sçauoir. Vous nous deuez bien vne autre piece, mon Pere, repliqua Florimond, vous la produirez quand il

P iiij

vous plaira, & vous acquitterez de vostre debte: Et quelle piece, mon fils, reprit le bon vieillard, certes ie ne suis aucunement faiseur de vers, & encores que la rime m'ait autresfois pleu, i'ayme à present mieux la raison, car la condition & l'aage où ie suis me conuieroient à me destacher de ceste sorte d'exercice, si autresfois i'y eusse esté attaché. Alors Menandre, Ie voy bien mon Pere, que vous essayez d'esquiuer au coup que vous lance Florimond, car les vapeurs de nostre repas ne nous ont pas offusqué la memoire iusques à nous faire oublier ce dont vous nous estes reliquataire. Quoy, dit Meliton, nous voulez-vous faire dormir apres le disner en l'interpretation d'vn songe? certes i'appelle ceste occupation vn sommeil de gens qui veillent. Meliton, dit Menandre, vous sçauez bien que ces pierres se iettent dans vostre jardin, c'est pourquoy vous voulez vous destourner de leur atteinte: mais nous auons vn trop grand desir de vostre bien pour en demeurer où nous en sommes de la cognoissance de vostre douleur, car si nous ne la tuons, nous sçauons qu'elle vous tuëra, souffrez seulement qu'on vous serre & qu'on vous panse, ce bon Pere a vne langue medecinale, souffrez qu'en lechant vostre vlcere, il vous alleiche au bien & vous retire insensiblement du malheur qui vous menace si vous ne croyez vn bon conseil; vous sçauez que le Prophete Samuel disoit à Saül, que c'estoit vne espece de sacrilege de ne vouloir pas obeir, & vn crime pareil à la sorcellerie de ne vouloir pas acquiescer aux propos de salut. Ce traict sacré toucha le cœur de Meliton, & en mesme temps fit resoudre Syluan de mettre quelque bon appareil à ceste playe. C'est pourquoy apres auoir humé l'air auprés d'vne Croix esleuee sur la cime de ce Tertre, d'où ils iouïssoient d'vne si agreable veuë, il fit descendre ses hostes, & les menant à trauers vn petit verger d'arbres fruictiers qu'il auoit tous plantez & entez de sa main, & apres leur auoir fait passer vn iardin potager, où estoit vne partie de la vie de ces pauures Hermites, il les fit entrer par le costé droict de la Chapelle en vn petit iardin de fleurs qu'il appelloit le parterre de la Sacristie, où il leur fit voir vn esmail de diuerses peintures de Tulipes, d'Anemones, de Martagõs, d'Imperiales, de Iacinthes, & autres fleurs estrangeres, qui les fit estonner de voir tant de curiosité en vn lieu si desert: & Menandre demandant d'où leur venoit les oignons de ces plantes, il apprit que les Peres de la Chartreuse de Bonne fontaine leur auoient faict ces liberalitez. Là sous vne petite tonnelle si couuerte, que ny la pluye, ny les rayons du Soleil n'auoient point d'accez au dedans, il les fit asseoir sur des sieges de gazons & de mousse, que la verdure & la molesse rendoient esgalement doux & delectables. Voicy, dict Menandre, vn vray Palais du Sommeil, comme la sommité de ceste croupe d'où nous venons l'est du Soleil; il fera bon desuoiler icy les enigmes de Morphee. C'est ce que fera cet Orphee, dict Florimond, monstrant Syluan, qui par sa douceur charme les oyseaux & les feres, & dont l'ardante foy seroit capable de remuer les bois, les pierres & les montagnes. Certes, dict Palemon, si c'est estre Orphee que de faire mouuoir tout cela, nostre Pere l'est; car il y a plusieurs annees qu'il faict mouuoir les pierres, les rochers & les bois, pour accommoder au pied de ce roc ce petit Hermitage que nous habitons. En cela, reprit Florimond, il est comme Amphion, qui bastit auec sa lire les murailles de Thebes, & ie croy que luy auec sa tirelyre a faict tout cecy, c'est à dire par le moyen de ses questes: Syluan sousriant de ceste gentille rencontre, laissa dire à Menandre, Voyla côme les hômes Religieux imitent la Diuinité, faisãs quelque chose de rien; mais en fin ie croy que ce bon Pere non content d'auoir edifié à Dieu ce Temple materiel, sera encores bien aysé d'edifier les Temples spirituels de nos esprits par son entretien; & comme il a faict tout cecy de peu, ie croy qu'il tirera des lumieres de verité du milieu des tenebres du songe de Meliton.

FIN DV LIVRE TROISIESME.

ALEXIS.
PARTIE PREMIERE.
LIVRE QVATRIESME.

SOMMAIRE.

1. *Songes serieux & diuins.* 2. *Grace de Dieu donne la vraye ioye.* 3. *Appelle à Penitēce.* 4. *Et la rend douce.* 5. *Qu'il faut deschirer non descoudre les iniustes affections.* 6. *Seconde interpretation du songe de Meliton par Syluan.* 7. *Vocation & vacation.* 8. *Du Celibat & du Mariage.* 9. *Mort plus supportable que la ialousie.* 10. *Contre la vengeance.* 11. *Incōmoditez du Mariage.* 12. *Sa defence.* 13. *Vefuage marque de fidelité.* 14. *Contre l'irresolution.* 15. *De l'estat Ecclesiastique, Pastoral, & Regulier.* 16. *Ordre de S. François.* 17. *Enqueste de Syluan.* 18. *Histoire de la tristesse de Geoffroy.* 19. *Aumosne inopinee.*

CE fut icy où Syluan voyant qu'il ne pouuoit retarder dauantage, commença son discours de ceste façon: Messieurs, deuant des esprits faicts comme

Livre quatriesme. 237

les vostres, il faut estre bien temeraire si l'on n'est bien suffisant pour entreprendre de parler, principalement à vn Hermite dont la profession ne preschant que le silence, luy laisse en la Musique de la conuersation le Tacet pour partie: car si ceste vertu luy est bien seante, iugez combien le discours luy aduient mal; certes nostre vie nous desaprend peu à peu à parler, & ne nous laissant que les Ormes & les Chesnes pour Pedagogues, nous apprend à loüer Dieu d'vn langage muet, aussi bien

A ceste diuine Excellence
On entonne dedans Syon
Vn Hymne d'admiration,
Qui ne se chante qu'en silence.

Neantmoins pour n'offencer vostre charité, ne mescontenter vos esprits, ne frustrer vostre attente, ne mespriser vos prieres qui me sont des commandemens, ie diray ce que i'ay songé sur ce songe, selon les termes que me peut prester la rusticité de ceste habitation champestre, où pour escouter Dieu, & le langage de ses Anges, ie me suis volontairement priué du commerce des hommes. Si ie hesite pour treuuer des mots pour m'exprimer, si ie begaye en vostre presence, soutienez-vous que Moyse begayant, vous apprend que c'est vne qualité assez cōmune à ceux qui conuerfent ordinairement auec Dieu: & pleuft à ce bon Dieu que ma conuerfation fuft tellement au Ciel, que cóme le grand Apoftre qui fut rauy iufques à la troifiefme Sphére, ie peuffe dire que les yeux ouuerts ie ne voy plus rien en terre: Mais plein de confiance en celuy qui rend difertes les langues des enfans, qui guida celles de Iudith & d'Efter pour treuuer grace deuant des Princes, qui fit parler la monture de Balaam, qui tire des voix du milieu des pierres, qui donna la fcience de la voix à des Pefcheurs prefque auffi muets que des poiffons, & qui rendit S. Iean Baptifte cet habitant des deferts toute voix, & toute parole, i'ofe ouurir la bouche deuant vous, fçachant que voftre pieté fera plus d'eftime de mon obeiffance que du facrifice de mes leures. Doncques il me femble que fans encherir fur l'interpetation naturelle de Florimond, laquelle me paroift digne de fon efprit & de fa gentilleffe, & fans bleffer les deuotes penfees de Menandre, que ie croy luy auoir efté infpirees du Ciel, comme chacun abonde en fon fens, que l'on peut encores donner plufieurs vifages à ce fonge, lequel me femble comme vne Manne auoir diuers goufts, & comme les pierres que Moyfe rapporta de Sina, pouuoir estre veu & consideré en beaucoup de sortes: mais ie trancheray mon discours le plus briéfuement qu'il me sera possible, parce que la parole abregee est la mieux sonnante en la bouche d'vn Anachorete. Et bien qu'il semblast qu'vn songe nageant dans le vuide d'vne fantaisie agitee de cuisans desplaisirs, fust vne matiere bien creuse pour vn entretien serieux, neantmoins qui voudra voir l'estat que l'Escriture faict des songes, & comme ils sont quelquefois les presages des auantures qui doiuent suruenir, ne treuuera point nostre entretien tant inutile: celuy de Ioseph est manifeste en cela; & celuy de Pharao qu'il interpreta, ne se rencontrat'il pas estre la vraye image des fertilitez & des sterilitez qui arriuerent? celuy de Nabucodonozor interpreté par Daniel est tout remply de mysteres; celuy de Iacob ne fut-il pas admirable, & tel qu'il confessa que Dieu estoit au lieu où il le fit? Quant à celuy de S. Pierre & de son linceul, ce fut vn presage euident de la conuersion des Gentils. Et le Seigneur ne dict-il pas dans l'Escriture qu'il apparoistra aux Prophetes en songe, & leur dira ses volontez? Qui ne sçait que Salomon en songeant receut vne Sagesse infuse? Et qui ne voit comme S. Ioseph fut guery de son soupçon par l'Ange qui luy apparut en dormant? Ce n'est pas que ie sois Prophete, ny fils de Prophete; mais ie suis le plus trompé du monde si dans celuy de Meliton il n'y a quelque chose d'extraordinaire, que ie n'entends pas bien, parce que ie ne suis pas digne d'aucune reuelation celeste. Mais tout ainsi que Sāson voyant son Enigme desuelopé par ses compagnons, iugea bien qu'ils auoient crocheté son secret de sa femme; ainsi s'il plaisoit à Meliton nous dire bien clairement quelle est ceste Lucie qui l'afflige, il nous seroit bien-aysé de faire, non des conjectures sur son songe, mais de vrayes interpretations; car il n'y a rien si aysé que de prophetiser en choses faictes: que s'il ne veut pas nous fauoriser de ceste ouuerture, prenant plaisir à nous voir debattre, les yeux bandez comme des Andabates, si est-ce que nous ne laisserons-pas de lancer à l'auanture des traicts vers le but, qui peut-estre y arriueront, comme les fleches de ceux qui tirent parmy des tenebres: & que sçay-je si comme en l'escume de ce Peintre le hazard n'atteindra point où nostre art ne sçauroit paruenir. A cecy Meliton respondit, que ce ne seroit plus l'interpretation de son songe, s'il en disoit dauantage que ce qu'il en auoit dict, &

qu'il

qu'il estoit trop desireux de l'exercice de l'esprit de Syluan, pour donner occasion au retranchement de son discours, par la trop grande declaration de sa peine. Si ay-je plus en dessein, reprit Syluan, de iouer de la hache d'Æschines, que de me perdre dans les redondances de Demostenes, autrement ce ne seroit pas vn discours si les dicts n'en estoient courts: ie voy donc bien qu'il ne faut pas m'appuyer sur vostre ayde, encores que ce soit pour vostre soulagement que ie m'efforceray de discourir, i'en auray d'autant plustost expedié, puisque mes pensees ne seront point accompagnees des vostres: encores nous estes vous plus fauorable que ce Prince d'Assyrie, qui vouloit que ses Mages deuinassent non seulement l'interpretation, mais encores son songe mesme, ce qui nous oste de la peine où ils se treuuerent. Doncques pour venir au faict, & pour tailler plusieurs surcroissances de conjectures, qui se pourroient former, ie m'arreste principalement à deux faces, qui me semblent auoir de la vraysemblance.

Ceste Princesse resplendissante & venerable me represente la Grace de Dieu, Grace qui passe toute grace humaine, & toute beauté creée; car c'est vne excellence surnaturelle, qui procede immediatement de la bonté de Dieu, & qui est respäduë en nos cœurs par le S. Esprit qui nous est dõné; c'est ce qui fait dire au Sage, que la femme saincte & qui craint Dieu, est belle par dessus toutes les belles. Que si la vertu se pouuoit voir, cõme disoit cet Ancien, quelles flãmes exciteroit-elle dans les meilleurs courages; & si la Grace diuine estoit vne qualité visible, elle rauiroit tous les cœurs de son Amour. C'est ceste Lothe qui fait oublier la chair & le sãg, la Mãne qui donne vn degoust des oignons de l'Ægypte: ceste suauité d'esprit qui sauouree, dit le grand S. Gregoire, fait auoir les sensualitez à contre-cœur; c'est ce qui faisoit dire à S. Catherine de Gênes, cet esprit tant illuminé, que qui pourroit voir vne ame en grace, mourroit de trãsport en la veuë d'vne telle perfection. C'est ceste Grace de laquelle les Anges sont amoureux, Grace que Gabriel admira en la S. Vierge en sa plenitude; Grace dont S. Iean dict que fut cõblé l'vnique Fils du Pere eternel; Grace fondement de la Gloire, & qui imprime en nos ames vne qualité toute diuine, de laquelle parle Dauid quand il chante:

Tu as graué sur nous, debonnaire Seigneur,
La splendeur de ta face,
Et lors nous auons eu mainte liesse au cœur,
Renforcez par ta grace.

Où vous voyez qu'il met la Ioye en suitte de la Grace, parce que pour dire le vray, il n'est point de veritable allegresse si elle n'est soustenuë de la grace de Dieu. Les plaisirs mondains s'ils sont illicites, portent mille espines autour d'vne rose, & ces momés de passagere felicité, sõt accõpagnez de cruels remords & de cuisans repẽtirs: ceux qui mettent leur appuy en leurs richesses, disent, paix, paix, où n'y a point de paix; la seule bonne conscience à celuy qui la possede est vn banquet perpetuel, vne iubilation continuelle: c'est pourquoy l'Escriture n'inuite que les Iustes à se resioüir, & que les droicts de cœur à se glorifier. Si doncques, ô Meliton, vous voulez sortir de la peine où vous estes, cherchez le Royaume de Dieu, qui n'est autre chose que sa Grace; Royaume qui est dedans nous, par vne iustice, non imputee, mais adherente; & apres cela tout vous succedera heureusement; car tout coopere en bien à ceux qui sont bons: il est escrit de ceux qui cherchent les iustificatiõs du Seigneur, qu'vne liesse eternelle sera respanduë sur leurs testes, & qu'ils obtiendront vne ioye qui n'aura point de fin. Que si vous negligez ce solide contẽtement que la Grace du Ciel vous offre en mariage, c'est à dire en l'vnion duquel vous ne pouuez at-

Q ij

tendre que toute sorte de bonheur, ne doutez point qu'entrant aux nopces sans ceste belle robbe vous n'en soyez rejetté pour estre enuoyé pieds & poings liez en la tristesse eternelle, où les grincemens de dents & les larmes sont en vne durée interminable: & c'est peut-estre ce qui vous estoit representé sous la figure de ceste autre fille si changee, enuironnee de monstres & de torches ardantes, pour vous faire cognoistre le deplorable estat d'vne ame perduë à iamais, & qui comme dict le Sage, faict vne tardiue penitence, gemissante sous vne angoisse qui ne pourra finir, à cause de ses folies passées, & pour auoir mal mesnagé les momens qui la pouuoient introduire dans la ioye du Seigneur: ô miserables & inutiles repentirs, ô desespoirs pleins de rage qu'experimenteront vne eternité toute entiere ceux qui auront mesprisé les solides plaisirs de la grace, & qui ennemis de la Croix, auront pour fin la mort sans ressource, & vne eternelle confusion, au lieu de la gloire preparee aux esleus. Pensez-y bien, Meliton, & ne perdez pas vn si grand bien pour embrasser vn si grand mal; car qui pourroit durer dans vn feu deuorant, & en des ardeurs inextinguibles. Helas, mon Pere, dict Meliton, que vous m'effrayez, quoy faut-il que mon salut ou ma damnation depende d'vn songe? Quoy, repliqua Syluan, si la vie n'est que l'ombre d'vn songe, doutez-vous que ceste vie ne nous soit donnée pour choisir l'eau ou le feu, la droicte ou la gauche, le Ciel ou l'Enfer? n'est-ce pas ce moment tant chanté, d'où depend nostre eternel bonheur, ou nostre eternel malheur? n'en doutez point, mon fils, il y va, selon vostre choix, de vostre gloire, ou de vostre ruine totale. Hé! mon Pere, repliqua Meliton, ne n'est pas assez d'imiter le Soleil du Printemps, qui esmeut assez & ne resout pas, pour moy ie ne me veux pas perdre eternellement; car de quelque façon que ie considere cet Enfer, ie ne m'y sçaurois accomoder, ces flâmes m'estonnent, ces Diables m'espouuantent, & ces execrables blasphemes des reprouuez me font en horreur: que feray je donc pour estre sauué? Mon fils, reprit Syluan, qui vit bien qu'il falloit battre le fer tãdis qu'il estoit chaud, ie n'ay que le mot du Sauueur à vous dire, gardez les Commandemens, faictes-les & vous viurez; ces preceptes ne sont pas difficiles, car luy-mesme a dict que son ioug est doux, & son fardeau leger. Mais si vous voulez aspirer à la saincte perfection, Allez, dict nostre Seigneur au ieune adolescent, vedez tout ce que vous auez, & le dõnez aux pauures, & me suiuez. Que si vous treuuez ceste parole dure, & si elle vous faict froncer le sourcil, gardez d'entendre la difficulté de vous sauuer sous la similitude du chable & du pertuis de l'aiguille.

3. Que si pour ne mettre point les pieds de vos affections dans vn lacs, & ne vous rédre de commandement ce qui n'est que de conseil, vous ne pouuez encores vous resoudre à si haut dessein, duquel il est escrit, qui le pourra prendre le prenne; au moins vous puis-je dire hautement & hardiment ce mot tant de fois auancé par vne indubitable maxime, par les plus experimentez aux choses spirituelles, qu'il faut se determiner à faire Penitence, ou à brusler eternellement.

Car il nous faut choisir en ce mortel séjour,
Ou l'eternelle mort, ou l'eternelle amour,
Celuy qui sur trois doigts tout l'vniuers balance
N'a point mis de milieu dedans cette ordonnance.

Mon Pere, dict Meliton, ceste verité m'est clairement cogneuë, & qui plus est ie desire l'embrasser; mais ie ne sçay comme m'y resoudre, de sorte que ie puis dire auec Dauid, qu'encores que ie n'aye pas oublié la loy de Dieu, ie suis neátmoins tout garroté & tout enlacé des liens du peché. Mon cher enfant, reprit Syluan, S. Augustin cōpare cet estat auquel il s'est autresfois treuué, à ceux qui assoupis de sommeil font de foibles efforts pour se destacher de leur cheuet, sur lequel ils retumbent souuent; mais à la fin, s'ils ont tant soit peu de courage & de desir de gaigner pays, si ce sōt des Pelerins ou des voyageurs, ils s'en desprennent; faictes le mesmes, & escoutez ces sainctes paroles qui resōnent à vos oreilles, Leuez-vous, ô dormeur, & vous retirez de l'ombre de la mort, & le Sauueur vous illuminera: entēdez l'Espoux qui frappe à la porte de vostre cœur, ne soyez pas si paresseux que ceste Amāte, qui en ressentit par apres de si cuisans regrets : si à present vous oyez la voix qui vous reclame, n'endurcissez pas vostre cœur, cōme ces anciens Israëlites qui ne vouloient pas quitter les cyboules d'Egypte pour la Māne, ny trauerser le desert pour aller à la Terre promise. La Penitence est vne vallee où decoule l'eau de la grace, elle est l'Aurore de ce Soleil; car Dieu regarde volōtiers vn cœur cōtrit & abattu par la crainte de ses iugemens; ceste terre sigillee que l'on appelle la grace de sainct Paul, n'a point tant d'efficace pour chasser la poison du corps, que la Penitence a de vertu pour oster le peché de l'ame; c'est l'aspersiō d'hysope amere, qui nous nettoye de toute souilleure, & qui nous rend blancs côme la neige; c'est par elle que Dieu opere ces admirables transformations de loups en agneaux, de vautours en Colombes, & de vases d'ignominie en vaisseaux d'honneur. C'est la piscine probatique, c'est le lauoir des brebis de Galaad, c'est la fontaine d'alun qui rend blanches les toisons noires. Voyla Meliton, voyla ceste Princesse qui comme vne Iudith trâche la teste du peché, comme vne Esther qui extermine Aman, comme vne Rebecca, vne Rachel, vne Abigail, qui treuue grace deuant l'Isaac, le Iacob & le Dauid eternel; c'est elle qui vous donnera la vraye satisfaction, & qui vous deliurera des mains de vos ennemis, & de vostre ennemie, d'autât plus pernicieuse qu'elle vous est precieuse, & d'autant plus cruelle que le mal qu'elle vous cause vous semble doux. C'est la Penitence qui operera en vous l'auersion de ceste creature, & la conuersion au Createur; c'est elle qui enleuera vos yeux de la terre & les esleuera vers le Ciel; car les pecheurs ont leur regard fiché vers la terre, dict le Psalmiste, & principalement ceux qui sont enyurez d'vne folle Amour; d'où vient que l'Escriture parlant des Vieillards qui vouloient abuser la chaste Susanne, dict qu'ils auoient rabaissé leurs prunelles de peur de veoir le Ciel. On dit de ce vil & sale animal que ie n'oserois nommer que par circonlocution, que l'on dit estre si semblable en ses entrailles à celles de l'homme, lequel on peint ordinairement aux pieds de nostre Pere S. Anthoine, & dont la chair estoit defenduë aux Hebrieux, qu'il a les yeux tellement retournez vers la terre, qu'il ne peut voir le Ciel sinon quand il est entierement renuersé: certes on peut dire de ceux qui sont embourbez dãs les plaisirs du sens, qu'ils n'apprehendent les choses celestes que quand ils sont atterrez par quelque violente aduersité. Or quelle plus dangereuse calamité vous pouuoit menacer, cher Meliton, que celle de la perte de vostre esprit, que i'ay veu en de telles agonies que vous nous en faisiez apprehender, non la ruine tẽporelle seulemẽt, mais l'eternelle: ô quelle grace Dieu vous a fait de vous auoir retiré de ces portes de la mort seconde, & de vous auoir fait sortir de ces tenebres plus que Cimmeriennes, pour vous exposer à l'admirable splendeur de la cognoissance de sa Bonté & de la recognoissance de vostre misere.

Mon Pere, dit Meliton, ie voy bien que ce remede ne m'est pas seulement salutaire, mais necessaire, & que si ie ne me veux perdre eternellement il faut que ie prenne ce Calice: mais pour vous confesser ingenuëment mon imbecillité, ie redoute son amertume. O mon fils, dit Syluan, ie te proteste qu'il n'y a point d'amertume dans la vraye Penitence; car pour estre vraye elle doit estre amoureuse, & où il y a de l'Amour il n'y a riē d'amer, riē de penible, riē de fascheux: il en est de ce breuuage tout au rebours de celuy de la volupté, car celuy-cy n'a que les bords frottez de miel, le dedās estant vn fiel de dracon plus amer que l'absynthe; ce n'est que lie, ce n'est que vinaigre que ce que goustent les pecheurs de la terre: Mais celuy-là apres vne laictuë gracieusemēt amere nous propose la douceur d'vn Agneau. La Penitēce en l'exterieur paroist vne fournaise, mais au dedans ce ne sont que rosées & que zephirs. Il se treuue des veines d'eau tres-douce dans la Mer de la cōtrition: c'est vne noix qui n'a riē d'aspre, de dur & de noir que l'escorce, toute douce, toute molle, toute blāche au dedās. En ceste amertume, cōme dit Dauid, est la paix, cōme en la paix apparēte des pecheurs est vne guerre & vne inquietude perpetuelle. La Penitēce n'a que l'entree espineuse, la suitte de ses routes est toute jonchee de fleurs ; la volupté au rejours meine ses suiuãs par des voyes difficiles, ne leur donne repos ny relasche ny iour ny nuict. Croyez, mon fils, sinon à mon discours, au moins à mon experience, i'ay esté ieune cõme vous, i'ay esté du monde cõme vous, ce brandõ qui vous agite a quelquesfois animé mon esprit, mais depuis mõ heureuse retraitte, i'ay recognu la verité de ceste parole du diuin Chastre, qu'vn iour au seruice de Dieu vaut mieux que mille à la suitte du monde, ce tyrã de nos desirs; & qu'il vaut mieux estre vil, abject, incognu dãs la maisõ de Dieu, que grãd & releué dans les tabernacles des pecheurs: ô Melitõ, si vous auiez vne fois gousté cõbien l'esprit de Dieu est suaue à ceux qui le cherchét auec sincerité, que voꝰ chãgeriez bien de lãgage. L'on a de la peine de faire au cõmencement prédre du sucre & du miel aux petits enfans qui n'ont iamais tasté autre chose que la mammelle de leur nourrice, mais quãd ils en sõt vne fois affriãdez on les en fait abstenir auec difficulté: souuét il arriue que ceux qui ont en plꝰ grãde horreur les exercices de Penitence & de Mortificatiõ, quãd ils en sõt vne fois amorcez, deuiénét tellemét excessifs qu'ils ont en cela plus besoin de bride que d'esperõ. Pour moy, dit Melitõ, i'ay de la peine à cõprendre céte Philosophie, que le ieusne soit delicieux, que la discipline chatoüille, que le silence console, que la solitude desennuye, que le froid, la faim, la nudité, la pauureté soient commodes, que l'obeyr soit plus plaisant que le commander, que faire toutes choses au rebours de son inclination soit delectable, & mille autres tels exercices de Religiõ & de Penitence: Mon fils, reprit Syluan, l'homme grossier ne comprend pas ce qui est de l'esprit de Dieu, plusieurs voyent nos Croix & peu en voyent les actions: mais en cela pour vous conuaincre par vous-mesmes, comme est-il possible que vous prattiquiez tant de trauaux pour vne chetiue creature que vous depeignez perfide, ingrate, desloyale, de laquelle vous ne pouuez esperer ny legitimement desirer aucune faueur? quoy abandonner vostre pays, vostre maison paternelle, vos amis, vos facultez, & toutes sortes de commoditez & d'honneurs, pour courir comme vn vagabond, comme vn insensé, comme vn desesperé par les campagnes, par les forests, par les deserts & par les bois, triste, esploré, melancholic, comme si vous estiez agité de quelque furie; sont-ce à vostre auis des austeritez & des peines? Mon Pere, mon Pere, reprit Meliton, ie voy bien que vous ne fustes iamais saisy de cet auertin que l'on appelle

Aymer, c'est vn taon qui picquant les plus fermes taureaux, les fait courir comme furieux à trauers les plus affreux precipices. Dieu me garde, mon fils, repliqua l'Hermite, de sentir iamais ceste forcenerie: mais pourquoy ne sera-t'il permis de dire que si la maligne complaisance que vous prenez en vostre mal vous fait treuuer supportables toutes ces rigueurs, la douce & celeste flamme de la diuine Amour peut bien plus iustement sucrer toutes les aspretez qu'on s'imagine en la Penitence, d'où vient que le grand Apostre dit que ceux dont le monde n'estoit pas digne, c'est à dire les enfans de la Croix, ont autresfois erré par les solitudes plus effroyables, habité les cauernes plus creuses, endurans la faim, le froid & la nudité, pour se conformer à l'image de leur cher Crucifié : & pourquoy pesez vous que les Apostres se resiouyssent tous d'endurer des opprobres & des contumelies pour le nom de IESVS-CHRIST, sinon parce que l'Amour comme à S. Paul leur rendoit l'infamie de la Croix plus glorieuse qu'vn triomphe. Mon Pere, dit Meliton, vous conuainquez puissamment ma faculté intellectuelle, d'où vient donc ceste rebellion que ie sens en ma volonté; mon entendement acquiesce à ces veritez, & cependant mon sentiment retif, estriue contre l'esperon; Si vne fois, dit Syluan, la grace peut s'emparer entierement de vostre ame, vous ne sentirez plus ces rebellions: mais ce sont encores quelques nuages qui rédent moins seraine la lumiere de vostre raison; mais patience, Dieu dispose toutes choses en vous tout bellement, & auec beaucoup de suauité, il vous empoignera à la fin par la main droitte, & vous conduira en sa volonté, afin que vous puissiez dire auec ce grand Roy,

Ton esclaue, ô Seigneur, fait ore experience
   De ta toute bonté, comme tu l'auois dit;
   Donc auec le bon sens donne moy la science;
   Car tes commandemens ont sur moy tout credit,
J'errois sans nul chemin, ains que chair en misere;
   Or ie garde tes dits plus sage deuenu,
Tu es tout bon, Seigneur, & te plais à bien faire,
   Fay qu'instruit en ta loy ie sois mieux retenu.

O mon Pere, s'escria Meliton, faites par vos prieres que le bon Dieu me donne des aisles de Colombe pour voler en ce repos sacré, que ie voy bien qui ne se treuue qu'en luy. Mon fils, reprit Syluan, peut-estre que la seconde pensee que i'ay euë sur vostre songe vous fera quelque ouuerture pour vous introduire en ce doux repos. Mais il faut que le conseil que i'ay à vous donner soit precedé du remede preambulaire de la Penitence: car comme les eaux des fontaines medecinales ne sont vtiles qu'aux estomacs disposez par des purgations preparatoires, ainsi les aduis de salut doiuent pour bien operer, tomber en des ames desireuses de quitter le vice & de suiure la vertu; autrement ils ne font que troubler le cerueau & jetter de la confusion dans l'esprit: car le seruiteur qui sçait la volonté de son Maistre & ne l'execute pas sera doublement puny.

Il faut donc que vous-vous destachiez de l'affection de ceste creature, & que vous renonciez à toute liaison & à toute communication auec elle. Mon Pere, dit Meliton, i'aymerois autant ouyr vn Medecin qui dist pour toute recepte à vn malade, Soiez sain: ie vous ay desia dit que ie le voudrois bien, mais l'importance est que ie ne puis m'en desprendre, & que c'est me diuiser de moymesme que me separer de sõ amitié: ie veux biẽ que pour tãt d'affection qu'elle m'auoit iurée ie n'aye plus ny d'Amour ny d'espoir ny de desir pour elle, puisque violant la foy qu'elle m'auoit donnée pour la bailler à vn autre, elle m'a changé si legerement; mais au moins qu'il me soit permis de cherir son idee, & de conseruer pour elle vne commune bien-vueillance, ou plustost vne vnion de frere & de sœur; i'y suis aucunement obligé par quelques deuoirs d'alliance que ie vous diray plus à propos vne autrefois, car à present ie n'en ay ny le dessein ny le courage; permettez-moy de découdre ces estreintes tout doucement, & ne me contraignez pas de les deschirer d'vne main impiteuse; car pensez-vous que pour m'auoir esté ingrate ie doiue estre oublieux, & quelle loy pourroit iustifier mon offence par son crime.

Que s'il me faut enfin amortir ceste flame
Par l'eau qui sortira du ruisseau de mes
  pleurs,
Et que pour m'enleuer ces pointures de l'ame,
Tout en vn mesme temps i'en arrache les
  fleurs:

A a moins donnez-moy quelque espace pour pouuoir fortifier mon cœur contre vn assaut si violent, & que ie crains ne me pouuoir soustenir sans m'abbatre sous la vehemence de son effort. Mon fils, c'est imiter nostre premier Pere, qui voyant sa cachette penetrée cherchoit encores des excuses en son peché: c'est imiter ces lasches Israëlites, qui

qui sortis d'esclauage, regrettoient encores les marmites de ceux qui les tyrannisoient: c'est faire cõme Socrate qui deschainé grattoit sa jambe au lieu d'où l'on auoit leué les fers: iusques à quand d'vn cœur aggraué & appesanty, cherirez-vous la vanité & chercherez-vous le mensonge? Non non, mõ enfant, ne vous flattez pas en vostre mal, ce n'est pas vne ingratitude que de rompre auec vne chetiue creature, sur laquelle on ne peut rien pretẽdre que des vergognes & des repentances pour se rendre agreable à Dieu: c'est pourquoy ie vous crie tout haut, auec vn grãd deuot, Taillez, brisez, coupez, tranchez, il ne faut pas s'arrester à desnouer ces fatras de liaisons, il les faut despecer & fracasser; en tous ces cordages il n'y a rien qui vaille, ce n'est pas là qu'il faut espargner; la grace de Dieu veut que l'on chasse ces œuures de tenebres auec prõptitude, tout ainsi que la lumiere dissipe l'obscurité en vn momẽt, icy les delais ne valent rien. Aussi tost que Sara eut dit à Abraham, chasse la seruante & son fils, incontinent il les mit à la porte; il faut qu'en vostre ame la charité ait le mesme Empire, si vous voulez que le Dieu d'Abraham regne en vostre cœur. Mon Pere encore vne fois, ie veux tout cela, dit Meliton, mais le poinct c'est de me le

R

faire executer: Ie sçay, reprit Syluan, que le retour à la grace est vn coup qui passe nos forces & qui n'est pas en nostre pouuoir, mais en celuy de Dieu, lequel ne manquant iamais de seconder de sa puissance nostre bonne volonté, nous pouuons dire que comme nostre ruine vient de nous & nostre secours de luy, aussi pour renger sa grace en nostre pouuoir il ne faut que luy donner, mais d'vn franc courage nostre vouloir. C'est pour cela que le Sauueur ne guerissoit gueres de malades qu'il ne leur demandast s'ils vouloient guerir, pour monstrer l'estroitte alliance de sa grace auec nostre franchise; car comme celle-cy est inutile sans l'assistance de celle-là, celle-là aussi ne peut s'introduire en nos ames que par l'entremise de celle-cy. Mais comme feray-ie pour separer mon cœur de ceste creature, dit Meliton. Vous ferez comme ce Roy de Gerara qui renonça à l'affection qu'il auoit innocemment côceuë pour Sara, soudain qu'il sceut qu'elle estoit espouse d'Abraham, & de cela il n'en fut auerti qu'en songe: seruez vous de cest exemple pour laisser Vrie en possession de sa brebis; si vous auez besoin de femme, le monde n'en est que trop remply, le mal seroit plus rare s'il y en auoit moins: Mais s'il en fut auerty de la part de Dieu par un Ange, dit Meliton: Et Dieu par la foy, reprit Syluan, ne vous auertit-il pas que c'est luy qui de sa main a donné à Lucine l'espoux qui la possede; & si les Prestres sont des Anges visibles, portant, bien qu'indigne, ceste qualité; ie vous auise de la part de ce grand Maistre que vous ne mettiez point de diuision par vostre passion desreiglée entre ceux que Dieu a coioincts, afin que l'on ne puisse point dire de vous que vos yeux sont pleins d'adultere, & vostre cœur s'il est plein de ceste mauuaise conuoitise est en vn continuel delict: Mon Pere, ie vous ay declaré que ie n'ay en la pensée rien que d'honneste & de iuste pour Lucie: Et moy ie vous dis, reprit Syluan, si vous ne pensez à aucun mal que le diable y pense pour vous, & que si vous ne vous destournez du peril auquel vostre obstination vous expose, vous estes en dāger d'y perir. Vous ressemblez à ceux qui disent qu'ils ne veulent aucun mal à leurs ennemis, mais quād on leur parle de les voir pour se recōcilier plainemēt auec eux, ils euitent ceste veuë & fuyēt ceste rencōtre, c'est vn signe manifeste qu'il y a encores de la rancune au fond du cœur. Ne pouuoir tout à fait renōcer à ceste creature, declare qu'il y a encores de la fieure & de l'emotion

R ij

dedans vostre ame, & vn feu secret d'autant plus dangereux qu'il est moins perceptible: quand la chair est bien cuitte elle se destache aysément des os, difficilement quãd elle est cruë: si vous auiez si peu de desir que vous dittes, ceste affection vous tomberoit de l'esprit aussi aysément que les peaux des mains de Iacob; mais i'ay peur qu'elle soit attachee à vostre cœur comme le poil aux mains d'Esau, pardonnez-moy si ie iuge si hardiment, & si ma sonde vous blesse, c'est le desir que i'ay de vostre santé qui me la fait pousser si auant. Mais si les effects font iuger de la cause, quelle sera la source d'vn ruisseau si bourbeux, ou plustost d'vn torrent si noir que celuy qui a fait en vostre esprit le rauage de tant d'impetueuses saillies: car seroit-il bien possible que les Colombes engendrassent des Corbeaux, & qu'vne affection rassise & reglée selon les termes du Iuste & de l'honneste peust enfanter tant de desespoirs & tant de fureurs; certes s'il est vray qu'vn abysme en appelle vn autre, ces transports ne peuuent prendre leur origine que de quelque desreiglement, d'autant plus dangereux que subtil, & d'autant plus delié qu'il a moins d'apparence. Or qui cognoist les racines & les principes des peshez, & n'est-ce pas pour cela que le Chantre divin prie Dieu qu'il le delivre de ses fautes cachees. Meliton, il est aisé de se dire innocent, quand on a esgard aux tesmoins non à sa propre conscience, moins devant Dieu devant qui nul homme vivant se peut iustifier: revenez à vostre cœur & entrez en vous mesme avec la sonde & l'esprouuette, & vous trouuerez que ie ne vous flatte point; & face le Ciel que ma verité ne vous soit point odieuse, car plusieurs l'ayment luysante, non pas bruslante & cuisante; mais de quoy sert au Chirurgien d'avoir la chandelle à la main s'il ne met le fer & le feu à l'vlcere. Aussi ne m'auez-vous pas contraint de parler pour vous loüer, mais pour vous laver: car il en est des remonstrances Chrestiennes comme des bains; ceux-cy ne valent rien s'ils ne decrassent, & celles-là si elles n'ameliorēt ceux à qui elles s'addressent; que si vous ne vous en amendez, i'auray du moins satisfait à mon devoir & à ma conscience, & ie protesteray auec l'Apostre que ie suis inculpable de vostre perte, parce que ie n'auray espargné aucune raison qui m'ait semblé vtile pour vous r'amener au train d'où vostre passion vous escarte: sinon mes paroles trop rudes, au moins mes larmes plus douces vous seruiront de correction si vous le voulez, d'admonition encores que vous ne vouliez pas: icy vne longue file de larmes se respandirent sur la barbe chenüe de ce venerable vieillard, tout ainsi que l'on voit en Hyuer distiller des gouttes de bruine sur la neige; & ce langage coulant eut plus d'entree dans le cœur de Meliton, que toutes les reprehensions precedentes: car pour dire la verité les paroles ne sortent souuent que de la langue, mais les pleurs ne peuuent sortir que des vrays sentimens du cœur. Ce qui le conuia de respondre de la sorte, Mon Pere, c'est la verité que l'œil qui voit tout ne se voit pas luy-mesme, & tel pese se cognoistre qui se mescognoist, plusieurs sçauent beaucoup de choses, & ne sçauent pas quels ils sont, le Sage a raison d'auoir en horreur certaines personnes qui se pensent bonnes, & dont les sentiers ne sont qu'obliquité. De moy ie confesse que ie suis vn grand pecheur, mais peut estre encores plus grand que ie ne pense, car s'il ne faut pas estre sans crainte du peché pardonné, combien doit-on craindre d'auantage quand on ne peut sçauoir si l'on est en la hayne ou en l'Amour de Dieu? Veu que le grand Apostre qui ne se sentoit depuis sa Conuersion coulpable de rien ne s'estimoit pas iustifié pour cela. Mais ce n'est pas icy le lieu où ie desire vous descouurir les plus cachez replis de mon ame, il faut que ce soit en vn tribunal plus secret, & dont le seau inuiolable me donne le courage de vous declarer franchement ce que ie pense en mon cœur, & dont i'ay de la componction quand ie suis sur ma couche, c'est à dire recueilly en moy-mesme. Mon fils, reprit Syluan, c'est vne chose messeante à vn Hermite d'estre curieux des affaires, non du salut d'autruy, en celuy-cy ie seray tousiours prest de vous rendre tel seruice, que vostre commandement exigera de mon insuffisance; mais de celles-là ie vous dirois volōtiers ce que cest ancien à ce Prince qui le pressoit de luy demander quelque chose, Fauorisez-moy de ce qu'il vous plaira, excepté de la participation de vos secrets. Mais pour n'enfoncer point d'auātage ceste matiere il vaut mieux que ie vienne à la seconde interpretation que i'ay pensé de vostre songe.

Ceste belle & reluisante Princesse me represente la Prouidence de Dieu qui fait que ses yeux ne dorment iamais en gardant Israel. Or ceste Prouidence esclatante sur tous les ouurages de Dieu conduict toutes choses à leur fin par des moyēs si doux & si suaues, par des voyes si iudicieuses, qu'elle se cōtente de gouuerner les volōtez libres par inspirations, inclinations, insinuations, leur

R iiij

proposant & monstrãt le bien sans les contraindre de l'embrasser. Et tout ainsi que les Poëtes ont feint vn Hercule en vn carrefour sollicité de la Vertu & de la Volupté qui le vouloiẽt chacune à leur suitte, le laissant neantmoins en la pleine liberté d'eslire tel chemin qu'il luy plairoit; ce qui est en cet Hercule vne vanité fabuleuse est vne verité en chacun des Chrestiens : car Dieu a mis deuant nous le feu & l'eau, le fruict de vie & celuy de mort, c'est à nous d'estendre nostre main à celuy que nous voudrons prendre, & de porter nostre dilection où nous inclinera nostre eslection. Or c'est à nous de nous ranger du costé des Vierges sages ou des folles, des brebis ou des boucs, & d'achepter vn eternel repẽtir par la iouyssance d'vne volupté transitoire, ou vne eternelle felicité par le mespris d'vn vice passager. Car vn iour viendra que chacun receura selon ses œuures, soit bien, soit mal, & qui semera des benedictions fera la recolte de benedictions. Or puisque ceste diuine Prouidẽce nous met sur le theatre de ceste vie pour voir si nous y ioüerons bien le personnage que nous entreprendrons, il importe grandemẽt de choisir sous quel estandart nous nous voulons enrooler en la milice de ceste vie, car ce n'est pas le tout que de combattre, c'est vne chose à laquelle il se faut resoudre en quelque condition que nous soyons; celuy-là se trompe, dict Gerson, qui pense que ceste vie soit autre chose qu'vne Croix continuelle; mais le principal est de combattre vn bon combat pour auoir la couronne de Iustice, que garde pour le iour de la retribution le iuste Iuge, à ceux qui auront legitimement combattu.

Et de ce choix depend tout nostre bonheur & tout nostre malheur, & temporel, & eternel; car tout ainsi que qui se fouruoye au matin se treuue fort esloigné au soir d'où il tendoit, parce qu'vne legere erreur au commencement se dilate par le progrez; ainsi faute de bien penser à l'election d'vne vacation l'on voit plusieurs mondains trainer vn train de vie bien miserable, coulans leurs iours tout à faict hors de leur element. Tels sont ceux qui s'engagent aux nopces sans autre dessein que de posseder des beautez lõguement idolatrées, n'ayans autre but que celuy des sept premiers maris de Sara espouse du ieune Tobie, aussi leur fin tragicque fit voir combien leur intention estoit desagreable à Dieu. Tels ceux qui par vn effrené desir de gloire se portent aux honneurs & aux charges plus esleuees par les aisles de leur or que de leur merite: & tels tous ceux qui font des entreprises temeraires sans aucune preuoyance de la fin. Certes comme toutes les eaux retournent à la mer parce qu'elles en viennent, ainsi nos ames qui prouiénent de Dieu ne peuuent auoir de repos, dict S. Augustin, que quand elles se rédent à luy; car il est l'Alpha & l'Omega, le principe & le but de toutes choses: tous ceux qui ne donnent point ce blanc à toutes leurs actions font de fausses & trompeuses visees.

8. Or sans me ietter plus au large dans le vaste champ des diuerses conditions, sous lesquelles on peut passer sa vie, il me séble que les fideles qui ont IESVS-CHRIST pour object sont rangez en deux bandes, en Côtinés ou Mariez, le Celibat & le Mariage estás côme les deux Poles, autour desquels tourne toute la vie des Chrestiens: voyla les deux brâches de la lettre de Pythagore, & les deux parties qui côposent toute l'armee de la Sulamite, qui est l'Eglise Chrestienne; c'est icy qu'il faut auoir de l'attention, sans dire auec ce Philosophe ancien plus plaisant que serieux, que quoy que l'on choisisse de ces deux genres de vie l'on est asseuré de s'en repétir: car en fin tout cela est estably sur IESVS CHRIST, & qui bastit sur ce fondement ne peut estre esbranslé, puis qu'il est assis sur la

roche viue, qui est le Sauueur: celuy qui habite en Hierusalé ne sera point esmeu eternellement; car les môtagnes de la grace l'enuironnent de toutes parts. Ce sont deux Sacremens que celuy de l'Ordre & celuy du Mariage, & en chacun des deux il y a vne grace particuliere qui assiste ceux qui s'embarquent en l'vn ou en l'autre, pour les faire singler au port de salut; il y a onction en l'vn, & en l'autre ioug; la pourpre du Roy de gloire qui est sa benediction decoule par l'vn & par l'autre de ces canaux; mais côme les canaux sont differens, il ne se faut pas estonner si elle est plus abondante en l'vn, qu'en l'autre; car, comme dict l'Apostre, il y a diuision de grace. Le Mariage est vn Sacrement qualifié du tiltre de Grand, honorable en tous ceux qui y sont appellez, & en toutes ses parties. Si est-celque comme vne Estoille differe d'vne autre, & tous les Planettes ne sont pas esgaux en clairté & en grandeur, ainsi entre les Sacremens il y a de notables differences; car qui ne sçait que la saincte Eucharistie en est l'incôparable Soleil? & particulierement entre ces deux dont nous parlôs; car entre les vrays fideles, il n'y en a aucun tellement injuste qui ne dône la prééminéce à l'Ordre sur le Mariage, puisque l'arrest de la parole de Dieu prononcé par vne bouche Apostolique y est tout formel, qui se marie faict bien, qui garde le Celibat & la sacree Continence faict mieux: or entre le bien & le mieux la disproportion & l'eminence est notoire: que si sans offencer le sainct lien de Mariage il est permis de suiure les pistes de l'Apostre, vous diriez qu'il ne le permet que par indulgence, & pour euiter ce bruslement & ceste cuisson insupportable aux personnes moins genereuses, ausquelles il pardône, dict-il: voyez-vous comme il parle ce diuin Docteur des Nations, comme s'ils commettoient quelque faute. Encores ceste permission est-elle vn remede contre le feu bien cuisant & bien chaud; car le mesme dict, que ceux qui s'en seruent endureront plusieurs tribulations de la chair, c'est à dire seront plus trauaillez de l'aiguillon de l'incôtinence, que ceux qui sont dans l'absoluë priuation des sentimens sensuels par le Celibat: car c'est ainsi que se doit entendre ce lieu, non du soin des enfans & de la famille, puis que ceste sollicitude est plustost vne affliction d'esprit que de corps. D'autre part il releue si haut la Continence, qu'il souhaitte que chacun soit vierge comme luy, afin de voir bien-tost remplis les sieges vuides des Anges: car comme dict vn Pere ancien, c'est le Mariage qui emplit la terre, mais la Chasteté emplit le Ciel: & d'effect qui voudra simplement conferer ces mots de Permission & de Conseil, verra que comme celuy-là sonne la souffrance d'vne chose que l'on pourroit euiter; cettuy-cy au contraire propose vn bien desirable: toutesfois comme la condition des hommes est si changeante, si fragile, & tellement ennemie de la subsistance en vn mesme estat, il arriue souuent que les esprits legers se repentent de leur election; mais outre que ces gens s'immolent à la risée de ceux à qui ils communiquent leurs plaintes, ils monstrent en cela leur peu de iugement; car c'est à faire aux sages de preuoir si bien & le cours & la fin de leurs entreprises, qu'ils ne puissent dire, Ie ne pensois pas cecy, ie ne pensois pas cela. Or ce repentir, à ce qu'on tient, est tellement connexe à la condition des mariez qu'il s'en treuue peu qui, dans la reuolution de la premiere annee de leurs nopces ne se rendent Penitens, & qu'ils ne quittassent volontiers ceste Religion s'ils estoient encores Nouices; mais en cet Ordre l'on faict la Profession deuant la Probation: aussi à la verité y auroit-il de la merueille s'il en alloit autrement, car enfin la creature est creature, c'est à dire imparfaicte, miserable, en l'vnion de laquelle sans l'ayde de la charité &

de la grace du Sauueur, il seroit malaysé de demeurer longuement sans auersion & sans desgoust; ie dis tant d'vne part que d'autre, car si la femme est vn animal foible, fragile, volage & incapable de soustenir l'estreinte d'vn nœud si ferme, si durable, si solide; l'homme aussi de son costé est sauuage, rude, aspre, farouche, imperieux, ombrageux, peu traittable; de sorte que sans vne speciale assistance du Ciel, il est malaysé que deux vaisseaux de terre, comme nous appelle l'Apostre, puissent faire long voyage ensemble sans se briser, quoy qu'ils cheminent bien doucement, auec beaucoup de circonspection, & qu'ils soient enuironnez de la paille ou du coton d'vne suaue condescendance, supportans auec patience les defauts l'vn de l'autre, comme l'Apostre conseille. Il n'en est pas ainsi du costé du Celibat, car ceux qui l'obseruent s'ils sont tetez du repentir (cōme il y en a d'assez miserables, pour succomber à ceste suggestion) ils n'ont qu'à regarder si cela procede de l'imperfection de leur Espoux celeste, ou de leur propre defaut; on ne peut dire ce premier sans blaspheme; qu'ils corrigent donc le second, & les voyla contens, & le repentir estant cessé ils seront en paix. Que s'ils sont trauaillez des aiguillons contraires à la continence, tels que les ressentoit le Vaisseau d'election, quoy qu'il fust confirmé en grace, qu'ils ayent recours à cet Espoux fidele, qui ne permet iamais que le tourbillon surmonte nostre voyle, ny que nous soyons tentez par dessus nos forces, nous faisant au contraire tirer de l'auantage de nostre tribulation, & profit de nostre dommage. Qu'ils recourent à celuy dont la grace suffit pour perfectionner la vertu dans l'infirmité, & qui donne abondamment à ceux qui reclament son ayde. Qu'ils se seruent des mortifications & des remedes enseignez par les Saincts, pour la conseruation de ceste perle precieuse, pour laquelle garder il faut plustost debiter tout le sang & iouer de son reste, & comme l'hermine plustost mourir que se souïller. Peut estre que l'on dira pour euiter ces peines & l'importunité de ces titillations, qu'il vaut mieux prendre l'vsage d'vn Mariage sacré, dont la saincteté puisse reparer le deschet de ceste delectation, qu'on peut sans luy faire tort appeller brutale, puis qu'elle est commune aux hommes auec les animaux qui n'ont point d'entendement ; mais ceux-là sont peu iudicieux qui estiment que la Chasteté soit plus asseuree dans l'vsage du Mariage que dans la Continence parfaicte (ie ne dis pas plus illustre, parce que ceste opinion seroit vne heresie) car comme il est plus aysé de ne se mettre point du tout en cholere, que de pratiquer le precepte qui dict; Courroucez-vous, & ne pechez pas: ainsi est il plus facile de se priuer des delectations mesmes licites, que de se comporter iustement dans leur vsage legitime, à cause du voysinage extreme qui est entre l'vsage & l'abus, & la nompareille infirmité des hommes à se tenir dans les bornes de la mediocrité. Aussi quand les Poëtes ont voulu encherir le supplice de Tatale, ils ne l'ont pas representé dans vn desert aride & sterile, mais au milieu des ondes & des fruicts, sans pouuoir contenter sa soif, ny sa faim desesperee. Il en est de la volupté comme de l'auarice, son desir est insatiable, aussi est-elle vne de ces sangsues du Sage, qui crient tousiours, apporte, apporte, plustost creuees que soulees; le simple vsage l'irrite, tout de mesme que les forgerons picquent leurs flâmes par de legeres aspersions. Ioinct qu'il arriue mille occasions d'absence, ou mille accidens de maladie, où la pratique de la continéce se rend absolument necessaire, mesme dans le Mariage. Que si mon discours, sans blesser la reuerence qui est deuë à ce grand Sacrement, la pepiniere du Christianisme, panche plus fort du costé de la Continence,

c'est

c'est parce que ie dois ce me semble aymer celle-cy d'vne dilection de preference, y estant doublement attaché, & comme Religieux & comme Prestre, & mesme comme Chrestien, puisque l'Escriture oblige mesme ceux qui sont mariez à honorer les conseils Euangeliques, encores qu'ils ne les embrassent pas, & d'estimer plus parfaicts ceux qui les pratiquent. Icy Meliton interrompant Syluan, Mon Pere, luy dict-il, vous pourriez dire tout ce qu'il vous plairoit contre le Mariage sans estre contredict de ma part; car desormais il n'est plus de nopces pour moy, celle-là ne pouuant plus estre mienne qui seule me pouuoit rendre ce lien doux & supportable; il n'en faut plus parler pour moy, ces cordages me sont en horreur.

Icy Florimond, Il auiendroit mieux à Menandre qu'à vous, ô Meliton, de dire, ayant perdu sa chere moytié, ce que la Royne de Carthage dict chez le grand Poëte:

Ce cher premier object qui mon ame dompta
Mes pudiques Amours en mourant emporta,
Celuy-là pour iamais au tombeau qui l'enserre
Les ait & les conserue auec soy sous la terre.

Ie vous supplie, reprit Meliton, ne faictes point de cōparaison de sa douleur à la mienne; car pour iuste & raisonnable qu'elle soit, il est clair à voir aux effects qu'elle n'est pas

S

si exceſſiue; car en fin quand il eſt queſtion de mort il ſe faut reſoudre; & bien que la ſageſſe humaine ſoit deuoree en ſemblables accidens, la neceſſité y tient lieu de raiſon, & ceſte neceſſité eſt ſi ferme qu'elle faict mordre la terre aux plus hardis; mais terre qui touchee donne de la vigueur aux plus irreſolus, comme de la force à ce Geant de la fable: car comme dict ce grand homme.

Lors que noſtre malheur eſt venu à tel poinct,
  Que l'on n'eſpere plus qu'aucun bien luy ſuccede,
On treuue du remede aux maux qui n'en ont point,
  Quant on vient à penſer qu'ils n'ont point de remede.

Si la tombe enſeueliſſoit ſous ſon obſcurité les deſloyautez de l'ingrate Lucie, il me ſeroit ayſé d'effacer de mon ſouuenir l'injure d'vn object qui ne ſeroit plus entre les viuās; mais de la ſçauoir, oüy meſme de la voir entre les bras d'vn autre qui va recueillant le fruict de mes trauaux, & moiſſonant ce que i'auois ſemé auec tant de ſouſpirs & tant de pleurs, c'eſt ce qui me rauage, c'eſt ce que ie ne puis ſupporter; me voyant rāgé auec ces brebis qui portent la toiſon, non pour elles, mais pour en reueſtir ceux qui les tondent; à ces abeilles qui font du miel pour ceux qui les chasseront de leurs ruches auec vne noire fumee. Vous n'aymez donc pas si sincerement, reprit Florimond, que ceste veritable mere qui playdoit deuant Salomon, laquelle aymoit mieux que son enfant vescust entre des bras estrangers que de le voir perir deuant sa face. Alors Menandre ne voulant pas qu'on disputast de son faict sans se mesler de la partie, respõdit à Florimond, en luy disant, Qu'il n'auoit iamais esté ny si passionnément amoureux que Meliton, ny si heureusement marié que luy, parce qu'il est asseuré qu'en terme de ialousie on souffriroit pluftost la mort de l'objet aymé, que de la voir posseder par vn autre, ce qui se voyoit manifestement en tant de querelles & de meurtres que ceste violente passion excitoit tous les iours dedans le monde. De moy, dit-il, c'est la verité que i'eusse mieux aymé que la mort m'eust pris, que de m'arracher vne moitié qui faisoit le tout de mes affections; mais apres cela il me semble que la voir perir deuant mes yeux m'eust esté plus supportable que de me la voir enleuer par vn autre. Mais ce seroit à vous, ô Florimond, de respondre de vous mesmes, qui dés le premier ombrage de ialousie auez quitté la poursuite de vostre maistresse, & l'auez laissée en la possession de vostre riual; car si

S ij

vous eussiez veritablement aymé, c'estoit-là qu'il falloit rendre des preuues de sa fidelité & de sa constance, & tascher de vaincre son cœur par soumissions, & de deietter vostre competiteur par la force du vray merite.

10 Icy Frorimond se sentãt viuement pressé & touché, comme l'on dict, dans la prunelle de l'œil, respondit auec vne esmotion qui tesmoignoit l'alteration de son ame, retenuë neantmoins par vne grande modestie: Vous sçauez, Menandre, que ma condition & celle de mon corriual sont differentes, il porte vne espee, qui est vn outil que ie ne maniay iamais; & quand la passion m'eust porté à vne vengeance par les armes, c'eust esté par vne rage aueuglee me precipiter en vne ruine euidente & de ma vie, & de mes biens, & de mon honneur, & de nostre famille; c'est pourquoy i'ay mieux aymé le laisser en la possession d'vn bien que ie ne pouuois acquerir par ceste voye; & quand ie l'eusse peu ie n'eusse pas voulu, puisque c'est vne miserable chose que l'vsage d'vn corps dont le cœur est osté. Il me falloit donc de trois choses l'vne, ou lauer l'offence qui m'estoit faicte dans le sang de celuy qui la commettoit, ou souffrir cet outrage, ou bien oublier mon Amour; ie n'auois pas assez de force pour la premiere, non assez de patien-

ce pour la seconde, il m'a donc fallu resoudre à la troisiesme, contrepointant par vn iuste despit l'iniustice de l'ingratitude dont on payoit ma loyauté : que si ie n'ay point eu assez d'Amour pour mourir du regret du tord qui m'estoit faict, i'en ay esté moins malheureux, & plus heureux de pouuoir guerir par la cholere d'vn mal dont m'a faict sortir l'inconstance de mon infidele; qu'elle viue tant qu'elle voudra entre des bras estrangers, & que ie viue aussi deliuré de sa trahison & de sa tyrannie. Voyla donc, repliqua Menandre, côme vous auez tort de reprendre Meliton, d'vne chose en laquelle vous mesmes pechez autant & plus que luy: & ne sçauez-vous pas

Que vrayment iniuste est celuy
Qui treuue mauuais en autruy,
Et qui condamne comme vn crime
L'humeur qu'en soy-mésme il estime?

La difference de nos conditions, repliqua Florimond, rend differétes nos procedures; car si i'eusse porté vne espee à mon costé, côme faict Meliton, i'eusse eu la vie de mon competiteur, ou il eust eu la mienne. Ie n'ayme pas, reprit Menandre, d'iniustes raisons en vn esprit iuste côme le vostre ; car quand vous porteriez les armes, vous sçauez qu'il n'y a rien de si abominable que les duels, &

que c'est vn crime, non seulement de leze Majesté Diuine, entāt qu'homicide, mais encore humaine, de se vouloir faire iustice à soy-mesme, entreprenāt sur la souueraineté du Monarque auec vne outrecuidance de Lucifer: & puis ce remede mesme suggeré par vne aueugle passion eust esté inutile; car pourquoy vanger sur l'innocēce d'vn poursuiuant qui pousse sa fortune par vne legitime recherche, la trahison d'vne fille, qui promise d'vn costé, promet de l'autre, donnant sō cœur à vn autre qu'à celuy auquel ses parés destinēt son corps: vous auez mieux faict de suiure mon aduis, qui fut de vous deliurer par vn iuste desdain des liēs de ceste ingrate, & sans la scādaliser, ny sa famille, de desnoüer hōnestement & tout doucemēt des accords qui n'eussent peu reüssir à bonne fin, ayant veu ce que vous m'auez faict voir, & dont ie suis tesmoin oculaire & auriculaire. Meliton ouurāt l'oreille & le cœur à ces discours, eust bien voulu qu'ils en fussent venus à vne declaration plus ample de leurs desastres, c'est pourquoy leur ayant manifesté que cet eschantillon luy en auoit faict venir l'eau en la bouche. A cela ne tienne, dit Menādre, que vous ne soyez content, & que nous ne vous apportions toute consolation: de ma part, & ie croy le sēblable de celle de mō cōpagnon, ie vous puis asseurer que i'ay plus de desir de vous descouurir ce qui me pese si fort sur le cœur, & pour quoy alleger ie vais à la bonne Dame de Liesse, que nõ pas de sçauoir ce qui trauaille le vostre; car il me semble qu'en ces maux interieurs il n'y a point de soulagemẽt pareil à celuy de pouuoir respandre ses douleurs dans le sein de quelqu'vn, dont la fidelité soit capable de les receuoir, & la prudẽce de les cõsoler: ce sera donc vu recit lequel pour auancer nous ne nous ferons pas, cõme vous, tenir à quatre, au cõtraire nous le produirons volõtiers à la lumiere du iour (parce qu'il n'y a rien de tenebreux) pour la satisfaction de vostre esprit; & à cela ne tienne que vostre ame ne soit cõsolee. Meliton tesmoignant beaucoup de ioye de ceste franchise, protesta que ceste cõfiance appelloit la sienne, l'Amour ne se payãt que par l'Amour, & la sincerité que par vne reciproque candeur. Mais, dict Menãdre, il n'est pas encores tẽps, car le bõ Pere Syluã n'a pas acheué le retour de son interpretatiõ. Il est vray, dict Melitõ; mais ie voudrois biẽ sçauoir par quel circuit de propos nous sõmes venus à ce poinct où nous sõmes. Mon enfant, dit Syluan, il en est de ceux qui s'entretienent cõme de ceux qui courrẽt en vne lice couuerte de sable, ou sur la neige, s'il leur falloit faire vne secõde cour-

S iiij

se ils ne remettroient iamais les pieds iustement sur leurs precedés vestiges, c'est la cinquiesme de ces choses dont Salomõ ne pouuoit remarquer la trace; c'est vouloir peser le feu, & mesurer l'air. Tant y a que ce long raisonnement que i'ay faict sur le Celibat & le Mariage, n'a pas esté pour blasmer celuy-cy en esleuant celuy-là, la loüange & l'eminêce de l'vn ne preiudiciant point (au moins en mon intention) à la dignité du moindre; mais ç'a esté pour rãger chaque chose en son ordre, & pour proposer l'vn ou l'autre à vostre choix.

11. Mon Pere, reprit Meliton, quand vous eussiez inuectiué cõtre le Mariage, vous eussiez faict selon mon desir; car comme autrefois de luy i'esperois tout mon bien, de ce funeste lien est forty tout mon mal: le feu de ma blesseure estant proueñu du remede que i'y pensois appliquer, maintenant que puis-je faire sinon me venger à en mesdire. Et certes il faut que i'auoüe, que

Si Dieu n'eust ordonné le ioug du Mariage,
  Veu l'extreme fureur qui presse mon courage,
  I'attaquerois celuy qui premier en parla;
Mais estant ce grand Dieu que mon ame reuere,
Ie retiens de plus court la bride à ma cholere,
Et croy que nos pechez sont cause de cela.

Et certes puis que c'est vn remede cela presuppose quelque mal, ou du moins quelque infirmité. Or tout ainsi que plus l'vlcere est dāgereux plus forte est l'applicatiō du fer & du feu, ainsi le feu de la conuoitise sensuelle doit estre bien estrange, puis que pour l'esteindre legitimement il faut qu'vn homme se resolue de s'attacher à vne femme par vn lien qui estreigne non pas comme ceux de Mezentius à la mort, mais iusques à la mort, & cela sans appel & sans remission, car il n'est pas en la puissance humaine de rompre ce que la diuine a conioinct. Que s'il y a rien qui soit capable de me donner quelque soulagement en la peine où ie me treuue, c'est la consideration de ceste estreinte, qui n'a rien de libre que le commencement, & qui se rend par apres d'absoluë necessité.

La liberté la fuit comme son aduersaire,
  Que si elle a l'abord gracieux & riant,
  Auec ce doux attrait elle nous va liant
  D'vn lien que la mort peut seulemēt deffaire.

Que si c'est vn remede pour l'incōtinence, ie tiens que c'est la ruine entiere de ceste passion agreable, quand elle est soustenuë d'esperance & entretenuë de desir, que l'on appelle Amour. Ce fut le sentiment de ce ieune homme Grec Thrasonides, si amoureux de son amour, qu'ayant obtenu des parens d'vne fille qu'il cheriſſoit vniquement la permiſſion de l'eſpouſer, il ne voulut pas, diſant qu'il ne vouloit pas eſtouffer en ſon cœur ceſte gentille flamme qui le paiſſoit, qui luy plaiſoit, & qui l'entretenant en vne belle humeur, le portoit à mille vertueuſes actions, ne recherchant la perfection que pour ſe rendre plus aymable. Il iugeoit que l'ayant pour femme il ne l'auroit plus pour amie.

Celuy n'auoit iamais les nopces eſprouué,
* Qui dit qu'aucun ſecours contre amour n'eſt trouué,*
Depuis qu'en nos eſprits il a pris ſa racine,
Car quand quelque beauté vient nos cœurs embraſer,
La voulons-nous hayr? il la faut eſpouſer:
* Qui veut guerir d'Amour s'en eſt la medecine.*

De quelque ſens que ie tourne ce frein il ne peut s'aſſortir à ma bouche, il me ſemble que ie l'ay trop tendre pour endurer ce mords à pas d'aſne, & ie n'ay pas la teſte ſi lourde qu'il me la faille releuer auec tant de ſoin.

Ma forte paſſion m'auoit oſté la veuë,
* Le ſens, le iugement, & la droicte raiſon,*
Mon ame de lumiere eſtoit bien deſpourueuë,
De n'appercevoir pas vne telle priſon.

Dorez ces liens d'vn nom sacré, honorable, adorable, ce sont tousiours des liens, & comme l'Apostre souhaittoit que ses Iuges luy fussent conformes excepté aux liens, ie desire à mes amis toutes choses auantageuses excepté vn grand mariage: car cõbien d'oyseaux tombent dãs ces filets par ces appasts de cõmoditez temporelles? triste marchandise que de femmes! pour toute autre on donne de l'argent, pour se charger de celle-cy l'on en reçoit. Or tout ainsi que le singe est tousiours singe, dit l'ancien Prouerbe, fust-il reuestu d'habillemens Royaux; ainsi quelque qualité dõt soit parée vne femme, elle est tousiours femme, c'est vne tache d'huille que toutes les eaux de la Mer ne sçauroient ny lauer ny enleuer. La prenez-vous riche, elle est arrogante, imperieuse, altiere, mesprisante; ce n'est que desdain, que reproche, vn mary est trop heureux de l'auoir: c'est reuenir à ce que disoit ce Spartain qui s'estoit marié hors de sa Republique pour auoir vn riche doüaire, I'ay pris de l'argent & i'ay vendu ma liberté & mon auctorité. Est-elle pauure, vo⁹ prenez deux maux à la fois, & mal sur mal n'est pas sãté, c'est vn entassement de miseres; que si elle est fertile en enfans & sterile en cõmoditez, c'est pour mourir sous la charge & pour languir sous vne cõtinuelle sollicitude: le mõde mesprise les mal mariez comme ils mesprisent leurs femmes: que si tout est importun auec la pauureté, combien est-elle moins supportable quand elle est augmentee par la participatiō de celle d'autruy: car ce n'est pas icy où les semblables se consolent en leur malheur, au cōtraire qui n'a que sa seule misere à porter n'est qu'à moitié miserable. Si elle est belle elle merite d'estre regardee, & si regardee aussi d'estre gardee, & qui dit garder dit soucy, & qui dit soucy dit peine; ce qui est de facile debit est difficile à cōseruer. Si elle est desagreable, c'est vn object ordinaire qui est d'autāt plus desplaisant que frequēt, c'est le tourment d'Orestes & vn desplaisir qui rend les iours moins luisans & les nuicts plus sombres. Imaginez vous quelle peine elle doit faire, puisque la plus aymable deuient fascheuse en peu de temps. Tout ce que ie dis est vray, & neantmoins aueuglé ou charmé que ie suis ie ne puis encores arracher ceste Lucie de mon ame, non plus qu'y receuoir de plus vtiles impressions. Florimond escoutoit tout ce discours auec des tesmoignages de ioye qui estoient fort visibles, estimant que Meliton plaidast sa cause & chantast le cantique de sa deliurance: mais Menandre & Syluan, bien qu'ils eussent des sentimens differens, en attendoient la fin avec un peu d'impatience.

Ménandre à qui le faict touchoit de plus prés, comme ayant espreuué ce joug parla le premier, & dit qu'il en estoit du mariage tout au rebours de Venise, parce que qui ne l'auoit point gousté le mesestimoit, mais qui l'auoit recognu le prisoit, & quand ie dis Mariage, poursuiuit-il, i'entends vne vnion de cœurs aussi bien que de corps : car comme en cest assemblage il y a quelque image de celuy que la main de Dieu ordonna dans le Paradis terrestre, aussi en la desvnion & mesintelligence, c'est vn veritable Enfer; & c'est vne marque de son excellence de ce qu'il s'en treuue si peu de bons, car c'est le propre des choses belles & bonnes d'estre rares. Il ne faut donc pas d'vn iugement aussi precipité que temeraire pesle-mesler les bons auec les mauuais, & condamner les innocens pour ceux qui n'experimentent que troubles en ceste saincte liaison : Autrement ne seroit-ce pas cracher contre le Ciel vne ordure qui retumberoit sur nostre propre visage; car de quel front paroistrions-nous dedans le monde, si nous n'estions nais dans ce sacré lien : & de quelle hardiesse donc oserions-nous blasmer ce qui non seulement nous donne la vie, mais vne vie honorable entre les hommes. Il est vray qu’il y a peu de bônes fêmes, mais ie vous prie côbien y a-t’il peu d’hômes parfaits? Le Sage n’a t’il pas dit que le nombre des fols est infiny: cependant l’Eglise ne laisse d’honorer ce sexe infirme, & de l’appeller deuot, l’Apostre mesme veut que les maris portét honneur à leurs femmes. Ces propositions que vous auez faites contre elles se renuersent d’elles-mesmes; car si l’on prend vne femme riche, l’abondance des biens rend plus supportable sa fierté; si pauure, son humilité recompense sa disette; si belle, l’on a des delices en la possession d’vne eminente beauté; si laide, l’on est exempt de jalousie: ainsi toute medaille a son reuers, & toutes choses deux anses, comme disoit Epictete. Vostre mauuaise humeur ne vous fait voir que les espines de ce rosier, non les belles fleurs qui s’y recueillét; vous appellez les enfans du nom de charges & de fardeaux; mais ce sont des gages precieux d’vne reciproque bienueillance, & les fruits de ce bel arbre qui rendét vne famille abondante comme vne belle vigne: ces rejettons sont comparez par Dauid à des complans d’oliuiers; ou si ce sont des fardeaux le poids en est aussi aymé que celuy du cinamome qui recrée ceux qui le portent en l’Arabie heureuse. Ceste societé si naturelle contenant vne indiuisible vnion durant la vie est vn mutuel soulagement qui rend plus supportables les fatigues de ce pelerinage mortel: nostre bien est double quand on a quelqu'vn qui prend part à nos ioyes, nostre mal moindre quand vne ame fidele nous ayde à le supporter auec plus de patience. Vne des choses que le Sage estime le plus en ce monde, c'est de voir vn mary & vne femme vnis d'vn bon accord pour le bien de leur famille; car si la bonne intelligence des freres est comparee au parfum d'Aaron, quel baume respandu exhale vne meilleure odeur qu'vn bon mesnage? C'est Dieu certes, c'est Dieu seul, lequel

Les fait habiter vnanimes,
Dedans vne mesme maison.

Ce chariot ne peut verser ny se froisser, qui est traisné auec egalité & correspondance, ny ceste famille se ruiner où le Pere & la Mere s'entresoulagent mutuellemẽt, Dieu y respand sa benediction & la vie d'vn siecle en vne belle lignée. Quand les abeilles s'entendent bien, elles amassent beaucoup de fleurs, & font beaucoup de miel, mais quand elles s'entrebattent elles sont en disette en l'arriere saison, mesmes elles sont tellement ennemies du bruit, qu'où se forment des repercussiõs d'Echos elles ne fõt iamais leurs

assemblees ny leurs rayons: le mesme en est-il au mariage, tout abonde quand la paix y est, où sont les contestations & les contradictions le sainct Esprit ne peut faire sa demeure. O que ce Poëte ancien auoit bonne grace & autant de raison de dire,
O trois & quatre fois heureux
Ceux que l'Amour vnit ensemble,
Et que le trespas desassemble,
Plustost que de rompre leurs nœuds.

13. Icy repliqua Meliton, A ce que ie voy Menandre, vous vous estes si bien treuué sous ce ioug, que vous allez comme ie pense à Liesse afin de rencontrer à vostre retour quelque autre bonne femme; mais prenez y garde, car si cet ancien disoit qu'il y auoit si peu de bons hommes qu'ils estoient dans le monde moindres en nombre, que les portes de Thebes & les bouches du Nil; ie croy que celuy des bonnes femmes est encores moindre. Menandre prenant ce traict pour vne gentillesse d'esprit, repartit amiablemét: Et c'est cela mesme, cher Melitõ, qui m'empeschera de tenter vn second nauffrage: Icy brusquemét Melitõ, Voyez, Messieurs, dit-il, comme il appelle nauffrage ce mariage si heureux qu'il dit auoir experimenté; que sera-ce des mauuais mesnages, ce seront des abysmes de malheurs. Vous me prenez au pied

pied levé, reprit Menandre, & certes i'ay suiuy en cela la coustumiere façon de parler, quand on veut designer ceux qui se remarient, & puis ie l'ay appellé second nauffrage, parce que ie croy qu'apres vne si heureuse nauigation (si ie dois appeller heureuse celle qui me laisse heritier de tāt de regrets) que ceste premiere, ie ne pourrois rencontrer qu'vn escueil, faisant en mesme temps nauffrage de ma fidelité, de mon Amour, & de mon repos. Aussi suis ie resolu, puisque la mort a voulu brauer mon Amour, en m'ostant de deuant les yeux le cher object de mes plus douces pensees, de faire que mon Amour à son tour braue la mort, cōseruant son feu dans les cendres où ceste implacable meurtriere a reduit ma chere moitié. Si Laban eust voulu faire prendre Lia à Iacob apres Rachel, il eust eu de la peine, mais il luy fut aysé apres l'auoir mis par surprise en possession de ceste pauure chassieuse, de le faire encores souspirer apres les yeux de ceste belle, dont les regards le rauissoient: i'aurois si grande peur de rencontrer vne Lia apres vne Rachel, qu'vn perpetuel vefuage sera l'estat du reste de mes iours : mais vous Meliton qui regrettez l'ingratitude d'vne infidele, peut-estre que si vous auiez rencontré vn cœur plus loyal & quelque

T

autre Beauté, vous seriez homme pour rendre vostre derniere erreur pire que la premiere, & pour brusler d'vne seconde flamme plus forte que la precedente: ce ne sont pas tousiours ceux qui blasment les femmes, qui les hayssent d'auantage; ceux qui n'en disent rien les affectionnent souuent beaucoup moins; ceux qui les deschirent de la langue les portent dans le cœur; & ceux qui les loüent ressemblent à ces Apoticaires qui exaltent leurs drogues, mais qui ne les prennent pas. Ceux-là ressemblent aux rameurs qui tournent les espaules au lieu où ils tendent, ceux-cy aux escreuices qui dressent leur teste où elles ne vont pas. En ce lieu Syluan craignāt que si ce discours s'eschauffoit l'on n'en vinst aux picoteries, leuāt prudēmēt la barre separa ces chāpiōs pour faire leholà, en se faisant entēdre par ces paroles. Vous estes dignes du prix & l'vn & l'autre:
Tous deux prests à chāter & pareils à respōdre:
Mais permettez à ma franchise de vous dire que vous auez en partie raison, & en partie tort, car la Verité non plus que la Vertu, n'estant point aux extremitez, il faut treuuer vn milieu qui vous accorde, lequel se rencōtrera ce me sēble en la iuste estime qu'on doit faire des Nopces ou du Celibat; car l'vn & l'autre estat est bō, ains tres-bon, puisque

Dieu a fait & l'vn & l'autre, il les faut tenir en egale balance, sans esleuer l'vn des bassinets au preiudice de l'autre: l'argent a sa valeur, encores que l'or soit en plus grāde estime: toutes les terres, dit le sainct Euāgile, ne peuuent pas produire auec pareille fecondité, telle rend le fruict au vingtiesme, telle au trentiesme, telle au cētiesme; c'est là que bat la parabole des talēts: le Mariage est vne saincte condition, puisque Dieu mesme l'a establie dans la premiere innocence du monde, mais son merite vers le Ciel est moindre que celuy du vefuage, & celuy du vefuage est surmonté par celuy de la Virginité, encores que les Vierges doiuent tout honneur aux personnes vefues & aux mariées. Ie loüe donc tant que ie puis le genereux dessein de Menandre, lequel à l'imitation des chastes tourterelles veut gemir le reste de ses iours la perte de son vnique Colombe: & qui ne beniroit vne telle Amour & vne si glorieuse entreprise, puisque S. Paul cōseille aux personnes qui deuiénent vefues de se remarier seulemēt au Seigneur. Mais combien aussi seroit loüable le braue Meliton, si ne voulant plus r'allumer en son ame ce funeste brandon qui luy donne tant d'inquietudes sans estre pressé d'aucune necessité, comme parle le grand Apostre; mais d'vne

T ij

volonté franche & libre, il vouloit cõsacrer sa chasteté à celuy qui a versé tout son sang pour la Redemption de son ame. Tout beau mon Pere, dit Meliton, nous n'en sommes pas encores là; ie vous ay bien declaré que iamais les liés du Mariage ne captiuerõt ma liberté, car ie trouue ce joug insupportable; mais d'autre part ie ne me sens pas encor assez fort pour m'attacher au vœu de Continence, parce que i'ay l'esprit tout embarassé de pensees du monde; & i'ay souuent ouy dire que celuy qui regarde en arriere ne doit pas mettre la main au soc de ceste charruë, de peur d'encourir la malediction de ceste femme qui deuint vne statuë de sel.

14 O mõ fils, repliqua Syluã, si vous demeurez lõg temps en ceste condition, que vous estes en vne cõstitution & dãgereuse & miserable; dãgereuse, car c'est là le grãd chemin de prendre vn train de vie plein de libertinage, le diray-ie & de desbauche, & de deuenir enfant de Belial, c'est à dire sans joug, viuant en cheual eschappé, que ie ne die en estalõ de haras, pour parler auec l'Escriture, hannissant apres les femmes d'autruy, sollicitant l'integrité des Vierges sans dessein legitime, heurtant l'honneur des vefues, & tentant celuy des mariees; c'est estre vne pierre d'achoppement entre les fideles; &

n'est-il pas escrit, malheur aux scandaleux. Doncques, reprit Meliton, c'est vn scandale qu'estre garçon & qu'estre fille; Mon fils, repliqua Syluan, ce n'est pas estre scandale, mais en quelque façon occasion de scandale, c'est estre, comme dit l'Escriture, vn tresbuchet aux pieds des inconsiderez; la pauureté dans le monde n'est pas vn vice, mais c'est vne chose ridicule & qui sollicite les cœurs qui en sont pressez à faire des choses messeantes pour sortir de la tyrannie de la necessité; ainsi en est-il du fillage & d'estre garçõ, car est-il rien de plus messeant qu'vn vieux garçon & vne vieille fille, & qui est le pis c'est que ces matieres premieres sont beaucoup plus susceptibles de mauuaises formes que de bonnes, entre les discours & les cajolleries, ausquelles est exposee la vie de semblables personnes. Ce n'est pas sans raison que le Sauueur nous appelle des pampres; car comme les pampres de la vigne s'ils ne sont soustenus rampent contre terre sans aucun fruict, ou s'ils en produisent il se pourrit ou il est deuoré des serpens; Ainsi en est-il de ces personnes qui ne sont liees à aucune condition, ou elles ne font aucun bien, ou si elles font quelque bõne œuure, elle est exposee à mille defauts ou pour le moins à plusieurs interpretatiõs.

T iij

l'en dis de la chasteté comme le Sauueur de soy, qui n'est pour moy m'est contraire, qui n'est dans vne chasteté liee, soit dans l'vsage des Nopces, soit dans vne Continence vouee, est dans vne vie dont la liberté a beaucoup d'antipathie auec la pureté. Pour Dieu mon fils, ne faites pas comme l'Alcyon qui faict son nid sur l'instabilité des ondes: en faict de Vacation, c'est vne chose pernicieuse que l'indifference; ne soyez pas de ces animaux Amphibies, ny de ceux qui ne sont ny chair ny poisson; ne soyez pas vne Loutre qui est & poisson & chair; car vous seriez poisson en apparence & chair en effect: l'esprit de Dieu est vn esprit de sagesse, d'intelligence, de fermeté, non pas vn esprit d'inconstance & d'irresolution; ce n'est que la chair & le sang qui reuele ces interminatiõs pour nous faire voguer au gré de nos fantaisies: ie vous dy auec l'Apostre, cheminez selon l'esprit, & vous ne ferez point sujet aux desirs de vos sens. Ne vous y abusez pas, tout Celibat n'est pas Celibat, celuy qui est suggeré par la seule liberté & par l'horreur de la sujection d'vn sainct Mariage sans aucũ dessein de garder la Continence, est vn estat non seulement moindre que celuy du mariage, mais perilleux, car c'est estre separé des femmes selõ la volupté du corps, non selon

Livre quatriesme. 295

la volonté du cœur; & la vefue qui vit de cefte façon eſt appellee par S. Paul vne morte viue. Tel ne veut pas prendre femme qui la voudroit bien ſurprédre, & tel veut vne fille pour amie qui ne la voudroit pas pour eſpouſe: tout ce fatras d'affectiõs n'eſt qu'infection & abomination. Mon cher enfant,

Fuiez tous les eſcueils de ce traiſtre riuage,
Vn bon joug eſt meilleur que ce libertinage.

Ceſte vie eſt ſpecieuſe, mais c'eſt vne fueille d'Aſphalte, qui cache vn ſerpent ſous vn bel eſmail. Ie vous conjure auec le Docteur des Nations de ne receuoir point en vain ceſte grace qui vous eſt maintenant donnee en ce degouſt des Nopces; imitez la Mer qui fluë en vn riuage, quand elle refluë en l'autre; ſi vous ne voulez point vous marier, cõſacrez voſtre chaſteté à Dieu, auſſi bien ſans ſon ayde n'obſeruerez-vous iamais vne parfaitte Continence; & ſans la Sainteté, c'eſt à dire, comme interprete S. Hieroſme, ſans la chaſteté, perſonne ne verra Dieu; c'eſt aux ſeuls nets de cœur que ceſte veuë eſt preparee. Mon Pere, dit icy Meliton, mais ie ne ſçay à quoy tendent tous ces diſcous, ny ce qu'ils ont de commun auec mon ſonge. Helas mon fils, dit Syluan, c'eſt voſtre ſonge meſme tout expliqué; car que penſez-vous que vous repreſente ceſte belle fille ſi ſage

T iiij

& si modeste, que ceste Princesse qui est la diuine Prouidence vous presente, sinon la Continence sacree, en la pratique de laquelle vous aurez les mesmes contentemés que Salomon possedoit par le moyen de la Sagesse d'enhaut; & ceste Lucie haüe, deffigurée & horrible, vous fait voir les repentirs inseparables de ces nopces qui se pratiquét par amourettes, c'est merueilles quand elles reussissent à bien : de l'humeur que vous estes ce joug vous eust esté incontinent si odieux, que les fleurs de vos affections se fussent flestries bien long temps deuant celles de la face de celle que vous aymiez auec tant de passion. Croyez-moy donc, mon fils, ne regrettez point la perte d'vn bien, dont la possessiõ vous eust esté ou dommageable, ou ennuyeuse ; dommageable si de ceste creature vous eussiez fait vn idole preiudiciable à l'Amour supreme que vous deuez au Createur; ou ennuyeuse, puisque le Sage cõseille de manger sobrement du miel quand on en a treuué le rayon, de peur que la saturité n'en cause le vomissement.

Que si sans preiudicier & au Mariage & à ceste Lucie, laquelle peut-estre, selon que vous a dit Menandre, n'est pas à se repentir d'auoir quitté vostre alliance, il m'est loisible d'encherir sur ce Celibat, ie vous diray que celuy qui est voüé se pratique en l'Eglise de Dieu diuersement; car il y a diuerses vocations en ceste mystique Hierusalem. Ceste armee de Continens qui la rend terrible aux troupes de ses aduersaires, est composee de Seculiers & de Reguliers. Ceux là sont les Pasteurs ou les Ecclesiastiques qui leurs sont sous-ordonnez: ceux-cy sont des troupes excellentes en perfection, qui viennent à l'ayde des autres, & qui font l'vne des illustres portions du troupeau de IESVS-CHRIST: Et que sçais-je laquelle des deux conditions vous presente ceste belle fille, & si Dieu vous appelle à son seruice en l'estat Pastoral ou Religieux; ce n'est pas à moy de penetrer si auant dans les secrets de vostre cœur, ny dans l'abysme des vocations diuines. En l'vn de ces estats ie voy plus de dignité & de splendeur, en l'autre plus d'obscurité, mais plus de seureté: & puis il est escrit que personne ne s'ingere dans les Prelatures s'il n'est appellé comme Aaron: quant à l'estat des conseils Euangeliques, il est dict, que qui le pourra prendre le prenne: il y en a beaucoup qui sont appellez, peu de choisis. Ie ne suis pas Prophete, mais ie ne sçay quoy me dicte dans l'interieur que c'est là vne vocation à l'estat Religieux, plusieurs y ont esté attirez par des inspirations moins apparentes qui y ont grandement reüssi. Dieu se sert souuent des choses les plus debiles pour operer en nous ses plus admirables effects; vn songe est bien friuole en soy, mais bien serieux quand il vient de Dieu.

16 Encores si vous eussiez bien remarqué son habit, cela nous eust ouuert le pas à quelque conjecture : dictes nous, de grace, n'en auez vous point de souuenance ? estoit-il noir, blanc, gris, enfumé, de quelle façon, de quelle forme ? Ie vous asseure, mon Pere, que i'estois ce me sembloit si attentif à cõsiderer les beaux traicts de son visage qui me paroissoit fort lumineux, que ie ne pris pas bien garde à son vestement, lequel n'estoit, ny noir, ny blanc, ny d'aucune couleur arrestee, mais à mon auis de differentes couleurs. Alors le bon Syluan, Peut-estre, mon fils, que c'est la Religion du grand sainct François, qui est vn Ordre tout lumineux & tout ardent, & pour cela appellé Seraphique; l'habit de ceux qui le professent n'est ny noir, comme celuy des Benedictins, ou Augustins; ny blanc, comme celuy des Cisterciens, ou des Chartreux; ny tanné, comme celuy des Minimes; mais d'vn gris composé de tant de diuerses pieces, qu'à peine peut-on sçauoir de quelle couleur il est : c'est la vraye robe de Ioseph, auec la senteur d'vn champ fleury,

côme l'odeur de l'habit de Iacob quād il receut la benedictiō d'Isaac. La Princesse vous a dict que ceste fille estoit pauure, parce qu'entre les autres vertus ceste sacree Religion faict vn tres-grand estat de la Pauureté, que son Fondateur appelloit sa chere Maistresse. Mais, mon Pere, dict Meliton, si ce que vous dictes s'accorde auec ce qu'a dict Menādre, il faut que ce soit vne Religion cōsacree à la saincte Vierge. Mon fils, repliqua Syluan, toutes luy sont consacrees, & il n'y a aucun Ordre en l'Eglise de Dieu qui ne soit en sa speciale protection; & la seconde Maison de l'Ordre de sainct François, que cet excellent Patriarche appelloit sa petite portion, est consacree à nostre Dame des Anges. Helas, reprit Meliton, comme seroit-il vray que Dieu m'appellast à la Religion, puisque ie vous dis l'autre iour qu'on m'auoit refusé l'habit en ceste prochaine Chartreuse? Hé, mon fils, repliqua Syluan, quelle Religion vous eust voulu receuoir en l'estat auquel vous estiez, transporté d'esprit, & saisy d'vn desespoir amoureux, pluftost que d'vn desir de seruir Dieu; n'eust-ce pas esté prophaner vne chose saincte, & mettre vn sanglier sauuage dedans la vigne du pacifique Salomon?

pour moy tout pauure que ie suis, ie me garderois bien de receuoir en mon association dans ce petit Hermitage, vn homme qui seroit porté à la vie solitaire par ce frenetique dessein; car ce seroit mettre vn serpent dans son sein, & se rendre compagnon, comme Iob, des Dragons & des Austruches; & il me semble quand vous me parlastes de vous y retirer, vous voyant dans les fureurs qui vous transportoient, que ie vous en fis sentir quelque chose. Mon Pere, tout cela est vray, & vray encores que pour ce sujet on me refusa l'habit de Chartreux, parce que ces bons Peres virent que ie n'estois pas porté d'vn bon esprit; & à ce que me dit le Prieur, i'embrassois mal ceste entreprise: de sorte que rebutté de ce lieu-là, & de celuy-cy, & de plus desesperé & desgousté du monde, ie me desrobay d'auprés de vous, & m'enfuis dans ces bois, où ie me fusse perdu comme ie croy, dans mes resueries, si ces charitables Pelerins n'eussent eu plus de soin de moy que ie ne voulois, & que ie n'en auois de moy-mesme. Et moy, mon fils, dict Syluan, ie courrus apres toy, criant & souspirât, & te cherchant auec grande douleur, craignant d'auoir par ma mauuaise reception (chose assez ordinaire à la rusticité d'vn pauure Hermite) donné sujet de plus grand desespoir à vostre esprit: mais en fin Dieu a permis par sa misericorde que vous soyez revenu icy, où ie vous offre maintenant & toute la maison, & tout ce que nostre Seigneur y a mis en nostre puissance. Mon Pere, dict alors Meliton, ie ne manque pas, Dieu mercy, de lieux de retraitte, ie suis d'vne famille où il n'y a que trop de maisons, & trop de filles; mais ie ne laisse pas pourtant d'estre obligé à vostre charité, autant que si elle m'offroit vn Royaume, sçachant que les Apostres qui n'auoient quitté que des filets furent recognus de nostre Seigneur, comme si pour son Amour ils eussent abandonné des Empires. Et certes il faut que i'auoüe que si i'auois assez de force d'esprit, & vne vocation assez puissante pour pouuoir supporter la rigueur de la vie que vous menez, & pour m'entretenir en ceste solitude, ie me tiendrois heureux de finir mes iours à vos pieds, comme vous estimant vn autre Gamaliel. Mon fils, ie ne suis point tel que vous m'estimez, & vous ne vous estimez pas tel que vous estes; car vous auez de la capacité de reste pour adoucir vne solitude dans vos propres entretiens, de la force plus qu'il ne faut pour supporter le cours d'vne vie qui n'a qu'autant d'austerité que nous en pouuons porter; de vocation ie croy que vous en auez suffisamment, car si vous attendiez qu'vn Ange descendist du Ciel pour vous venir dire ce que Dieu desire de vous, ceste seule attente seroit capable de vous en rendre indigne : & puis il est escrit, que la terre qui est frequemment arrosee, & qui boit la pluye du Ciel, sans produire que des broussailles inutiles, est voysine de la malediction : c'est donc à vous de penser à ne rendre infructueuses tant d'admonitions, & tant de bonnes remonstrances qui vous sont faictes : & en tout cas ie conclus auec Menandre, qu'il est bon que vous alliez visiter l'Arche d'alliance en la Maison de la saincte Vierge, & consulter l'Oracle de Liesse sur ce que vous auez à faire pour l'auenir, & pour vous tirer de vos peines presentes. Ce fut icy que Meliton, n'ayant pas encores conceu sa vocation Religieuse, parce que le temps de sa Visitation n'estoit pas arriué, estimant que ce respir luy seroit fauorable, commença à gouster ce Pelerinage, dont il auoit esté iusques à ceste heure assez esloigné, projettant de le faire apres qu'il auroit reiglé le desordre de sa conscience par vne bonne Confession, & fortifié son cœur par vne salutaire Communion.

Syluan le voyant esbranlé, voulut pousser plus auant ceste inclination dans vne bonne resolution, à quoy pour paruenir il luy dict: Seigneur Meliton, me permettriez vous de vous faire quelques interrogatoires, non tant par curiosité que pour le soulagement de vostre ame? car vous sçauez qu'auparauant que de faire l'appareil à vn coup d'arquebuze, il faut tirer la bale d'entre les os, & puis sonder la playe pour y mettre vne tente proportionnee à la blesseure: I'espere neantmoins cacher si dextrement la lancette dans le coton, que vous n'en aurez ny peur, ny douleur. Mon Pere, dict Meliton, vostre sincerité est telle, & ie vous voy si fort despoüillé de tout autre interest que de celuy de mon salut, que ie remetteray fort librement mon ame entre vos mains, & ce que vous me conseillerez de faire ie le feray, deusse-je mourir en la peine. Or dictes-nous, dict Syluan, ceste Lucie n'estoit-ce point quelque party trop auantageux pour vous? n'auez vous point tenté le sort d'Icare; car il me semble qu'vne si profonde cheute ne peut prouenir que d'vne haute pensee. Tant s'en faut, dict Meliton, que c'est au contraire l'inegalité de sa condition moindre que la mienne, qui a faict que mes parens l'ont pressee, & si ie l'ose dire contrainte de se marier durant vne mienne absence. En cela, reprit Syluan, vous leur estes obligé, de vous auoir retiré d'vne ruine manifeste, & d'auoir esté soigneux de vostre bien; & ne deuez point taxer de perfidie ceste pauure fille si elle a esté pressee de rompre vne foy qu'elle ne vous pouuoit tenir; car si la volonté contrainte n'est pas volonté, & si c'est seulement en la volonté que loge l'ingratitude & la desloyauté, le tiltre d'ingrate & de perfide ne luy peut estre attribué. Et c'est ce qui me tourmente de ce que ie ne puis ny n'ose me plaindre de mes parens, sans estre condamné de ceux qui m'entendront; & d'autre part, ce qui faict que ie ne puis guerir mon Amour par le despit, c'est que ceste deplorable Lucie n'a point d'autre crime que sa foiblesse, qualité moins digne de cholere que de pitié. J'admire, dict Syluan, comme vous ayez regret de n'auoir esté miserable, & autre ne pouuiez-vous estre espousant vne fille pauure & contre le gré de vos parens. Le contentement de posseder ce qu'on desire, reprit Meliton, passe toutes les richesses imaginables; celuy-là est abondant qui est satisfaict, au lieu que dans l'opulence vn contre-cœur faict perdre tout plaisir: il ne faut

faut qu'vn brin d'abſynthe pour oſter la douceur à vne grande quantité de miel. Or ſus puiſque nous ſommes ſur les erres, dict Syluan, ſuiuons les piſtes & les foulees de ce pauure Cerf relancé dans ces bois, & faiſons luy rendre les derniers abois, ſans que ſes ruſes nous puiſſent mettre en defaut, & ſuiuons viuement noſtre queſte dans noſtre enqueſte. Meliton qui vit bien qu'il eſtoit pris ſi ceſte chaſſe ſe pourſuiuoit, & n'eſtant pas encores en diſpoſition de manifeſter ſi ouuertement ſes deſplaiſirs & ſes fortunes, para ce coup en diſant, Briſons icy, mon Pere, ie vous en ſupplie, non pas que ie me deffie de voſtre ſincerité, ny de celle de ces honneſtes Pelerins, que ie veux deſormais cherir cōme mes freres; mais i'ay le cœur comme ſous vn preſſoir, tant il eſt oppreſſé de deux differentes conuulſions; car d'vn coſté ie deſire ſortir de toutes ces peines par vne bonne Penitence, vomiſſant au Tribunal de la Confeſſion beaucoup de choſes qui me peſent ſur la conſcience, leſquelles ainſi qu'à Dauid, me greuent comme vn fardeau inſupportable, & qui m'empeſchetoient la liberté de la parole par le trouble de mon eſprit: d'autre part ie ſuis ſi fort embarraſſé dans ces fortes paſſions d'Amour, de deſeſpoir, de pitié & de chagrin,

V

que par vne malignité de nature du tout estrange ie treuue de la complaisance en ma douleur, de sorte que tout cela m'enleue la voix, ou me la rend enrouée comme à ceux qui ont veu le loup. Or vous sçauez par l'exemple d'Anne mere de Samuel, combien il est malaysé de se faire entendre à vne ame qui est en vne extreme angoisse; les moyennes douleurs peuuent estre exprimees, mais les excessiues estonnent le sens d'vne telle stupeur, que mesmes elles ostent presque le sentiment de leur violence. Si ie puis par le sainct remede du Sacrement de reconciliation recouurer la ioye du salutaire de Dieu, & la faculté de respirer, ie vous promets de vous deduire par le menu les degrez qui m'ont faict descendre en cet abysme de misere: Mais vous-vous souuenez bien de la promesse de Menandre, qui s'est engagé de parole de nous dire sa fortune, & de nous faire raconter celle de Florimond; ie les somme de s'en acquiter, & peut-estre que mon ame s'ouurira durant le temps de leur recit, & que i'apprendray par leur exemple à deuenir & bon, & sage. Ie le vous promets derechef, dict Menandre, & si le Soleil n'estoit point si voysin de son couchant, ie commencerois des à present ma narration; mais il vaut mieux attendre à demain, la huict nous donnera conseil, & me prestera le moyen de vous en rendre le discours & plus vtile, & plus plausible. Mais quoy, pour ce qui nous reste de temps, dict Meliton, n'entendrons-nous aucune pensee du Frere Palemon sur mon songe? A ce mot le bon Frere deuint rouge comme vne rose, ce qui fit dire à Florimond, Courage, mon Frere, voyla vne couleur de vertu qui vous monte sur le front. Si la honte est vne vertu, dict Palemon, Meliton me la vient d'imprimer sur le visage; car pensez qu'il feroit beau entendre vn pauure Frere ignorant comme moy, ainsi qu'vn Geay gazoüillant entre tant de Cygnes: à peine sans vostre charité estois-je digne de vous escouter. Menandre qui se cognoissoit en vertus, vit bien que ce Frere ne manquoit non plus d'humilité que d'esprit, choses qui ne sont pas tousiours trop compatibles; ce qui luy fit dire: Vous auez beau vous cacher dans vostre abjection, si faut-il que vous nous disiez quelque chose, quand ce ne seroit que par recreation. Mon Pere, dict-il, se tournât vers Syluã, vous plaist-il pas de luy cõmãder de payer sõ escot. Ie vous asseure, dit Syluan, que quelquefois il me dict des choses qui m'estonnent, & qui ne peuuent sortir de sa

V ij

bouche sans quelque particuliere inspiration de Dieu, & puis vous sçauez le Prouerbe,

Souuent vn iardinier profere de bons mots,
Et dict des traicts aigus qui sont fort à propos.

De moy ie n'ay autre pouuoir sur luy que volontaire; car nous n'auons autre lien que celuy de la charité; ce que i'ay de puissance par priere sur son esprit, ie le vous baille, & ie seray tres-ayse d'entendre ce qu'il aura pensé sur nos pensees, ou ce qu'il aura resué sur ce benit songe qui nous a si long-temps entretenus. Certes, mon Pere, dict Palemon, vous me chargez là d'vn faix qui surmonte la portee de mes foibles forces, ie n'ay ny l'esprit de Ioseph ny de Daniel pour ces interpretations; ie me souuiens autrefois comme i'estois Page, d'auoir leu ie ne sçay quoy d'vn resueur qui s'appelloit Altepidore. Menrandre sousriant, & les autres aussi, Mon Frere, dict-il, vous voulez dire Artemidore: Ie pense qu'oüy, dict tout naïfuement Palemon, mais i'ay oublié toutes ses fantaisies aussi bien que son nom. Ce n'est pas cela, dict Syluan, que nous vous demandons aussi; mais au moins que vous semble de celles que nous auons auancees, vous ont-elles döné quelque edification? Gráde, dit Palemon, & telle que ie n'ay rien à adjouster à cela, sinon des fadeses, que ie diray si l'obeissance m'y contrainct; mais ie vous supplie que la mesme obeissance me donne le merite de les taire, afin que ie ne gaste rien de ce que vous auez si iudicieusement establi. Si n'eschapperez-vous pas ainsi, dict Meliton, car si vous ne nous voulez rien dire sur mon songe, ie me souuiens que vous nous promistes hier de nous reciter vne histoire capable de chasser toute melancholie, & ie croy que le Pere Syluan sera bien content que vous la racontiez. Il sera donc luy-mesme l'histoire, dict Syluan, car c'est bien le plus gay Religieux, & de la plus agreable conuersation qui se puisse dire. Ie n'ay pas tousiours esté si iouial, dict Palemon, mais il est bien vray que l'histoire est en partie de moy, en partie pour moy, & le tout sera pour Meliton, si bon luy semble; & pleust à Dieu que ie la peusse aussi efficacement faire reussir en luy qu'elle a fait & en moy, & en celuy dont i'ay donc à parler, puisque vous le commandez ainsi.

Au commencement de ma retraitte du monde en l'Hermitage, ie me treuuay estonné comme vn homme qui seroit tumbé des nuecs; car ie venois du ciel d'vne Court, réplie d'vne fourmilliere de gens; mais ciel autant marqué de desastres que marqueté d'a-

18

ſtres. Ie me vis tout à coup priué de la veuë de mes plus chers amis, & de tant d'objects qui me ſembloiēt ſi agreables, & plōgé dans vne ſolitude, où à peine voyois-je le Ciel, à cauſe de l'ombre de ces grands arbres qui nous enuironnent: Dieu! que deuins-je, ie penſay me perdre dans vn abyſme d'ennuis, dans ceſte humeur noire les tentations ſe gliſſent pour peſcher nos cœurs en eau trouble, ie ne ſçauois que faire pour m'en deffaire; il me prend vn grand degouſt de ceſte vacation; i'appelle vne vie de beſte ceſte vie d'Ange, ie m'imagine que l'hōme eſtoit nay pour la ſocieté, & mille autres ſottes pēſees qui mōtent à mon cœur; en fin pour le trancher tout court, ie minute mō retour à mon vomiſſement. Parmy tous ces aſſauts dans le fonds de mō ame, i'auois vne ſecrette hayne du monde que ie venois de quitter pour vn motif que vous ſçaurez quand il me ſera cōmandé de le declarer; en ceſte ſuſpenſion qui violentoit mon eſprit, i'endurois interieurement des douleurs ſemblables à celles d'vne femme qui enfante, auſſi enfantois-je en ces agonies l'Eſprit de ſalut. Voicy le comble de mon mal, i'entray en vne telle auerſion du bon Pere Syluan, que ie ne pouuois plus ſouffrir ſa veuë, nō plus que ie n'en puis à preſent ſupporter la priuation: qu'euſse-je faict pour euiter sa presence, sinõ abandonner ce lieu & mon entreprise, qui estoit le dessein du tentateur; mais mon bon Ange preualut, & m'addressa cõme vous allez entédre. Arriua le iour que nous auons accoustumé d'aller à la queste à Bonne-fontaine, ie m'y en allay resolu de tout quitter, si ie n'y treuuois quelque salutaire conseil; ie m'addresse à Dom Prieur, qui est vn sainct hõme, & grandement secourable au prochain: ie le conjuray par les entrailles de la misericorde de nostre Seigneur, d'auoir pitié de mon ame affligee; il ne falloit pas tant le presser pour le disposer à la compassion, dont il estoit tout remply; ie luy descouure tous les ressorts de mon ame à cœur deboutonné, la vehemence de ma tentation, la contradiction que ie ressentois à me soumettre au Pere Syluan, & mille autres imaginations extrauagantes qui rouloient en ma teste. Luy soufriant amiablement, comme iugeant bien que ceste tempeste feroit plus de bruit que de mal, à cause de la longue experience qu'il auoit en telles affaires. Mon fils, me dict-il, si vous auez tant soit peu courage, cecy passera en vn moment, asseurez-vous sur la parole de celuy qui a dict, Confiez-vous en moy, car i'ay vaincu le monde. Si vous pouuez vous soufmettre à celuy que le Ciel vous a donné pour Pere, pour Maistre & pour Precepteur en IESVS-CHRIST, vostre angoisse s'esuanoüira, & vous serez restably en vostre premiere feruer, comme Agar fut remise en la maison d'Abraham, en se regeant sous l'obeissance de Sara : i'auray soin de recommander ceste affaire où il y va de vostre salut eternel, aux prieres de nos Religieux; de ma part, quoy que i'en sois indigne, ie representeray vos besoins à nostre Seigneur; mais ne manquez pas aussi de supplier vostre Pere Syluan, dont ie cognois la probité, de se souuenir de vostre necessité au sainct Sacrifice de l'Autel, & ie m'asseure que tout ira bien apres cela dans vostre interieur. Ie vous donneray pour caution de mon dire vn euenement remarquable que i'ay leu en la vie de S. Bernard; ce grand Personnage l'honneur de la France, & la gloire de l'Ordre de Cisteaux, faisoit vn voyage auec quelques vns de ses Religieux, entre lesquels il y auoit vn ieune Nouice appellé Geoffroy, cettuy-cy fut assailly d'vne tentation furieuse, presque semblable à la vostre, sous l'effort de laquelle côme il estoit sur le poinct de succôber & de retourner aux desbauches qu'il auoit quittees dâs le môde, il deuint si morne, si pêsif, & si triste, qu'il estoit aysé à lire à l'air de son visage tout changé qu'il auoit quelque chose en l'ame qui le tourmentoit; l'vn de ses confreres auquel il auoit grande confiance, & qui auoit vn grand zele pour son bien, s'approchant de luy, l'enquit doucement du sujet de sa tristesse. Helas, luy dit Geffroy auec vn profond souspir, mon cher Frere, ie suis affligé iusques au mourir, & ie croy que de ma vie ie ne seray ioyeux. L'autre touché d'vne tendre compassion, & redoutãt quelque chose de sinistre en cest esprit, en va soudain auiser leur commun Pere S. Bernard, lequel ayant le cœur tout esmeu de pitié, & la bouche autant ouuerte pour prier pour ses chers enfans, comme le grand Apostre pour les Corinthiens, entra dans la premiere Eglise qu'il treuua en son chemin, pour respandre son oraison deuant Dieu, & pour luy representer la tribulation du pauure Geoffroy, lequel cependant tout abatu de langueur & de trauail estoit demeuré à la porte, & là s'estant laissé atterrer au sommeil, peu de tãt apres S. Bernard sortit ayant si bien luitté auec Dieu qu'il auoit r'emporté la benediction pour ce pauure Frere, qui se resueilla auec vn visage si gay & si enjoüé, que comme celuy qui l'auoit veu si chagrin luy demandoit la cause d'vn changement si soudain, il luy respõdit, Si ie vous ay dit que ie n'aurois iamais de ioye, maintenant ie vous puis bien asseurer que ie n'engendreray jamais de chagrin. En quoy, dit ce Venerable Pere, il fut temeraire; car ces vicissitudes de pluyes & de beau têps, de broüillards & de serenité ne sont pas en nostre puissance; de sorte qu'il ne faut iamais perdre courage durant l'angoisse: mais dans les obscuritez, il faut esperer la clarté, selon qu'il est escrit, la lumiere arriue aux droicts de cœur au milieu des tenebres, parce que Dieu est & misericordieux & iuste; & de mesme au têps plus calme, il faut craindre l'orage selon qu'il est dit, aux iours heureux ayez souuenance du malheur, parce que le matin luisant de la prosperité & le vespre obscur de l'aduersité, composent le iour de ceste vie. En la mer de ce monde il faut cingler droictement entre l'Esperance & la Crainte. De plus mon fils, me disoit Dom Prieur, retenez pour iamais ceste leçon, que le vray moyen de surmonter les tentations, c'est de les descouurir naifuement, franchement, clairement, promptement à quelque personne spirituelle, car les filets & les rets se tendent en vain deuãt les oyseaux qui voyêt de loin, au côtraire celer son mal c'est pour y pourrir & pour y mourir, car l'esprit de discipline qui est celuy de Dieu fuit les ames feintes, doubles, cauteleuses & pleines de soupçõ. En fin, apprenez que le vray remede contre l'assaut de la tristesse, c'est l'oraison, selon que dit S. Iacques, quelqu'vn parmy vous est-il triste, qu'il prie. Et ne vous semble t'il pas, Messieurs, que ce deuot persõnage fust remply de l'esprit de Prophetie, car ie n'eus pas plustost soumis mõ iugemẽt à son auis & prié nostre Pere Syluan de dõner à nos besoins spirituels vne Messe du S. Esprit, qu'apres m'estre cõmunié de sa main ie sentis s'esuanouyr de mon ame toutes ces cruelles pensees qui me rõgeoient cõme des vautours, & oncques depuis n'ay-ie veu la seule image de la tristesse, sinon quand ie deplore mes imperfections. Ie dois ce secours à la priere de quelque bonne ame, de laquelle ie luy demãde la continuation, afin que ie perseuere en ma ioye qui me rend en ma pauureté plus heureux que l'Empereur. Que s'il n'est loisible de tirer profit d'vn exemple si miserable que le mien, au moins celuy du bon Geoffroy nous doit ce me semble apprẽdre que pour faire sortir le Seigneur Meliton de ses angoisses, il faut qu'il se dispose par vne vraye Penitence, mere de la grace, de se rendre capable des prieres des gés de bien, dont ceste forest est toute pleine, & ausquels nous le recommaderons, car nostre Pere Syluan m'a souuét appris que la priere du iuste faite auec instance & assiduité est d'vne merueilleuse efficace deuant Dieu. Il n'y en eut aucun de toute la compagnie, soit par humilité soit par verité, qui ne protestast que ce Frere auoit le plus heureusement rencontré de tous, & frappé plus heureusement au but sans y penser, qu'eux auec toute leur attention ; de sorte qu'ils conclurent de faire des prieres extraordinaires, accompagnees de mortifications pour la consolation de Meliton, lequel lisant dans la double Histoire de Geoffroy & de Palemon les mesmes mouuemens qui agitoient sa pensee, se resolut à mesme mal d'appliquer séblable remede. Ainsi, dit Syluan, arriua-t'il en vn Concile où vn Heretique fut conuaincu par vn bon Anachorete qui le rendit muet, luy commandant de se taire pour iamais au nom de Dieu, ce que n'auoient peu faire plusieurs Euesques qui composoient ceste assemblee auec leurs disputes, tant Dieu se plaist à confondre la science par l'ignoráce, la force par la debilité, & la sagesse par la folie. A peine acheuoit-il ces paroles, quand ils entendirent heurter à la porte de l'Hermitage, ce qui fit desloger vistement le Frere Palemon qui mouroit de honte de se voir priser si hautement en ce qu'il auoit dit auec toute simplicité.

Comme il ouuroit la porte, il fut bien estonné de voir vn Paysan tout chargé de viures dans vne grande besace qu'vne personne qui ne vouloit pas estre cognuë, leur enuoyoit de Crespy, & comme il estoit plus auisé que Giezy, n'osant rien prendre sans le congé du bon Pere Syluan, il le va auertir de ceste aumosne que le bon homme fut receuoir, accompagné de ses hostes, qui magnifierent auec luy la prouidence de celuy qui n'a garde de laisser le iuste, & qui ayant soin des petits des corbeaux en a vn bié plus grand des creatures qui portent son image. Alors se retournāt vers les pelerins, Ie croy, dit-il, que si nous eussions receu la vostre, que nous n'eussions pas eu celle-cy, car la manne du Ciel ne tombe point tant qu'on s'attend à la farine d'Ægypte : qui quitte quelque chose pour Dieu, gaigne le centuple, il n'est rien de plus infaillible; mais nos doutes & le manquement de nostre Foy, rendent ses promesses inualides : s'il estoit temps d'alleguer ie vous fournirois de cecy mille exemples, mais ce mot nous doit satisfaire, que ceux qui cherchent Dieu en sincerité de cœur ne manqueront iamais d'aucune sorte de bien. Apres auoir loüé ce Dieu qui multiplie tous les iours les pains dans le desert, ils se retirerent pour prendre leur repas, lequel finy & les Litanies chantees en la Chappelle, & l'examen de conscience fait, ils se retirerent pour se reposer, mais tous auec de differentes pensees. Car les bons Hermites desireux plus que iamais de la Conuersion de Meliton, passerent la plus grande partie de la nuict en prieres & autres exercices de Pieté pour le bien de son ame. Les Pelerins se jetterent sur leurs paillasses, resolus de tirer Meliton à leur Pelerinage par le recit de leurs fortunes. Et Meliton se jetta sur sa couche agité de beaucoup d'imaginations diuerses qui l'empescherent long-temps de fermer l'œil; il repassoit en son esprit tant de conseils & tant de remonstrances qui luy auoient esté faites durant le iour, qui toutes le portoient, ains le pressoient à la Penitence, aussi s'y resout-il & à changer de vie auant que contracter vne habitude pareille à la peau du Leopard & du More, dont toutes les laueures ne peuuent oster les mouchetures ny la noirceur: quant à sa fortune il la voit à demy descouuerte, & puis il recognoist la sincerité des personnes auec lesquelles il traitte, ioint que la manifester luy apportera du soulagement, & le moyen de se tirer de peine; il gouste le pelerinage, car il croit que cela le divertira de sa melancholie, & que par l'intercession de la S. Vierge il pourra estre deliuré du tourment qui l'afflige; il n'y a que ce Celibat ou ceste Religion qu'il ne peut bien comprendre, ayant le cœur encores tout saigneux de la playe de ce iuste refus dont nous auons parlé; si est-ce que si Dieu luy manifestoit sa volonté, en cela il y consentiroit incontinent, ce qui fait voir combien ceste ame estoit bonne en soy, bien que troublee pour lors par ses passions, tout ainsi que la Mer dont le fond est tousiours tranquille, bien que sa surface soit agitee par les tourbillons: tandis qu'il est en ces resueries sans pouuoir sentir ce doux engourdissement du dormir, par lequel se repare le trauail de la vie, il s'amusoit à remascher ces paroles.

Charme des plus cruels ennuis,
 Sommeil qui presidez aux nuicts,
 Voylé d'vn crespe noir à l'entour de vos aisles,
 Donc vos inutiles pauots
 Ne peuuent adoucir mes rigueurs immortelles,

Ny me faire gouster tant soit peu de repos:
Me faut-il tousiours souspirer,
Sans que ie doiue desirer
L'absence du Soleil pour soulager ma peine,
Helas! plus atteint de douleurs,
Pendant que dans les eaux il va reprendre haleine,
Ie la pers abysmé dedans l'eau de mes pleurs.

Mais comme il n'y a rien qui empesche tant de sommeiller que l'attention que l'on a de sçauoir si l'on dort, aussi plus il s'efforçoit de prendre son repos moins se reposoit-il, quãd tout doucement l'humidité de la nuict glissa dans ses paupieres ceste agreable pesanteur qui rend les viuans fort peu differens des morts; & il en fut si profondément saisi, que comme il auoit esueillé les autres le iour precedẽt, en cestuy-cy le Soleil l'esueilla: Car les Pelerins, sçachans combien le repos luy estoit necessaire, s'estoient leuez tout doucement & estoient allez en la Chappelle faire leurs deuotions.

FIN DV LIVRE QVATRIESME.

ALEXIS

ALEXIS.
PARTIE PREMIERE.
LIVRE CINQVIESME.

SOMMAIRE.

1. S'il faut deliberer pour estre Religieux.
2. Commencement de l'histoire de Menandre.
3. Trois sœurs. 4. Douleur moderee. 5. Inegalité d'esprit. 6. Naissantes affections.
7. Femme contrariante. 8. Recherche dissimulee. 9. Ialousie d'Angele. 10. Dissipee.
11. Maladie & mort de Pinciane. 12. Dissimulation descouuerte.

DESIA loin de Thiton l'Aurore matineuse,
Chassoit les rouges feux de la nuict ombrageuse,
Et le Soleil monté sur son char radieux
Venoit de son flambeau illuminer les Cieux:
Quand ses beaux rayons venans à se respan-

X

dre doucement sur les paupieres de Meliton, le firent plus estonner de son repos que de sa paresse; il commença deslors à bien esperer de la santé de son esprit, n'ayāt point esté agité comme les autres fois, de songes fascheux ny de fantosmes effroyables. Il se leue, & ne treuuant plus les Pelerins en leur lict, il s'imagina qu'ils auroient pris la route de leur Pelerinage: & desia il commençoit à regretter la perte de leur compagnie, & à se resoudre de les suiure & de s'associer à eux; quand le bon Frere Palemon entra dans sa chambre pour sçauoir quel seruice il desiroit luy estre rendu. Nul autre, dit-il, mon Frere, sinon de sçauoir que sont deuenus les deux Pelerins; car ie veux estre de leur bande. Quoy, dit Palemon, auez-vous donc eu reuelatiō ceste nuict pour la determination de vostre Pelerinage? Aux choses si clairemēt bōnes, il ne faut point de reuelation, dit Meliton: Si cela est, dit le Frere, vous serez aussi biē tost Religieux; car vous ne doutez point de la bonté de ceste Vocatiō. Comme ils en estoient là dessus, arriua le Pere Syluan, qui entendāt ces paroles du Frere Palemon: Ce sont des tentations ordinaires de nostre Frere, dit-il, car il voudroit que ces deserts fussent aussi pleins d'Anachoretes qu'estoient autresfois ceux d'Orient, afin de verifier ce mot du Prophete, que la deserte & la sterile auroit plus d'enfans que la fertile. Mõ Pere, dit Melitõ, cela merite biẽ que l'on y pense: Nullemẽt, dit Syluan, car pourquoy consulter si l'on embrassera le bien, si l'on suiura la perfection, si l'on se donnera à Dieu? & puis sommes-nous tant de chose, qu'il faille tant marchãder pour si peu de faict, pour vn iour de vie, pour vne once de richesses, pour vne dragme d'honneur que l'on laisse; cela c'est prester le vẽt & balancer la fumee. Mais mõ Pere, dit Melitõ, n'est-il pas vray que l'honneur du Roy de gloire requiert du iugemẽt, & qu'il ne faut pas voüer temerairemẽt, de peur de promettre & ne tenir pas? Cela mõ fils, dit Syluan, est veritable en quelque sens, mais nõ pas en toutes façõs, car souuẽt ceux qui fõt tãt de mystere ressemblẽt à Samuel, qui appellé de Dieu respõdoit à Hely; aussi ils disent assez qui nous mõstrera le biẽ, & quãd ils le voyẽt ils tũbent à la renuerse, cõme ces soldats qui vouloiẽt prẽdre nostre Seigneur. Ce grãd Docteur que l'on appelle Ange de l'Eschole, tiẽt que c'est vne chose vaine d'espreuuer si c'est l'esprit de Dieu qui nous tire à la religiõ, & mesme d'essaier si soigneusemẽt ses forces, parce que pour le premier, le Diable ne dõne gueres de pareilles pẽsees; quãt à l'autre, celuy qui dõne le vouloir dõne encore le parfaire. Mõ Pere, dit Melitõ, nous en

X ij

confererons plus particulierement, pour-
tieu que nos Pelerins ne soient partis: Et
quand ils s'en seroient allez, dit Syluan, cela
interromproit-il nostre Conference? Alors
Meliton tout estonné, Helas, dit-il, ils m'auront laissé, de moy ie les veux suiure: Et qui
vous a fait si tost Pelerin, dit Syluan? C'est ce
que ie luy demandois quand vous estes entré, dit Palemon. Mon Pere, reprit Meliton,
il est bien plus aysé de se resoudre d'estre
Pelerin que Religieux: Ce n'est pas mon
auis, dit Syluan, car ie treuue qu'il est plus
aisé de se resoudre au repos de la Religion
qu'aux fatigues du Pelerinage. Mais, mon
Pere, dit Meliton, vous m'amusez icy tandis qu'ils gaignent païs, & qu'ils s'esloignent
de moy, ie vous supplie de me dire quel chemin ils ont tenu, car ie veux auec eux aller
chercher la Liesse aux pieds de nostre Dame. Alors Syluan pour ne le tenir d'auātage en suspens, luy dit qu'ils n'estoient pas
partis, & qu'ils estoient en l'Oratoire de
l'Hermitage où ils prioient Dieu qu'il deuint leur compagnon de Pelerinage. Alors
Melitō tout ioyeux, Ils sont donc exaucez,
dit-il, car i'ay plus de desir d'estre en leur cō-
uersatiō qu'eux en la miēne: si ie ne me trō-
pe, nous sōmes tous trois de Paris, & ie pense auoir veu le visage de Menandre sous vn

habit bien different de celuy qu'il a: Dieu vueille, dit Syluan, noüer entre vous vne telle amitié, que ce sainct lien puisse chasser de vostre cœur ce mauuais cloud qui luy donne de telles pointures. Voyla, dit Palemon, des effects de la priere de ces Pelerins, & Dieu vueille exaucer les nostres, & acheuer son œuure en Meliton. De ce pas ils vōt en la Chappelle, où Meliton fut rauy de voir la deuotion des Pelerins, & principalement la pieuse contenance de Menandre, dont le visage & le port ne respiroient que douceur & sainctecté: ils se confesserent, & puis se cōmunierent auec Palemon à la Messe que dit le Pere Syluan, & ceste cōmunion fut à l'intention de Meliton, dont le courage estoit desia tout gaigné, honteux en soy-mesme de se voir si froid parmy tant de ferueur; ainsi son ame estoit peu à peu attiree par le parfum de ce bō exēple, tant c'est le propre des fideles qui sont de vrayes brebis, de s'entresuiure & de se sauuer, ou de se precipiter par l'imitation. Ceste iournee si sainctement commencée ne pouuoit finir qu'heureusemēt: apres les deuotions acheuees, Meliton qui brusloit de desir de cognoistre Menandre qu'il se figura auoir veu autresfois à Paris, ne manqua point de le faire souuenir de sa promesse; & Menādre qui auoit sceu par

Palemon que Meliton estoit desia Pelerin en son ame, se delibera de luy dire tout naifuemēt sa fortune & d'y mesler plusieurs enseignemēs d'edificatiō, & cōformes au dessein qu'il auoit de retirer ce ieune homme de ses fureurs & de l'incliner au biē. Ils allerēt dōc dans la chābre des hostes, où s'estans rangez sur des sieges, il commença de ceste façon.

Puisque de mes malheurs par vn foible discours,
Vous auez le desir de cognoistre le cours,
Et d'ouyr reciter la funeste auanture,
Qui fait que mon Amour est dans la sepulture,
Ie vous les vay conter, quoy que m'en souuenant,
Mon ame auec horreur s'en aille destournant.

Sçachez donc que ie dois ma naissance à ceste gracieuse & fertile vallee, qui est arrosee de ceste riuiere qui baigne les murailles de Montargis, ceste claire Yonne qui pert son nom à Montreau pour rendre le tribut de ses eaux à la Seine, est celle qui serpēte dans les prairies de la maison de mō Pere, laquelle releuee sur le milieu de la pente sēble dominer sur tout le Vallon: ceste assiette la rēd esgalement bien partagee de l'air & de l'eau; car elle est assez releuee pour s'exempter des broüillards inseparables de l'humidité des vallees, & nõ trop pour n'eſtre priuee de l'vſage des claires fontaines, qui boüillõnantes ſur la ſommité du coſtau, ſe viẽnent par des canaux rẽdre en tous les endroits de la maiſon où l'on a beſoin de leur vſage: le baſtiment en eſt à l'antique, non tant difforme neantmoins que ces vieilles maſſes dont les pointes heriſſees & cornues ſemblent faire la grimace contre le Ciel, & exciter le deſpit de ceux qui ſont en terre, contre ceux qui les ont autres-fois dreſſees auec ſi peu de iugemẽt & de proportiõ. Ceſte anciẽneté marque celle de noſtre race qui l'a tenuë d'vn temps immemorial; & pleuſt à Dieu que noſtre Nobleſſe fuſt de plus fraiſche datte, elle ne ſeroit pas ſi deſchiree, la plus ancienne n'eſt pas touſiours la plus illuſtre, au côtraire quãd la ſucceſſiõ du tẽps luy a oſté les biens par les diuers partages, il ne reſte au trõc lors que les brãches en ſont oſtees qu'vn renom vain & vn nom ridicule: la vieilleſſe eſt vn grand aage, mais ce n'eſt pas vn bel aage, la Nobleſſe qui eſt ſur l'aſcendant d'vne belle fortune eſt vn Soleil d'Orient, dont les rays d'or riant ſont bien plus vifs que ceux qui panchent ſur le declin. Ie dis cecy, parce qu'eſtant nay en ceſte terre principale de noſtre maiſon, que ie vous nõmeray quand il vous plaira en particulier, mais que

X iiij

vous vous contenterez pour le present de cognoistre sous le nom desguisé de Montbel, ie ne sçay si ie dois imputer à bõheur ou à infelicité d'estre venu au monde d'vn si bon sang, mais auec si peu de moyens, de soustenir le grand courage que ma race m'inspiroit. Ie voyois deuant moy vn frere & deux sœurs qui ne me laissoient autre part que celle d'Alexandre en ses cõquestes, l'Esperance. Le fief deuoit appartenir à celuy-là, l'espargne deuoit pouruoir celles-cy, pour moy rien. Et bien que la coustume de la France, pour le regard des successions soit des plus douces & des plus iustes, & fort esloignée de celles de ces Prouinces où les cadets n'ont que la cappe & les dents, comme s'ils estoient ainsi appellez du mot Latin, qui veut dire, tumber ou deschoir de l'heritage de leurs ancestres; neantmoins pour la conseruation de ce vain nom de famille qui est si precieux aux Gentils-hommes, ie me voyois reduict à pareil poinct. Rigueur estrange des Loix humaines, qui contraires à la naturelle, pour esleuer les vns depriment les autres : & quelle raison nous peut persuader que ceux qui sont de mesme sang & de mesme rang, & ausquels appartient vn mesme heritage, soient par les partages traittez auec tant de disproportion, que les vns accablez de pauureté voyent les autres gorgez de richesses? Ie dis cecy neantmoins sans me plaindre de mon pere, le meilleur qui fust au monde, & que i'appelleray Amedee, parce que veritablement il aymoit & craignoit Dieu: mais de la seuerité de la fortune qui me reduisit en cet estat, fortune qui en fin se vit abbattue aux pieds de la vertu, & de marastre elle me deuint douce mere; car elle m'a esleué comme Ioseph en Egypte, par dessus mon frere & par dessus mes sœurs, dont l'vne c'estoit l'aisnee, mais la moins belle se vit, selon la mode du monde, mettre Religieuse en vn Monastere fort honorable voysin de Montargis, & y changea son prophane nom de Diane en celuy de Iane, la premiere lettre estant ostee, qui marquoit ie ne sçay quoy du Demon qui s'est faict adorer sous ce tiltre. La plus ieune appellee Calliope (nom que i'estimois encores prophane, si ie n'eusse appris que c'estoit celuy d'vne Martyre de Grece) supplea par sa beauté au peu de douaire qu'elle apporta à vn Gentilhomme de nos voysins, qui en deuint espris, & qui vit auec elle en tres-bonne intelligence. Or afin que mon aisné eust tout, il falloit que ie n'eusse rien. Mon pere Amedee eust bien desiré me dedier au seruice des Autels;

mais aux simples Gentilhommes les Benefices sont inaccessibles, ce n'est pas gibier de leurs prises; & puis encor qu'il allast quelquefois à la Court, principalement quand le Roy venoit à ce desert admirable de Fontainebleau, dont sa maison n'estoit pas esloignee; ce qu'il pouuoit faire c'estoit de voir la mer & de s'enfuir, parce qu'ayant tousiours suiuy la fortune de ces grands Princes, dont la mort precipitee à Blois a cousté tant de sang à la France, y estant engagé comme leur vassal, & comme leur creature, ayant esté nourry Page dans ceste fameuse maison, il s'estoit treuué durant les guerres dans vn party dont les seuls chefs furent recompensez de leur reuolte. Il auoit quelque pensee de me ietter en quelque Abbaye de grande importance, tenuë par vn des Princes de ceste famille des Austrasiens; mais c'estoit auec autant de repugnance de sa part, que i'y auois de contradiction de la mienne: il changea de dessein, & me voulut charger d'vne croix de Malte; mais comme ie n'estois pas assez esueillé pour estre Cheualier, aussi n'estois-je pas assez retenu pour estre Moyne; mon inclination estoit aux lettres que i'ay tousiours cherement aymees, comme le plus doux charme des esprits, & comme l'entretien le plus proportionné à vne ame amoureuse de la raison & des belles cognoissances. Il me faict donc estudier, & comme c'estoit là mon Genie mon trauail reussissoit, ayant assez heureusement terminé le cours de ma Philosophie dans ceste celebre & non iamais assez estimee Vniuersité de Paris; pour contenter mon pere, qui desiroit passionnément que ie fusse Ecclesiastique, ie saluay la Theologie, mais de loin; ce n'est pas que ie n'eusse ceste science de salut en veneration, & que ie ne luy donnasse en mon estime le rang de Royne, & de Maistresse de toutes les autres, & mesmes que la condition des gens d'Eglise ne me parust plus qu'humaine, & semblable à celle des Anges. Mais comme l'honneur nourrit les arts, ainsi que dict le Prouerbe, en perdant l'esperance de m'y auancer, ie perdis le desir de poursuiure. Le goust de mon palais me mit le Palais en goust: ie desseignay de m'embarquer sur ceste mer, & d'y aller si ie pouuois à la conqueste de la toison d'or; mon bon pere voyant que i'auois du courage, & ne voulant contraindre mon inclination, me representa auparauant que de m'enuoyer à l'estude des Loix, que ie n'esperasse pas qu'il me peust donner vne charge de Iudicature, où pour arriuer à la Chambre dorée il falloit passer par vne porte d'or: que si le defaut de faueur luy ostoit l'espoir des Benefices, celuy des moyés luy enleuoit celuy des Offices: Et bien, luy dis-je, pauure Aduocat, pauure Prestre, & pauure Gentilhomme, sont trois disgraces qui n'ont pas beaucoup de dissemblance: en faict de misere il n'est que de choisir celle qui nous semble la moindre.

Le fardeau est leger que l'on porte à son ayse.
Ie fus enuoyé en ceste belle ville d'Orleans, la plus agreable de la France, selon le iugement de ce grand Empereur Charles cinquiesme; là mon pere auoit quelques amis, ausquels ie fus recommandé, entre les autres estoient les parens de Florimond, qui pour lors estoit encores tout petit enfant: ce fut en ceste Vniuersité que ie meublay ma memoire de tiltres, de paragraphes, de decisions, & qu'en vne dispute solemnelle & publicque ie receus les degrez d'honneur qui sont deferez à ceux qui ont dignement couru en la lice de ce celebre Lycee, de ceste iuste Academie. La teste enflee de Iurisprudence, & peut-estre autant de la bonne opinion que le monde me faisoit auoir de moy, ie reuins fondre au Barreau de cet illustre Parlement de Paris, où (ce que Cyneas disoit des Senateurs de Rome) se voit vn Con-

Livre cinquiésme. 333

stoire de Dieux, les Oracles de l'equité sortent par leurs bouches, parce que l'integrité est dans leurs poictrines; la doctrine & la verité est sur le rational de ces Prestres de Themis, qui sacrifient tous les iours au vray Dieu des sacrifices de Iustice. Ceste face me sembla toute autre que celle de nostre Escole, ce Temple me parut redoutable, & l'entree de ceste barre presque inaccessible. I'y voyois mille petits Aduocats, comme autant de petits papillons voltigeans autour du lustre de ces grands flambeaux, & parmy tant de menus feux il y auoit peu de Planettes. I'escoutay quelque temps, & quand ie vis qu'apres tant de liures fueillettez, tant de Latin & tant de Grec, i'estois vne beste en François, ie pensay quitter tout, & ietter le manche apres la coignee. Ceste Pratique desesperoit ma Theorie, & i'estois honteux d'apprendre mille choses que i'ignorois, des moindres Clercs, qui ne sçauoient vn seul mot de Latin, pas vne lettre de Grec, rien de Philosophie, de Poësie moins que rien, d'Eloquence autant que des souches, & qui n'entendoient en somme aucune lãgue que celle de leurs nourrices. Ie pensay perdre l'esprit à conceuoir comme ces gens gaignoient tant d'argent & ne sçauoient rien, & que sçachant beaucoup, comme sans faire le vain, ie puis dire que ie ſçauois pour mon aage, l'or fuyoit deuant moy comme le fer deuant l'aymant blanc: il me ſouuenoit de ce mot du gentil Toſcan,

L'ignorance triomphe, & ſuperbe deffie
Le ſçauoir pauure & nud de la Philoſophie.

En fin il n'eſt rien que ne ſurmonte vne patience ferme, vne attention fixe, & vn trauail que le Poëte appelle opiniaſtre: ie perce les tenebres des affaires, ie deſcouure le ſecret de ces obſcuritez, & i'y deuiens plus clairuoyant que les Clercs meſmes. Dés la premiere cauſe que ie plaiday i'eus vne audience ſi fauorable, qu'animé par l'attention & des Iuges & des auditeurs, & gaignant en tout & par tout, ie receus vn applaudiſſement vniuerſel, qui enfla tellement les voyles de mes deſirs, que ie penſois eſtre arriué au cap de bonne eſperance: auparauant ie recherchois les affaires, apres cela les affaires commencent à me rechercher; tout merit, les Alcions me promettent vne longue bonace. Vn des principaux Senateurs de ce celebre Aréopage m'entendit de ſi bonne oreille, & me regarda d'vn ſi bon œil, & par l'vn & l'autre de ces ſens ie me grauay ſi fortemét ſur ſon cœur en caractere de flammes, que iamais depuis mon image ne s'effaça de ſon ſouuenir.

Il n'auoit point de fils, mais bien trois filles que l'on pouuoit comparer aux trois Graces; car les deux estoient fort belles & amiables, mais celle du milieu faisoit bien de tourner les espaules, parce que la nature l'auoit au visage desauantageusement partagee en beauté, les traicts en estoient mal proportionnez, & le teinct surbrun : si ne pensoit-elle rien moins qu'estre laide, ne pouuant voir vne glace sans la dementir, tout ce qui en desplaisoit estoit la mesme façon par laquelle elle se pensoit rendre recommandable, c'estoit par vne affetterie si messeante & si desagreable à tout homme de bon sens, que c'estoit accroistre par artifice sa naturelle difformité; celle-cy sans desguiser autrement son nom s'appelloit Francine: les deux autres estoient parfaictes en beauté & en bonne grace, de sorte que leurs ames remplies d'autant de vertu que leur front de candeur, mettoit en balance ce que l'on deuoit plus estimer en elles, ou la vertu de leur beauté, ou la beauté de leur vertu; il est vray que la difference de l'aage, l'vne estant l'aisnee & l'autre la cadette, & si ieune qu'elle estoit presque aux annees voysines de l'enfance, faisoient voir deux roses, l'vne presque espanoüye, & l'autre sur la premiere poincte de son bouton: l'vne estoit vn Soleil leué, l'autre vn Soleil qui se leue: l'vne vn diamant poly & taillé à facettes, l'autre vn cabochon sortant de la roche, qui auoit encores quelque chose de rude, mais qui promettoit de ietter de grands esclats en sa saison: toutes deux agreables, toutes deux aymables, toutes deux adorables. Mais comme le cœur bien que situé au milieu de nostre poictrine, panche neantmoins plus d'vn costé que de l'autre; ainsi permettez à l'election de ma dilection, de donner le prix de la pomme d'or de mes affections à l'aisnee, puisque non seulement ie dois ceste preeminence à mon Amour, mais encores à la raison, parce qu'elle estoit sur le poinct du plein iour de sa perfection, & l'autre n'estoit qu'vne Aurore naissante, vne Aube qui n'estoit pas iour, mais seulement vne lumiere commençante, vne splendeur en son berceau. Qu'il me soit permis de nommer celle-là pour qui le reste de mes iours ne sera plus qu'vne file continuelle de pleurs, & vne suitte perpetuelle de plaintes, (il disoit cecy auec des sanglots & des larmes capables d'esmouuoir les rochers) du nom de ma ioye, non de celuy de ma douleur, de peur de deschirer ma playe de mes propres mains, autant de fois qu'il tumberoit en ma bouche. Ie vous prie que ie la nomme du nom que

j'ayme

j'ayme, du nom de mes premieres Amours, du nom de nostre alliance premiere ; car le sien propre estant celuy de ce grand Archange qui apporta ceste nouuelle bienheureuse à la saincte Vierge, qu'elle conceuroit par le sainct Esprit le Fils du Tres-haut, ie l'appelleray deuant vous Angele, comme i'auois accoustumé de l'appeller mon Ange : de ceste sorte elle sera mon Benjamin, l'enfant de ma joye, non pas mon Benoni celuy de mes regrets.

O mon Ange, car maintenant que tu es entre les Anges de Dieu, ie te puis bien mieux appeller ainsi que quand tu estois parmy les mortels ; que sçaurois-je voir icy bas qui me puisse contenter entre les creatures, puisque tu estois l'vnique filet qui tenoit mon ame attachee en ceste vallee de pleurs : & n'est-ce pas vne merueille que i'y viue comme vn ombre sans corps, & comme vn corps sans ame ? puisque tu estois plus l'ame de mon ame, que mon ame n'est l'esprit qui anime mon corps : maintenant que tes pieds glorieux font paué du Firmament, & que tes cheres plantes foulent le front des plus claires Estoiles qui brillent dedans les Cieux, qui me donnera des aisles de Colombe pour te suiure, & pour m'esleuer en Dieu, ton repos & le mien ? Mes amis, qu'il me soit per-

Y

mis pour donner air à la douleur qui m'oppresse, afin de poursuiure plus ayſément le fil de mon diſcours, de me ſoulager par le recit de ceſte douce Poëſie.

Dieu d'vn ſi chaſte nœud m'auoit à elle eſtreint,
 Qu'encor qu'il ſoit rompu i'en ſens touſiours l'eſtreinte,
 I'en eſtois embraſé d'vne flamme ſi ſaincte,
 Que quand elle defaut ma chaleur ne s'eſteint.
D'autre traict mon eſprit ne ſera plus atteint,
 Ie me ſuis deſpoüillé d'eſperance & de crainte,
 Pour aucun autre mal ie ne fais plus de plainte,
 Ceſte Mort me rauit & le cœur, & le teint.
La conſtance & la foy de moy tant reueree,
 Plus ferme que iamais au cœur m'eſt demeuree,
 Deſtournant loin de moy toute autre paſſion.
Mort, vante toy frappant ceſte ame de mon ame,
 D'auoir tranché d'vn coup dans vne ſeule trame
 La vertu de ce monde & mon affection.

Tandis que Menandre apres le rapport de ce Sonnet, prenoit vn peu d'haleine, & eſſuyoit les larmes de ſes yeux : Et bien, dict Meliton, où ſont ceux qui me preſchoient l'attrempance & la moderatiõ dans les excez

de mes plaintes? qui ne m'excusera desormais apres auoir veu la sagesse de cet homme tellement esbranlee?
N'auez-vous point appris que c'est contre l'vsage
Qu'on puisse en mesme temps estre amoureux &
sage?

A la verité, repliqua Sylua, ce sont deux choses qui se logent rarement en vn mesme cerueau que la Prudence & l'Amour; car l'vne met sa perfection en la retenuë, l'autre en l'extremité: l'ancien Prouerbe dict que cela n'est pas donné à Dieu mesme; & c'est pour cela que les Gentils appelloient vne folie la Predication de la Croix, à laquelle l'Amour a cloüé le Sauueur du monde: Mais encores ne vois-je rien icy qui vous puisse seruir d'excuse, ô Meliton; car la mesme difference qui est entre les fraisches rosees ou les douces pluyes, & ces rauines ou deluges d'eau qui rauagent les vallees & les campagnes, se voit entre vos desplaisirs & ceux de Menandre: l'Apostre permet de pleurer mediocrement & modestemét sur le mort, non pas furieusement comme ces desesperez qui n'ont point la creance de la resurrection. Le Sauueur mesme pleura bié sur le Lazare encores qu'il sceust le deuoir ressusciter: il n'y a celuy non seulement qui ne pardonne à Menādre, mais qui ne le loüe de ce tesmoignage de bienueillance qu'il rend à la memoire d'vne personne tendrement aymee, & qui n'estoit qu'vne mesme chair auec luy; il faict voir que sa poictrine a vn cœur de chair & non de pierre: la vertu ne consiste pas en l'insensibilité, oüy bien à ressentir les passions, mais à ne consentir pas à leur desreiglement. Et puis il faut dire le vray, celuy là est beaucoup moins malheureux qui n'a iamais eu vn bien, que celuy qui en est priué apres l'auoir possedé selon toute la force de son desir. Alors Menandre remerciant le Pere de son Apologie, & appreuuant ses raisons, reprit ainsi sa parole qui s'estoit esgaree dans sa douleur: I'ay encores besoin de vous declarer le nom de ceste cadette de ma chere Angele, parce que nous en ferons souuent mention dans le tissu de ce Narré; & sans elle ie croy que ma fortune & mes affections eussent faict vn triste nauffrage: elle s'appelloit donc Agathe, c'est à dire bonne, nom tout à faict conuenable à la bonté & à la fidelité de son cœur. Ce Senateur leur pere, duquel nous auons parlé, se fera cognoistre sous celuy de Theodose, mary d'vne Dame que nous appellerons Pinciane, femme de grand courage, d'vn cœur esleué, fort absoluë en ses volontez; &, comme il est assez frequent à Paris, la

Livre cinquiesme.

maistesse dans la maison, la Xantippe de ce bon Socrate, l'exercice ordinaire de sa vertu.

Celle-cy par vne humeur bigearre, assez commune à celles de son sexe, entre ses filles aymoit si passionnément Francine, qu'elle n'auoit des yeux que pour elle, encores que l'object n'en fust pas trop exquis; c'estoit son idole, elle n'auoit autre soin que de la parer, ou plustost de la reparer, se vengeant par vn long art des defauts dont la nature l'auoit partagee: auprés d'elle ses autres filles ne luy estoient rien, c'estoit le rebut de son ame, l'object de sa mauuaise humeur; les pauurettes agréoient à tout le monde excepté à celle qui d'vne façon differente à celle de la Magdelaine, n'auoit pas esleu la meilleure part; il est vray que la sympathie y aydoit, car si la mere estoit fantastique, la fille ne l'estoit pas moins, c'estoit l'image de la mere, non pas que l'on peust dire comme ce Poëte ancien;

D'vne mere fort belle, ô la tres-belle fille,
La gloire & l'ornement de toute ta famille.

Mais bien que sa mere n'ayant iamais eu trop de graces, la fille en auoit encores moins, il est vray que les ans n'en auoient gueres osté à celle là qui n'en auoit pas trop eu en sa plus florissante ieunesse, & ils ne les pouuoient effacer de celle-cy, qui n'en auoit point en sa plus verte saison. Or i'auance cecy plus pour rendre tesmoignage à la verité que par esprit de mesdisance & de vengeance; mais c'est pour preparer les vostres peu à peu à la cognoissance du dangereux esprit, hoste d'vn corps si disgracié; car quãd vous sçaurez ses mauuaistiez, vous verrez que c'estoit le moins que i'en pouuois dire. Doncques pour venir à mon faict, le bon Theodose qui cherchoit pour ses filles non des richesses sans hommes, mais des hõmes capables ou d'acquerir, ou de conseruer des richesses, selõ l'auis d'vn sage Anciẽ; m'ayãt veu par l'oreille, & ayant recogneu, suiuant son iugement, quelque sorte de disposition en moy pour reussir à la Barre, me designant en son cœur pour son gendre, me fit cõmander de l'aller voir; i'y vay plein d'honneur & de respect, & mesme saisy de crainte que le gain de ma cause ne luy eust despleu, ou prejudicié à quelqu'vn des siens, sçachant combien il est dãgereux à cet abord d'offencer les Dieux. Apres luy auoir faict la reuerence, ie leus sur son front, tout plein de majesté & de grauité, vne serenité extraordinaire: il m'applaudit pour ceste premiere actiõ auec des termes si obligeans & si extraordinaires, qu'il me sembloit que desia ie touchois les fleurs de Lys: apres m'auoir enflé de belles esperances, & representé l'exemple de tant de fameuses lumieres qui esclairoient dedans le Palais, qui estoient, selon le songe de Mardochee, prouenuës de debiles sources, il me fit des enquestes, par lesquelles il alloit doucement sondant ce que ie pouuois sçauoir; de là il s'enquit de ma naissance & de mes moyens; il fut bien ayse de sçauoir mon extraction estre Noble, mais ma qualité de cadet l'estonna, neantmoins releuant son esprit, il iugea bien que si l'aiguillon de la necessité ne me pressoit, ie m'endormirois peut-estre dans l'oppulence d'vne bonne fortune, & croupirois dans l'oysiueté: il m'exhorta à prendre courage, me promettant que si ie continuois à bien faire il me descouuriroit le visage d'vne bonne rencontre; s'offrant auec beaucoup de courtoisie à m'assister, à m'ayder, à me proteger selon son pouuoir, qui n'estoit pas petit dans le Parlement. Ce fut tout ce que i'emportay de ceste premiere veuë, sans pouuoir comprendre autrement sa pésee: ie me retiray apres les complimens que desiroit de moy vne telle faueur; & plein de desir de mieux faire, ie cherche toutes les occasions de me signaler en ceste milice,

Y iiij

que Iustinian appelle de la Robe. Mon bon Theodose me reuoit encores sur les rangs, & faire tellement à son gré, que ne pouuant plus dissimuler son desir, il se resout de me le declarer; il me faict appeller pour la seconde fois, & en suitte de plusieurs discours, apres m'auoir dict qu'il s'estoit enquis de mes parens & de mes mœurs, il ne vouloit point d'autre iuge de ma capacité que luy mesmes, & qu'il auoit determiné de me prendre pour gendre, & de me donner vne de ses filles auec la suruiuance de sa charge: Moy qui me vis à l'abbord de mes trauaux, presque à la consommation de ma fortune, & arriué à vn but où ie ne croyois iamais qu'aucune ambition me peust esleuer, ne pus faire autre chose sinon luy rendre graces en rougissant; luy bien ayse de me voir tellement interdit, Vous rougissez comme vne fille, me dict-il, vrayment ie vous en ayme dauantage; car c'est vn tesmoignage que vostre sçauoir est accompagné d'humilité; vostre suffisance m'eust semblé moindre si vous en eussiez faict le suffisant; car celuy qui pense sçauoir beaucoup, ne sçait pas encores comment il faut sçauoir. Et de ce pas, sans me donner plus de loysir de reuenir à moy, ny de me r'auoir de ce transport où il m'auoit mis, me menant en la chambre de sa femme, qui auoit ses trois filles autour de soy. M'amie, luy dit-il, voyla le ieune homme dõt ie vous ay fait tant d'estat, & que ie veux faire mon gendre & mon successeur en ma charge, Dieu ne nous a point donné de fils par nature, mais il nous a par sa misericorde donné de quoy en auoir par alliance & par eslection. Ie fus accueilly par Pinciane auec beaucoup d'humanité, & apres l'auoir saluëe & aussi ses filles selon la liberté de nostre nation, Theodose me laissa auec elles, où ie demeuray quelque temps à deuiser de ma bonne fortune, & à leur rendre par mes discours tous les tesmoignages que ie pouuois de mon esprit, de ma modestie, & des eternelles obligations que i'auois à Theodose, de m'auoir donné place en son cœur & accez en sa maison.

Ie les laissay en apparence fort satisfaites, 6 mais i'auois l'esprit tellement suspendu dans l'indifference où l'indetermination du Pere m'auoit plongé, que ie ne sçauois si ie deuois benir ma fortune ou m'en plaindre: d'vn costé ie touchois du front les estoiles; de l'autre, ie me treuuois enseuely en des abysmes, & voicy pourquoy. Ie ne sçauois laquelle de ces trois filles le sort me reseruoit. L'aisnee qui estoit mon Angele, comme vn grand Astre m'esblouyt si fort dés sa premiere veüe, que i'en perdis la cognoissance de moy-mesme; ie veis vn œil doux & modeste, armé d'vne flamme si claire qu'il sembloit couronné de rayons pour auoir l'empire des cœurs; son lustre m'offença par trop de contentemens, & l'excez de mon bon-heur me fit sentir les mesmes transes d'vne personne malheureuse; car côme d'vn costé ie n'osois me promettre tant de gloire que de seruir vn tel obiect, beaucoup moins osois ie esperer sa possession. Cependant vne secrette vanité flattoit mon desir, & il me sembloit que si aucune meritoit l'estat pour doüaire, c'estoit celle-là. La secõde qui estoit Francine, quoy que plus auãtageuse, mieux paree que l'autre: (car c'estoit le cœur de la mere) me desplut si fort à sõ premier aspect, que tous les honneurs du monde, & toutes les richesses auec elle m'eussent sẽblé rejettables; c'est grand cas que ceste sympathie ou dispathie qui donne le premier mouuement aux inclinations ou aux auersions. La troisiesme me semble si ieune, qu'encores que l'humilité & la raison me commandassent de me mettre au dernier lieu, & de la prendre pour la part qui m'estoit promise, desia l'attente m'ennuoyoit, parce que l'espoir d'vn biẽ differé afflige l'ame, ioint que

Livre cinquiesme. 347

sa grace n'estant encores qu'en coton & en bourre, il m'estoit malaisé d'allumer mon ame à ceste debile lampe, auprés d'vn flambeau si specieux comme Angele me paroissoit. Ie me retire plus deuoré de ces pensees qu'Acteon de sa meute, & souffrant les entorses d'vne féme qui sent debatre deux jumeaux dans ses flancs. Tantost ie m'imagine qu'on me supposera Lia pour Rachel, me pensant encores faire beaucoup d'honneur de me bailler la desagreable; tantost ie releue mon courage, & ie tiens l'ame de Theodose trop iuste pour vouloir marier la puisnee deuant l'aisnee; & certes il estoit ainsi, car retournant vne autre fois en ceste maison visiter ce bon homme qui m'auoit fait vne si belle offre, ie sceus de luy que son intention estoit de me donner l'aisnee, mais à telle condition que le premier masle qui naistroit de nostre mariage porteroit ses armes & son nom, & seroit le chef de sa famille. Moy qui l'eusse prise sans autre douaire que sa vertu & sa beauté, tant i'en estois espris, me voyát en vn cóble de felicité inesperee, ie me ry de ceste códition, voyát que Tolomee mon frere aisné estoit marié, & auoit déja des enfás capables de pousser celuy de nostre famille bié auát dás la memoire de la posterité: i'acceptay donc ceste códition à bras ouuerts, & ie receus la permission de rechercher & seruir desormais Angele, comme ma maistresse. La premiere fois que ie luy en portay les nouuelles, il seroit malaisé de vous dire qui de nous deux estoit plus saisi d'estonnement, les genoux me trembloient, le cœur me battoit, & ie n'auois artere sur moy qui ne fremist soit de ioye, soit d'apprehension, tant vne violente passion occupe & les sens & l'esprit : moy qui parlois en public auec tant de hardiesse, ie pensay me treuuer muet deuant vne simple fille, dont la simplicité m'effrayoit plus que n'eust fait tout vn Parlement, eust-il esté en robe rouge : Et puis estonnez-vous d'Hercule filant, & dittes que l'Amour ne dompte pas les Lyons : tout ce que ie peus arracher de ma langue aussi begayante que mon ame estoit esmuë, ce fut de luy dire la permission que i'auois euë de Theodose, de l'honorer comme ma maistresse. A ce mot ses lys se metamorphoserent en roses, & l'alteration de son visage me fit redouter de n'auoir pas esté bien receu, car que ne craint celuy qui ayme, tout luy fait ombre. Ie ne pouuois pas deuiner les pensees de ceste fille, ny sçauoir si elles me seroient propices ou contraires; car pour iuste & legitime que soit la flamme d'vne vierge bien née, si est-ce que l'imbecillité de son sexe ne luy permet pas d'entendre parler de nopces, que la crainte & la honte, passions impetueuses, ne s'emparent de son cœur: pressee de ce langage, elle me respondit d'vn accent plein d'emotion, qu'elle me supplioit de ne l'appeller point de ce nom là iusques à ce qu'elle eust cõsulté son oracle, qui estoit la volonté de son Pere, & encores celle de sa mere, pour sçauoir comme elle auroit à se conduire, n'ayant autre electiõ ny dilection, que celle qu'il leur plairoit ordõner qu'elle eust. O Dieu, luy dis-ie, m'estimeriez-vous bien si temeraire de vous auancer ceste parole, si ie n'estois fondé, ie ne diray pas en vne simple permission, mais en vn commandement exprés de celuy qui vous a mis au monde, & qui desire en me donnant à vous me ranger au nombre de ses enfans. Mais ie loüe vostre dessein, qui tesmoigne la bonté de vostre ame, & ie croy que si vous estes bien obeïssante ie seray victorieux. Et comme c'est pour obeyr à Theodose que ie me donne à vous de parole, qui m'y estois desia donné par mes inclinations; i'espere que ceste mesme soumission à son vouloir fera que vous accepterez celle que ie vous fais de mon tres-humble seruice. Ceste premiere ouuerture se passa de la sorte, & ie me retiray aussi content de sa modestie, que satisfait de sa beauté. Ie m'en allay remaschant ces douces paroles.

A qui pourrois ie mieux consacrer mon seruice,
Qu'à ce diuin esprit des graces reuestu,
Que l'on ne peut seruir sans mespriser le vice,
Que l'on ne peut cherir sans aymer la vertu.

Elle ne manqua pas à rapporter à son Pere le discours que ie luy auois tenu, luy demandant quel estoit son bon plaisir, pour ce regard, afin qu'elle s'y cõformast, comme vne fille qui vouloit reigler toutes ses actions au niueau d'vne fidele obeyssance. Le Pere l'ayant loüee de ce qu'elle ne voyoit que par ses yeux, luy dit assez de bien de moy, pour disposer son cœur à m'en vouloir, luy declarant qu'il m'auoit choisi pour elle, pour soy-mesme, pour sa maison, pour successeur de sa charge, & pour le soustien de sa famille; qu'il m'auoit permis de la seruir, & qu'elle luy commãdoit de me receuoir & de m'accueillir comme vn homme à qui elle deuoit vn iour appartenir, & duquel il estimoit le merite. Ces paroles paternelles treuuerent en Angele vne ame non occupee, & y escriuirent en lettres de feu, comme sur vne carte blanche & raze, les caracteres de l'immortelle affection, que depuis elle a eüe pour moy, ce fut le morceau de pomme qui deniaisa son innocence, & le rayon de miel de Ionathas qui luy ouurit les yeux. Elle commença à me regarder, non plus comme vne chose indifferente, mais comme sienne, & à m'aymer comme ce qui luy appartenoit : & comme la cire molle est susceptible de toute impression, ainsi tout ce qui partoit de moy luy estoit agreable, parce qu'elle estoit disposée à me bienuouloir. C'estoit trop de felicité tout à coup, il falloit que la fortune mon ennemie dés ma naissance, jouast ses jeux & vinst trauerser ma nauigation par ses ordinaires tempestes.

Comme elle pensa communiquer à sa mere la permission, ou plustost le commandement qu'elle auoit receu de son Pere, de souffrir & d'aggréer ma recherche, Et moy, luy dit ceste femelle contrariante, ie le vous defends absolument. Que deuint, à ce coup de foudre qui la frappa, sans luy donner le loisir de voir l'éclair, la pauure Angele, ie le laisse à penser à qui a ressenty autresfois vn pareil assaut; car autrement cela peut difficilement monter en l'imagination d'vne personne inexperimentee. Or il est besoin de sçauoir icy que comme Francine estoit la fille du cœur de Pinciane, Angele estoit celle du cœur de Theodose, mais comme homme il auoit vn plus fort ascendant sur ses passions;

& bien qu'il aymast toutes ses filles d'vne grande Amour, si est-ce qu'il obseruoit religieusement l'ordre de la charité, selon lequel il estoit iuste en toutes façons, qu'Angele marchast la premiere. Il n'en estoit pas ainsi de Pinciane, laquelle femme & impuissante de contenir ses affections dans les termes du deuoir & de la bienseance, commettoit enuers Angele & Agathe des iniustices qui faschoient Theodose, mais qu'il dissimuloit prudemment pour conseruer la paix en sa famille, selon l'auis de ce Sage, qui dit, que c'est vne bonne alliance d'vn aueugle mary auec vne féme muette. Mais si celuy là par sagesse n'auoit ny yeux ny oreilles, celle-cy n'estoit pas sans langue, de laquelle se seruant auec l'aigreur ordinaire des femmes mutines & criardes, elle luy dit vne fois toute en colere: A ce que ie voy, Monsieur, vous ne communiquez pas vos secrets à vostre femme : l'autre luy respondit tout froidement, Il n'en est pas de besoin, mais encores qui a-t'il de nouueau qui vous cause ce langage? Quoy, vous matiez donc vos filles sans moy, dit-elle: Et quelle fille, dit le bon-homme? Vostre fille Angele, reprit l'irritee Pinciane, de laquelle vous faites vne idole. Comment m'amie, dit Theodose, & ne vous ay-ie pas dit plusieurs fois

fois que i'auois jetté l'œil sur Menandre, que ie me promettois de grandes choses de ce ieune homme, & que ie luy voulois donner vne de mes filles pour le faire heritier de ma charge? Et quoy, dit-elle, donner vostre charge qui est tout l'honneur de vostre maison à vn ieune oyseau incogneu, vn cadet qui n'a rien que la langue & les dents, que la cappe & l'espee, à quoy pensez-vous? il y a tant d'autres personnes de qualité qui se tiendroient fort honorez de vostre alliance. Mamie, dit Theodose, s'ils estoient de qualité ils n'auroiēt que faire de la mienne: receuoir vn gendre chez moy, qui fust aussi grand que moy, ce seroit y admettre vn compagnon, & vous sçauez que qui a compagnō a maistre; ie veux vn beau fils qui soit souple à mes cōmandemens, & dont le merite personnel passant les moyens des autres n'empesche point que sa fortune depende de ma volonté. A ce cadet, repliqua la pinçante Pinciane, il ne faudroit au plus donner qu'vne caderte: Et quelle apparence, dit le bon-homme, de marier Agathe en vn aage qui sort à peine de l'enfance? O Mōsieur, dit-elle, il seroit encores trop heureux; & puis il n'est pas temps que vous quittiez vostre charge, Dieu vous conseruera encores longues annees s'il luy plaist. Or ce n'estoit

Z

pas cela qui tenoit ceste bonne femelle, c'èstoit vne auersion secrette qu'elle auoit contre la pauure Angele, & vne passion si forte pour ceste Francine, qu'elle auoit mis en sa teste de la marier la premiere, & de me la donner, à moy qui eusse aussi tost choisi la mort. Et vous sçaurez ce qu'elle vouloit, elle le vouloit à quelque prix que ce fust, c'est ce qui fit qu'elle mettoit Agathe en jeu, afin que l'on parlast de Fracine. Le bon-homme qui s'en douta luy dit, Si ie parlois de Menandre pour Francine, vous ne vous mettriez pas dans vos ordinaires contradictions, mais i'en suis tellement rebattu que i'en ay fait coustume, & ceste coustume m'en oste le ressentiment. Vrayment, dit-elle, il ne la merite pas : Et bien, dit le bon Theodose, si Agathe est trop ieune, & s'il est indigne de Francine, il luy faut donner Angele qui ne sera pas si difficile ny si desdaigneuse. Que dira-t'elle, car la voyla prise par son propre discours, ce que telles femmes ont accoustumé de faire, qui est d'exciter du tumulte & du tintamarre, estimant que c'est auoir plus de raison que de faire plus de bruit: Theodose qui la veut r'amener tout doucement, luy remonstre comme Laban à Iacob, que ce n'est pas la coustume de marier les cadettes deuant les aifnees, que cela fait foupçonner quelques deffauts en celles-cy, & defcrie la famille: mais quoy, elle n'entend pas d'autre regle que celle de fa volonté, & fi elle ne marie fa Francine, elle empefchera, dit-elle, tout mariage pour Angele. Alors le mary d'vn ton haut & poignant, Sçachez, luy dit-il, qu'aux petites & menuës affaires qui regardent le mefnage, ie vous ay laiffé eftre la maiftreffe, mais en celles d'importáce comme celle-cy, qui regarde l'eftabliffement de ma famille, ie veux eftre le maiftre, & qu'on ne me contrarie pas d'auantage, ie veux que cela foit, & i'appreuue la recherche d'Angele par Menandre, & ie veux que vous la fauorifiez. Le vray moyen pour empefcher qu'vne femme vueille quelque chofe, c'eft de la luy commander; car leur grande Vertu eft en l'inobeïffance. Voyla Pinciane d'autant plus eftonnee qu'elle auoit moins accouftumé de fentir de femblables reuers, & toute refoluë de coudre la peau du renard où celle du Lyon ne pouuoit atteindre, elle fe prepare à trauerfer ma fortune par toutes les fraudes & par tous les artifices qu'elle pourroit inuénter. O qui pourroit defcrire les cruautez & les barbaries qu'elle fit experi-

Z ij

méter à l'innocéte Angele; car au lieu qu'auparauant ce n'estoit que l'obiect de son mespris, c'est celuy de sa hayne; c'est vn but aux traicts de sa vengeance & de son courroux. Non contente de luy oster toute sorte d'ornemens, elle la laisse vestuë auec tant d'indecence, que le Pere despité la fait habiller selon sa qualité, tandis que Pinciane pare sa Francine comme vne poupee, & la rend ornee comme l'Autel d'vne Eglise. Or les ornemens ont cela qu'ils pleurét sur vne creature desagreable, comme ils sont rians sur vne belle; de sorte qu'elle ne faict rien moins que ce qu'elle veut faire, qui est d'embellir sa fille. Ie ne vous sçaurois exprimer les vacarmes que ceste femme irritee excita dedás ceste maison, où ayãt tousiours regenté aux accessoires, elle se faschoit de se voir surmõtee au principal, qui estoit au poinct de pouruoir ses enfans; car vous diriez que c'est là où aboutissent toutes les intentions des Peres & des Meres : comme à la verité c'est la plus grande operation d'vn bon Mariage. Non contente de faire sentir ses rigueurs à Angele, iusques à la separer de toutes conuersations, & à la menacer de la mettre en prison, effect que la puissance paternelle eust empesché, si elle l'eust entrepris; elle voulut aussi que ie fusse participant des traicts de son indignation; & certes puisque i'estois la cause de tout cest orage, il estoit bien raisonnable que ie fusse jetté en la mer de sa disgrace & de son courroux. Vn iour qu'elle me rencõtra auec Angele, quels outrages ne vomit-elle contre elle premierement, & puis contre moy. Ceste fille peu rusee & qui ne sçauoit qu'ou il ne faut iamais respõdre à vne Mere courroucee, ou il faut que ce soit auec des paroles de telle soumission que ce soit de l'eau sur ce feu, luy ayant opposé le commandement de son Pere, auquel elle obeyssoit tres-volontiers, pressee de ses propres affections: Vrayment, disoit Pinciane, il fait beau voir vn Pere se mesler du gouuernement de ses filles, il entend mieux les affaires de son Palais que tout ce mesnage-là, ceste cõduitte m'appartient par toute sorte de raison ; & si vous faites d'auantage la sotte, souuenez-vous m'amie, que ie vous traitteray comme vous meritez. Et se tournant vers moy, Et vous Monsieur, qui estes si hardy que de parler à mes filles sans mon congé, sur mon ame (c'estoit son serment ordinaire,) si ie vous y reuoy ie vous feray cognoistre quelle est l'auctorité d'vne Mere sur sa fille, allez, ie vous defends l'entree de ma maison. Le criminel qui sur vne fausse accusation & sans estre ouy, se voit condamné à vn exil qu'il eſtime pire que la mort, n'eſt point plus triſte quand on luy prononce ſa ſentence, que ie le fus de celle-là: Ma conſolation eſt qu'il y auoit appel de la femme au mary, duquel i'eſperois vne iuſtice plus fauorable; car le bon Iſaac m'auoit dit, que ſi elle m'outrageoit ie patientaſſe, & ſi elle me maudiſſoit qu'il prenoit ſur ſoy la malediction de ceſte Rebeccante Bacchante. Car comme voulez-vous que i'appelle ceſte eſtrange humeur qui me traittoit deſia, non en belle mere, mais en maraſtre. Ce n'eſt pas que ce ne fuſt d'ailleurs vne tres-honneſte & vertueuſe Dame, mais que voulez-vous, l'ardête cholere, ce Demon de midy qui fait de ſi violentes incurſions la dominoit eſtrangemét. Ie fais large à ce torrent, & ie n'oppoſe à ce flux de langage que des reuerences & des proteſtations de reſpect & d'obeyſſance: elle euſt bien voulu que i'euſſe repliqué, afin que nous fuſſions deux, & pour auoir ſujet de ſe plaindre de moy; mais ie n'eſtois pas ſi peu conſideré que de luy donner ceſte priſe. Elle ne laiſſe de me deſcrier & de me diffamer enuers tous ſes parens, & ceux de Theodoſe, & en ſçait ſi bien perſuader quelques vns, qu'ils remonſtrent au bonhomme, qu'en moy il n'a pas fait vn trop bon choix; toutes leurs reproches ſe terminoient à ce poinct, que ie n'auois vaillant qu'vne belle esperance: Et c'est ce que ie cherche, repliquoit Theodose; car ie ne souhaitte rien tant que de treuuer vn gendre selon mon cœur, de mettre vn habile homme dans ma maison & dans nostre compagnie en ma place, estimant en cela faire vn seruice au public. Ce qu'est la gresle aux tendres fleurs, l'estoient toutes ces oppositions à ma naissante fortune. Mais vn bon astre modera toutes ces malignes influences, ie croy que ce fut la pieté, qui est, comme dit l'Apostre, bonne à tout. Car vous deuez sçauoir que mon Angele estoit parfaittement deuote, ce qui estoit cause qu'elle enduroit auec beaucoup de patiéce les choleres de sa mere: ie me plaignois quesquesfois à elle, que ceste grande constance estoit vn tesmoignage de peu d'affection enuers moy; mais ie me trompois, car si elle en eust eu biē peu pour se deliurer de toutes ces tēpestes, elle eust incontinent renoncé à ma recherche; tout ainsi que ces nautōniers, qui pour sauuer leurs vies durant la tourmente, jettét en mer leurs plus precieuses marchandises. Ces troubles perfectionnoient l'œuure accomplie de la Patience, la Patiéce estoit vne espreuue de feu à vn or trespur, & ceste espreuue au lieu d'esteindre

Z iiij

affermissoit nos esperances, lesquelles si bien fondees ne sont iamais confonduës. Ie ne sçaurois vous dire comme cela esguisa son esprit, & subtilisa le mien, car ceste passion affectueuse est la mere des inuentions, nous en treuuasmes mille pour nous entreuoir, pour nous entretenir, pour nous escrire; & comme Pinciane la faisoit espier par autant de seruantes qu'elle auoit, Francine interessee, & dans les passions de sa Mere & dans les siennes propres en estoit la suruellante. Neantmoins nous creuasmes les yeux de tous ces Argus, & nostre affection pure, claire & luisante comme le Soleil, effaçoit toutes ces lumieres tenebreuses. Ie fus contrainct de me plaindre à Theodose du rebut de sa femme, & des mauuais traittemens dont elle affligeoit ma chere Maistresse: il y donna tel ordre, que me commandant de l'aller treuuer en sa maison en presence de Pinciane & de Francine qui en penserent creuer de despit, il me commanda de poursuiure ma recherche, defendant à sa femme de m'y troubler sous peine de luy desplaire, & ordonnant à Angele d'agréer ma veuë, comme de celuy auec qui elle auoit à passer sa vie. Cela c'estoit irriter des guespes qui mettent leur vie en la pointure de leur aiguillon. Francine sans dire mot,

sentit cet affront mortellement, resoluë de
verser mille fraudes, ou d'empescher le mariage de sa sœur ; elle me descrie par tout
comme si i'eusse mis le feu dans le Temple
d'Ephese, & saccagé leur famille : c'estoit
Pinciane qui luy apprenoit ce ton là, elles
se tiennent pour brauees. Quand ie fus retiré, & Theodose allé où l'appelloit l'exercice de sa charge, Pinciane se mit violemment à l'exercice d'vne charge de coups sur
l'incoulpable Angele, tandis que Francine
sonnoit la charge cõme vne trompette par
ses injures. Angele est vne enclume au battement de ces marteaux, elle s'en polit, elle
s'en affermit, c'est vne palme qui se releue
sous ce faix, vn saffran qui profite sous ceste
gresle ; ie dis en esprit, car son corps en ressentit vn dõmage si manifeste, qu'il y parut
quand le bon homme fut de retour, qui eut
de la peine à faire le Neptune, & à calmer
cet orage auec son Trident, tant les flots
estoient mutinez. Cepédant toutes ces batteries estoient de vaines vagues contre le
rocher de sa resolution, neantmoins comme
prudent Nocher il creut qu'il estoit plus à
propos de biaiser son gouuernail, & de prester le flanc du vaisseau, que de vouloir auec
vne prouë tousiours droicte & inflexible
rompre toutes ces ondes,

8 Il me parle en particulier, & me donne un conseil d'homme avisé; Pour convaincre, dict-il, tout à faict ces femelles de tant de mesdisances qu'elles ont semées de vous envers nos communs parens, ie pense qu'il sera bon que vous feigniez de desirer l'alliance de ma seconde fille, vous en advertirez Angele, & cependant soyez asseuré de ce que ie vous ay promis. Alors ie le priay de ne me traitter pas comme Laban; car ayant recogneu la mauuaise humeur de Francine, ie luy dis franchement qu'il me seroit impossible de faire iamais bon mesnage auec elle: il me reïtera sa promesse, & sur sa parole i'entrepris vne dissimulation qui me pensa perdre en me voulant sauuer. I'auertis soudain ma Maistresse de ce dessein, qu'elle n'appreuua pas à l'abbord, pressée de son affection, & aussi de la crainte qu'elle auoit qu'insensiblemēt ie ne me portasse au change; car souuent en feignant d'aymer on deuient veritablement amoureux; ce feu est subtil, qui veut prendre est pris en ce ieu. L'Histoire d'Angleterre rapporte que quelques Cheualiers Anglois voulans contrefaire les borgnes le deuindrent: la Romaine, que Caius Vibius voulāt feindre l'insensé paruint à vne vraye folie; & qu'vn autre se voulant feindre gouteux fut veritablement

Liure cinquiesme.

atteint de ce mal. Ce n'est pas que ie deusse redouter de conceuoir du feu pour celle dont la mauuaise humeur & la pire forme me rendoient tout de glace, & dont la presence me faisoit moins d'enuie que de pitié; mais ie deuois apprehender d'esloigner de moy la bienueillance d'Angele, feignant d'estre empressé pour Francine: neantmoins quoy que ceste fille se doutant de ce qui aduiédroit, repugnast à ce dessein, disant que la duplicité n'auoit iamais bonne issuë, ie sceus si bien la ramener, luy faisant voir, ce me sembloit, assez clair dans mes intentions, qu'en fin vaincuë de l'auctorité paternelle que ie luy alleguois, elle fut contrainte de permettre ce qu'elle ne pouuoit empescher. Doncques apres mille sermens d'inuiolable fidelité, que ie luy fis en la presence de sa sœur Agathe qu'elle auoit gaignee, & par laquelle nous nous entretenions en vne mutuelle intelligence, ie m'embarquay sur la perilleuse mer de ceste recherche dissimulee de Francine, laquelle ie sceus si proprement cajoller & luy faire croire que ce que ie recherchois en sa maison, estant principalement l'establissement de ma fortune, il m'estoit indifferent quelle de ses filles me donnast Theodose; mais que s'il me laissoit en la liberté de mon choix, il me seroit bien plus aysé de m'accommoder aux volontez de Pinciane que j'honorois auec l'humilité que doit auoir ce luy qui l'esperoit pour mere, que de la contrarier en ses desirs; mais qu'elle m'auoit traitté auec tant de mespris, & elle auec si peu de demonstrations d'amitié, que j'auois esté comme contrainct par le desespoir de ietter les yeux sur Angele, encores que ie recogneusse assez combien elle desplaisoit à sa mere; que s'il luy plaisoit de me vouloir du bien il seroit aysé de faire changer de dessein à Theodose, & en mesme temps de faire cesser la rumeur de la maison, par la part qu'elle me donneroit en ces graces. Son cœur fut de naphthe au feu de ce discours, lequel dict d'vne contenance toute passionnee, alluma soudain ceste fille, que sa passion auoit inclinee vers moy de longue main; ie recogneus cela aux alterations & aux changemens qui parurent en son visage, car c'est par là que s'euaporent les estincelles de cet embrasement quand il saisit vne poictrine; neantmoins, comme elle estoit rusee dementant son sentiment par sa contenance, elle me respondit assez froidement, qu'elle en parleroit à sa mere, laquelle estant le premier mobile de ses desirs la porteroit à ce qu'il luy plairoit, & que ie ne pourrois manquer de luy estre agreable si ie l'estois à Pinciane: moy qui en toutes façons n'aspirois qu'à gaigner le cœur de ceste mere, à laquelle ie ne pouuois auoir accez, luy protestay mille soumissions, & pour Francine ie remplis ses oreilles de cajolleries, langage facile à qui a plus d'Amour en la langue qu'au cœur. Cependant ces discours firent leur effect; car il est aysé de persuader aux filles qui s'ayment & qui s'estiment aymables, qu'on les ayme, tant elles sōt enyurees de leur propre Amour. Cependant me voyla partagé & diuisé entre la verité & la feinte, ie me monstrois tout de glace à qui i'estois tout de feu, & ie me faisois paroistre fort eschauffé de ce que ie detestois en mon ame. Tout cela estoit extrememeut contraire à mon naturel, qui hait infinimēt la tromperie; car pour rien ie ne voudrois paroistre autre que ce que ie suis, neantmoins pour lors le conseil d'vne sage teste, mō affection & mon interest, me contraignirent à iouer ce roolle. Francine faisoit de sa mere ce qu'elle vouloit, laquelle me pensant picqué de sa fille, creut que le Ciel estoit complice de sa vengeance, estant bien ayse de se seruir de mon inconstance pour faire reussir son premier dessein, qui estoit de me donner Francine, & ainsi se mocquer de Theodose,

& supplanter Angele qu'elle hayssoit. Ie fus le bien venu, elle me reçoit à ceste nouuelle recherche auec des accueils extraordinaires, ie luy semble le plus galand homme du monde; & puis fiez vous aux femmes & aux filles, elles vous ayment & vous hayssent en mesme temps, & cela à l'extremité, aujourd'huy en mesdisant de vous elles vous plongeront dans vn abysme d'infamie, demain si vous leur plaisez elles vous esleueront par leurs loüanges iusques au troisiesme ciel, en vous iugeant non selon que vous estes, mais selon que vous leur paroissez: voyla qu'elles me publient pour vertueux & pour vn personnage à desirer pour gendre, à ces mesmes parens deuant qui elles m'auoient tant descrié: s'estonner du changement des femmes, c'est s'esmerueiller de ceux de la mer: ils sont tous fort contens de l'alliance de Francine auec moy, la paix est grande en la maison, mais paix fourree & calme, qui presage vne future tempeste. Ie vis ainsi en des contrainctes & en des gesnes incroyables, car il me faut reigler mes actions, mes paroles & mes contenances de sorte que ie ne donne aucune prise à Pinciane, qui me regarde fixement comme l'aigle faict le Soleil; ny à Francine, qui me garde comme vn Dragon.

Livre cinquiesme. 367

Angele est ordinairement seule en sa chambre qui souspire apres les entretiens qui luy sont deus, & que ie luy desrobe pour les bailler injustement à sa sœur. Agathe me veille de sa part, à laquelle iustifiant mes intentions i'empesche pour vn temps qu'elle ne face aucun sinistre rapport à Angele: mais quand i'estois en la presence de toutes, alors mon cœur & mon corps se partageoient entierement, ie n'auois des yeux que pour ce que ie desdaignois, & point de regards pour ce que i'adorois en mon ame: cela me faisoit souuenir de ce Temple de Delphes, où l'on prenoit sur l'autel d'Apollon les parfums que l'on offroit à Hercule. Ainsi en ce monde la corruption & le dommage de l'vn est la generation & le profit de l'autre. Mon cœur estoit comme vn fer entre deux aymans differens, l'vn noir, & l'autre blanc, tel estoit le teint des deux sœurs ; le noir, comme vous sçauez, attire le fer que le blāc rejette; mon cœur au contraire desiré par l'aymāt noir, l'auoit en horreur, & cōme delaissé par le blanc y portoit son inclination. Theodose, en la presence duquel se passoit quelquefois ceste feinte, admiroit la souplesse de mon esprit à me conformer à ses volontez, & iugeoit bien qu'il n'y auoit rien que ie ne fiſſe pour ſon commandement, puiſque ie me contraignois tellement en la choſe du monde qui m'eſtoit la plus ſenſible : ie ſerois ennuyeux ſi ie vous racontois les ieux de parole, & les diuerſes rencontres par leſquelles eſtant d'accord auec Angele & Agathe, nous nous mocquions de Pinciane & de Francine en leur preſence. Mais en fin, non plus que Phaëton, ie ne peus ſi droictement me conduire dans l'Ecliptique de l'equité, que pour vouloir ſuiure deux proyes ie ne penſaſſe perdre & l'vne & l'autre.

9   La ialouſie, ſemblable à ces vers qui s'engendrent pour l'ordinaire dans les plus belles pommes, & à ces cantharides qui ſe plantent dans les plus fraiſches roſes, vint auec vne pomme d'or, & par vne apparence ſpecieuſe troubler ma feſte. Ce taon importun picqua l'eſprit d'Angele naturellemēt doux; mais comme il n'y a rien de ſi furieux qu'vn mouton quād il eſt en cholere, car on le void chocquer ſi rudement cōtre vn autre quand la ialouſie le preſſe, que ſouuent il en tumbe roide mort : de meſme quand ceſte frenetique paſſion à qui tout ſert de nourriture, rien de remede, car elle bannit toute raiſon, ſe met dans la teſte d'vne fille, adieu toute amitié. Ie vous ay dict que i'auois entrepris

ceſte

ceste recherche dissimulee par le conseil de son Pere, & contre le sien : or elle n'osoit se hazarder de tant que d'enquerir Theodose s'il estoit vray qu'il m'eust donné ceste addresse : elle se va donc imaginer que ie feignois cet aduis pour iustifier ma trahison, & que peut-estre son Pere vaincu par les persuasions de sa mere pour auoir la paix m'auroit permis de rechercher serieusement Francine : la voyla rauagee de mille soupçons, que les apparences passent en veritez, & tourmentee comme vne fille à qui l'on enleue de iustes pretensions ; desia Agathe, ou par simplicité, ou par complaisance luy auoit fait des rapports si desauātageux pour moy, que son œil troublé de grande cholere ne me regardoit plus qu'auec des nuages qui me menaçoient d'vn grand trouble. Desia les lettres que ie receuois d'elle, soit par le moyen de la petite Agathe, soit en les mettant en vn certain lieu où nous auions de la correspondance, n'estoient plus semblables aux precedentes ; & quoy que pleines de ciuilité & de courtoisie, ie cognoissois bien que l'affection en estoit fort allétie, & quasi preste de degenerer en froideur. O ombrages que vous vous introduisez facilement en vn cœur qui ayme, & qu'il faut des esclaircissemens pour vous en faire sortir, vous

Aa

venez à cheual & vous-vous en retournez à pas de tortuë. Desia ie ne voy plus Angele, Agathe mesme ne paroist que rarement deuant mes yeux, & le pis est que ie n'oserois m'en plaindre; car si l'on m'en apperçoit faire la moindre recherche tout est perdu, il n'y a plus d'accez en la maison. La succeßiõ des iours nous embroüilla tellement, que ie ne sçauois par quel bout cõmencer à desmesler ceste fusee: de renoüer auec Angele sans rõpre tout à fait aux appareces de la recherche de Francine, il ne le falloit pas esperer; cõtredire au cõseil du pere, & me ruiner auprés de la mere, c'estoit mettre mes desseins à vau de route, angoisses de toutes parts; viure aussi dãs les vaines appareces en perdãt de vrayes esperãces, c'estoit en quoy ie ne me pouuois resoudre: i'escris des lettres d'excuses, & ie les retreuue au lieu mesme où ie les auois mises, sans autre respõce que le refus de les voir, bien qu'auparauant elles fussent accueillies auec beaucoup de promptitude; ie prie Agathe d'en presenter quelqu'vne, elle me declare que sa sœur luy a defédu d'en receuoir; elle estoit encores trop ieune pour estre capable de ces secrets, & presque enfant; elle estoit bien en l'aage d'entendre, mais non de feindre, ny de sçauoir les mouuemés des passions affectueuses, tout cela luy estoit incogneu; ie la prie de me faire parler en particulier à Angele, tout cela m'est interdit: que feray-je en ces agonies? il ne falloit point estudier de fuittes pour euiter ma rencontre, il ne falloit que se tenir auprés de sa mere pour me faire perdre tout dessein, cōme cet hōme qui se mit en la place du blāc pour euiter les atteintes d'vn mauuais archer: ô que miserable est la douleur qui n'a point de voix pour se plaindre. Ie voy à mon prejudice ma feinte qui s'en va passer en verité, & Francine croyant auoir par ses affetteries acquis vn grād empire sur mes volōtez, encores qu'elle eust beaucoup d'affection pour moy, faict la dédaigneuse, & me traitte en cadet & en enfant de fortune. Si i'eusse esté en bōne intelligence auec mon Angele, ie me fusse bien mocqué de ses fiertez; mais estāt mal de tous les costez, ie ne pouuois euiter vn abysme sans estre englouty d'vn autre; cela ne laissoit pas d'enfoncer en mon ame la double poincte d'Amour & de hayne; de hayne pour ceste affettee, dont l'humeur altiere me desplaisoit iusques au mourir; d'Amour pour celle qui possedoit mes pensees; car la difficulté de la voir irritoit ma flamme que son humeur douce & facile me rēdoit moins sensible auparauant. Vn fortunal vint trauerser ma barque, qui en me perdant fut

Aa ij

cause de mon bonheur, pareil à celuy qu'vn coup d'espee favorable deliura d'vne apostume qu'il auoit dans le corps, & qui le menoit à vne mort de laquelle toute l'industrie des Chirurgiens ne le pouuoit sauuer; ou à cet autre qu'vne vague ietta du tillac en la mer & qu'vn contreflot reietta dans la nauire, pour nous apprendre à esperer côtre l'esperance, & à ne perdre point la confiance en Dieu, encores qu'il nous tuast. Angele battuë & rôgee de sa ialousie, & côme pour empescher la conclusion des nopces de sa sœur auec moy, propose à sa mere qu'elle la laissast retirer en vne maison qu'elles auoient aux champs à demy iournee de Paris, que nous desguiserons sous le nom de Callidore, à cause de la beauté des eaux qui l'arrosent de toutes parts; Pinciane prenant ceste occasion de l'oster de deuant ses yeux, comme vn object qui ne luy estoit pas agreable, luy accorde ce côgé aussi-tost qu'il luy est demandé, & luy donne pour compagne sa petite sœur, auec leur gouuernante; & feignant qu'elle luy enuoyoit pour donner ordre à quelque mesnage, fait croire à Theodose que ce sera pour vn peu de iours. Qui fut desorienté ce fut Menandre, car pour dire la verité ie me tins pour vendu & pour trahy; car que pouuois-je péser ne voyant plus les deux sœurs qui m'estoiét auparauãt si fauorables, & estant reduit à la mercy d'vne mere & d'vne fille impitoyables, & desquelles ie detestois la souueraineté?

De mes Astres iumeaux n'estant plus esclairé
Que pouuois-je preuoir qu'vn naufrage asseuré?

Pour m'esclaircir de toutes ces doutes, ie cõsulte mõ Oracle, qui estoit Theodose, ie luy remonstre que ie suis arriué en la haute mer des angoisses, que la tépeste est preste de me ruiner, que s'il ne parle ie n'espere aucune trãquillité: ie luy declare mes intentions n'auoir iamais esté retournees du costé de Francine, de laquelle ie luy depeins les humeurs aussi noires que le front, les ialousies d'Angele, dont la retraitte n'estoit causee que d'vn desir de se separer de ma presence; ie le cõjure d'auoir esgard à mõ obeissance, & de treuuer les expediẽs de me retirer du labyrinthe où il m'auoit plongé. O qu'il fait bon en ces detresses d'esprit rencontrer vn amy fidele, qui l'a treuué se peut dire posseder vn thresor. Theodose me seruit de phare parmy ces orages, à la lumiere duquel i'arriuay à bon port. O mon fils, me dit-il, (car desia il m'appelloit ainsi) ie porte en main le coutelas d'Alexandre pour trancher d'vn reuers tous ces nœuds Gordiens, ie me doutois bien que ceste feinte ne pouuoit pas durer long-

Aa iij

temps; car comme le fard tumbe à la premiere chaleur, & comme l'on est incontinent ennuyé de porter vn masque; ainsi se lasse t'on bien tost de côtrefaire vn personnage qu'on a pas à gré. Ce que ie voulois tirer de ceste accortise estoit de desabuser nos communs parens de la mauuaise impression qu'ils auoient prise de vous, par les discours de celles qui ne vous aymoient que conforme à leurs volontez & non aux miennes, par vn esprit de contradiction fort naturel à ce sexe. Or maintenant tous m'applaudissent d'auoir faict en vostre personne vn si bon choix de gendre; mais ils treuuent estrange que ie marie ma secôde deuant mon aisnee, de sorte que voicy le vray têps de mettre fin à ce change dissimulé, & quand mes parens verront que ie vous donneray Angele, les recriminations de ma femme, ny de ma fille Francine ne seront plus de mise, si elles ne veulent les voir retumber à leur propre confusion : tenez vous donc prest demain, car feignant d'aller prendre l'air à Callidore, & d'auoir quelques affaires à Lagny, où i'ay quelque bien à cause du voysinage, ie vous meneray vers vostre vraye Maistresse, que ie desabuseray bien tost de sa ialousie, & la ramemant icy dans peu de iours, nous serons l'assemblee de nos parens pour vous accorder. Ce qu'il dict fut faict, car le lendemain comme il estoit sur le poinct de monter en carrosse, disant qu'il ne vouloit point trainer de femme auec soy pour le peu de temps qu'il auoit à y estre, il me mande, feignant que ce fust sans dessein, pour luy tenir compagnie. Ie vins donc, où ie pris vn congé de Francine, comme si ie fusse allé au bout du monde; & certes i'allois bien loin pour elle, puisque c'estoit pour ne reuenir iamais en ses bonnes graces, & pour l'abandonner pour tousiours : Comme i'auois l'esprit gay & remply de belles esperances, ie luy parlay comme vn homme qui n'estoit pas trop marry de la laisser, encores que ie m'essayasse de faire le triste; & comment eusse-je peu dissimuler en cet excez de ioye qui me saisissoit, pensant quitter vn Enfer pour aller en vn Paradis ? Elle qui estoit extremement fine, & qui iugea que mon langage estoit vn peu esloigné du stil de mes discours & complimens ordinaires, presageant ce qui luy arriua, me dict, que ie me gardasse bien de refaire vne nouuelle Maistresse de mon ancienne, n'y ayant rien de si aysé à r'allumer qu'vne affection qui sembloit amortie. Et comme elle estoit hautaine, elle me protesta que si elle s'en apperceuoit, comme ie la rendrois forcenee, elle me rendroit le plus malheureux hôme de la terre. A cela ie luy repartis, que Dieu nous preserueroit de l'vn & de l'autre, & que côme ma côsideration estoit trop petite pour la porter par ma perte à ceste extremité, ie ne pensois pas qu'elle peust me porter à l'autre, puisque comme cet Ancien ie portois toute ma fortune auec moy. Et puis releuant mon ton, comme ne pouuant sur le poinct de mon triomphe supporter ceste brauade, ie luy dis qu'elle m'auoit tousiours traitté auec tant de rigueur & tant de mespris, qu'il faudroit bien peu de douceur autre part pour me distraire de son seruice; car si ie n'estois pas digne d'estre son mary, ie m'estimois assez grand pour n'estre pas son esclaue; que i'esperois plus aux bonnes graces de Theodose & de Pinciane qu'aux siênes, puis qu'elle ne m'auoit iamais fait sentir que des discourtoisies. Elle qui vit bien qu'elle m'auoit outragé voulut reparer ce tort auec des cajolleries, mais si elle estoit rusée ie l'estois pour le moins autant qu'elle, & ses finesses fondoient deuant mes yeux, côme la neige à la face du vent du Midy. Ne voulant pas me laisser partir en ceste mauuaise humeur, elle me protesta que la jalousie luy auoit arraché ce discours de la bouche, & que pour elle ie deuois iuger de la grandeur de son affection. C'est bien par là, luy dis-ie, que l'on iuge de sa pesanteur & de sa grossiereté, mais non pas de sa perfection, & de sa delicatesse ; car il en est de l'Amour comme de la flamme, la plus subtile c'est la plus excellente. Au demeurant ie vous supplie ne me traitter plus desormais d'vne façon si desobligeante, car enfin le mespris est incompatible auec l'amitié, laquelle n'a rien de si recommandable que d'estimer ce que l'on ayme; & pour vous dire la verité, si ie ne suis assez digne pour meriter vostre bienueillance, aussi me semble-t'il que ie n'ay point fait de crime qui soit digne de vostre hayne ; si vous ne me voulez rendre fauorisé de celle-là, que ie ne sois point l'object de celle-cy, car si l'vne est à desirer, l'autre n'est pas moins à craindre ; les filles sont ordinairement plus propres à hayr qu'à aymer, car leur foiblesse les rend peu capables de soustenir l'estreinte d'vne puissante dilection, & ceste mesme imbecillité les rend tres-capables de l'extremité de la hayne: de là vient que les végeances sont les plus horribles qui sont exercées par le sexe le plus infirme; vous auez autresfois si cruellement deschiré ce peu que i'ay acquis de reputatiõ dans le monde, que si ie n'eusse eu quelque peu de Vertu qui vous a obligee au desdit, ie serois selon vostre compte le plus mesprisable de tous les humains: mais Dieu est là haut qui me sçaura bien conseruer des leures iniques, des langues trompeuses, & de ces bouches qui sçauent souffler le froid & le chaud d'vn mesme lieu. Et certes, ie croy vostre Mere pour vne Dame si raisonnable, que si elle sçauoit les affrõts dont vous violentez ma patience, elle blasmeroit vostre procedé, & vous obligeroit à traiter auec moy d'autre sorte. Ce fut icy que la passion que ceste fille auoit pour moy iöua son personnage sans feinte; car elle me coniura en pleurant de n'en faire aucune plainte à Pinciane, parce que cela la ruineroit auprés d'elle, en qui elle auoit toute son esperance. Voyla comme il fait bon humilier les personnes orgueilleuses, car elles n'ont garde de s'en plaindre, moins de s'en vanter. Et de vray, Pinciane depuis mon acquiescement à ses volontez, m'estoit deuenuë si bonne, qu'elle ne voyoit que par mes yeux, & ne iuroit que par moy, tant la douceur a de pouuoir sur les plus felons courages: elle me vit partir sans sçauoir rien de la querelle que ie venois de faire à Francine, mais non pas sans quelques larmes en l'œil, partie pour l'absence de son mary, partie pour mon depart. Cependant Francine demeure en des confusions inexplicables.

Arrivez à Callidore, Theodose que i'avois durant le chemin informé par le menu de ma mes-intelligence auec Angele, la prenant à part essuya comme vn Soleil tous les nuages qui estoient ramassez autour de son esprit, & qui l'auoient porté à ceste retraitte, & tandis que le bon-homme alloit visiter ses parterres, ie reuins apres ceste preparation où i'acheuay de balayer tous les ombrages qui estoient en ceste ame, la plus douce & la plus simple qui se pouuoit imaginer, i'appris d'elle toutes les particularitez de la naissance & du progrez de ceste passion en elle, & voyez comme elle affine l'esprit des plus innocentes filles, plusieurs fois elle s'estoit cachée en diuers lieux pour entendre les cajolleries, dont ie repaissois la vanité de Francine; & luy semblant que ie luy parlois auec plus d'ardeur que ie ne faisois quand ie l'entretenois elle-mesme, elle ne pouuoit se persuader sinon que i'ourdissois la plus infame trahison qui se pouuoit dire contre sa fidelité.

Et certes il faut auoüer qu'elle auoit quelque sorte de raison en iugeāt de la cause par les effects, & prenant pour verité les apparences: mais tout ainsi que les feux artificiels sont plus ardens & plus violens que les naturels, puis qu'ils bruslent mesme dedans les eaux, mais ils ne sont pas de telle duree; ainsi les affections cōtrefaites sont bien plus empressees & plus actiues que les vrayes, dont la flamme douce & égale conserue vne chaleur moderee au fond de l'ame, qui n'est que brillante en la superficie pour ces obiects, dont l'on est aussi-tost desabusé qu'espris. Pour vne fille ie treuuay tant de raison & de iustice en son esprit, qu'il me fut aysé de iustifier tous ces deportemēs, & tous ces discours qu'elle auoit si curieusement obseruez par l'obeyssance que ie deuois au cōmandement de son Pere, duquel n'estant plus en doute par la declaration qu'il luy en auoit faite, toute sa cholere fut dissipee en moins de rien. Mon Ange, luy disois-ie, (car c'est ainsi que ie prenois la liberté de l'appeller,) ie ne veux point chercher d'excuse qu'en mon accusation, parce que ie sçay que la iustification irrite la clemence, i'ayme mieux estre redeuable à vostre pardon, au recouuremēt de vostre amitié, qu'à mon innocence; car i'ayme que vous ayez toute sorte d'auantage sur moy, ce m'est vn cher triomphe d'estre vaincu par vostre bôté : & certes, il est vray que quand vostre courroux, sans m'ouyr, me fit sentir son éclat deuant l'éclair, & le coup deuant la menace, en me bannissant de vostre presence, ie desiray d'estre aucunement coulpable, afin que sans iniustice vous me peussiez punir, mais grace au Ciel qui fait le calme apres l'orage, de ce que ie puis dire à vostre douceur, que si c'est faillir que d'obeyr à ceux de qui les commandemens sont des loix ineuitables, i'ay fait vne grande faute; mais puisque le remede de vostre esclaircissement est prouenu de la mesme main qui auoit fait le trouble, i'espere que desormais s'il auenoit (ce que Dieu ne vueille permettre) que vous conceussiez quelque nouuel ombrage contre ma sincerité, ce vous seroit vne leçon pour m'en auertir de bonne heure, afin d'arrester le mal en son principe, & n'esleuer point vn edifice de hayne sur vn faux fondement. Mais s'il m'est permis de mesler l'aiguillon d'vne petite reproche auec le miel du contentement que ie reçois de vous seruir, comme est-il possible que la tache de la deffiance ait peu treuuer place en la cādeur de vostre ame, qui m'auoit tant iuré de ne s'en rendre iamais susceptible? ha!

ie voy bien, c'est vostre propre affection qui vous a deceuë, & qui vous faisant prendre au pied leué, & à la lettre, les contenances estudiees, & les paroles artistes que la dissimulation m'enseignoit deuant vostre sœur, vous a fait prendre l'ombre pour le corps, & m'a fait ressentir pour vne Amour feinte, vne disgrace veritable. Mais ie vous le pardonne, mon Ange, puisque si vostre cœur m'eust tenu au rang des choses indifferentes, il n'eust pas esté picqué de ces soupçons fondez sur tant d'apparence. O Dieu, mais si lors vous eussiez peu voir la dissemblance de ma langue & de mon cœur, vous eussiez eu pitié de ma souffrance, car quelle conuulsion est-ce à vne ame franche d'aymer & de n'oser en faire aucune monstre ; de hayr, & protester de la bienueillance ? n'est-ce pas vn tourment qui passe en verité les imaginaires supplices des Ixions & des Promethees. Si le tonnerre s'engendre de deux contraires qualitez, qui s'entrechocquent dans vn nuage, quel deuoit estre le bouleuersement de mon esprit, agité en mesme temps de deux mouuemens si peu compatibles, en cela semblable au Ciel, qui retrograde vers l'Orient à mesure qu'il auance vers l'Occident. Si en cela l'obeyssance surmontoit mon Amour, ce n'estoit que pour la conseruation de mon Amour mesme, en quoy si vous eussiez peu voir clairement ce grand effort que ie me faisois, vous eussiez admiré comme ie pouuois viure parmy tant d'angoisses ; mais rien n'est impossible à ceste passion, dont toutes les operations sont autant de miracles. De moy, toutes les fois que i'y pense, ie ne sçay comme ie les ay peu prattiquer sans mourir, & si ie n'eusse pensé vous faire le plus grand des seruices que ie vous pouuois rendre, ie ne l'eusse iamais entrepris. Ie ressemble à ces chasseurs, qui eschauffez à la course passent quelquefois par des precipices qui leur font horreur à regarder de sang froid : & comment ne m'eussiez vous condamné, puisque moy-mesme repensant à tant de folies dont le souuenir m'emplit de honte, i'ay de la peine à me les pardonner ; & ie ne puis comprendre comme l'aueuglement de l'Amour propre ait peu tellement saisir Francine, qu'elle n'ait recognu que les loüanges que ie donois à son indignité, c'estoient autant de sottises ; car quand des honneurs sont faux ce sont des blasmes veritables, & quand nous estimons quelqu'vn d'vne perfectiõ qu'il n'a pas, nous luy reprochons ouuertement ses defauts. S'il vous eust pleu me faire tant de faueur que de prendre la peine de voir les lettres que ie mettois alors au lieu de nostre commune intelligence, où ie vous rendois conte de mes mortelles contradictions, peut-estre qu'elles eussent seruy de dictame, pour retirer de vostre cœur ce traict de jalousie, dont la poincte s'est enfoncee par le mespris de ces appareils. Vous y eussiez veu que ie vous coniurois de iuger de mes deportemens par le reuers, & de receuoir comme vostres les honneurs que la contrainte m'obligeoit d'adresser à vn sujet qui m'estoit à contrecœur; ie vous y faisois toucher au doigt combien ce personnage que ie jouois m'estoit odieux, vous esclaircissant de toutes les raisons, qui malgré moy me le faisoient cotinuer. Et tirant de ma poche quelques Stances que i'auois faites en ce temps-là, pour soulager ma peine en l'exprimant de ceste façon, qui sert d'amusement & de diuertissement d'esprit, elle y prit vn singulier plaisir. Aussi ferois-ie, dit icy Meliton, s'il vous plaisoit m'obliger tant que de m'en faire le recit, car i'ayme passionnémét ces deux sœurs germaines, la Musique & la Poësie. Il me faudroit, reprit Menandre, la memoire de Florimond pour faire ce rapport auec fidelité, le téps a effacé ces ieunes pensees

pensees de mon souuenir auec vne esponge insensible, & puis ces vers estoient si mal faits qu'ils sont mieux enseuelis dans l'oubly & rongez par les vers du mespris, que resuscitez par vn recit inepte: car comme il n'y a rien de si excellent qu'vne bonne piece en ceste sorte de trauail, aussi n'y a-t'il rien de moins supportable qu'vne mauuaise, puis qu'il n'est pas loisible d'estre mediocre en cest art. Ie vous pie, repliqua Meliton, ne vous excusez point sur cela, car i'en ay entendu de si bons de vostre bouche, que ceux qui sortiront de vostre esprit ne pourront estre mesprisez. Florimond là dessus accusant Menandre de les auoir en sa memoire, & qu'il ne tenoit qu'à sa volonté qu'il ne les communiquast. C'est la verité, dit Menandre, qu'il n'y a pas long temps que ie les vous disois, parce que cela s'efface difficilement du souuenir, qui touche le cœur auec tant de force. I'ayme donc mieux produire ma honte par obeyssance que de la mettre à couuert par discretion ; ce que ie demãde, c'est que Meliton me soit aussi fauorable iuge que Florimond, puisque c'est à son amitié, non à son esprit que ie represente ceste fantaisie, qui disoit à peu prés ainsi.

Quand ie pouuois me plaindre en mon cruel tourment,

Euaporant la flame enclose en ma poi-
ctrine,
I'estois par trop heureux; or que le mal me
mine.
Ie n'ose l'alleger d'vn souspir seulement.
Certes c'est endurer auec trop de rigueur,
Aymant ie suis contraint de dire que ie
n'ose,
Au fort de mon trauail, ie dis que ie re-
pose,
Monstrant d'estre content accablé de lan-
gueur:
Encor pourrois-ie bien gaigner sur moy ce
poinct,
Bien que l'affection dans mon cœur soit ex-
treme,
De protester par tout, que maistre de moy-
mesme,
D'aucun obiect humain ie ne me treuue
espoins.
Mais feindre d'honorer ce que ie n'ayme pas,
Pour ma sincerité c'est vn si grand sup-
plice,
Que plustost que de viure auec tant d'ar-
tifice,
I'ayme mieux vne fois endurer le trespas.
Mais dire en démentant mon sens & ma rai-
son,

Que ie n'ay plus pour vous vne seule pensée,
C'est vn coup dont mon ame est si fort offen-
cée,
Qu'elle ayme mieux la mort que ceste trahison.
S'il me faut donc encor souffrir la cruauté,
Que me fait ressentir l'effort de ceste gesne,
I'ayme mieux qu'vn trespas mette fin à ma
peine,
Que nourrir mon Amour d'vne infidelité.

Ces vers pleurent bien fort à Meliton soit en verité, soit en compliment, soit qu'il fust tellement affectionné à la Poësie, que toutes luy fussent agreables, comme ceux qui ayment iusques aux mauuais melons, encores qu'il n'y ait rien de pire ; & apres les auoir estimez il tesmoigna à Menandre que le recit de ses auantures luy estoit tellement delicieux, qu'il n'auoit iamais mangé viande si à son goust que ce narré l'estoit à ses oreilles : car disoit il, tout ainsi que nous voyons nostre visage dans les yeux d'vn autre, de mesmes dans les fortunes d'autruy, nous voyons l'image de la noſtre, principalement quand il y a de la conformité aux paſſions qui nous agitent : i'apperçoy tant de traits de reſſemblance entre mes deſaſtres & les voſtres, de ce temps-là, que non ſeulement vous me faites venir le deſir de les vous raconter, mais encores vous faites doucement couler en mon ame par voſtre diſcours qui m'eſt plus ſuaue qu'vn rayon de miel, l'eſperance de me voir vn iour deliuré de ces agitations qui me trauaillent. Dieu le vueille par ſa miſericorde, reſpondit Menandre, lequel pourſuiuit ainſi. Apres que ie luy eus communiqué ces Stances, elle me dit que nos Genies auoient de la ſympathie, car elle m'en fit entendre d'autres qu'elle auoit pluſieurs fois releuës & remaſchees dans vn des excellens & des iudicieux Poëtes de noſtre aage, qu'elle liſoit quelquesfois par recreation, & duquel i'ay touſiours fait beaucoup d'eſtime, tant pour les belles qualitez qui rendent ſa poëſie recommandable, ſon ſtil eſtant pompeux, majeſtueux, & neantmoins aigu; que pour eſtre ſes penſees les plus affectueuſes pleines d'honneſteté, de pudeur, de retenuë, & de modeſtie, pieces rares parmy ce genre d'eſcriuains, dont les licences s'eſtédent des paroles aux imaginations. Ce qu'elle me recita disoit à peu prés ainsi.

Quand mon cœur agité de douleurs violentes
   Se voyoit enleuer sa plus chaste amitié,
   Ma bouche souspira ces paroles dolentes,
   Non toutes, car mes pleurs en dirent la moitié.
Lors que puisse estimer d'un qui pert ma presence,
   Sans beaucoup de regret par effect tesmoigné,
   Sinon qu'estant absent mesme deuant l'absence,
   Le cœur, ainsi que l'œil, estoit bien esloigné.
Les respects que l'on doit aux loix du parentage,
   Sur une vraye Amour n'ont point tant de pouuoir,
   Et l'Amour est bien foible en un braue courage,
   S'il ne peut pas contraindre un petit de deuoir.
Non de quelque raison dont en fin tu m'amuses,
   Tu ne peux excuser ce vain cajollement,
   Car seulement cela d'alleguer des excuses,
   C'est monstrer qu'un esprit ayme legerement.

Et c'est ce qui me rend la faute moins legere,
De voir que nul besoin n'en excuse l'erreur,
Le forfaict est plus grand, plus il est volontaire,
Et moins on s'en repent, plus il est en horreur.
Mais pourquoy m'abysmay-ie en ma Philosophie,
Mes propres argumens nuisans à leur autheur,
Helas ! plus ie raisonne & plus ie verifie
Ce que ie voudrois bien treuuer faux & menteur.
I'auoüe que i'ay tort, ta flame pure & faincte
N'a point esteint l'ardeur qui te faisoit brusler,
Tu m'aymes, ie le croy, & sans fraude & sans feinte,
Mais tu es obligé de le dissimuler.
Il est vray que ton cœur si bien le dissimule,
Pour vn vrayment espris d'vn vif embrasement,
Que ie n'eusse pas creu, quoy que ie sois credule,
Qu'on se peust tant forcer quand on ayme ardamment.

Aussi sens-ie apres tout ce bien là me desplaire,

Et faire que ma plainte en larmes se resout,

Car quand on feint si bien que l'on n'ayme plus guere,

Il ne s'en faut qu'un peu qu'on n'ayme plus du tout.

Il n'y eut celuy de la troupe qui n'estimast la beauté de ce stile, & qui ne prisast l'esprit d'Angele au choix qu'elle auoit fait de ces paroles, où ses mouuemens estoient si viuement despeints; ce qui fait croire que l'Amour est vn ingenieux maistre d'eschole, puisqu'à ceux qui n'ont pas l'art de faire des rymes, il ouure l'entendement pour leur en faire treuuer de conformes à leurs imaginations. Mais peut-estre, dit Meliton, que c'est Menandre qui se cache comme ce peintre derriere le tableau pour entendre nos iugemens à l'abry du nom de ce fameux Poëte. O Dieu! dit Menandre, il me suffit d'admirer & d'adorer les traicts & les traces de ce persōnage, sans auoir la presōption de l'imiter & la folle temerité de me parer de ses plumes. Vous auez trop bō sēs pour ne iuger de la disproportiō des vers precedés & de ceuxcy.

A cela Florimond repartit, que comme les armes estoient iournalieres, aussi la fantaisie de faire des vers; que comme Apelles ne representoit iamais rien de si bien qu'Alexandre, & le mesme Alexandre mieux en vn temps qu'en vn autre, de sorte que quelquefois à voir les traits inimitables de son pinceau, l'on disoit qu'il s'estoit surmonté luy mesme; il en arriuoit de mesme en ces fortes verues appellees Enthousiasmes qu'inspire la Poësie, car cõme les Poëtes ne representent iamais rien si naifuement que leurs propres passions, ils rencontrent aussi moins ou mieux, selon qu'ils sont peu ou plus touchez de cest auertin qui fait chanter aux oyseaux tant de differens ramages. Mais en fin il se treuua que Menandre auoit dit la verité, ne voulant point se rehausser aux despens d'vn autre. Ceste agreable contestation acheuee il reprit son discours de ceste façon. Nous demeurasmes quelques iours à Callidore, qui me semblerent des momens, car lors ces champs m'estoient semblables aux Elisiens, estant en la conuersation de celle qui me rendoit la solitude vn Paradis, & Paris solitaire quand elle en estoit esloignee. Ma Paix fut si amplement faicte, que toute guerre fut oubliee, i'eus mon abolition du passé, à la charge qu'à l'aduenir ie ne donnerois plus d'occasion d'entrer en de tels ombrages. Theodose en presence l'vn de l'autre nous donna sa promesse de nous accorder au plustost, apres en auoir communiqué à ses parens, quelque opposition qu'y vouluft faire sa femme. Ce fut alors que i'experimentay ceste maxime si commune en la Philosophie d'Amour, que les courroux des Amans sont des redoublemens d'amitié; car vous eussiez dict que ie m'estois retiré en arriere pour entrer plus auant aux bonnes graces de ceste sage & vertueuse fille: & comme celuy qui tire à soy la corde de l'arc enfonce la fleche d'autant plus puissamment que plus il l'a arrieree, de mesme que ceste separation apparente seruit à nous vnir plus fortement, nostre feu s'augmentant comme celuy des forgerons par des legeres aspersions d'eau; & certes comme en hyuer le feu se picque & se rend plus aspre par le froid qui l'enuironne, ainsi la ialousie rend plus serré le nœud d'vne Amour veritable. Mon dommage donc fut mon profit, & ceste retraitte que i'auois tenuë pour la ruine de mes pretensions fut l'origine de tout mon bien & le but de mes esperances. Ainsi les voyes de Dieu sont bien differentes des nostres, car il faict reussir en bien les desseins de ceux qui ont de bonnes intentions. Comme donc ie cinglois à pleines voyles sur vn Occean de felicitez, & comme nous minutions Angele & moy, en l'excez de nostre ayse, de nous donner du passe-temps aux despens de Francine, de laquelle nous mesurions le despit à l'affront qui seroit faict à son Amour, telle est la vicissitude des choses humaines, vn tourbillon vint troubler toute ceste bonace, mais tourbillon qui nous faisant beaucoup de peur nous fit autant de bien.

11. Vn Messager tout pantelant nous vient auertir qu'vne grosse fievre continuë auoit tellement saisy Pinciane, que tous les Medecins en faisoient de mauuais iugemens : cela estonna ce graue esprit de Theodose, lequel ne laissoit pas comme homme d'aymer tendrement ceste chere compagne, nonobstant ses diuerses humeurs; car en fin c'estoit vne femme vertueuse & bonne mesnagere: nous montons soudain en carrosse, luy, ses filles, leur gouuernante & moy, & nous rendons à Paris en diligence; nous voyla tous bien empeschez autour de la malade : l'Amour cale le voyle auprés de la Mort; car quoy que les Amans facét les eschauffez, ils n'ont point tant d'ardeur qu'elle ne se glace deuant la froideur de la mort. En moins de rien les Medecins desesperent de la vie de

Pinciane, Theodose en est extremement affligé, mais Francine en est en des agonies plus mortelles que la malade mesme. Ie ne parle ny à Angele, ny à Francine, ny à Agathe, assez empeschees autour de leur mere, me tenant auprés de Theodose, non pour entreprendre de le consoler, mais me chargeant d'vne partie de sa douleur en y compatissant. Angele bien que sa mere l'eust mal taittee durant sa vie, la sert neantmoins auec des deuoirs incroyables en ceste extremité, & la pleure auec des larmes aussi iustes que l'amour qu'elle luy portoit estoit veritable. Agathe trop ieune pour cognoistre l'importance de sa perte n'en auoit pas tant de sentiment, encores qu'elle en eust tout autant que son aage pouuoit permettre; car en ces occasions le sang ne sçauroit mentir. Quant à Francine, elle estoit tellement partagee entre la Mort & l'Amour, que l'on auroit de la peine à exprimer quelles poinctes luy estoient les plus sensibles. Et certes si elle se fust auisee de la perte de mon amitié, ie croy que son ame incapable de soustenir deux assauts si brusques en mesme temps, eust desemparé son corps pour suiure sa mere au cercueil, & ne suruiure point à la ruine de ses pretensions: que foibles & lents estoient les seruices qu'elle rendoit à Pinciane à comparaison de ceux d'Angele; les seruiteurs & les seruantes en murmuroient, & Pinciane mesme le sceut bien recognoistre, de sorte que l'on voyoit clairement qu'elle n'aymoit en sa mere que son propre interest; voyla comme les mondains cherissent ceux dont ils sont dauantage les empressez. La mort s'auance, les Medecins spirituels sont appellez, entre lesquels vn Pere de la Compagnie de IESVS, dont nous voylerons le nom sous celuy de Theopiste (car c'estoit vn fidele seruiteur de Dieu) fut appellé, elle luy auoit vne particuliere confiance, & bien que selon la forme des meres de familles Parisiennes, elle honorast fort son Pasteur Parochial, si est-ce que de temps en temps elle prenoit vne particuliere direction pour son ame des conseils de ce bon Religieux. Apres l'absolution sacramentale estant munie du S. Viatique, elle alloit peu à peu se destachant du mõde, & se disposant à la mort auec vne edification qui remplissoit de pitié tous les assistans. Et comme ses filles estoient sur le poinct de luy demander sa derniere benediction, en estant admonestee par le Pere Theopiste, tout à coup comme se resueillant d'vn assoufpissement, elle se souuint de l'inegalité auec laquelle elle auoit traitté auec elles, dequoy se repentant deuant Dieu, elle appella Angele pour la baiser, & en ce baiser la tenant pressee entre ses bras, elle luy demanda pardon des rudesses qu'elle luy auoit tesmoignees auec vne humilité & vn attendrissement de cœur extraordinaire, & qui faisoient manifestement paroistre que la droitte de Dieu faisoit la vertu de ce chāgement, & que le doigt de Dieu, qui n'est autre que sa grace, estoit en ceste metamorphose. Angele fonduë en larmes ne luy pouuoit respondre que par des sanglots, qu'elle redoubla quand elle entendit qu'elle luy donnoit sa benediction, la conjurant d'oublier tant de torts dont elle confessoit auoir trauaillé son innocence. Alors demandant à voir Theodose, auec lequel i'entray aussi à propos que si l'on m'eust expressément mandé, elle luy demanda mille pardons des manquemens qu'elle auoit faicts à l'obeissance qu'elle luy deuoit, & principalement de la contradiction qu'elle auoit opposee au mariage d'Angele auec moy, remettant le tout à sa volonté, se repentant d'auoir traitté ses enfans d'vne affection autant injuste qu'elle estoit inegale. Theodose ne luy peust rien dire, tant il estoit oppressé de douleur, ses amis le firent retirer de peur que quelque saisissement ne l'emportast deuant son Espouse: alors me mettant à genoux & luy baisant la main ie luy demanday part à sa benediction, puis qu'elle me faisoit l'honneur d'auoir agreable que ie fusse appellé à sa famille; elle eut encores assez de force pour me dire qu'elle me la donnoit comme à son gendre, dont elle estimoit & honoroit l'alliance, mais qu'elle me laissoit en la liberté de mon choix, ne voulant en aucune façon gesner ma franchise en mon mariage, qui estoit la chose du môde qui deuoit estre la plus libre. Elle donna en mesme temps sa benediction à ses filles, entre lesquelles on voyoit manifestement sur les ioües de Francine des larmes meslees de despit & de douleur; car elle se doutoit bien que si le choix m'estoit donné elle seroit non seulement au rabais de son orgueil, mais au rebut de mes affections; si est-ce qu'il luy fallut boire auec vne contenance reseruee l'amertume de ce calice. La bonne Pinciane apres s'estre reconciliee aux hommes, & en fin à Dieu par la derniere onction qui se donne aux extremitez, ne voulut plus entendre parler que du Ciel, & d'effect quelques heures apres, comme nous fecitions autour de son lict les Litanies de IESVS, ausquelles elle respondoit quelquefois, elle expira comme nous disions, *Iesus nostre refuge, ayez pitié de nous:*

Après que nous eusmes rendu les derniers deuoirs aux offices de ses funerailles, nous emmenons le bon Theodose à Callidore, pour destourner ses yeux de la triste solitude de sa maison de la ville, à la solitude plus agreable de celle des champs, où mesmes l'inuitoient & le temps des vendanges, & les Vacations du Palais : nous fusmes long-temps occupez dans le dueil & dans les regrets de la perte de Pinciane, cela m'estoit peu fauorable pour ma poursuitte ; car de parler d'Amour dans le souuenir d'vne mort si recente, & de mariage dans vn vesuage si frais, il n'y auoit pas d'apparence. Ie fein, (& certes i'en auois aucunement le dessein) de me vouloir retirer à Paris, mais le bon homme qui ne pouuoit plus me perdre de veuë, m'obligea de demeurer auprés de luy, me disant que si son affliction & son aage ne me donnoient du contentement, i'auois bien peu d'affection si ie me voulois separer de ma Maistresse : moy qui le regardois non seulement comme vn homme tres-vertueux & tres-aymable, mais comme mon pere par inclination & par election, & qui d'autre part me separoit de moy-mesme en quittant la lumiere de la presence de mon Ange, i'accueillis auec vne satisfaction telle que vous deuez penser cet arrest, duquel ie n'auois garde d'appeller. En fin il fallut que l'apostume creuast, & que Francine experimentast qu'vn malheur ne va iamais seul, puis qu'apres la perte de sa mere (son vnique soustien) il falloit qu'elle perdist encores son seruiteur qui estoit son vnique esperance, & ce qui la pouuoit consoler, comme fit Isaac par la reception de Rebecca, de la mort de sa mere Sara. Il n'estoit plus temps de feindre ny de mettre en execution ceste vengeance que nous auions projettee mon Ange & moy, en nous riant de sa malice tournee à son desauantage; la playe de la mort de Pinciane estoit si sensible, qu'elle nous mettoit plustost sur le maintien serieux que sur le plaisant.

12. De plus ie sçauois combien cher m'auoit cousté ma dissimulation, c'est pourquoy vn iour rondement & franchement ie luy declaray que ie ne l'auois iamais aymee, & que la recherche apparente que i'auois faicte de ses bonnes graces, auoit esté causee d'vn costé par vn prudent conseil; de l'autre par vne pure cōtrainte de Pinciane; contrainte tout à faict opposee à la franchise de ma volonté, & que Pinciane l'ayant bien recogneu m'auoit remis en la liberté de mon premier & vnique choix, iugeant bien qu'elle auoit eu tort de s'opposer à ce que le ciel vouloit
conjoindre;

conjoindre; que ie ne l'auois iamais regardee que cōme ce que l'on ne voit point, la seule reuerence que ie deuois à Theodose & à sa femme m'y ayant obligé; que quelque demonstration que ie luy en eusse faicte, ie ne l'auois pourtant iamais affectionnee, son humeur estant trop contraire à la mienne, & sa forme peu capable de me donner dedans les yeux: qu'elle n'auoit rien qui peust entrer en comparaison auec la presence d'Angele, à laquelle l'aisnesse appartenoit en toutes façons. Francine impatiente de se voir abaisser auec tant de courage, par vn homme qui l'auoit autrefois, mais par mocquerie, si hautement esleuee. Ha! traistre, ce me dict elle, & le plus noircy d'infidelité qui fut iamais, c'est donc ainsi que tu te ioües de la facilité & de la simplicité d'esprit de ceste credule fille, cachant l'aspic de ton mauuais courage sous les fleurs & sous les figues de tes paroles douces & dorees: ha! desloyal, tu parlois donc à moy & tu pensois ailleurs, ie n'auois que ta langue, & ton double cœur estoit attaché autre part, & sotte que i'estois ie prenois tous tes discours à mon auantage, & ie me repaissois des honneurs & des passions que tu immolois à vne autre! & ie ferois iamais estat des cajolleries d'aucun homme; que ie sois le but de toutes les miseres de la

Cc

terre, si iamais i'y preste vn tant soit peu de creance.

Ores que ie voy que les hommes
N'ont rien en ce siecle où nous sommes
Que fraude & qu'infidelité,
Adieu toute credulité.

A cela ie repartis, qu'elle appelloit mon obeissance & ma fidelité des noms de trahison & de perfidie, sans considerer que ce qu'elle voyoit au trauers du verre de sa passion luy paroissoit de mesme couleur, non qu'il le fust en soy, mais seulement en son estime; que les personnes interessees iugent peu sainement des autres & de leurs actions; que ie n'eusse peu luy estre fidele sans estre à Angele, à laquelle i'auois premierement voüé mes affections, le plus desloyal que le Soleil eust iamais esclairé: qu'elle mesurast autruy à l'aulne à laquelle elle voudroit estre mesurée, & qu'elle treuueroit que selon la loy de nature, il ne falloit faire à vn autre ce que nous ne voudrions pas nous estre faict; qu'elle mesme auroit voulu pratiquer enuers sa sœur qui luy estoit si proche, ce que ne luy estant rien i'auois exercé enuers elle par feintise: que pour moy ie sçauois le secret de manier ce feu d'artifice sans me brusler, & que comme les duels contrefaicts sont ordinairement plus plaintifs que les veritables, ainsi les affections les plus langageres ne sont pas les plus cordiales. Qu'elle r'entrast en sa conscience, & qu'elle iugeast auec sincerité si elle m'auoit iamais donné aucun sujet de luy vouloir du bien, elle qui auoit receu mes humilitez auec vne arrogance odieuse, & entendu mes soumissions auec des mespris insupportables : qu'elle considerast,

Que la plus iuste affection
  Par vne brauade insensee
  Outrageusement offencee,
  Deuient vne indiscretion.

Neantmoins que parmy la dureté de ses fers ie n'auois point gemy, ny ne m'estois lasché à aucune parole precipitee, reiglant ma contenance comme celle d'vn homme satisfaict parmy les plus fieres indignitez dont elle auoit violenté ma patience. Que lors mesme ie ne m'en plaignois pas, tant l'auois peur qu'elle me satisfist, tenant pour vne souueraine satisfaction de n'en point receuoir. Que ie me retractois de tant de fausses loüanges, & de tant de vains tiltres d'honneur que ie luy auois autrefois sacrifiez, & dont la memoire me feroit rougir de honte si ie ne sçauois que m'estans eschappez auec peu de sagesse, elle les auoit receus auec vne vanité beaucoup plus ridicule.

Cc ij

Qu'il estoit temps que ces flatteuses illusions qui luy auoient autrefois enchanté le cœur par l'oreille disparussent, pour la faire voir clair dans mes intentions, qui n'auoient esté autres que de conseruer le feu de ma vraye Amour pour Angele, sous les cendres de celle que ie feignois pour elle; que celle là auoit tousiours eu le cœur du cedre incorruptible de ma bonne volonté, elle l'escorce; celle-là les fruicts, elle les fueilles du langage. Que ie me contentois de la simplicité de ceste declaration, sans recriminer par des paroles offençantes, & sans repartir à ses fiertez passees, & à ses outrages presens, par des termes de mesme estoffe; à quoy i'estois induict, non tant par la reuerence que ie luy portois, que pour le respect que ie deuois à ma modestie, laquelle i'aymois mieux consulter que me ranger du costé de l'insolence, respondant selon le conseil d'vn Ancien, à la cholere auec courroux. Que s'il luy restoit parmy tant de passion qu'elle faisoit esclatter quelque traict de raison, ie la priois de considerer qu'en ce seruice ie ne luy auois donné aucun sujet de l'offencer, puisque ie l'imitois en ceste fainte conduitte; car elle qui auoit pour moy vne veritable inclination feignoit de me mespriser, & moy qui ne l'estimois pas pour l'aymer côme Maistresse, mais pour l'honorer comme sœur, luy rendois des tesmoignages d'vne bienueillance bien esmeuë. Que si elle excusoit les affronts qu'elle m'auoit faicts par ses plus sinceres intentions, ie pouuois bien plus iustement couurir mon peu d'inclination par les honneurs que ie luy auois rendus. Qu'en tout cas ie l'auois traittee comme elle m'auoit traitté, par dissimulation, repoussant auec equité la fraude par la fraude : mais que ceste tromperie ayant esté pratiquee par malice par elle, & par obeyssance par moy, il m'estoit d'autant plus aysé de me desgager, que i'auois creu à la rudesse de son traittement, qu'elle ne m'aymoit pas, non plus que ie ne l'affectionnois gueres, la bienueillance ne se payant que par elle mesme, qu'à elle de se desprendre, ayant basty ses desseins sur la fausse apparence de mes seruices. Qu'elle recogneust en cela vne iuste punition du Ciel, qui auoit permis que ie me seruisse de ceste ruse pour releuer mon honeur par la mesme bouche qui l'auoit abattu, de laquelle auec vne duplicité impardonnable elle auoit flestry la gloire enuers ses parens, lors que ie recherchois ouuertement sa sœur, de quoy elle s'estoit franchement & volontairement retractee quand elle auoit creu que i'auois quitté Angele pour la seruir. Que ceste reparation honorable estant faicte par la force de la verité, elle ne seroit plus receuable de mesdire de celuy qu'elle auoit tant estimé, & tant loüé, si elle ne se vouloit faire estimer vne giroüette piroüettāte au gré des vents de toutes sortes de passions, humeur assez ordinaire aux filles, principalemēt quand elles sont offencées. Ioint que i'auois vn puissant moyē pour desmētir la calomnie, & cela sans espādre du sang, qui estoit de biē faire, estouffant la plus noire enuie dās l'esclat d'vne vie irreprehēsible. Que ie la tenois quitte non seulement de la satisfaction des maux qu'elle m'auoit faicts, mais encor de la recōpense des seruices que ie luy auois rendus, puisque mes intentions en les luy offrant estoit de les cōsacrer à vne autre. Que tout ce que ie desirois d'elle estoit qu'elle en perdist le souuenir, passant l'épōge sur les couleurs des loüanges que ie luy auois injustement attribuees; qu'au moins leur recit & la sujection que ie luy auois renduë me sēbloient bien meriter vn oubly, que ie tiendrois à faueur singuliere, parce que ie ne pouuois supporter sans rougir le souuenir de tant de folies. Que ie la priois de chercher desormais quelque autre moins sēsible sujet pour exercer les poinctes de sa domination tyrannique; que ie n'auois suby ce ioug que par force, pour me rendre plus agreable la douceur d'vn plus suaue, que son absynthe me feroit paroistre plus sauoureux le miel de mon Angele, que sa nuict releueroit le lustre de son iour, & ses cruelles indignitez me feroient estimer dauantage la douce & saincte humeur de mõ Ange. Ie luy dis mille autres raisons qui sont esuanoüies de ma memoire, par lesquelles ie mis son esprit dans les plus grãdes cõfusions qui se puissent cõprendre. Neantmoins cõme elle estoit subtile, voyant qu'elle ne pouuoit desmesler par la force vne fusee si embroüillee, pour ne rien laisser d'intẽté en l'extremité de ceste separation, noyãt son sein de larmes, elle fila plus doucement qu'elle ne m'auoit iamais fait de semblables paroles : Certes, Menãdre, vous m'auez fait paroistre beaucoup de fois la viuacité de vostre esprit, mais ie ne l'auois iamais si bien apperceuë que maintenant, où par des paroles plus artificieuses que le mesme art, & par des raisons les mieux colorees qui se puissent dire pour soustenir vostre mauuais droict, vous me faictes cognoistre qu'on ne triomphe de bien discourir que quand on est Aduocat en sa propre cause. Ie suis marrie qu'elles ne sont encores plus fortes, pour auoir plus d'occasion de vous oublier, & moins de sujet de me plaindre de vostre oubly: mais vne telle malice ne se peut pas si facilement excuser que commettre; vous auiez donc resolu par vos feintes de me donner de la bienueillance sans en prendre, & de sacrifier vos vœux à ma sœur aux despens de la tranquillité de mon ame: vostre victoire n'est pas grande d'auoir surpris la credulité d'vne fille qui ne vous a chery qu'autant que les loix de l'honneur le permettent, & selon l'ordonnance de ses parens, qui luy a seruy de reigle immobile. Tout ce qui me fasche c'est que vous ayez peu auec vn faux cachet faire sur la cime de mon cœur vne impression si veritable, que la seule mort sera capable de l'effacer, au lieu que ma forme rencontrant vostre ame occupee de celle de ma sœur, n'a peu y treuuer aucune place. Que si vous appellez tromperie de ce que ie me suis seruie de l'auctorité de ma mere pour vous faire prendre le change & attirer vos yeux vers moy, ne voyez vous pas bien que vostre perfection est coulpable de ce defaut, que vostre merite c'est mon crime, & que blasmant cet effect il rejallit sur vous qui en estes la digne cause. Les auantages des forces de l'Amour sur celles de l'Amitié sont si notoires, que ie ne veux pas estimer ceste faute digne seulemét de pardon, mais de loüange, non de punition, mais de recompense. Il est vray que i'ay mesdit de vous durant vostre premiere recherche, mais c'estoit plus pour estre l'echo de la voix de ma mere, que pour animosité que i'eusse contre vous, aussi n'y auoit-il celuy qui ne vist que ie n'en parlois que par enuie, ou plustost que l'enuie parloit par moy; de tout cecy ie vous en demande pardon, & vous ne le pouuez ce me semble honnestement refuser à celle que vous auoüez en auoir fait de si publiques & solemnelles retractations. Pardonnez-moy si ie vous dis que vous auez tort de m'accuser de feinte en mon affection; car depuis que vous vinstes à moy sous le dessein legitime d'vne iuste recherche, ie vous ay nonobstant mes imaginaires rigueurs donné tant de veritables preuues que mon cœur estoit tout à vous, que vous n'en pouuez douter sans offencer vostre conscience. Ce que vous qualifiez des noms d'outrages & de mespris, n'est autre chose qu'vne bienseance que l'honneur demande des filles bien nees & bien nourries, qui ne doiuent iamais se licentier à des priuautez ny à des condescendances trop grandes, parce que ces facilitez auant le mariage se changent en des desdains quand il est acheué. Maintenant qu'il faut que i'espreuue de l'inconstance en vn courage qui m'auoit tant de fois protesté de n'en estre iamais susceptible, & que pour vous auoir vniquement honoré ie reçoiue le mesme abandonnement que ie meriterois si ie vous auois rebuté, ie ne veux point disputer auec vous, si c'est auec raison que vous me traittez de la sorte, puisque i'abaisse mon interest sous vostre iugement & sous le merite de ma sœur. En vous ie ne perds rien, puisque vous n'estiez pas à moy. mais vous perdez en moy puisque i'estois vostre. Ie vous ay tousiours creu tellement equitable, que mesme en ce changement qui m'est si preiudiciable, ie veux croire que vous auez raison, pour n'auoir aucun sujet de vous blasmer ny de me plaindre. Ie vous confesse qu'il m'eust esté plus aisé de me resoudre à la mort qu'à la perte des immortelles affections que vous m'auez tant de fois iurees, puisqu'en cela ie me voy priuee de la plus chere felicité que i'esperois en ce monde, mais de croire que ie souffre ce mal apres l'auoir merité, c'est ce que ie puis encores moins comprendre qu'endurer. Viuez auec ceste satisfaction en mon desastre, que ie l'endureray auec contentement, puisque ie sçay qu'il vous en apportera. Ie l'endureray auec toute la patience que ie pourray treuuer en mon ame, & sans emplir l'air de plaintes, j'osteray de deuant vous les apparences qui ne vous pourroient estre qu'importunes, pour conseruer en mon cœur des douleurs mortelles en leur excez & immortelles en leur duree. Vous ne changez pas, il est vray, puisque vous ne m'auez iamais aymee, aussi ne fais-ie, puisque n'ayant iamais eu sur le cœur autre impression que vostre idee, ie ne puis estre de cœur qu'à vous, encores que de cœur & de corps vous soyez à vne autre. Si faut-il que ie rende graces au Ciel de ce que me chargeant de si cruelles infortunes, il a voulu pour en adoucir l'amertume, qu'elles me vinssent de vous, duquel ie ne laisse d'honorer le rebut aux derniers traits de ceste dure separation, qui me va plonger dans les agonies d'vne vie mourante ou d'vne viuante mort. Et bien, Menandre, ie mourray, & suiuant les pas de ma chere mere pour l'accompagner au cercueil, ie vous laisseray comme elle vne liberté sans reproche, ostant de deuant vos yeux vn object que vous ne sçauriez regarder sans rougir de la honte de vos parjures : la mort me sera plus auantageuse auec la loyauté, que la vie à vous dans l'abandonnement de mes iustes flammes. O mort de Pinciane, que n'estois-tu la mienne, & que ne preuenois tu par la perte de ma vie celle de mō affection ? ô ma mere qu'il me soit permis sans troubler le repos de vostre sepulture, de vous dire que luy rendant sa liberté engagee par tant de paroles, vous me deuiez aussi rendre celle de mon esprit, & ne luy prester pas le moyen de iustifier sa fraude. O Menandre, puisque tu te desrobes à moy, rends moy à moy-mesme. Et c'est icy le faiste de ta supercherie, en ce que te desgageant tu me laisses engagée de cœur, de la passion duquel ie ne puis si facilement me desfaire. Ceste impression est trop forte pour pouuoir par vn iuste despit me guerir du mal que me cause ton inconstance. Non nō, il ne faut point se porter à vne lascheté, il se faut armer d'vne ferme resolution, & arrester ma douleur sinon en sa source, du moins en sa course, auant qu'vne plus longue suitte de temps la rende incurable. Et puisque les maladies se guerissent par des remedes contraires, il faut me determiner à esteindre ceste affection dans les tenebres d'vne longue absence, puisqu'elle est nee à la lumiere de vostre presence. Allez Menandre, & iugez à ce dernier traict si ie vous ayme, puisque ie prefere vostre Amour à mon contentement: il est vray que ma sœur me surpasse en tant de façons, que quand l'aage ne la rendroit point mon aisnée, elle me deuance incomparablement & d'esprit & de corps; c'est ce qui fait que non seulement ie vous excuse, mais que ie vous loüe d'vne si iudicieuse eslection. Car quand bien vous m'auriez affectionné la premiere, comme la premiere elle a eu vos affections, sa grace & sa vertu meriteroient que vous me laissassiez pour elle, & que vous me fussiez ingrat pour luy estre fidele; sõ droict d'aisnesse amoindrit mon regret & ma honte, parce que m'estant preferable en beaucoup d'autres qualitez, le monde iugera que c'est par celle-là seule qu'elle vous emporte. Au moins ie vous supplie de ne me refuser pas ceste seule grace, qui est que si ie perds l'espoir de vous posseder, ie ne sois pas depossedee de vostre bienueillance; pour cela ie vous remets toutes mes pretensions, & ie vous rends les promesses que vous m'auez voüees, protestant de ne vous contraindre point en l'affection que vous auez pour Angele, mais plustost si i'y puis seruir, de moyenner vostre mariage auec elle, & de prendre le soin d'en faire les sollicitations contre mon sens & contre mon interest propre. Si ie ne suis vostre espouse, au moins aymez-moy en qualité de sœur, le sang & l'alliance que vous projettez vous y obligera, puisque ie seray la sœur de vostre espouse. Icy les larmes claires, qui comme de grosses perles couloient de ses yeux abbatus, & les sanglots qu'elle poussa de son estomac, luy arracherent la parole de la bouche. Elle ne m'auoit iamais paru belle qu'en cest instant; soit que la pitié, soit que son humilité m'esblouyssent la veuë & trompassent mon iugement; & certes il faut auoüer que les pleurs ont cela de propre, que leur eau semble lauer toutes les taches de l'ame, & leuer toutes les difformitez de la face: vne personne pleurante est tousiours, sinon belle, au moins agreable, pourueu qu'vn pleur desmesuré ne contreface point les traicts du visage. Ie creus que ie l'auois renuoyeé auec trop de rudesse, & que si i'adoucissois les aigreurs de cest esprit, ie le mettrois au train de la raisō, & d'ennemie courtoucee ie la rendrois amie officieuse. C'est pourquoy sans me douter de la trahison qui luy auoit fait ourdir ceste flatteuse toile, ie luy respondis; Ma chere sœur (car desormais ie veux vous aymer & vous appeller ainsi, parce que le deuoir & le sang m'y obligeront) ie ne vous puis mieux respondre que par les larmes qui emplissent mes yeux, & par les souspirs de ma bouche, vous protestant qu'vn regret extreme me presse le cœur, de ne pouuoir me donner entierement à vous, n'estant plus à moy-mesme. Car ce n'est point seulement depuis la mort de vostre mere, mais long temps auparauant que ie me suis promis à Angele, & qu'elle s'est promise à moy: c'est pourquoy ie vous coniure de croire que si quelquesfois ie vous ay entretenuë de mes affections, ces paroles ne prouenoient pas d'vn mouuement libre, mais i'y estois pressé par l'instance & par l'auctorité de ceux qui peuuent tout & sur vous, & sur moy, & pour la paix de vostre maison: côme donc ce fut la contrainte & non la volonté qui me porta à ceste feinte, c'est la franchise & non la force, qui me fait vous dire ouuertement ce qui en est: receuez-donc ceste satisfaction volontaire d'vne offence qui fut violentee; & soyez asseuree que si c'est la volonté qui offence, vous ne le fustes iamais de moy, qui vous respecte comme vne fille toute pleine d'honneur, & qui vous ayme auec toute l'affection qu'vne sœur doit attédre d'vn frere. Or iugez par l'artifice de ceste fille, de celuy de tout le sexe, car elle n'auoit tissu tout cet industrieux discours, par lequel elle m'auoit arraché les larmes des yeux, que pour m'arracher le cœur plustost que les larmes; aussi estoient-ce des pleurs de crocodile, qui ne couloient que pour me deuorer, c'estoit vne plainte d'yenne, qui me vouloit attirer pour me perdre, vn chant de Syrene qui me vouloit endormir pour me porter au naufrage. Car pensant faire ceste ruse de guerre, fuyant pour me faire courir apres elle, me donnant de l'Amour par la compassion; & voyant qu'elle auoit failly à son coup, & que c'estoit tout à fait qu'il luy falloit perdre l'esperance de m'auoir & de me separer d'Angele, elle se mit sur des fureurs horribles qui luy firent vomir des iniures, des menaces, & des paroles indignes non seulement d'vne vierge, mais d'vne amie à qui il reste quelque petite estincelle de raison. Ie ne veux point souïller vos oreilles du recit de ces inuectiues; car elle profera tout ce que la rage, la jalousie, le despit, la honte, & le desespoir, passions estranges & pessemeslees, peuuent faire conceuoir à vne fille outragee d'vn ressentiment si vif, que de se voir rejettee par vn homme qui l'auoit adoree auec des soumissions extraordinaires. La voyant en ceste

frenaisie

frenaisie, à laquelle ie ne voy rié de comparable, il me souuient des vers de ce Poëte.
La Mer, le feu, la femme, & la necessité,
Sont quatre grands tourmens de ce monde habité,
Le feu bien tost s'esteint, mais celuy de la femme
Soudain brusle, & ardent n'esteint iamais sa flamme.

Ie fis par le silence passage large à ce torrent, auquel c'eust esté vne expresse vanité d'opposer des digues; ces esclairs sortans du noir nuage de sa dissimulation flamboient si horriblement, le tonnerre de ses propos estoit si resonnant, qu'il remplit toute la maison de vacarme; elle ne menaçoit de rien moins que de tuer tout le monde, & de s'enseuelir sous les ruines de l'Vniuers; tantost le fer, tantost le feu, tantost le poison la deuoit deliurer de ses ennemis, & de sa vie; iamais Tygresse à qui l'on a enleué la littee n'escuma tant de bouïllons de courroux: quand i'y pense il me souuient de ce que les Poëtes font dire à Medee, ou à Oreste, i'en suis saisy d'vne secrette horreur: depuis ce moment il n'y eut plus de moyen de raisonner auec elle, elle se cachoit comme vne chouette, elle s'enfermoit dãs son cabinet sans vouloir ny voir personne, ny estre veuë d'aucun : si elle

D d

eust peu se cacher de sa propre veuë, elle l'eust fait: de vous dire ce qu'elle disoit, & ce qu'elle faisoit en ces lieux escartez, il le faudroit deuiner; il est vray que quelquesfois la curiosité nous portoit à l'escouter, mais nous auions de la peine à entendre bien distinctement les propos dont elle rebatoit ces innocentes murailles. Cependant Angele craignoit, comme fille, les menaces ou les menées de ceste despitee, tout ainsi que l'on redoute les malignes influéces de quelque Comete qui presage tousiours ie ne sçay quoy de sinistre: Theodose s'en mocque, sçachant que les filles n'ont rien de si constant que leur instabilité, & que de semblables excez ne sont pas de duree. Me voyla donc dans ma recherche d'Angele à camp ouuert. Nous retournons à Paris, où Francine ne voulut iamais venir, & Theodose consentit librement qu'elle demeurast à Callidore à son tour, de peur qu'elle ne vint à la ville faire la folle, troubler la maison & nostre feste, & adiouster vne nouuelle douleur à celle qu'il ressentoit de la perte de sa femme: on la laisse en la garde d'vne vieille femme qui auoit long temps seruy Pinciane; on luy remet le mesnage des champs, où certes elle auoit meilleure grace qu'à ce grand Paris, le theatre des merueilles qui rauissent les yeux, où mon Angele ne fut pas pluſtoſt qu'elle y apporta vne nouuelle ſplendeur. La petite Agathe ſon autre Acathe la regardoit comme ſa ſœur, & l'honoroit comme ſa mere ; ie l'appellois ma Bonne ſelon que ſonne ſon nom; & quand i'eſtois auec ces deux ſœurs, ie diſois que i'eſtois auec mon bon Ange.

FIN DV LIVRE CINQVIESME.

ALEXIS.
PARTIE PREMIERE.
LIVRE SIXIESME.

SOMMAIRE.

1. *Priuautez dangereuses, sainctement retranchees.* 2. *Prompt despit suiuy d'vn soudain repentir.* 3. *Extrauagance de fille.* 4. *Mariage de Menandre & d'Angele.* 5. *Mauuaise vocation Religieuse.* 6. *Nopces clandestines de Francine & de Cereal malheureuses.* 7. *Agathe bonne Religieuse.* 8. *Vie cõtente & deuote de Menandre.* 9. *Mort soudaine, mais nõ impreueuë, d'Angele.* 10. *Douleur extreme de Menandre.* 11. *La consolation en Dieu.* 12. *Retraite spirituelle.* 13. *Histoire d'Euariste.* 14. *L'obligation des Peres enuers leurs enfans encores petits.* 15. *Resolution de Menandre & de Florimond d'aller à Liesse en Pelerins Chrestiens.* 16. *Et aussi de Meliton.* 17. *Alexis rencontré à Bonnefontaine.*

DEs la premiere proposition que fit Theodose à ses parens de me donner Angele, tous y cõsentirent, non seulemẽt sans contredit, mais auec applaudissement, disant qu'il auoit besoin d'vn tel homme pour le soustien de sa famille, pour le bien de ses affaires, & pour l'vtilité de sa maison: nous sommes accordez, peu apres fiãcez, me voyla presque asseuré de ma bõne fortune; mais comme il arriue beaucoup d'accidens entre le verre & la bouche, de petites trauerses me dõnerent de grãdes emotions. Ie vous ay dit qu'entre plusieurs belles qualitez, tant exterieures qu'interieures qui rendoient mon Angele vn vray Ange humain, la pieté & la deuotion y tenoient vn notable rang, iusques là qu'elle estoit bien fort scrupuleuse, neantmoins sans bigotterie. Or estant fiancé, comme i'estois presque tousiours auec elle, & que ie me donnois de certaines libertez, lesquelles bien que bornees dans les termes de l'honneur, de la ciuilité, & de la modestie, ont neantmoins en leur forme quelque chose de plus inconsideré que de malicieux; ie pris entre les autres, celle de luy escrire fort souuent & de receuoir de ses lettres, me semblant que ces allumettes seruoient à

Dd iij

l'entretien de nostre legitime flamme: & comme ie la menois souuent aux Eglises, & particulierement aux Sermons des plus fameux Predicateurs, dont elle estoit extremement auide, la mode de nostre nation qui est de mener sous les bras me donna la hardiesse de luy prendre quelquesfois la main, auec tant de reuerence neantmoins, qu'encores que i'en eusse vn desir tel que vous le pouuez iuger, ie n'auois pas assez de courage pour la porter à ma bouche: au demeurant ie prenois vn singulier plaisir de luy parler à part; & bien que ie n'eusse osé luy rien dire qui eust redouté l'oreille du plus seuere Censeur, il me sembloit neantmoins que ceste passion qui fait aymer se plaist à l'ombre, & comme le parfum se pert par l'encens, elle n'ayme pas les tesmoins, les cœurs aymans estans l'vn à l'autre vn assez ample theatre. Voyla donc toutes les licences que la condition de nos fiançailles me sembloient donner auec tant de iustice, que ie ne pensois pas qu'il y eust rien à reprendre, aussi n'eus-ie iamais vne seule pensee qui n'eust pour visee ce sacré lien, qui iustifie les actions, qui autrement seroient deshonorables. Nostre mariage trainoit ainsi en langueur, & se differoit iusques à ce que le temps de quitter ce dueil que les Dames

appellent grād, fust arriué, ceste ceremonie m'importunoit fort, car si selon ce Poëte,
Tout temps est ennuieux qui rejette en longueur
Le terme d'vn desir qui nous met en langueur.

Combien me deuoit-il estre doublement long, puisqu'auec la possession de mon Ange, il me retardoit celle de ma fortune: ceux qui sçauent que les trauerses du monde ne sont pas moins perilleuses que celles de la Mer, ne sont iamais en paix ny en asseurāce, qu'ils ne soient arriuez au port. Vn fortunal m'arriua du costé d'où ie l'attēdois le moins. Ceste fille estoit fort pieuse, & son exemple m'inspira plus de deuotion que mon aage, ny mon humeur ne m'en eussent donné en ce temps, si ie n'eusse eu l'honneur de la seruir; comme son ordinaire occupation estoit aux Eglises, ie me mis aussi à frequenter à son imitation & l'vsage des Sacremens, & les œuures de charité, à quoy ne seruoient pas peu les Predications ordinaires que i'entendois, qui sont à la verité les semences de toutes les bonnes operations qu'exercent les Chrestiens. Car en fin la Foy viue & œuurante par charité vient de l'ouye, & l'ouye l'engendre par la parole de Dieu, laquelle rend bien-heureux, c'est à dire, achemine à la beatitude ceux qui l'oyent & qui la gardent soigneusement en leurs cœurs, pour la reduire en prattique quand les occasions s'en presentent. Me voyla donc devenu, non pas certes devot, mais desireux de l'estre. Ceux qui frequentent les boutiques des parfumeurs deviennent parfumez insensiblement, tout ainsi que ceux qui cheminent au Soleil se haslent: c'est ce qui fait que les fideles sont appellez ouailles, parce que comme les brebis ils suivent le train l'vn de l'autre, & se conduisent fort par l'imitation. Heureux donc celuy qui tombe en bonne compagnie, & qui met son affection en bon lieu; car comme dit l'Escriture, nous devenons vertueux ou abominables, selon ce que nous aymons. Tandis que i'acheminois ainsi au havre desiré la fresle barque de mon amour & de ma fortune, ie creus que i'auois eschoüé, & fait naufrage au port. Angele auoit pour directeur de son ame vn bon Religieux homme de saincte vie & d'vn ordre extremement austere, elle le croyoit comme vn Oracle, & elle auoit raison, car c'estoit vn grād seruiteur de Dieu: mais cōme la rigidité de ceste vie sequestree du monde, (principalement quand elle est pratiquee par vn homme comme celuy-là, qui dés sa plus tendre ieunesse auoit soumis son col au ioug de la Croix & de la Penitence, & presque rien veu dans le siecle) a quelque chose de moins condescendant à ce qui se passe dans les conuersations mondaines, il luy imprima (car depuis elle me l'a aduoüé) vne telle horreur de ces licences si simples & si innocentes que ie prenois autour d'elle, qu'au lieu que ie luy paroissois vne verge florissante comme celle d'Aaron, ie luy deuins comme celle de Moyse transformee en serpent. Elle creut que i'estois vn Dragon desireux par mes illusions de deuorer son honneur, au lieu que ie l'estois pour en conseruer la pomme d'or, mesme aux despens de ma vie. I'oubliois à vous dire que ce bon personnage auoit esté nourry longuement dans les Conuents de son ordre en Italie, où mesmes, encores qu'il fust François, il auoit faict son Nouitiat, parce que ses parens, qui estoient de qualité, trauersoient en son pays son dessein religieux; de sorte que iugeant des conuersations de nostre nation par celle des Italiens, il ne se faut pas estonner s'il detestoit ce qui est dangereux parmy ceux-là, & nullement malicieux parmy nous. Il est vray que les Canons de l'Eglise conseillent à ceux qui sont fiancez de se marier au plustost, principalement s'ils habitent en mesme ville, à cause des accidens qui peuuent naistre d'vne trop libre & trop frequente entreueuë, au prejudice de la benediction & de l'honnesteté du sainct Mariage : mais icy l'excuse estoit ciuile & legitime, le danger nul, & l'action si legere, que l'appeller offence, c'est offencer vn iugement que la trop grande seuerité ne rend point du tout farouche. Tant y a que ceste pauure fille battuë de la bienueillance qu'elle auoit pour moy, & d'autre part combattuë des scrupules de sa conscience, laquelle pouuoit moins supporter le peché que l'œil la paille, & la porcelaine le venim, se treuua reduitte en des agonies incomparables: Car

Quand les loix de l'honneur & celles des delices
Combattent le desir,
Alors la pureté doit fuir les blandices,
Et dompter fortement tout injuste plaisir.

Cependant comme le fer mis entre deux aymans est emporté par le plus fort, ainsi l'honneur l'emporta sur l'Amour, encores qu'elle cherist extremement & l'vn & l'autre : mais, comme fille, n'ayant pas assez de courage pour me retrancher ce que le commun vsage m'auoit pluſtoſt accordé que ſa permiſſion, ny meſme aſſez de force pour me declarer la peine de ſa penſee, elle iugea que ſa plume m'exprimeroit mieux ce que ſa langue ne me pouuoit dire, & qu'vn voyage à Callidore gaigneroit par vne petite abſence ce qu'elle ne s'oſoit promettre d'obtenir de moy en mon ordinaire conuerſation. Qui n'aura pitié de l'eſprit des filles, & combien leur foibleſſe eſt-elle plus digne de compaſſion que de blaſme: il faut beaucoup de vent pour emplir les voyles d'vne nauire & pour la faire cingler promptement; il ne faut qu'vne petite Remore pour l'arreſter. Vn nuage bien leger nous oſte la ſplendeur du Soleil qui eſt ſi grand, vne debile vapeur cauſe de grandes pluyes, & ces lauages de furieux rauages. En ſomme ceſte pauurette croyant que ſon honneur fuſt aucunement intereſſé en ces actions plus candides que la neige fraiſchement tōbee, ſe reſoult de mourir pluſtoſt, & de perdre toute affection que de riē faire de reprochable. Et d'effet il faut auoüer que les filles qui ſont ſi libres durant les recherches, quād elles sōt mariees ſont beaucoup moins eſtimees de leurs maris, qui ſe deffient touſiours de leur legereté, & de leur ſimpleſſe:

parce que ce qui est facile à prendre est difficile à garder; & quoy que dient les fiancez, s'ils ont part au cœur, ils n'en ont encores aucune au corps de leurs fiancees. La face de l'Eglise doit estre le flambeau nuptial qui esclaire publiquement les deportemens, qui autrement sont œuures de tenebres: ceux qui font mal hayssent la lumiere; mais ceux qui ayment le bien veulent cheminer en la clairté du iour, & ne redoutent point l'esclat du plus ardant Midy. Desia ie recognoissois au visage de mon Ange de notables alterations, ie me plaignois de la longueur de ce dueil, & par ioyeuseté ie luy faisois la guerre de ceste maladie si commune aux filles nubiles qui leur pallit le teint. Vne secrette langueur flestrit les fleurs de sa face, & cela m'attriste, ie crains tout, parce que ie n'auois plus rien à esperer ce me sembloit; ie redoute que quelque plus forte maladie ne l'accueille, qui gresle mes esperances sur le poinct de leur moisson: me voyla en de grandes inquietudes, i'entre en moy-mesme, ie ne me sens coulpable que de trop aymer, & i'apprehende que Dieu ne m'enleue ceste creature que i'idolatrois, peut-estre, à son prejudice. Que de discours en ma pensee, i'en deuins palle & sec, & ie me meurs au milieu de tous les contentemens ausquels ie pouuois aspirer; & bien que ie tasche de cacher sous vne apparente allegresse vne trop vraye tristesse, si est-ce que ie ne puis faire en sorte que les traicts de ma face ne me trahissent, & ne facent cognoistre que i'ay quelque chose en l'esprit qui me tourmente. Theodose seul n'y prend pas garde, assez empesché à ses affaires, & à ses propres desplaisirs, & quand il s'en fust apperceu, il se fust plustost imaginé toute autre chose que la verité de ce trouble. Ie n'ose m'enquerir d'Angele de ce qui la cháge ainsi, de ce qui arrache le ris de ses ioües, & pour moy la douceur de ses yeux. Ie me doute de quelque enchantement, ie vay consulter le miroir, & ie me treuue vn peu alteré de visage; seroit-ce si peu de chose qui luy desplairoit, elle qui sçait que mon cœur n'a point autre desir que de luy complaire? non ce n'est point cela. Ie l'apperçois qui fremit à mon abord, & qui faict paroistre sur son front, à diuerses reprises, les couleurs de l'arc en ciel, presage infaillible de pluye: elle coule des larmes, elle souspire, & ie n'en puis sçauoir la raison: ô Dieu, qui me tirera de ces perplexitez? Les filles ne manquent point d'inuentions pour executer leurs volontez; elle faict entendre à son pere que le bien du mesnage de Gallidore luy appelloit pour quelques iours; le bon homme luy donna permiſſion d'y aller, ſans penſer à rien, & ſans peſer autrement l'importance de ce voyage. I'auois deſia faict quelques plaintes à ceſte fille qu'elle ne m'eſcriuoit plus que froidement, & auec plus de reſpect que d'affection, & encores que ces lettres eſtoient rares; car certes ie n'oſois chercher qu'en tremblant ce que ie craignois de rencontrer, qui eſtoit ſa diſgrace. Ie m'apperceuois bien qu'elle euitoit de me parler en ſecret auec des fuittes premeditees, touſiours Agathe eſtoit penduë à ſon coſté, afin que ſa preſence me rendiſt plus reſerué; ſi ie luy voulois prendre les mains, elle les retiroit d'vne façon, non pas courroucee, mais ſi modeſte, que ie ne ſçauois que deuiner: de tout cela ie n'oſois me plaindre, mais moins i'en diſois, plus i'en penſois. Vn ſoir que ie l'auois laiſſee, ce me ſembloit, en aſſez belle humeur, & que ie m'eſtois remis, ſelon mon auis, en la poſſeſſion de mes honneſtes licences, ie paſſay la nuict auec les douceurs d'vn homme fort ſatisfaict, & ſemblable au Nautonnier qui ioüyt d'vn doux calme apres l'horreur d'vne fiere bourraſque; mais ce fut vn calme qui ne dura gueres, & pluſtoſt qui fut le preſage d'vne horrible tēpeſte; car le lendemain cōme ie penfois auoir vne Aurore aussi gracieuse que le Vesper, ie treuuay mes imaginaires contentemés disparus, & Angele partie pour aller à Callidore. Ie n'auois rien sceu de ce voyage, c'est ce qui me troubla le plus; elle auoit emmené Agathe & sa Gouuernante, ie n'eus pour tout reconfort qu'vn grand papier que me dõna en cachette vne seruante, de la part d'Angele. Le criminel qui se voit conduire en la Chapelle d'vne Conciergerie, & qui voit arriuer le Greffier auec son arrest au poing, n'a point plus de frayeurs que i'en eus en l'ame; ie ne sçauois si ie le deuois lire ou courir apres nos fugitiues, pour m'esclaircir plus amplement de tout ce malheur; mais en fin ie pensay que ie pourrois tousiours me seruir du dernier remede, quand ce discours m'auroit appris les pensees de celle qui l'auoit tracé. Or parce qu'il est impossible que ie vous en rapporte les propres paroles, ie me seruiray des miennes; mais ce sera sans alterer le sens, lequel en est tousiours demeuré graué en ma memoire en caracteres ineffaçables: si c'estoit vne lettre elle estoit fort longue, & ie prendray la liberté de l'estédre en ceste façon, selon la faculté que vous m'en donnez par la patience que vostre fauorable audience me preste.

J'Ay bien faict paroistre que i'estois fille, Menandre, c'est à dire la mesme substance de l'instabilité, puis qu'apres tant de contraires resolutions, à vostre premiere reueuë, ie me suis soudain transportee aux mesmes actions, plustost dangereuses que mauuaises, ausquelles i'auois tant protesté de n'acquiescer plus; mais mon sens a surpris ma raison, estant bien malaysé d'aymer fortement, & d'estre grandement sage. Ie me console neantmoins en ce que la grandeur de mon infirmité faict paroistre celle de mon affection. Toutesfois ie ne puis m'empescher en reuenant de ce transport à moy-mesme, d'estre saisie de desplaisir & de honte, de me voir si volage aux resolutions qui regardent mon bien; & si prompte à me laisser aller, non pas certes au mal, mais à des façons de faire plus perilleuses que malicieuses. Ie sçay que ces menuës caresses & familiaritez sont pleines de tant d'innocence & d'honneur, que les vouloir reprendre ce seroit pincer sur le poly d'vn miroir; mais quoy qu'il n'y ait ny mal, ny danger en effect, il y peut auoir du peril en la pensee; & i'ay quelquefois entendu, que qui ayme le peril y perira. C'est ce qui m'a faict courageusement prendre ceste plume, afin de vous dire par elle ce que ma langue ne sçauroit proferer en vostre presence, estant esblouye de son esclat. Ce sera en vous declarant le conseil d'vn sainct homme, auquel

descouurant

descouurant les replis de mon ame, i'ay appris de luy que la voix de la tourterelle, c'est à dire d'vne chaste inspiration, estant entenduë en la terre de nostre cœur, le temps de retrancher & d'emonder, c'est à dire, le renouueau estoit venu. Ie vous conjure donc par tout ce qu'il y a de plus sainct & de plus sacré au Ciel, & en la terre, qui sont les entrailles de la misericorde de ce Dieu, ausquelles consiste toute l'esperance de nostre salut eternel, que vous contribuyez de vostre part, comme moy de la mienne, à la perfection de nostre saincte amitié, en retranchant absolument toutes les caresses sensibles, pour n'admettre que la pure & excellente vnion des esprits en Dieu, & selon Dieu: & cela en attendant qu'vn legitime Hymen nous assemble, comme il y a grande apparence, selon les esperances que nos parens nous en font conceuoir. Alors ie seray toute vostre, & rangee sous vostre puissance, ie prédray ma loy de vos desirs, ma volonté estant soumise à vostre empire, toute ma gloire & toute ma ioye sera de vous obeir: rien ne sera plus ny dangereux, ny insolent, ny messeant; parce que tout sera loysible, la saincteté de ce lien iustifiant la liberté des actiõs, qui sont criminelles si elles ne sont couuertes de son voyle. Iusques là, Menandre, ie vous conjure de soustenir l'impetuosité de ces flammes qui pourroient troubler nostre raison de leur fumee, & dont l'ardeur pourroit apporter de la noirceur à vostre sincerité. Ainsi, estāt moins vostre maintenant, c'est pour estre un iour plus entierement vostre: car l'humeur des hommes tient en cela de l'humeur des malades, qui demandent ce qui leur est contraire, & ruinent leurs affections par où ils pensent les deuoir augmenter. Les filles qui sont trop libres deuant le Mariage, laissent de sinistres pensees dans les ames de leurs marys, & ce qu'en vn temps ils tiennent pour faueur, en vn autre se tourne en reproche. Ie vous veux apporter vne integrité irreprehēsible, & vne pureté sans tache, dans vne couche sans soüilleure; ce qui vous faschera maintenant, mais alors i'en espere des remercimēs: ainsi l'on injurie le Chirurgien quand il tranche, & on luy rend graces apres la guerison; si vostre sens se despite, vous m'en aymerez mieux en vostre raison, & vne once de ceste amour raisonnable vaut cent liures de celle qui nous est commune auec les animaux. Et certes si ie pensois ne tenir à vostre cœur que par ces menus ajencemens & friuoles complimens, & par ces petites caresses & foibles complaisances, ie penserois y estre en vne miserable condition; car le temps venant à effacer auec son esponge insensible les traicts de ma face, & à flestrir les fleurs de mon teinct, il me faudroit dire vn triste adieu à tant de protestations d'affection, que vous iurez si solemnellement deuoir estre immortelles. Aymez moy d'vne autre sorte si vous voulez que t'honore & que ie reuere voſtre bienueillance. Armons noſtre raiſon, & nous perſuadons que le vray contentement conſiſte au meſpris de ces ſenſibles, quoy qu'innocens contentemens, & que le ſolide plaiſir eſt au rebut de ces delices legeres & exterieures, & que la courtoiſie & la bienſeance peuuent pluſtoſt produire que la ſincerité. Ie prenoy vn grand orage en voſtre cœur, mais par apres i'en eſpere vn grand calme. & que ſi pour vn temps vous m'en aymez moins, à la fin vous m'en aymerez mieux: que ſi pour ce retranchement vous me priuez de voſtre amitié, i'auray occaſion de croire que vous ne m'aurez iamais veritablement aymee, mais pluſtoſt en apparence qu'en effect, & en cela voſtre perte me ſera moins regrettable; car ſi ie dois vous appartenir, vous m'en eſtimerez dauantage; ſinon vous aurez touſiours de moy l'opinion que vous deuez auoir d'vne fille qui ne veut pas ſeulement eſtre entiere de corps, mais encores d'eſprit, & qui prefere la gloire de ſon honneur, à la poſſeſſion d'vn cœur qu'elle ayme plus que ſa vie. Certes depuis ce temps là que ie me ſuis donné la liberté de vous parler en particulier, de vous permettre de me tenir & de me prendre les mains, & de m'eſcrire; car voyla tous les crimes dont ie me ſens coulpable; crimes qui ne rougiſſent point deuãt Dieu, les Anges & le Soleil; i'ay eu l'ame battue de cõtinuelles agitatiõs & de merueilleuſes inquietudes, me ſẽblant que ce

Ee ij

que i'adjouſtois à mon Amour, ie le diminuois à mon deuoir; & reuenuë de ces douces conuerſations ie rougiſſois deuant mon miroir de ce que ie pratiquois auec vous auec innocence. C'eſt aſſez que mon affection me tourmente ſans repos, ces remords m'accablent tout à faict, ie ne puis plus viure en ces agonies; ſuſpenduë entre Dieu & la creature, ie crie reſolument; Viue Dieu; & ſi de peur d'offencer celuy-cy, ie me deſtourne de l'autre par des fuittes eſtudiees, ne croyez pas que ce ſoit faute d'amitié, mais c'eſt par l'apprehenſion de vous aymer trop. Ie vous prie donc, Menandre, de vous ſeruir de ce grand courage qui vous faict paroiſtre parmy les plus galands & les plus vertueux, pour vous ſeurer de ces douceurs, afin que leur poſſeſſion vous en ſoit vn iour plus ſauoureuſe, comme plus precieuſe & plus chere. Aymez moy dans les bornes que ie vous preſcris, ſinon pardonnez moy ſi pour rendre ce que ie dois à Dieu, & à la gloire de ma reputation, ie me deſtourne de voſtre veüe, qui m'eſt d'autant plus pernicieuſe qu'elle eſt trop aymee & trop eſtimee de mon eſprit; cet auantmur & ce retranchement eſt pour me garder de quelque ſurpriſe, non pas de vous qui auez l'ame trop belle pour mediter vne laſcheté, mais pour euiter la trahiſon de moy meſme; car vous auez vn ſecret Aduocat dans mon cœur, qui plaide pour vos perfections au deſauantage de ce que ie dois à ma modeſtie. Tandis donc que la lumiere de mon entendement est encores en sa vigueur, & que ie puis escraser ces petits assaillans à la pierre de ma fermeté & de ma constance, permettez que ie me serue de ma force pour soustenir ma foiblesse qui est extreme, contre de si puissans charmes que ceux qui sortent de vostre vertu & de vostre merite. Si ie me conserue c'est pour vous; si ie suis entiere c'est pour vous: la fleur qui est patinee n'est plus satinee, elle pert le lustre qui la rend riante & fraische; & l'eau claire & pure se trouble par le toucher de quelque chose de terrestre. Philothee m'apprend qu'il ne faut souffrir qu'aucun vous touche, nō pas mesmes par ciuilité; car encores que la pudeur n'en soit pas blessee, elle en souffre tousiours quelque deschet: la neige ne peut estre maniee sans se noircir, les corps humains sont fragilles comme des verres, ils se froissent au moindre heurt; ceux des filles sont des bouteilles de sauon, l'air mesme & la veuë leur sont nuisibles. Ne croyez point que ce soit vne deffaitte d'amitié, mais plustost que c'est vne amitié refaitte, espuree comme l'or, & separee de toute meslange cōtagieuse. Aymer ainsi c'est aymer Angeliquement, celestement, diuinemēt. En fin, Menādre, ie n'ay plus que ce mot de franchise à vous dire, apres lequel nettement, rondement & simplement il n'en faut plus esperer: I'ayme iusques à l'Autel, c'est à dire iusques où Dieu n'est point offencé; & ie ne hay pas seulement la ville infor-

Ee iij

tinée du peché, mais encores les fauxbourgs, qui sont les occasions; car Dieu a en horreur ceux qui y demeurent, & souuent il les laisse aller aux desirs de leurs cœurs, quand ils ne font pas assez de diligence pour s'en retirer. Mais y a-t'il du mal en ces priuautez qui sont si simples, si naïfues, & qui ont le Mariage pour visee? Menandre & Angele n'y pensent point de mal, mais l'ennemy inuisible, & peut-estre le visible, qui est l'enuieux, y en pense pour eux; & il faut euiter toutes sortes de pieges. Ie prends à tesmoin le mesme Ciel, que vous appellez peut-estre maintenant pour vanger ma iuste cruauté, que ie n'vse enuers vous d'aucune feinte, ny d'aucun artifice, & ie veux qu'il me punisse selon vos desirs, si ie n'ay autant de peine & de regret à vous imposer ceste loy, que vous d'en receuoir la declaration, & que la mesme douleur que vous ressentez de la priuation de ces faueurs si innocentes & si gracieuses, ie l'endure beaucoup plus viue, pour ne pouuoir plus desormais les vous accorder, sinon quand ce sacré lien que ie desire auec les impatiences d'vne fille qui faict en son teint ceder les roses aux lys, nous aura conjoincts; lien diuin que les hommes ne pourront iamais rompre. Car alors l'excés de mes ioyes surmõtant mes propres souhaits, ie seray toute à vous, & de corps, & d'ame, comme maintenant ie suis en l'ame entierement vostre, de corps nullement.

Livre sixiesme.

Que deuins-je, mes amis, quand i'eus leu vn semblable discours, mille pensées differentes s'esleuerent en mon esprit, qui luy donnerent des entorces estranges & inconceuables à toute personne qui n'a ressenty de pareilles traces. I'examinois les paroles, ie pesois les mots, ie ruminois le sens, i'y treuuois beaucoup de raison, mais ie craignois de la trahisõ; tousiours ie redoutois quelque menee de Francine. S'il n'est question que de ce qu'elle desire, que ne me le disoit elle, ay-je iamais contreuenu à aucun de ses commandemens? l'ay-je contrariee en aucune de ses volontez? ie me priuerois de mes yeux, si leurs regards luy estoient desagreables, & ie me trançonnerois la langue, si elle auoit proferé vne parole qui la peust offencer : mais il y a quelque serpent caché sous ces belles apparences. S'en aller sans me dire adieu, me faire sentir le foudre auant que i'en apperceusse l'esclair, me laisser ainsi brusquement pour aller treuuer mon ennemie : me faire vn tel tour,

A moy qui ne suis vif que pour luy rendre hommage,
Qui n'ayme mon esprit enclin à l'honorer,
Que pour le seul respect des traicts de son image,
Que mon affection a sceu si bien tirer.

Ee iiij

Et puis quand ie venois à considerer le maigre sujet pour lequel elle me bannissoit de sa presence, ie ne pouuois me persuader qu'vn esprit si beau & si bien faict comme le sien, peust se persuader que des actions si peu considerables peussent ternir la belle blancheur de sa pureté. Fol! qui ne iugeoit pas que sans les machines d'Archimedes, il ne faut qu'vn poinct pour enleuer l'esprit d'vne fille: c'est ce qui m'emplissoit l'ame de mauuais presage, car nous prenons ordinairement les choses au pis, & le tison par où il brusle. Ce qui faisoit que repassant par mon esprit tant de cheres promesses qu'elle m'auoit faictes, & les conferant auec cet escrit, il me sembloit que i'estois tumbé du Ciel dans les abismes, & que bastir sur le sable, & se fonder sur l'affection d'vne fille, c'estoit vne mesme chose.

Mettre en mon entretien son bonheur & sa
  gloire,
  Me faire des faueurs afin de m'obliger,
  Puis apres m'effacer si tost de sa memoire,
  Encor qu'elle iurast de ne iamais changer.
Puis lors que ie deuois combler mon esperance,
  Faire vn si prompt voyage, & m'aller recelant
  lant.
  Ce cher object duquel l'absence ou la presence

Me conduit au cercueil où m'en va r'appel-
lant.
Qui eust creu ses discours pouuoir estre fri-
uoles,
Qui ne sonnoient que foy, qu'honneur, &
que deuoir,
Qui ne se fust fié à de telles paroles,
Quel esprit ne peut-on par ces mots dece-
uoir?
O trop subtil esprit, cause de mes complaintes,
O sermens qui auez mon espoir enchanté,
Maintenant ie cognoy qu'à des promesses
feintes,
L'antidote supreme est l'incredulité.

I'allois auec ces paroles poignantes irritant mes pensees, & aigrissant ma douleur, au lieu de guerir ma playe ie l'enuenimois, ie ressemblois à l'ourse, laquelle atteinte d'vne fleche qui luy demeure dãs le flanc, n'ayant pas l'industrie du Cerf qui sçait recourir au dictame pour tirer le fer de sa blesseure, prend à belles dents le traict par les empennons, & tournoyant la pointe dans ses entrailles, se donne la mort par leur deschirement: Ainsi allois-ie me rongeant le cœur & aggrandissant mon despit, despit qui m'eust peut estre guery de mon Amour, si ie n'eusse point eu quelque esgard à ma fortune, laquelle encores ne vouloir pas hazarder sur la fantaisie d'vne fille. Cesar auoit grande raison de conseiller à ceux qui estoient pressez des fiers assauts du courroux le récit des lettres de l'Alphabet, voulant dire qu'il falloit temporiser & ne rien faire durant la precipitation de ceste courte fureur: tresbien dict cet ancien Poete,

Qui ne moderera sa trop prompte cholere,
Voudroit bien tost apres que ce fust à re-
commencer...
Quand pressé des bouillons d'vne ardante
cholere...
Il s'est precipité dans quelque grand mal-
heur...

C'est vn mauuais conseiller que le courroux, & doubte ses soudainetez sont suiuies de longues repentances. La chienne fait ses petits aueugles, la cholere enfante ses desseins sans consideration: ie l'experimentay lors, car au lieu de m'arrester à la lettre de cest escrit, qui comme la lance d'Achille portoit son remede en sa blesseure, ie m'attachay à l'esprit trouble de ma propre imagination, qui me pensa causer bien de la brouillerie: Ie mis la main à la plume en ceste émotion despitée qui m'animoit, & prenant ceste retraitte si honorable & si iudicieuse pour vne espece d'affront, ie luy despeschay vn lacquais auec de semblables paroles.

D'Où me vient ce malheur inopiné qui reduit toute ma resolutiõ en poudre? Estoit-ce pour sonder ou pour esbrāler ma constance iusques en ses fondemens, que vous auez pris ceste farouche determination de me tourner si soudainement la face? C'est maintenant que i'espreuue que les traits non preueus sont plus penetrãs que ceux dont l'attente en rend l'atteinte plus molle. Comme la mousche qui fait le miel, picque plus puissamment que les autres, aussi ceste pointure que ie ressens de vous m'est d'autant plus sensible, qu'elle part d'vne personne qui est toute ma douceur, & de laquelle ie n'auois iamais experimenté qu'honnesteté, & que courtoisie. Si c'est pour vous deffaire de moy, vous le pouuiez auec plus de facilité, & sans employer tant de discours vous me deuiez tuer d'vne seule parole. Si c'est pour espreuuer la puissance que vous auez sur moy, certes vous ne pouuiez faire vn plus sanglant essay de ma fidelité. Ie ne puis que deuiner, sinon qu'il y a sous l'escorce de ceste lettre meurtriere, vn esprit malheureux, dont l'intelligēce ne me prepare point de moindre supplice que le trespas. C'est dõc ainsi que vous me cõbattez auec les armes des Parthes, & que vous me sacrifiez à vostre cholere en fuyant? Sçachez que ie ne suis ny insensé ny insensible, & que si ie n'ay assez de cordage pour vous ratenir, i'ay assez de courage pour vous laisser courir au gré de vos desirs.

A peine le messager selon que ie pouuois iuger, pouuoit-il estre à Callidore, que mille regrets d'auoir si volagement & si hautement escrit me vindrent deuorer, i'eusse bien voulu retenir mõ papier, & faire comme le lesard qui efface auec sa queüe les traces que ses mains impriment sur le grauier. La lecture reïteree de ceste lettre ne me fait paroistre qu'vne extreme bienueillance accompagnee d'vne incomparable pudeur; helas mon despit m'y auoit fait voir vn contraire visage; cependant i'auois payé ceste humilité d'vne rodomontade, moy qui auois souffert de Francine tant de brauades auec d'extremes soumissions: si ma responce vient entre les mains d'Angele, ie me tiens pour perdu, cependant elle va tousiours, de quoy i'estois en vne tristesse desesperee, mais comme le vin pris soudain apres la cicüe sert d'antidote à ce venim, & comme il n'y a rien de meilleur que d'escraser le scorpion & la cantaride sur leur propre picqueure, ainsi vne faute reparee sur le champ n'estoit que demie faute, ie m'auisay donc d'enuoyer vn homme de cheual, ou pour deuancer mon laquais, ou pour appliquer le remede promptement à vne responce si crüe par vne autre lettre pleine de reuerence & de complimens. I'eusse esté

Livre sixiesme. 445

volontiers le messager moy-mesme; mais outre que ie ne sçauois pas de quelle façon i'eusse esté accueilly, il ne faut point que ie vous en mente, ie n'eusse pas eu assez de front pour dementir ma plume auec ma langue; ie treuuay pour cela le papier plus commode, n'estant point sujet à de si dures conuulsions: le sens de ceste seconde despesche estoit tel.

J'Ayme mieux m'accuser franchement que m'excuser froidement, parce que l'ingenuité de la Confession appelle vn pardon infaillible. C'est donc la verité, Vertueuse Angele, que i'ay esté fort surpris de vostre absence impreueue, que ie l'ay qualifiée du nom de fuite, & sans me donner le loisir de bien peser les sainctes & puissantes raisons de vostre lettre, ie me suis persuadé qu'elle ne vouloit rien dire de moins que ce qu'elle dit, mais que quelque motif plus sinistre l'auoit tirée de vostre plume. Ie redoute fort les inuentions de vostre sœur, qui ne semble nee que pour trauerser nostre felicité. Elle est assez mauuaise pour abuser de vostre bonté, & elle me veut assez de mal pour tenter toutes sortes de moyens de me mettre en vostre disgrace. Elle ne manque point de ruses pour desunir nostre bonne intelligence. Ie vous prie si elle m'accuse que ie ne sois pas condamné sans estre ouy. Vous voyant aller de son costé, que pouuois-ie penser sinon qu'elle eust gaigné quelque pied en vostre creance à mon preiudice, & que quelque cause qui m'est incognuë estant le subject de vostre mescontentemēt, les scrupules que vostre lettre me represente fussent le pretexte de vostre retraitte: Car enfin s'il n'y a dans vostre cœur que ce qui est exprimé sur le papier, ie suis le plus content homme de l'Vniuers; & desormais vous ne me serez pas seulement honorable & aymable, mais adorable. Ouy mon cher Ange, car le Ciel m'est tesmoin si ie vous ay iamais eu en autre consideration que d'un Ange de Dieu, tant vos vertus & vostre honnesteté iointes à tant de graces naturelles vous rendent semblable à vn Ange. Car il ne se peut dire que ie ne vous aye tousiours honoree auec autant de respect & de deuotion comme on en pourroit rendre à vne chose Saincte; tant s'en faut que ie voulusse rien entreprendre qui peust apporter du trouble à vostre conscience. Et Dieu vueille qu'il ne tienne qu'à l'abandonnement de ces faueurs, que vous me marquez, que ie ne vous tesmoigne la saincteté de mes intentions, car i'ayme beaucoup mieux me priuer pour vn temps des plus doux contentemens de mon esprit, que de vous oster la moindre satisfaction du vostre. Ie vous prie de croire que ma vie ne m'est point si precieuse que ie ne consentisse plustost de la perdre que de la conseruer par vne cho-

se qui vous fust desagreable. Que si ie regrettois sa perte, ce seroit plustost pour celle que vous y feriez que pour la mienne, puisque ie ne le veux cherir qu'autant que i'estimeray qu'elle ne vous sera point ennuyeuse. Asseurez-vous donc de mon entiere soumission à vos volontez, & aux loix qu'elles me prescriront; puisque ie tiens à plus grande gloire de vous obeyr, que de commander à tout le reste du monde.

Ce courrier ne peut faire telle diligence qu'il ne treuuast Angele saisie de la precedente, & ie dis doublement saisie; car la tenant encor en la main, elle en auoit le cœur si outré, qu'elle ne sçauoit ce qu'elle faisoit: elle pensoit auoir ruiné sa propre feste, elle se repent de la precipitation de son depart, elle en accuse l'imbecilité de son courage, sō pis estoit qu'elle n'osoit souspirer son desplaisir, & s'en plaindre encores moins. Cependant ceste mine non euentee la menace de grandes conuulsions: comme elle estoit en ces agonies luy arriua tout à poinct, le cousteau d'Alexandre qui trancha le nœud de ces perplexitez, ceste seconde lettre d'vn ton & d'vn stil si different de la premiere, luy redonne la vie, & neantmoins son esprit se partage par le choc de ces contrarietez: D'où vient, disoit-elle en soy-mesme, ceste inegalité en l'esprit de Menandre, en cest esprit qui me semble le niueau de la mesme Raison, ie ne puis comprendre ces enigmes; est-il possible qu'il ait peu en si peu de temps ioindre des hautainetez auec de telles humilitez, & que celuy qui a tracé ces dernieres soumissions, soit le mesme qui ait couché sur le papier les arrogances precedentes? Et puis relisant ma derniere comme celle où panchoit son inclination, ô disoit-elle, que les outrages se font aysément, & se reparent difficilement, ces coups-là se prattiquẽt bien mieux qu'ils ne s'excusent: neantmoins comme c'estoit vn esprit de Colombe & tout à fait exempt de fiel, & dont la memoire

Se souuenoit de tout excepté des offences: Iugeant bien qu'elle estoit cause par sa fuitte precipitée de la precipitation de ma plume, Non disoit-elle, cher Menandre, vous n'auez pas de tort; c'est moy qui ay commis le crime, car ie ne puis nier sans vne extreme mescognoissance que de tous les Amans du mõde, vous ne soyez le plus hõneste, le plus discret & le moins reprochable, & que ie n'aye fait vn traict de legereté, qui ne peut estre iustifié que par la foiblesse de mon sexe. Et puis comment vous punirois-ie puisque ne m'offençant qu'en parole, ie vous ay

desobligé

desobligé en effect, comme si ie ne sçauois pas bien que ne vous pardõner pas, ce seroit estre cruelle, non à vous, mais à moy, m'enuelopant dans la punition que ie voudrois faire de vous. En cest esprit elle me manda, que le manquement de courage luy auoit fait prendre le conseil de ce voyage, n'ayant peu treuuer en son ame assez de fermeté & de resolution pour me dire ce qu'elle m'auoit escrit: au reste qu'elle n'estoit point susceptible à mon preiudice des impressions de sa sœur, laquelle estoit tout à fait ignorante de ces mouuemens de son ame qu'elle n'auoit descouuerts qu'à son Directeur, duquel en ce qu'elle auoit fait, elle auoit suiuy l'auis. Que si ie me voulois iusques à nostre mariage tenir dans les bornes qu'elle me prescriuoit pour le repos de sa conscience, non seulement elle auroit agreable de me voir à Callidore, mais que sur l'asseurance que ie luy en donnerois elle reuiendroit à Paris, n'ayant apres Dieu aucun objet qui luy fust plus agreable ny plus desirable que moy. Ceste lettre me reuint treuuer auec la mesme diligence qui auoit porté la mienne; & elle m'arriua comme la pluye à vne terre beante; car i'estois en des transes pareilles à celuy qui attendant l'arrest de sa mort se voit apporter sa grace. Il me sembloit

Ff

que ie commençois à reuiure apres vne fascheuse mort. Cependant il se fait à Callidore & à Paris, des batteries & des menees bien differentes. Francine estonnee de ce qui menoit sa sœur aux champs en vne saison qui en r'appelloit tout le monde pour se rendre à la ville, lisant sur son visage ie ne sçay quoy de triste, soupçonna incontinent quelque mesintelligence parmy nous, & ne pouuant en rien apprendre d'elle, il luy fut plus aysé de crocheter ce sens d'Agathe, laquelle, & cōme fille, & cōme ieune, estoit assez capable de recognoistre ce qu'elle voyoit, mais non pas de feindre, ny de celer. Elle sceut dōc qu'il y auoit de la brouillerie, ô qu'elle en triompha en son ame, desireuse de faire si elle pouuoit de ceste estincelle vn embrasemēt qui mist ceste alliance en poudre: tel est le naturel de l'enuie qui fait son bien du mal d'autruy: tandis qu'elle ourdit accortement sa trame pour jetter dans l'esprit innocent de sa sœur, des deffiances & des degousts de moy, estimāt releuer les statuës de sa gloire en abatant les miēnes. Moy d'autre costé ne m'endors nullemēt, & prenāt le droict fil pour paruenir au but de mes pretensions, ie me sers de l'entremise du Pere Theopiste, pour supplier Theodose d'auācer le terme de nostre mariage, à cause des accidens que les longueurs & les delais traiḱết inseparablemẽt à leur suitte: ce bõ homme qui auoit autãt d'enuie de me donner sa fille, (car c'est vn meuble qui pese à vn hõme veuf) que moy de la prẽdre, se laissa aisémẽt persuader, de se dispẽser de ceste vaine consideration de mesler des nopces parmy des funerailles recentes, sçachãt qu'aux bãquets nuptiaux des Ægyptiens, on presentoit vn squelette; ioint qu'il desiroit en me receuant en sa maison receuoir par ma venuë la mesme consolation que receut Abrahã par celle de l'espouse de son Isaac, qui tẽpera les desplaisirs qu'il auoit de la perte de sa fẽme Sara. Le iour est pris & determiné, i'ay la commission d'aller querir mon Angele : imaginez-vous mes contentemiens.

Deuant qu'aller à Callidore, me deffiant tousiours de Francine, & neantmoins desireux de la vaincre de courtoisie, ie priay Theodose de me permettre de l'amener auec ses sœurs, autrement il me sembloit qu'il y eust eu du manquement à la feste. Theodose qui cognoissoit sa teste mieux que moy, me coniure de la laisser là, parce que sa mauuaise humeur ne feroit qu'apporter du desordre & du trouble, & d'effect il m'ordonna de l'y laisser, & luy commanda par vne lettre de demeurer, & à Angele & à Agathe de venir. Arriué à

F f ij

Callidore, j'appris de mon Ange que ce petit Demon (car comme voulez-vous que j'appelle vn esprit si maling côme vous l'allez voir,) l'auoit tenté de tous les costez pour essayer de la faire rompre tout à faict auec moy, par des inuentions & des stratagemes tout à fait diaboliques; mais en fin la fermeté auoit preualu contre ses souplesses, & la simplicité contre ses malices, ce qui la mit en vne cholere desmesuree: ie fus accueilly de deux façons bien differentes, car tandis que Francine me maudissoit, mon Ange me benissoit, tâdis que l'vne me couroit d'outrages, l'autre me côbloit de loüages. En fin ne pouuât cest oyseau nocturne soustenir ma veuë elle s'enfuit côme le hybou dans sa cachette, où nous l'entendions souspirer & se plaindre, comme si quelqu'vn l'eust tourmêtee, aussi l'estoit-elle de sô propre despit. Or voyez quel est vn esprit de côtradiction dans vne teste de fille: si Theodose luy eust commandé de venir aux nopces de sa sœur, pour ne donner sujet de s'enquerir de son absence, elle eust mieux aymé mourir que se resoudre à voir vne ceremonie qui luy estoit si odieuse; mais parce qu'il luy ordône de demeurer, elle n'en fera rien, resolument elle veut venir, & s'attacher, disoit elle, au collet de sô iuge, côme vne furie vengeresse pour le tourmenter. Representez-vous si i'estois en peine; de l'amener à raison, point de nouuelles; luy represéter l'obeyssance qu'elle deuoit aux cōmandemens de son Pere, c'estoit irriter sō desir; nous protestiōs que si elle vouloit estre rebelle, nous vouliōs estre obeyssans, & n'outrepasser pas la defence de Theodose: en vn mot apres beaucoup de cōtestations, nous mōtons en carrosse sans elle, & nous la laissons comme vne Ariadne auec des fureurs qui ne se peuuent pas aysemét exprimer. Qui ne cōfessera maintenant que l'Amour & le courroux sont deux passiōs violétes, puisque ceste fille sans aucune cōsideration de son hōneur, sās crainte ny de la reprehésion de son Pere, ny du hazard où elle s'exposoit, attend que la nuict soit venuë, descend en l'escurie, accōmode vn cheual le mieux qu'elle put, & sautant dessus se met au premier chemin qu'elle rencontre, durant l'horreur des tenebres, sans sçauoir ny quelle route elle tenoit, ny quelle resolutiō elle deuoit prēdre: n'estoitce pas cela vn scandale manifeste, & courir, comme l'on dit, à bride abatuë apres le deséspoir plustost qu'apres vn project asseuré? Elle roda ainsi durāt toute la nuict, tournoyāt sans cesse par les bois, les eaux, les cāpagnes & les prez, Dieu preseruant sa folie de malheut iusques au iour, auquel apres auoir mis son cheual sur les dents, elle se trouua n'auoir esloigné Callidore que de deux lieuës, & pour son bon-heur voisine d'vn village où demeuroit la nourrice d'Agathe, qui la recognut aussi tost pour la fille de Theodose, la receuant en sa maison à bras ouuerts toute esbahie de son equipée; elle y reposa tout le iour si abbatuë de sommeil & de lassitude, qu'elle ne fit presque autre chose que dormir. Cependãt iugez en quelle peine se treuua Protaise (c'estoit ceste seruante ancienne qui l'auoit en sa garde,) elle vient à Paris donner auis de la perte de Francine, nous voyla en grand trouble, mais il ne dura gueres; car cõme l'on deliberoit pour la faire chercher, estant remõtee à cheual sur la brune, sans que ceste bonne femme qui l'auoit retiree l'en peust empescher, elle se rendit à Paris que la nuict estoit arriuee, & s'en vint hardiment comme vne Amazone à la maison de son Pere : Dieu sçait de quel accueil elle fut receuë, nous ne sçauions si nous deuions rire ou pleurer; elle hautaine comme ayãt essuyé toute hõte, se mocquoit de ceux qui la pẽsoient laisser au village cõme quelque chose à rebutter. Le bon hõme vint qui luy tasta les ioües autrement qu'en caresses, & qui luy laua la teste d'vne lexiue si forte, que si elle eust esté capable d'estre nettoyee, elle n'y eust laissé aucune ordure; mais quãd la passion bousche les yeux & les oreilles, ce ne sont qu'aueuglemés & surditez qui precipitent en mille absurditez. Ce n'estoit pas esteindre sa cholere, mais l'allumer, non luy redonner la sagesse, mais redoubler sa folie: elle jette la flãme par les yeux & par la gorge, menace de mettre le feu par tout, & de mesler la terre auec les cieux. Elle ne parle que de s'opposer à mon mariage, fondee disoit elle sur mes sermés, mais ces promesses verbales estoient aussi friuoles, que la feinte qui les produisoit estoit veritable : elle fait tant de vacarme & tant de bruit, qu'en fin Theodose Senateur prudent & auisé, & qui sçauoit par tant de procedures criminelles qui auoiét passé par ses mains, cõme il falloit traiter ceux qui faisoient les maniacles, & qui n'ignoroit pas que ce que i'auois tesmoigné de bienueillance à ceste fille n'auoit esté que par son conseil, non d'aucun mouuemét libre, ny que i'eusse pour elle aucune inclination; pour euiter vne plus forte tempeste, & aller au deuant du scandale que ceste femelle despitee pourroit causer en sa maison, il la fait jetter en son carrosse auec Protaise, & la renuoye à Callidore soubs la charge d'vn ancien seruiteur, que nous appellerons Tatian, auec

F f iiij

commandement de la tenir enfermee dans vne chambre, afin que ceste prison l'empeschast de faire des eschapees semblables à la precedente, & que le temps la ramenast à la raison.

4   Cependant vn sainct Hymen me mist en la possession de ce que i'auois si ardamment desiré, si longuement poursuiuy, si patiemment attendu; & i'experimentay que côme le miel semble plus doux apres le goust de l'absynthe, & côme le iour paroist plus clair apres les ombres de la nuict, ainsi le desir qui precede la possessiõ d'vn bien fortement aymé en aiguise & subtilise le ressentiment, & que plus les souhaits ont esté pressans, plus les delices en sont agreables. On va cueillant auec grande ioye les fruicts que l'on a semez auec beaucoup de trauail. A peine pouuois-ie croire mon bon heur, i'estois rauy de me voir bien-heuré des sainctes faueurs que i'auois desirees auec tãt de fureurs; de voir ce qui m'auoit fait subir vn Empire si seuere, prẽdre la loy de ma volõté, & vne personne que i'auois reueree auec tãt de respect, sujette à ma puissãce. Ce n'est point que mõ ame porte sa consideration dans ces chastes plaisirs qui n'ont rien que d'honneste dans l'vsage d'vn Sacrement si venerable, mais bien de me voir maistre d'vn cœur que ie seruois

auparauant auec tant de reuerence & tant de crainte, c'est ce qui m'emplissoit de contentement. Il faut aoüer qu'il y a dans les nopces vne benediction particuliere du Ciel, qui faict que la moderation tempere les excez où transporteroit la fureur du sens, qui est vne amorce brutale, indigne du beau nom d'Amour; autrement la conupitise en seroit plustost irritee qu'appaisee, & le tourment de l'incontinence se treuueroit dans ce sainct remede: car il est fort asseuré que les cœurs humains ont vne soif qui ne peut estre estanchee par les plaisirs mortels; plaisirs dont les plus desirez ne contentent pas s'ils sont mediocres, & accablent s'ils sont extremes. Et cependant l'aueuglement des mortels les veut tousiours en leur extremité; & quand ils sont en leur excez, ils sont non seulement dōmageables & pernicieux, mais douloureux & insupportables. Heureux qui maistre de soy peut retenir ses passions dans les termes de la raison. Et certes ie le puis dire à la gloire de ce Dieu qui m'en a dōné la grace, que soit par la pieté que mon Angele m'inspira, soit par le respect que ie deuois à tant de vertus qui embellissoient son ame, nos desirs ne furent point de ceux qui s'estouffent dans les plaisirs, mais de ceux dont l'vsage legitime & attrempé se cōserue dans la possession de la chose aymee. Ces nopces & leur feste ne peust eschapper, comme l'enqueste, aussi la cognoissance de l'enfermee, ie ne veux pas dire de l'emprisonnee Francine, laquelle soit pour se vãger, soit pour se desennuyer, eut le loysir de me tracer ces lignes, & de me les faire tenir, comme pour me seruir de rabat-joye au milieu de ces felicitez, qui deuançoient de bien loing mes souhaits.

Non, Menandre, ce n'est pas pour former des reproches à vostre perfidie, ny pour me plaindre des rigueurs qu'on me fait sentir à vostre occasion, que ie vous fais tenir ces marques de ma main; mais plustost pour vous rendre les complimens que ie dois à vostre Mariage. Si i'eusse esté libre, i'eusse assisté à ceste glorieuse põpe, pour releuer par ma misere l'esclat de vostre felicité. Mais parce que vous sçauiez biẽ que vous m'eussiez sçeu me voir en ceste assemblee sans r'amener la honte sur vostre front, vous auez subtilement fait de me procurer ce traittement d'esclaue, pour vous deliurer de ceste peine. Ie serois biẽ marrie de posseder en vous vn biẽ qui ne m'eust peu estre que dõmageable, au contraire ie pense gaigner beaucoup en vous perdant; car reprenant ma raison que vous m'auiez enleuee par vos artifices, ie croy que le

Ciel où se font les vrays Mariages, me reserue vn Espoux qui vaudra mieux que vous en toutes façons. O que vostre infidelité m'est auātageuse, puis qu'elle chāge mes plaintes en remercimens. Ie ne veux plus dire que vous m'auez trōpee, mais que vous m'auez fidelement seruie, puisque vostre legereté me reuient à tant de profit. C'est vous mesmes qui vous estes trompé, pēsant treuuer en moy les facilitez mesprisables que vous adorez en vne autre. Tout ce qui me faict horreur ce sont les sermens dont vous accompagniez vos feintes pour les faire passer auec plus de couleur en mon opinion. Ce sont bien les iustifications de vostre trahison, mais aussi sont ce des marques de ma constance. Ie n'ay pas moins d'obligation à celle qui s'attachant à vous me faict ceste grace de m'en separer, comme m'ayant desgagee d'vne grande peine. Que ie suis heureuse de ce qu'elle m'a vaincue en vn poinct où ma victoire eust esté ma ruine; si elle vous estime autant que ie vous mesprise, vous serez bien pourueu. Encores faut-il que i'auoüe que ce que vous faites m'oblige non seulement de vous pardonner, mais de vous cherir, puisque c'est le plus agreable seruice que vous eussiez iamais peu me rendre. C'est pourquoy ie vous souhaitte en vostre esclauage autant de bien que i'en espere de ma liberté. Et si vous estes content de vostre fortune presente, ie ne le seray pas moins en l'attente d'vne meilleure.

Vous deuez croire que la lecture de ces brauades nous apporta plus de sujet de rire que de pleurer, & vous pouuez iuger si i'estois content de voir que le despit l'eust guerie de son Amour; ce qui nous faisoit esperer que bien tost elle reuiendroit en son bon sens.

5   Et d'effect la solitude luy apporta vne telle reflection sur elle-mesme, que ne pouuant d'vn costé digerer la honte de son eschappee & de sa prison, & de l'autre soustenir la ialousie de voir sa sœur pourueuë à son contentement, elle deuint pieuse, ou elle contrefit la deuote, demandant instamment qu'on la fist Religieuse. Theodose auisé qu'il estoit ne negligea pas ceste occasion, mais la prenant au mot luy offrit de la mettre en telle maison Religieuse qu'elle voudroit choisir; elle esleut donc vne saincte Communauté entre Paris & Callidore. Theodose Magistrat de creance & d'auctorité, obtient vne place aussi tost qu'il la demande; on la meine, elle est admise, elle est voylee: mais comme l'edifice de ceste Vocation estoit mal fondé, il alla bien tost en ruine: l'art & le fard ne sont iamais de durée; le desespoir luy auoit conduitte, la honte n'eut pas assez de force pour luy retenir: On recognoist la mauuaistié de cet esprit rebours,

aigre, indisciplinable, plein de ses volontez, & comblé de malices, tout à faict contraire à la simplicité religieuse. On la renuoye à son pere, & son pere l'enuoye à Callidore, la redoutant comme vn Lutin dans sa maison. Vous eussiez dict qu'elle portoit l'anatheme auec elle, tant tous ceux de sa famille apprehendoient de l'aborder. O combien il est vray que celuy-là peut malaysément aymer Dieu qu'il ne voit pas, qui n'ayme pas son prochain qui luy est si visible, & si sensible: tels sont les enuieux, ils n'ayment personne & chacun les euite, comme des pestes de l'humaine societé. Elle demeura quelque temps à la campagne, gemissant ses desastres, & menant vne vie si triste que le doigt du chastiment de Dieu y paroissoit clairement; quand en fin la liberté brassa sa ruine: tant il est vray que ceux qui delaissent Dieu en sont delaissez, leurs noms effacez au Ciel & escrits en la terre; vn sens miserable & reprouué les precipitant aux injustes souhaits de leurs cœurs.

Ce malheur atriua de la sorte. Callidore est vn lieu fort agreable, mais qui a les trois incommoditez dont vne seule est capable de descrier vne bonne maison; car celle-cy est voysine d'vn grand chemin, d'vne riuiere assez grande, & qui porte vn assez large tribut à la Seine, & qui est le pis, d'vn grand Seigneur: cestuy-cy des principaux du Royaume, Duc & Pair, & Officier de la Couronne, estoit assez souuent en vne belle terre voysine, où estoit tout son attirail de chasse, (car il est fort adonné à cet exercice) & troubloit ordinairement tout le voysinage, & la sombre solitude des forests de la Brie, par vne meute & des picqueurs, qui outre le tintamarre n'apportoient pas beaucoup de commodité aux lieux où la course les portoit. Parmy les Gentilshommes de la suitte de ce Seigneur, il y auoit vn ieune cadet de Bretaigne, de bonne race, mais dont il n'auoit autre heritage qu'vn grand cœur; nous le ferons cognoistre sous le nom de Cereal: cettuy-cy cherchant sa fortune en l'infortune d'vne femme, comme font plusieurs autres, c'est à dire vne femme qui eust des biens, plus pour les biens que pour la femme, ayant halené Francine, la visita premierement par bienseance & par voysinage, depuis par Amour, en fin par dessein de l'espouser, ayant appris que son Pere estoit vn des riches Senateurs qui fust à Paris. Le cœur de ceste fille susceptible des flammes humaines plus que des diuines, fut semblable à l'herbe Aproxis qui s'allume d'autant loing qu'elle est monstree au feu: ceste extreme & soudaine condescendance qu'elle presta à la recherche de ce nouuel Amant, fut cause qu'elle sceut si bien noüer ses parties & mesnager les occasions de le voir & de receuoir de ses nouuelles, qu'elle esbloüit facilement les yeux de la bonne Protaise, qui depuis son retour du Monastere l'auoit fort peu esclairee, la tenant pour vne saincte, encores qu'elle eust mieux faict de la tenir pour vne feinte. Pourquoy m'arreste-je à vous descrire plus au long ceste recherche clandestine; tant y a que ce feu ne peust estre si couuert, ny ses pratiques si secrettes, qu'il ne s'en euaporast des estincelles & des fumees. Theodose en est aduerty, qui faict defendre à Francine la veuë de Cereal: elle pour couurir son jeu, declare qu'elle le tient pour vne chose indifferente, encores qu'elle l'affectionnast extremement: on faict prier Cereal de destourner vn peu ses frequentations de Callidore; il respond en brauant, qu'il est chasseur, & qu'il est permis à ceux de sa condition de chercher leur fortune: cela fit cognoistre qu'il auoit du dessein. Theodose auoit de la peine à se resoudre de r'appeller

sa fille en sa maison de Paris, parce qu'il sçauoit qu'elle en troubleroit la paix; mais auerty par la Gouuernante des continuelles menees & visites de Cereal, comme contrainct il se resoult de la tirer de la campagne, resolu de la mettre chez vne de ses parentes, si elle ne se comportoit en sa maison auec tranquillité. Elle eut le vent de ce rappel, & Cereal qui iugea bien que ceste proye luy alloit eschapper des mains, s'il ne preuenoit ce retour en l'enleuant, & Francine mesme estant extremement engagee d'affection vers ce Gentilhomme, cognoissant bien que c'estoit vn escueil pour ses pretensions, se laissa volontairement enleuer par Cereal, qui la mena en Bretaigne où il l'espousa, estimant qu'il luy seroit facile d'auoir sa grace de ce rapt, par la faueur de son Maistre, & de faire venir le pere de la fille aux termes d'approuuer son Mariage pour sauuer l'hōneur de sa maison, & de tirer par ce moyen vn doüaire qui le mettroit à son ayse. Les mauuais conseils ne sont que trop tost executez; mais comme ces crimes se commettent plus aysément qu'ils ne se iustifient, aussi les graces s'en demandent plus facilement qu'elles ne s'obtiennent. Vn Senateur d'vn tel Parlement que celuy de Paris ne s'offense pas sans qu'il en cuise: ny Cereal, ny le
credit

crédit de son maistre n'eurent pas seulement le pouuoir d'obtenir ceste grace du Roy, qui ne veut rien que de iuste; tout le Palais s'en remua, & ce Seigneur qui l'auoit demandee fut marry d'auoir auoüé Cereal pour vn des siens. L'affaire fut poursuiuie si chaudement par Theodose qui l'entendoit, qu'en moins de rien Cereal fut condamné à perdre la teste; mais sa fuitte luy causa ce bien, que ce ne fut qu'en peinture: Theodose, selon les loix desherite sa fille solemnellement. Cereal s'en va en Espagne pour y chercher la seureté de sa vie, & laisse la deplorable Francine à la mercy de toutes les miseres imaginables, rebuttee des parens de son mary, qui la tenoient pour le funeste flambeau de la fortune de Cereal, pour la honte de leur famille, & pour l'opprobre de sa race. Allez ieunesse, & suiuez inconsiderément la poincte de vos injustes desirs ; & voyez en quels abysmes de desespoirs vous conduisent ces funestes ardans. Francine abandonnee de mary, de parens, d'amis, de tout secours humain, arriuee en la haute mer des angoisses, n'auoit que le Ciel pour visee, & Dieu vueille qu'elle y ait mis son recours: Elle m'escriuit des lettres qui me firent pitié: elle escriuit à son pere, mais il estoit tellement indigné, que iamais il ne les voulut lire ; i'en sau-

Gg

ſûay vne du feu, où ie leus de ſemblables paroles, que quelque pieuſe & pitoyable main luy auoit ſans doute preſtees.

MONSIEVR,
N'ayant point aſſez de front pour ſouſtenir voſtre veüe, i'emprunte la hardieſſe de ce papier qui ne peut rougir, pour vous repreſenter mes fautes, qui me ſont beaucoup moins ſupportables que mes miſeres. Ie confeſſe que iamais ce Prodigue qui diſſipa toute ſa ſubſtance en vne region eſloignee, ne fut ſi abominable que moy: mais en fin reuenant à reſipiſcence, il treuua vn pere pitoyable, qui le remit en vn eſtat qui luy fit eſtimer ſa cheute heureuſe, & qui luy fit benir Dieu d'eſtre tumbé, puis qu'il deuoit eſtre ſi aduantageuſement releué. Si ie l'eſgale en malice, vous pouuez ſeconder en bonté ce Pere plein de miſericorde. Abandonnee de tout ſecours humain, à qui puis-je auoir recours qu'à celuy qui m'a miſe au monde, & dans le cœur duquel le ſang met pour moy vn ſecret Aduocat qui plaide ma cauſe, pour deſploree qu'elle puiſſe eſtre? Ie ne ſçay ſi ie dois appeller mary celuy qui m'ayãt enleuee d'entre vos bras, a eſté declaré par voſtre pourſuitte pour criminel, & condãné côme infame à perdre la teſte. Mais tãs y a que tel qu'il eſt, il m'a laiſſée en proye à tant de miſeres, que nõ leur veuë, mais leur ſeul recit ſeroit capable de donner de la pitié à l'inſenſibilité meſme, ſi elle en eſtoit ſuſceptible. Sa perte

m'est legere, & celle de mon honneur qu'il a terny par son procedé. Encores la priuation de la vie me seroit elle peu considerable en cet exil de mon pays, & en ce general abandonement de ceux de qui ie deuois attendre quelque appuy, si ie pensois au moins mourir en vos graces. C'est de toutes les douleurs que ie souffre celle que ie sens la plus viue que de m'en voir priuee; c'est vne afflictiõ qui ne peut estre imaginee que par celle qui l'endure; si vous la pouuiez comprendre, elle vous feroit autant de pitié qu'elle me donne de peine. Helas! la seule esperance que i'auois en l'extreme bonté que ie cognoissois en vous par tant d'experiences, m'a fait cõsentir à mon enleuement auec plus d'asseurãce, estimant qu'vne de mes larmes laueroit ceste tache, que ie voy bien maintenãt ne se pouuoir effacer par toute l'eau de la mer. Pauure que ie suis! mon plus grand malheur prouient du remede que ie pensois appliquer à mes infortunes, & le creuecœur qui me tourmente naist du milieu de l'esperance dont ie flattois l'inconsideration de mon esprit. Helas pour n'auoir peu viure dans l'obeissance, faut-il que ie finisse dans le desespoir? Certes si vous sçauiez à quel poinct ie suis reduite, vous auriez regret d'auoir mis sur la terre vne creature si desastree. Si vous ne voulez par pitié conseruer ma vie, ayez au moins horreur d'affiler le couteau qui me donnera la mort; mon sang sera redemandé de vos mains,

Gg ij

si ne pouuant sauuer vous me voyez perdre. La misericorde doit tousiours surmonter la rigueur d'vn seuere iugement, & iugement sans misericorde sera faict à celuy qui n'aura point eu de compassion. Apres tout, Monsieur, ie suis vostre fille, il est vray que ie ne suis plus digne d'estre ainsi appellee: mais quoy que s'en soit ie le suis par nature, ne l'estant plus par grace: Et par grace donnez à ceste chetiue nature qu'elle puisse estre mise au rang de vos mercenaires; mettez-moy parmy les seruantes de Callidore; il n'y a office si vil que ie n'exerce volontiers pour reparation de ma folie: Sinon faictes moy mourir plustost que de m'abandonner à vne telle desolation; le mourir me sera doux, si mon sang peut effacer mon offence, le trespas ne pouuant estre qu'agreable qui tranchera le fil d'vne si miserable destinee.

Sans doute si Theodose eust veu ceste lettre, il en eust esté touché; car en fin il estoit pere, & qui plus est pere assez tendre, & debonnaire à ses enfans; de moy i'en fus tout amoly de pitié, ie la cõmuniquay à sa sœur, & elle & moy prismes resolution de l'assister en ceste extremité, y estans, ce nous sembloit, obligez en cõscience: mais nostre secours arriua trop tard, car comme la pauurette sceut que son pere ne vouloit prester ny ses yeux à ses lettres, ny ses oreilles à ses plaintes, elle en fut si transportee qu'elle en tumba malade & mourut, à ce qu'on nous a rapporté, accablee de miseres & de faim, soit qu'elle ne voulust plus mãger, ou qu'elle n'eust pas de quoy se nourrir, finissant ses iours dans la maison d'vne pauure femme, qui l'auoit retiree pour l'amour de Dieu, en l'vn des villages de la maisõ de l'aisné de son mary. Quant à Cereal, on nous a dict depuis qu'il estoit mort en Espagne, accablé d'angoisses & de pauureté. Ainsi se verifie ceste menace de la loy de Dieu, qui retranche les iours de ceux qui deshonorent leurs parens. Ainsi finit la deplorable Francine, qui auoit faict ceste brauade en partant de Callidore, que puisque son pere auoit marié sa sœur sans elle, elle se marieroit bien sans luy, & qu'elle sçauoit bien les moyens de le faire venir à la raison. Theodose sceut sa mort à paupieres seiches; & certes si elle l'eust accueillie auparauant ceste desbãdade, ses os en reposeroient auec plus d'hõneur. Depuis ce tẽps là ce bon hõme, soit qu'il fust cassé par la suitte des ans, soit que le chagrin le minast, ne fit que decliner: en fin quelques annees apres m'auoir subrogé en sa place, vne fievre lente le mena peu à peu au chemin de toute chair, qui est la tũbe: il eut loysir de digerer la mort, & de s'y preparer, qui est, à mon iugement, vne des grandes graces que Dieu puisse faire à vne personne desireuse de son salut: apres donc auoir receu tous les Sacremens requis pour ce dernier passage, il expira fort Chrestiennement, rendant son ame entre les mains de Dieu, apres auoir veu vn petit Theodosion, nay de sa fille & de moy, & apres auoir comblé ses enfans de benedictions, & muny nos esprits de saines & salutaires remonstrances. Helas ie dois bien prier pour la paix de ce personnage qui me fut si bon, & duquel ie tiens, sinon l'estre, au moins le bien estre, & tout ce que i'ay de fortune dans le monde.

Que puis-je desirer sinon que sur sa tumbe,
Decoule sans cesser & le laict & le miel,
La rosee des cieux, & que la manne y tombe,
Et que son cher esprit soit logé dans le Ciel.
Ouy son esprit y est, par le monde sa gloire,
Son merite est viuant, & son nom immortel,
L'oubly mesme luy sert d'eternelle memoire,
La mort d'vne autre vie, & le cercueil d'Autel.

7. Peu de temps apres, Agathe qui estoit arriuee en l'aage de faire choix du genre de vie qu'elle vouloit embrasser, soit que la douceur de son naturel luy inclinast, soit qu'elle fust effrayee de tant de morts, & de la

déplorable fortune de sa sœur Francine, soit (comme il est plus probable) que Dieu luy en eust donné vne particuliere inspiration, desira estre Religieuse; elle en parla à sa sœur, qui par apres me le communiqua: moy qui sçauois que le monde louche, & qui ne voit rien que de trauers, estimeroit que ie l'aurois portée à ce dessein pour engloutir toute la succession de Theodose, luy fis declarer son desir en vne assemblee de ses parens, où pour son aage elle parla auec tant de courage & tant de zele, que l'on vit bien que le doigt de Dieu estoit en ceste Vocation, puis qu'il rendoit si diserte la bouche de ceste petite, qui pour lors n'auoit atteint que la quinziesme de ses annees. Le lieu fut laissé à son choix, & vous eussiez dict que Dieu pour reparer les defauts de Francine, & pour faire paroistre les merueilles de sa grace sur les ruines de celle qui l'auoit si mal mesnagee, luy eust donné vne particuliere commission de demander d'estre admise au Monastere d'où sa sœur estoit sortie; comme pour verifier ce mot de l'Escriture, l'osteray ton chandelier de son lieu, & en mettray vn autre en sa place: ainsi les sieges que la reprobation des Anges reuoltez a rédus vuides dans le Ciel, sont remplis

Gg iiij

par ceux qui ont entre les hommes le bonheur d'estre du nombre des esleus. Nous pensions y treuuer de la difficulté à cause de la mauuaise edification que l'autre sœur y auoit laissée; mais ce Dieu qui dispose tout auec suauité applanit les môtagnes des contradictions, & nous en rédit la voye fort vnie & l'Abbesse fort accessible: il est vray que par prudence de ceste Dame, autant sage que Religieuse, tint Agathe assez long-temps en son habit seculier, sous lequel elle fit tant d'actes de vertu, & donna tant de preuues de son bon naturel, & de la bonne teinture de pieté qu'elle auoit prise sous la conduitte & sous la nourriture d'Angele, qu'on estimoit que dés le berceau elle auoit esté destinee à ce sainct estat, & qu'elle eust esté Religieuse auant que de l'estre. Et d'effect elle a tousiours vescu auec vne grande esgalité d'esprit, perseuerant encores comme vne Vierge sage, la lampe du bon exemple d'vne main, & l'huille des bonnes operations de l'autre, à attendre la venuë de son celeste Espoux; estant vne Vierge telle que la desire l'Apostre, c'est à dire saincte de corps & d'esprit, & qui merite iustement le nom d'Agathe, qui veut dire Bonne. Me voyla donc par le moyen de ma femme & de mes enfans, heritier vniuersel des biens, des honneurs & de toutes les facultez de Theodose: me voyant esleué sur ceux de nostre famille comme vn autre Ioseph, i'estois leur appuy, leur soustien & comme leur asyle en leurs affaires & en leurs besoins. Mon aisné pour desbrouiller sa maison qui estoit celle de ma naissance, me faisoit souuent la Court; & certes ie puis dire auec sincerité que ie n'ay point manqué de naturel enuers ceux qui m'estoient liez de consanguinité, encores que i'eusse esté traitté tout à fait en cadet.

Ie coulois donc ainsi bien-faisant à tous, & ne desobligeant personne, vne vie fort tranquille, & ie passois mon aage auec mon Ange de la plus saincte & amiable façon qui puisse tomber en l'imagination de ceux qui sçauent ce que c'est que la perfection d'vn mariage accomply, certes le mien se pouuoit dire tout de roses & sans espines, tout de lumieres & exempt de tenebres, tout de miel, sans aucune meslange de fiel: la fortune me rioit iusques-là, que ie n'auois rien à desirer d'elle que ce qu'elle a le moins, la duree & la constance. I'auois de l'honneur, des biens & des delices, les trois felicitez de la terre, autant que i'en pouuois desirer, regardant non ceux qui estoient sur ma teste, mais ceux qui estoient sous mes pieds. La campagne & la ville me donnoient de la satisfaction par leurs agreables vicissitudes; car comme les saisons rendent la face de l'an agreable, ainsi la solitude & la conuersation ne semblent gracieuses que quand elles succedent l'vne à l'autre: i'estois content, & c'estoit le faiste de mon bon heur; car celuy qui l'est, dit le plus signalé des Stoïques, dispute de la felicité auec les bien-heureux. La pieté mesme toute espineuse & toute austere qu'on l'estime, contribuoit à mon plaisir; car il faut auoüer que le contentement n'est en l'exterieur qu'en son escorce, mais il est dans la satisfaction interieure & dans la paix de la conscience, comme en sa moëlle; il n'est point de solides delices que celles qui se prennent quand on est en la grace de Dieu: la paix est pour ceux qui ayment la loy de Dieu, elle est esloignee des pecheurs, & encores qu'ils semblent estre en repos parmy leurs biens mal acquis, & dans leurs voluptez illicites, ils ont beau dire Paix, Paix, quoy qu'ils dient ils n'ont point de Paix; Pommes jaunes belles en apparéce, mais qu'vn ver ronge par le dedãs. Il n'appartient qu'au Dieu de Paix de dõner la vraye Paix, non comme le monde la donne, semblable à ces fruicts du riuage de la Mer morte, specieux en leur peau, mais qui ne sont pleins que de vent & de poussiere. La vraye ioye ne peut prouenir que du tesmoignage de la bonne conscience, sa demonstration se fait en la face, mais si la racine n'est dans le cœur, elle n'est pas veritable. Or il faut que ie vous auoüe que ie dois le goust que i'ay eu de ceste Paix de Dieu qui passe tout sentiment, & aux inspirations secrettes de mon Ange inuisible, & aux remonstrances de mon Ange visible, car la suauité de ses mœurs iamais alterée d'aucun trouble, me donna le desir d'arriuer à ceste mesme tranquillité, par le mesme chemin qui luy auoit menee, celuy de la saincte deuotion. L'Apostre auoit raison de dire que le mary infidele estoit sanctifié par la femme fidele, car pourueu qu'vn homme ne soit point tout à fait farouche, il est malaisé qu'il ne deuiéne pieux s'il a vne femme pieuse. Le vray Empire des femmes c'est celuy de la douceur, & ceste douceur est fausse, & plustost dangereuse que loüable, si elle n'est fondee sur vne solide deuotiõ; de ceste façõ elles sont tousiours & iustement & vrayement les maistresses. Il n'y a ce me semble que les marys, ou insolens ou imprudens, qui puissent auoir à contrecœur que leurs femmes soient deuotes;

imprudens sont-ils, car par quel meilleur frein peuent-ils les tenir en leur deuoir, que par celuy de la crainte de Dieu? Vaine est la beauté, la bonne grace trompeuse, dit le plus sage des hommes, & celuy qui à ses despens se cognoissoit le mieux en femmes, la seule femme qui craint Dieu merite d'estre loüee. Le mesme dit que c'est vne grace par dessus toute grace, d'auoir vne femme saincte & pudique, parce qu'il n'y a point de prix qui puisse dignement recompenser la chasteté. Ceux qui pensent les assujettir assez par l'image de l'honneur & par la crainte de la mort, (car c'est principalement au mariage qu'à lieu pour les femmes ce mot du Poëte,

Qu'il ne faut point pecher, ou qu'il en faut mourir,)

Ils se trompent, les yeux d'vn mary & du monde sont aysez à deceuoir, l'honneur consistant en la reputation, & ceste reputation en l'opinion des hommes : telle est en bonne odeur qui peut estre n'est pas bonne, telle est sage qui est tenuë pour desbauchee; mais Dieu ne pouuant estre deceu, celles-là sont les plus asseurees qui craignent de faillir deuant ces yeux diuins qui voyent tout, & qui penettent les cachots des cœurs. Ceux-là donc ne sont-ils pas peu auisez, qui se faschant de la pieté de leurs femmes, l'appellent bigotterie, & qui leur leuent ceste bride? Mais c'est quelquesfois l'insolence qui leur rend la saincteté de ceste vie si agreable, sans considerer l'horrible chastiment des intemperans maris de la fille de Raguel, & ce que dit ce Sage ancien, que celuy qui se porte enuers sa femme auec trop d'ardeur en est comme adultere, & luy apprend à luy estre infidele : c'est pour cela que les Perses n'admettoient iamais que leurs concubines à leurs festins, non leurs espouses legitimes, pour ne soüiller & ne prophaner leurs yeux d'aucune action indecente. Que ces gens là sont ou peu iudicieux, ou peu instruits en la Religion Chrestienne, qui pensent que l'vsage du sainct Mariage soit contraire à la frequentation des autres Sacremens, en laquelle consiste l'essence de la vraye pieté ; comme si IESVS-CHRIST estoit contraire à luy-mesme, ordonnant des incompatibilitez. Les premiers Chrestiens en la feruour de l'Eglise naissante, & durant la fureur des persecutions, communioient tous les iours, & ne laissoient pourtant ceux qui estoient mariez d'estre benis d'vne belle lignee. Ils estoient comme de belles plantes rangees sur le courant des eaux de la grace, rendans leurs fruicts selon leur qualité & en leur saison: leurs enfans estoient autour de leurs tables comme de ieunes oliuiers, & leurs femmes comme des vignes abondantes; ainsi estoient benis ceux qui craignoient Dieu, & qui le recherchoient en tout temps & de tout leur cœur. Quelle Theologie nous apprend, sinon celle des ames superstitieuses, que l'vsage du sang du Sauueur soit contraire à l'vnion de ceux que ce mesme sang vnit d'vn lien indissoluble? Certes comme les pierreries s'affinent & se rendent plus éclatantes dans le miel, ainsi la vraye deuotion perfectionne toutes les vacations des Chrestiens sans alterer aucune, & la deuotion qui altere la vacation est vne fausse deuotion. Ie dois à mon Angele la frequentation des personnes religieuses & pieuses, qui est à mon auis le plus grand de tous les secrets pour acquerir de la vertu: car comme les sacs de charbõ s'entrenoircissent, aussi s'entreblanchissent ceux qui sont pleins de la graisse de froment, c'est à dire de pure fleur. Et certes comme son Amour auoit vn grãd pouuoir sur ma volonté, son exemple n'en auoit pas moins pour me porter à la suitte de tant de parfums de vertu qui sortoient de son ame. Cognoissant en cela combien l'amitié est puissante à transformer celuy qui ayme aux mœurs & aux conditions de la chose aymee.

Ainsi ie me change moy-mesme
Par ce traict qui va transformant
Peu à peu en l'Aymé l'Amant,
Luy faisant aymer ce qu'il ayme.

Viuant de la sorte auec mon Ange, elle me seruoit de charbon allumé, pour exciter en mon ame les flammes de la diuine Amour; & me semble que tout marié que i'estois, ie n'estois point diuisé, car i'aymois tellement Dieu en elle, & ie l'aymois tellemét en Dieu, que comme nos pensees commençoient & finissoient en Dieu, tous nos desseins & nos desirs se limitoient à sa saincte volonté. I'ay passé prés de dix annees en ceste desirable cõdition, annees qui m'ont semblé des momens durãt leurs cours, & qui me semblent des neans maintenant qu'elles sont escoulees; temps heureux, dont le souuenir me rend miserable: helas n'ay-ie gousté leurs contentemens, que pour ressentir plus cuisamment & plus puissamment les amertumes d'vne fascheuse priuation! est-ce ainsi ô dure mort, que tu separes ceux qu'vn sacré lien rendoit indiuisibles, & dont la reciproque bienueillance estoit plustost vnité qu'vnion. Le monde est semblable au crystal, qui se brise lors qu'il brille le plus ; c'est vne mer de verre, mer pour son inconstance, de verre pour sa fragilité : ordinairement les plus douces fortunes y sont les plus tost flestries, & les plus grandes les plus trauersees : l'enuie comme la foudre ne bat que le haut des rochers ; & comme la cantharide ne respand sa poison que sur les fleurs plus agreables,

 Quand nous sommes venus au plus haut de
   la rouë,
   La fortune se joüe,
A nous precipiter en de cruels malheurs :
Car ne sçait-on pas bien qu'elle a ceste coustume,
   De sucer l'amertume,
Et que souuent l'aspic est caché sous les fleurs ?
Celuy qui sur les eaux va tenter la fortune,
   Le calme de Neptune
L'asseure pour vn temps de l'iniure du sort,
Mais à la fin les flots en escumant leur rage,
   S'enflent d'vn tel orage,
Qu'ils luy font regretter les delices du port.
Car la fortune porte vne eternelle enuie
   A l'heur de nostre vie,
Renuersant par despit le bien des plus contens,
Sa bonace infidele abuse tout le monde,
   Et souuent dans son onde
Les iours les plus serains sont les plus inconstans.

           le

Je dis cecy pressé du souuenir qui m'oppresse, & duquel ie marchande à faire le recit pour ne r'ouurir ceste playe, dont la douleur me durera iusques à la mort; ouy certes, nous viuons parmy toutes choses perissables, & nous & les nostres sommes deus & destinez à la mort, victimes ordonnees pour les sacrifices de ceste meurtriere vniuerselle; & souuent les plus sains, & ie dis encores les plus saincts auec Dauid, defaillent le plustost; les plus belles fleurs, sont celles qui ont moins de duree, & les fruicts les plus delicats sont les plustost gastez. Il n'est point de si beau iour qui ne soit suiuy de sa nuict, ny de temps si net & si serain, dont les nuages n'obscurcissent soudain la serenité : car tandis que ie rends le Ciel enuieux & la terre jalouse des felicitez de ma vie, Dieu qui ne veut pas que nous facions nostre Paradis en ceste valee de pleurs, m'enleua inopinément celle que ie dois plustost appeller du nō de Tout que de moitié, puisque d'elle est venu le total de ma fortune, & puisque sans elle tous les biens qui me restent me sont des fardeaux enuyeux.

Ce rauissement (car comme voulez-vous que j'appelle la precipitation de son trespas) m'arriua lors que i'y pensois le

Hh

moins, & c'est ce qui fit, comme l'on dit, perdre terre à ma resolution. Les edifices cracquettent auant que de tomber, ils menacent leur ruine par les pances qui se font de toutes parts, on a loisir de se retirer auant qu'estre accablé sous leur fracas; le tonnerre esclaire auant que frapper : mais souuent la mort comme vn terre-tremble vient inopinément, & comme vn larron elle nous surprend la nuict. Cesar n'estoit pas Chrestien qui desiroit vne mort soudaine & inopinée, car la foy que nous professons nous la rend si redoutable, que l'Eglise nous enseigne à prier Dieu qu'il nous deliure de la mort subite & impreueuë: il n'appartient qu'à vn Iob de voir sans s'esmouuoir, tous ses enfans opprimez par vn tourbillon, ses biens rauagez par les voleurs, & sa santé reduite au dernier poinct de la douleur; il est peu d'ames de ceste trempe. I'auois veu desia naistre quatre enfans de nostre sainct Mariage, dont l'vn quelques mois apres sa naissance auoit esté enleué de Dieu dans vn chariot d'innocence au rang des Anges; Angele estoit enceinte de son cinquiesme fruict, & sur la fin de la septiesme Lune de son terme, ses couches precedentes, quoy que tres-douloureuses, auoient neantmoins par la misericorde de Dieu, assez heureusement succedé. Or comme la priere a plus de poids plus elle est voisine de son centre; ainsi quand elle estoit en cest estat, pareil à celuy de ceux qui nauigent tousiours à deux doigts de la mort; aussi auoit-elle vn soin plus particulier de redoubler la ferueur de ses deuotions & de se tenir preste à partir, quand le souuerain Capitaine la releueroit de sentinelle. Comme les poussins se resserrent soubs les aisles de leur mere, quand l'oyseau de proye rode pour les deuorer; ainsi voyant le visage de la mort plus present, ce luy sembloit, durant ses grossesses, elle se cachoit soubs les aisles de Dieu, soubs le bouclier de sa protection, la participation plus frequéte des Sacremens luy seruant d'abry contre l'orage. Tout cela n'a pas empesché qu'elle ne soit morte d'vne mort soudaine; ouy bien d'vne impreueuë; & le mal de la mort n'est pas en la soudaineté, mais en l'impreuoyance, car si la mort est la plus terrible chose de toutes les terribles, l'impreueuë est à mon auis la terreur des terreurs; & d'effect la plus foudroyante de toutes les menaces diuines est vn trespas precipité. Voyla pourquoy il fait bon preuenir la mort par vne

Hh ij

salutaire pensée, pensée que le Sage tient pour le plus excellent antidote du peché. Sur le milieu de la nuict, les tranchees & les conuulsions de l'enfantement la surprennent & si promptement qu'à peine pût-on aller au secours qu'elle estoit sur le poinct d'expirer. Les tranchees furent si vehementes, qu'en moins de rié elle perdit la parole, le iugement & la cognoissance. Si bien que la petite creature venant au monde, en chassa la grande, & l'ame de mon Angele sortit de son corps, & s'enuola au Ciel en mesme temps qu'elle mit en terre vn autre petit Ange. Deplorable enfant qui donnes la mort à qui te baille la vie, & qui precipites au tombeau celle qui te couche au berceau.

10 De vous dire mon trouble en cest assaut, & mes agonies en ceste surprise, il ne se peut, & quand ie le voudrois, le desespoir d'en pouuoir representer le moindre ombrage m'en osteroit le courage: ce sont les menus desplaisirs qui se peuuent redire, les extremes ne se peuuent ny souspirer, ny presque ressentir, parce qu'ils estourdissent les sens & les estonnent. De là vient qu'on ressent mieux vn grand coup long temps apres l'auoir receu, qu'alors qu'on en est frappé, & que celuy qui fait la blesseure cause moins

de mal que celuy qui la panse. A peine pouuois-ie pleurer, parce qu'il me sembloit que les larmes offençoient ma douleur, au lieu de l'exprimer, & qu'vn semblable desastre ne se pouuoit representer que par la stupidité & par le silence, comme surmontant de bien loin toutes sortes de plaintes: & d'effect ceux qui me virent en cest estat me prindrent pour le plus constant homme du monde, encores que ie fusse le plus estonné, estimant que ie fisse par la possession de ma raison, ce que ie faisois par sa perte. Les Poëtes qui ont voulu faire voir vn extreme dueil en Hercule, luy font jetter de grands cris en la mort de son mary & de ses enfans, mais à celle du dernier de la vie duquel elle esperoit la vengeance de tant de cruautez, ils arrestent sa voix & ses larmes, comme sa douleur n'estant plus ny exprimable ny conceuable. Et les historiens disent du Roy Psammetic, qu'ayant veu mourir son fils sans pleurer, sans parler, & d'vne côtenance ferme & immobile, il contribua des gemissemens sur la mort d'vn sien seruiteur, ceste moindre douleur luy permettant ce soulagement, qui luy fut interdit par l'extremité de l'autre. Aussi ne veux-ie pas faire ce tort à mes desplaisirs si legitimes & si iustes, de les representer par vn foible recit, mais ie les vous laisse deuiner, les mettant à l'abry sous l'industrieux & secourable voyle du silence, m'estant auis que ce que ie leur adiousterois par mes paroles diminueroit de leur infinité. Iugez-en si vous pouuez par la grandeur de mon Amour, & de la grandeur de mon Amour par l'excellence de sa cause: iamais creature ne merita tant d'estre aymee, iamais espouse ne fut plus honoree & estimee de mary, & iamais mary ne fit de perte moins reparable: comme elle possedoit tous mes contentemens, en sa priuation i'ay dit adieu à toute ioye; & que le Ciel descoche desormais sur moy les plus rudes carreaux de son ire, apres ce coup-là ie n'ay point de sentiment pour les malheurs; & si ie regarde la mort, elle ne m'est plus si effroyable que desirable, puisque c'est le chemin pour suiure mon Ange, & pour l'aller retreuuer au sejour de l'Eternel repos.

C'est là mon plus grand reconfort,
De n'attendre rien que la mort,
Tout mon desir est de la suiure,
Le desespoir me vient nourrir,
Et me nourrissant me fait viure,
Ne pouuant me faire mourir.

¶ Apres luy auoir rendu les derniers deuoirs des honneurs funeraires, dont l'apparat & la pompe sert plustost de consolation aux viuans que de remede aux morts, ie creu qu'en la haute Mer d'vne telle angoisse il ne falloit regarder que le Ciel, & que l'oraison que ie ferois & ferois faire pour le soulagement de son ame luy estant vtile, m'apporteroit aussi quelque resolution: & beny soit Dieu Pere de Nostre Seigneur IESVS-CHRIST, & Pere de toute consolation, qui nous daigne consoler en toutes nos tribulations: car il faut auoüer qu'en ces accidens de mort il n'y a que Dieu seul qui puisse y apporter les linimés necessaires, car toute la sagesse des hômes y estant engloutie, il n'y a rié de si fascheux & de si triste que les cômunes raisons que la foiblesse humaine a de coustume de r'amener en de semblables occurrences. Aussi me desrobois-ie tant que ie pouuois aux yeux de mes parens & de mes amis, pour n'auoir occasion de leur tesmoigner que leurs remedes empiroient mon mal, & que la debilité de leurs condoleances fortifioit ma tristesse. Ie me retiray pour quelque téps en ma maison de Callidore auec mes quatre enfans, reliques aymees de la plus cherie d'entre les femmes, & la voyât reuiure en eux, tâtost leur veuë adouçissoit le regret de sa perte, tantost elle en aiguisoit le sentimét: quel estoit à vostre auis le deplorable estat de ma mouráte vie, puisque

Hh iiij

les medecines m'estoient odieuses, & les Medecins en horreur. Ces ieunes rejettons estoient quelquesfois l'object de ma douceur, quelquesfois le suject de ma douleur, à peine les pouuois-ie voir sans arroser ces petites plâtes de mes larmes, voyãt en leurs frõts l'image des beautez de leur mere, & en leur innocẽce celle de ses mœurs; ie les contemplois tantost à part, tantost ensemble, & ie plaignois leur desastre qui les auoit priuez de la meilleure mere qui fust sous le Ciel: il y en auoit deux de chaque sexe, & la derniere qui auoit fermé les yeux à celle qui luy auoit presté la lumiere, estãt la fille de ma douleur fut selõ mon desir appellee Benone, du nom d'vn sainct Euesque de Misne appellé Benõ, & depuis sa grace enfãtine s'est tellemẽt accreuë qu'elle me cõtrainct de l'appeller ma Benjamine, car c'est la fille de mon cœur. Ie trainois en ce sejour chãpestre vne vie conforme à ma langueur & toute semblable au Colombeau qui a perdu son pair.

Car la perte d'Angele au tombeau descendue
  Par vn soudain trespas,
Estoit vn labyrinthe où ma raison perdüe
  Ne se retreuuait pas,
Mais elle estoit du monde où les plus belles
  choses

Liure sixiesme.

*Ont le plus prompt destin,
Et rose elle a vescu ce que viuent les roses,
L'espace d'vn matin.*

C'est tout vn, ny ceste raison, ny toutes celles que l'on me pouuoit alleguer, ne me pouuoient alleger. C'est pourquoy quand ie repense aux desespoirs de Meliton, repassant par ma memoire ceux qui m'agiterent en ce temps là, ie suis plus prest de les excuser que de les accuser, autrement ie me ferois mon procés par luy-mesme, & me condamnerois en sa personne. Ie me souuiens que ceste maison dont les bastiments, les eaux & les promenoirs sont si agreables, & qui estoient mes cheres delices quand la presence de mon Ange les animoit, me sembloient autant de spectacles de ma perte, & que comme la belle Esther, ie remplissois de regrets les lieux où i'auois autrefois receu tant d'innocens plaisirs : Ah ! ces arbres ne parloient plus, le murmure des ondes estoit plaintif, le Zephir mesme respondoit languoureusement aux accens de mes plaintes, les oyseaux auoient vn ramage dolent, soit qu'ils compatissent à ma peine, soit que la Musique soit importune, selon le prouerbe, à qui est en dueil. Ces vers me reuindrent en memoire, & ie les ruminois tout dolent.

Ces prez delicieux
 Quittans leurs robes vertes
 Paroissent à mes yeux
 Des campagnes desertes:
Ie ne recognois plus le bel or des moissons,
Ces fleurs me semblent des glaçons.
Ie ne croy pas qu'vn iour
 Apres tant de froidure
 Vn Printemps de retour
 Leur donne la verdure,
L'Astre qui ramenoit ceste douce saison
Ne luit plus sur cet Orison.
Voyla comme i'allois
 Poussant sur ceste riue
 Les languissans abois
 D'vne douleur plaintiue,
Mais ie ne les poussois qu'en des lieux escartez
De peur qu'ils fussent escoutez.
Car la discretion
 M'imposant le silence,
 De mon affliction
 Bridoit la violence,
Me cachant d'vn chacun au fort de mes douleurs,
Seul ie souspirois mes malheurs.
Vn feu si vehement
 Auoit espris mon ame,
 Que de l'embrasement
 Qui prouint de sa flamme,

Comme dans le Scamandre, on vid dedans les eaux
De Marne, brusler les roseaux.

Ie n'aurois iamais faict si ie voulois tenir registre des tristes pensees qui occuperent mon ame en ce solitaire seiour; car bien qu'à vne extreme douleur les Sages tiennent que la solitude doit seruir de premier appareil, parce que l'ame y a les coudees plus franches, & y peut plus librement exhaler ses regrets, neantmoins comme l'eau dormante est plus suiette à engendrer des corruptions que celle qui court, & comme si vous iettez vne pierre dans vne eau croupissante elle multiplie des cercles à l'infiny, qui se dissipent incontinent dans vne eau coulante; ainsi dans la trop longue solitude la melancholie s'approfondit de telle sorte que l'on a souuent de la peine à r'auoir sa raison, tant elle est suffoquee de vaines pensees, & si auant est elle engagee au combat, qu'elle ne peut quasi sortir de la meslee: Mais ie veux trancher tout cela par le recit d'vne piece Poëtique, qui me pleut fort, & qui vous aggreera ie m'en asseure, aussi est-elle d'vne des delicates veines de nostre temps: elle seruira d'Epitaphe à mon Angele, & vous exprimera mon sentiment.

Comme on voit parmy l'air un esclair radieux
　Glisser soudainement & se perdre en la
　nuë,
Ceste ame heureuse & saincte aux mortels in-
　cogneuë,
S'eschappa de son corps pour s'envoler aux
　Cieux.
Mon penser la suivit au defaut de mes yeux
　Iusqu'aux voustes du Ciel tout clair de sa
　venuë,
Et voit qu'en tant de gloire où elle est rete-
　nuë,
Elle plaint que ie sois encor en ces bas lieux,
Mais tu y seras peu, ô mon Ange, à m'atten-
　dre;
Car ie n'estois resté que pour cueillir ta cen-
　dre,
Et ta memoire saincte orner comme ie doy:
Maintenant que i'ay faict ce devoir pitoya-
　ble,
Las de pleurer, de vivre, & d'estre misera-
　ble,
I'abandonne la terre & vole auprés de toy.

En fin l'ennuy de la solitude, & la necessité des obligations de ma charge me r'appella dans les affaires, où ie ne treuvay pas tant de divertissement que d'accablement; car comme les espines des fatigues de la vie me sembloient des roses par la conversation de mon Ange, sa priuation me changea en espines les roses des honneurs; i'estois presque desplaisant à tout le monde, parce que tout le monde me desplaisoit; ie ne minutois, ie ne meditois que des retraictes; & ie ressemblois à ces fievreux, qui croyent qu'en changeant de lieu ils perdront le mal qu'ils portent dans leurs veines: ainsi

Portant dedans le flanc la pointure mortelle,
Changeant de lieu, tousiours ma douleur me martelle.

L'vnique dictame de pareilles atteintes, c'est le recours à Dieu; c'est ce qui faisoit dire à Dauid, quand les fleches des aduersitez me trauersent, Seigneur, i'ay besoin que vostre main me soustienne & me confirme: hors de là ce n'est qu'embroüillement, ce n'est qu'inquietude; rien n'a repos hors de son centre, nostre vray centre c'est Dieu, il n'est point de tranquillité qu'en l'vnion de nos ames auec son Esprit; c'est là nostre Arche, hors laquelle nous perissons dans le deluge des miseres, dans laquelle si nous sommes logez, les eaux des angoisses au lieu de nous accabler nous supportent, au lieu de nous abysmer nous esleueront vers le Ciel. Mais comment se doit faire ce retour? par la Penitence, c'est le vray mithridat de toutes sortes de langueurs; car les maux de peine n'estans que les tristes apanages de ceux de coulpe; quand ceux-cy sont effacez par vne bonne repentance, ceux-là sont grandement soulagez, & à la fin se dissipent entierement. Ce fut donc par l'inspiration de mon bon Ange, fortifié, comme ie croy, par l'esprit de mon Angele, encores soigneuse de mon salut; estant en possession du sien, que ie me resolus de m'abandonner totalement à Dieu, & de me ietter entre les bras de sa Prouidence, en luy disant:

Seigneur ie suis violenté,
Donnez-moy de la fermeté,
Seruez-moy de iuste defense
Contre vne telle violence.

12. Or Dieu qui ne mesprise point vn cœur contrit & abattu, comme de tous les holocaustes celuy qui luy est le plus agreable, me prenant par la main droicte, & me conduisant en sa volonté; outre les auis de mon Confesseur ordinaire, homme charitable, prudent, & bien versé en la science des Saincts, me fit encores tumber entre les mains d'vn grand docte & deuot Religieux, d'vn Ordre bien austere, homme fort consommé en la cognoissance des choses interieures; qui me donna de grandes lumieres,

Livre sixiesme. 495

& m'apporta vne extreme confolation. Il me confeilla de faire vne retraitte de quelques iours en quelque Monaftere, & il me prefenta le fien pour cet effect, (car il eftoit Superieur) auec beaucoup de benignité & d'humanité, pour y faire quelques exercices fpirituels, & remettre par leur moyen mon ame en fa droicte affiette, d'où cefte extreme affliction qui me tourmentoit l'auoit aucunement difloquee. Ie le creus comme vn Voyant & comme vn Oracle, i'acceptay fon offre, & ie le choifis pour mon conducteur en ces exercices dont il m'auoit parlé. Ie fis à fes pieds vne reueuë generale de mon ame, & finon vn corps, au moins vn cœur neuf, où i'efcoutay Dieu auec attétion, me parlant par fa bouche, mais des paroles toutes de Paix & d'Amour, & des paroles fi hautes & fi fublimes, que ie fuis incapable de les redire. Dieu ! que ie cogneus de chofes en peu de temps, & que ie pouuois bien dire auec le Chantre diuin;

Deffille moy les yeux, afin que fans nuage
   Les fecrets de ta loy me foient clairs defor-
      mais,
   Ie fuis vn Pelerin, que mon Pelerinage
   Par toy, Seigneur, chemine aux fentiers de
      la paix.

Il me sembloit que ie n'auois esté Chrestien que iusques alors, & qu'il estoit malaysé de viure Chrestiennement sans frequenter ces retraittes spirituelles, lesquelles estoient si familieres aux Chrestiens de la primitiue Eglise, & qui ont esté comme ressuscitees par ce grand Geant spirituel le bienheureux Ignace, fondateur de la Compagnie de IESVS. Or comme ce bon Pere (que ie vous feray cognoistre vn iour, ô Meliton, si nous nous reuoyons à Paris, & de nom & d'effect) alloit tout doucement ramenant mon ame au port de la tranquillité d'esprit, de laquelle, apres Dieu, ie luy suis redeuable, par le moyen de ses doux entretiens, qui me destachoient insensiblement, & neantmoins perceptiblement de la terre, pour m'attacher à Dieu; exercice desquels nous pourrons nous entretenir si nous faisons vn Pelerinage ensemble. Comme donc la priuauté & la familiarité donnent vne large entree à la confiance, ce sainct personnage me rauissoit le cœur par la sienne, & tant s'en faut que ie ne voulusse mettre toutes mes imperfections deuant ses yeux pour en estre guery par sa langue medecinale, que ie voulois mal à ma memoire de ne me suggerer pas assez de choses pour les luy manifester. Vne fois entre les autres, me conseillant quelque
diuer-

divertissement puissant & de longue haleine, pour assoupir ma langueur, & où Dieu estant pour but & pour object, le corps y treuuast encores quelque soulagement: il me dict que le vœu de quelque Pelerinage luy sembloit fort propre pour effectuer tout cela; & comme mes maux prouenoient de la tristesse, qu'il ne voyoit point de voyage sacré plus conuenable que celuy de nostre Dame de Liesse, que luy-mesme autrefois s'en estoit bien treuué, & qu'il deuoit à vne semblable deuotion le bonheur de sa vocation Religieuse, qu'il estimoit plus que toutes les felicitez de la vie. Moy qui estois curieux de sçauoir des nouuelles de celuy qui en sçauoit tant des miennes, sceus si bien le conduire de discours à autre, que ie l'engageay sans qu'il y pensast, à me dire quelle heureuse tempeste l'auoit conduit au havre de grace de la saincte Religion.

Mon fils, me dict-il, il n'est point de besoin que ie vous die que i'estois dans le siecle, où ie ne suis plus, & qui m'est, comme ie luy suis, crucifié; car c'est la mode des Religieux d'enterrer toutes ces souuenances à la porte de leurs Monasteres, comme Iacob fit les Idoles de Laban aux pieds du Terebinthe; seulement vous sçaurez que comme i'estois sur le poinct d'espouser vne fille

Ii

que i'aymois vniquement, & de laquelle i'estois affectionné d'vne bienueillance reciproque, & tout cela sous la permission & par le consentement de nos communs parens: Comme les accords furent faicts auec vne incroyable satisfaction de l'vn & de l'autre parentage, la cruelle Mort deuancee par vne lente & longue maladie, m'enleua en fin cet object que i'aymois trop, de deuant les yeux, Dieu faisant ce coup pour sa plus grande gloire, & comme ie le croy pour le salut de mon ame, qui couroit fortune en l'excez des affections que i'auois pour ceste creature, à la verité autant vertueuse & aymable, qu'elle estoit vertueusement & sainctement aymee. Quels regrets ne fis-je point sur sa perte? quels vœux ne fis-je au Ciel pour sa conseruation? entre les autres ie fis vœu d'aller à pied à nostre Dame de Liesse, si Dieu luy redonnoit sa santé: il sembloit que son trespas m'en eust rendu quitte, mais ie creuz que la vraye Amour deuoit suruiure les cendres, & que i'estois en quelque façon obligé de faire pour le salut de son ame ce qui n'estoit plus de saison pour celuy de son corps. Ie m'y treuuay encores dauantage porté par le conseil d'vn bon Religieux de nostre Ordre, qui est encor en vie, qui me dict, me voyant comme forcené d'vn regret amoureux, que côtre la rage d'Amour c'eſtoit vn bon remede que le Pelerinage. Et certes ie treuuay ſa raiſon veritable par experience, car non ſeulement ie rendis ce deuoir à l'ame de celle que i'auois honoree durant ſa vie; mais ie treuuay que la bonne œuure eſt touſiours recompenſee au centuple dés ceſte vie, en attendant l'incomparable ſalaire de l'eternité; car m'eſtant preparé à ce voyage de deuotion, par la Confeſſion & par la Communion, ie me ſentis tout à coup changé en vn autre homme; & tant en allant qu'en reuenant, où i'eus diuerſes heureuſes rencontres, ie ne fis que remaſcher le deſſein de quitter le monde, non point par deſeſpoir, comme eſtimoient aſſez fauſſement pluſieurs du ſiecle, qui ne peuuent voir ces changemens de la main de Dieu que d'vn mauuais œil; mais par vn deſir ardant de charger la Croix & de ſuiure noſtre Seigneur en la montagne de la perfection. Auſſi depuis, par la miſericorde de Dieu, ie fus receu en ce ſainct Ordre, où ie confeſſe que nonobſtant tous mes manquemens, la Bonté diuine qui ne laiſſe de rayonner ſur les plus miſerables, m'a faict ſentir tous les contentemens qu'vne ame peut ſouhaitter au ſeruice des Autels: Ce qui me faict quelquefois dire à Dieu, auec le diuin Chantre:

Ii ij

Mieux vaut vn iour sous tes portiques,
Que mille aux Palais magnifiques,
Et pour moy i'irois recherchant
De plustost rester à ta porte
Que de loger en nulle sorte
Au sejour du monde meschant.

Il faut que ie vous confesse que ce bon Pere Euariste (le Ciel a voulu que ie le nommasse par inaduertance, & i'en suis bien ayse; car son nom qui est au Liure de vie, merite bien d'estre graué en vostre memoire) n'eut pas peu de pouuoir par ceste candeur & simplicité, d'animer mon ame à pareille entreprise; desia ie roulois en mon esprit le desir d'estre Religieux, ce que ie luy declaray soudain tout ouuertement.

14   Alors il me dict, qu'il ne falloit pas cheminer en sa ferueur, ny entreprendre si chaudement & si temerairement vne telle besoigne, qu'il y falloit vne plus meure deliberation; mais quant au Pelerinage, qu'il pensoit auoir droict de le conseiller, puisque l'experience le luy auoit faict treuuer si salutaire, ioint que c'estoit vn des principaux effects de la visite de Liesse de consoler les affligez, peu de gens reuenans tristes & esconduits de deuant la face de la Royne des Anges. Et quoy, mon Pere, luy dis-je, faut-il donc marchander & consulter pour se don-

ner à Dieu ? quel danger y a-t'il de se ietter aueuglément entre ses bras, ains n'est-ce pas l'Azyle de tous dangers? Il est vray, mon fils, me respõdit-il, que la grace du S. Esprit n'ayme pas les retardations, mais aussi d'autre part l'honneur du Roy de gloire doit estre rẽdu auec iugement, ce qui fait qu'il ne faut pas croire à tout esprit, mais sonder sagemẽt s'il est de Dieu; que si pour receuoir le Saueur il se faut espreuuer, aussi faut-il faire pour se donner à luy; car cõme dit le Sage, la promesse vaine & folle desplaist à Dieu, & il est bien malaysé qu'elle soit bien solide quand elle est inconsideree; car il vaut mieux ne rien promettre, que ne tenir pas ce que l'on a promis. De plus, vostre condition est bien autre que celle en laquelle i'estois en ce tẽps là; car vous auez sur les bras quatre petits enfans, à qui vous deuez seruir & de pere pour leur soustien, & de mere pour leur esleuement; car s'il faut qu'vn fils sursoye son dessein religieux pour assister ses pere & mere en necessité, la mesme raison oblige les peres de demeurer au mõde pour esleuer leurs enfans quand ils sont si petits, qu'il y auroit ie ne sçay quoy d'impie & de desnaturé de les abandonner. Mais, mon Pere, luy dis-je, ie les pourrois mettre en telle main qu'elle leur seroit meilleure que la mienne. Nulle-

Ii iij

mét, me dit-il, mon fils, car iamais les poules n'ont tant de soin des poussins estrágers cõme des leurs naturels: la nourrice n'a iamais tant d'affectiõ que la mere, ny le tuteur que le pere: ce seroit vne fausse humilité, & vn defaut de charité. Le sacrifice que l'on faict de soy-mesme en se mettant en Religion, est vn grand sacrifice, mais il faut pour estre bon qu'il soit sacrifice de iustice; or quelle iustice y a-t'il qu'vn pere pour chercher son repos & sa propre satisfaction, laisse des mineurs à la mercy d'vn curateur, qui pour homme de bien qu'il soit, n'aura iamais le soucy de l'auãcement de ces petits, & de leur conseruation, qui est si naturel dans le cœur de ceux qui les ont mis au monde. En cela vous ressembleriez à ceux qui ne pouuãs côtenir vn secret se faschent quand ceux ausquels ils l'ont cõfié le decelent, car il faut taire le premier ce que nous voulons qu'vn autre taise; celuy-là estant injuste qui veut imposer vne loy à vn autre dont il n'a peu subir le ioug. Ainsi le soin que vous voudriez qu'eust de vos enfans celuy à qui vous en donneriez la garde, ayez-le vous-mesme, & ne vous fiez point à vn autre, d'vne chose qui vous doit estre precieuse comme la prunelle de vos yeux. Mais, mon Pere, luy repartis-je, faut-il donc que pour procurer le salut d'autruy ie coure la risque de faire naufrage du mien dans la mer du monde: A quoy il me repliqua, que le salut de mes enfans faisoit vne partie du mien, & que Dieu redemanderoit vn iour leur sang de mes mains, si ie māquois à les instruire des choses necessaires à sçauoir pour se sauuer; que par ceste mesme raison il ne se treuueroit point de personnes qui vouluscent tenir en Religion la place de Superieurs, chacun aymant mieux vacquer à la consideration de soy-mesme qu'à la cōduitte d'autruy, chose directement cōtraire, non seulement à la charité, mais à la police. Mais mon Pere, luy dis-je, ie sçay plusieurs personnes vefues qui ont laissé leurs enfās au mōde, & qui se sont rāgees dans les rangs religieux: Il me repliqua, ou que ces enfans estoient en aage de se conduire, ou ces personnes en danger de se perdre, ou qu'elles auoient quelques secrettes considerations qui rendoient leurs retraittes legitimes, & puis que des exemples singulieres ie sçauois bien qu'il ne falloit pas tirer des loix vniuerselles; & qu'il ne voyoit en moy aucune raison qui peust iustifier l'abandonnement de mes enfans. Somme il sceut si bien me combattre, qu'il me vainqnit, & me fit remettre ces pensees en vn temps auquel

Ii iiij

ie les peusse plus iustement esclorre; car, me disoit-il, Dieu hait la paix de ceux qu'il a ordonnez pour la guerre, & la retraitte de ceux qu'il appelle au combat. La Sulamite, mesme toute pacifique qu'elle est, ressemble à vn bataillon de Chantres, & à des chœurs de Soldats. Ie me resolus donc à ce Pelerinage, pour lequel parfaictement accomplir il m'esquippa de plusieurs instructiōs de deuotion, que i'auray tout loysir de vous desployer si nous le faisons ensemble.

15   En ce temps là Florimond estoit souuent chez moy à Paris, & me venoit quelquefois voir en ma maison de Callidore quand ie m'y escartois; & certes sa conuersation toute douce & toute amiable, iointe aux obligations que i'auois à ses parēs, qui m'auoient fort assisté, lors qu'en mes ieunes annees ie fus enuoyé à Orleans aux Vniuersitez, me rendoient sa compagnie fort agreable. Ce qui fut cause, m'ayant faict voir vne chose à Paris, dont le recit sera plus seant en sa bouche qu'en la mienne, s'il luy plaist de prendre la peine de vous raconter sa disgrace, apres luy auoir conseillé de quitter sourdement la vaine & desauantageuse poursuitte qu'il faisoit; nous nous retirasmes à Callidore, où ie luy declaray le dessein que i'auois de faire vn Pelerinage à

Liesse, selon le conseil que ie vous viens de deduire : & parce que le desplaisir extreme qui l'affligeoit luy sembloit auoir quelque correspondance auec le mien, cõme les miseres donnent de la sympathie & de la correspondance, il luy fut aisé de se porter à pareille deuotion. Mais pour en tirer plus de profit spirituel, & aussi plus de consolation pour nos ames affligees, nous nousresolusmes de faire ce voyage de pieté en vrays Pelerins Chrestiens, à pied, vestus cõme vous voyez, & incognus, cherchãs les chemins escartez, & ne nous retirans qu'en des lieux de Religion, ou pour le moins en des maisons deuotes. Car Dieu est vn grãd Roy qui veut estre seruy à plats couuerts, & qui veut que les pelerinages aussi bien que les oraisons, les aumosnes & les mortifications, se facent à cachettes, nõ pour l'applaudissemẽt des hommes, qui est vn salaire trop vain pour de si dignes actions. I'ay donc laissé tout mon train & mes enfans à Callidore sous la charge d'vn fidele & ancien seruiteur, & sous la conduitte d'vne sage gouuernãte qui auoit esleué la ieunesse de mon Angele, & seul auec mon cher Florimõd, nous sommes venus par des routes destournees à Villiers, d'où estãs partis pour aller voir ceste saincte & fameuse maison de la Chartreuse de Bonnefontaine, nous nous esgarasmes dans ceste forest, où nous vous treuuasmes, cher Meliton, en la façon que vous sçauez, & la rencontre du Frere Palemõ nous amena en ce deuotieux Hermitage. C'est donc à vous maintenant ô! Melitõ, de voir si vous auez quelque douleur qui soit semblable à la mienne, & si à pareil mal vous voulez appliquer mesme remede; car il faut que ie vous confesse que depuis le dessein que ie pris d'aller visiter la Princesse des Cieux en ce sainct lieu où elle opere tant de merueilles par son intercession, i'ay senty vne secrette ioye se glisser en mon ame qui me fait esperer à cest assentiment, que i'y rencontreray les parfums de l'heureuse Arabie & l'entiere satisfaction de mon cœur, comme vous pouuez croire, veritablement affligé.

16   Icy Menandre mit fin à la longue narration de son Histoire, auec autant de regret de ceux qui l'escoutoient, qu'il estoit aysé d'estre venu à bout d'vne si ample carriere: ils demeurerent long temps suspendus dans l'admiration, se regardans l'vn l'autre comme rauis & sans dire vn seul mot, quand le bon Pere Syluan rompant ce silence, benit Dieu qui auoit comblé Menandre de tant de graces, le loüa de son eloquence, & de sa doctrine, mais l'estima d'auantage pour sa

pieté, & approuuant bien fort le conseil du Pere Euariste, l'exhorta de continuer ce dessein, & conuia Meliton de le suiure & de l'imiter. Mon Pere, dit Meliton, il ne faut point presser auec les esperons les flancs d'vn cheual qui court à toute bride. Ie n'embrasse pas seulement le Pelerinage de Menandre, mais i'espere si ie suis aydé de la grace du Ciel, aller encores plus auant, & ie croy qu'en cela ie seray assisté d'enhaut. Il me sembloit que Dieu me parloit par sa bouche, & qu'il disoit ma fortune auec desguisement. Or Dieu soit beny qui a tiré mon bon-heur du plus profond de mes malheurs, & comme la lumiere de mes tenebres, ie le prie qu'il illumine mes yeux, afin que ie considere ses merueilles, & que mettant sa loy au milieu de mon cœur, il me face sçauoir quelle est sa volõté, laquelle deuoit estre executee par les hõmes en la terre, comme elle l'est par les Anges dans le Ciel. Alors entrant en vne ferueur extraordinaire, il se jetta aux pieds de Syluan, qui fut bien estonné de ce spectacle; & luy dit, Mõ Pere, vous deuez vostre secours au soulagement de l'ame de ce miserable pecheur duquel les pechez sont par dessus la teste, & l'écrasẽt cõme vn insuportable fardeau: puis prenant amiablement les mains de Menandre, & regardant Florimond & Palemon, Vous deuez aussi, leur dit-il, ô mes chers freres, contribuer vos prieres pour la conuersion de ce pecheur : & parce que le fer doit estre batu en sa chaleur, & l'inspiration prise au poil, comme l'occasion, ie vous supplie de m'associer à vostre voyage & de permettre que le reste de ce iour ie m'enferme pour songer à ma conscience, & pour me disposer à ne receuoir point le redoutable Sacremẽt du corps du Sauueur à ma condamnation, & que les graces qui y sont annexees ne soient pas inutiles en moy. Ie croy que le Pere Syluan prendra bien la peine de m'assister en vne action si charitable, & que vous prierez pour moy, tandis que ie batailleray contre le Diable, le monde, le sang & le peché. A ce discours tous fondirent en larmes, & se mirent à genoux. Le bon Syluan se disoit incapable de rẽdre ce deuoir à Meliton, luy remonstrant que ce n'est pas le propre des Hermites de se mesler des consciences d'autruy, ny de la conduitte des ames, l'exhortant d'aller à Bonnefontaine ou à Cerfray, ou à Long pont, ou à S. Lazare, ou d'attẽdre qu'il fust en quelque bonne ville pour faire choix d'vn homme capable ; de peur qu'vn aueugle en menãt vn autre, tous deux ne tombassent dãs la fosse. Or estoit-ce l'humilité qui faisoit tenir ce langage au Pere Syluan, car en effect il estoit fort capable & approuué par le Pasteur du Diocese pour de semblables functions qu'il exerçoit volontiers enuers ceux du voisinage qui alloient aux festes visiter l'Hermitage par deuotion. Menandre qui craignoit que ce refus ne refroidist Meliton, & que l'humilité de Syluan cõme il arriue quelquefois, ne preiudiciast à la charité. Mõ Pere, luy dit-il, vous ne pouuez vous excuser de ce deuoir sous le pretexte d'vne incapacité qui n'est pas en vous; Meliton auroit occasion de se formaliser, si vous luy refusiez ce que vous nous auez si liberalement accordé. Vous pouuez cela & plus, vous estes Ministre de Dieu & dispensateur de ses mysteres, & vous sçauez que le Dieu que vous seruez ne veut pas que le pecheur meure, mais qu'il viue & se conuertisse; en tout lieu, aussi bien qu'à toute heure, il le reçoit à penitence, il ne faut point qu'il aille chercher bien loin ce qu'il a si proche. Syluan se laissa vaincre à ceste persuasion, de sorte qu'ils delibererent entre eux de laisser quelques iours Meliton auec Syluan dans l'Hermitage, tandis que les deux Pelerins iroient selon le desir qu'ils en auoient visiter la Chartreuse de Bonnefontaine: apres donc auoir fait vn leger repas Meliton se retira dans vne cellule, & le Frere Palemon mena les deux Pelerins iusques à l'entree d'vne grande route, qui les conduisoit droict dans Bonnefontaine sans se pouuoir fouruoyer, & les laissant aller s'en retourna en l'Hermitage seruir Syluan & Meliton.

17 Nos Pelerins arriuez à la Chartreuse, vont d'abord à l'Eglise, où ils entrerent comme Vespres venoient de finir, les Religieux estoiét desia retirez en leurs Celles, de sorte qu'ils ne treuuerent dans l'Eglise que quelques seculiers qui y estoient encores fort attentifs à l'oraison: apres auoir salüé le Sainct Sacrement, & fait leurs prieres, ils creurent que ces gens continuans leurs contemplations estoient quelques postulans desireux d'estre associez en ceste saincte Congregation, & comme ils les consideroient Menandre fut bien estonné d'apperceuoir vn de ses meilleurs amis, ieune Gentilhomme de bonne mine & bien vestu, qui ne le recognoissoit nullement sous cest habit de Pelerin; il s'approche, & se faisant cognoistre par sa proximité, comme de sa part il n'auoit aucune doute que ce ne fust son amy, l'estonnement saisissant celuy-là de voir Menandre en vn equipage si diffe-

rent de celuy de sa condition, luy osta la parole, non pas à Menandre, qui ouurant les bras pour l'aller embrasser, comme il luy pensoit dire : hé mon cher Pieri, sur ceste syllabe, auant qu'il eust acheué le mot de Pierian, il sentit la main de ce Gentilhomme qui luy serra la bouche, comme fit jadis Alexandre à Hepheftion, & sa langue qui luy dit tout bas à l'oreille, Mon grand amy, ie te prie ne me nomme point, car ie ne veux pas estre cogneu par ces personnes qui sont presentes, si ce n'est sous le nom d'Alexis, & quelqu'autresfois ie t'en diray la cause. Et c'estoit cet Alexis qui donne le nom à ces Pelerinages, & dont les vertueuses actions & les diuerses fortunes se rendront signalees aux parties suiuantes : mais parce que celle-cy est arriuee à sa iuste mesure, en cet endroict nous trancherons son fil.

FIN DV SIXIESME ET DERNIER
Liure de la Premiere Partie d'Alexis de
Monseigneur de Belley.

www.ingramcontent.com/pod-product-compliance
Lightning Source LLC
Chambersburg PA
CBHW070827230426
43667CB00011B/1711